esotera

Taschenbücherei
im Verlag Hermann Bauer

Mit dieser Reihe, in der jährlich etwa acht Titel erscheinen, macht der Verlag Hermann Bauer dem interessierten Leser bedeutende Werke aus Bereichen der Esoterik und Grenzwissenschaften zu ungewöhnlich günstigen Preisen zugänglich. Der Schwerpunkt bei der Auswahl für die *esotera*-Taschenbücherei liegt auf Titeln, die dem Leser auf leicht faßliche und umfassende Weise esoterisches Wissen vermitteln, das er auch in seinem Leben anwenden kann. Die Auswahl der Werke erfolgt auf Vorschlag und in enger Zusammenarbeit mit der Redaktion der in Europa führenden grenzwissenschaftlichen Fachzeitschrift *esotera*; ein Teil der Neuveröffentlichungen geht direkt aus der redaktionellen Arbeit von *esotera* hervor.

Bisher sind erschienen:
Arabi: Die Reise zum Herrn der Macht
Archarion: Von wahrer Alchemie
Brahmachari: Yoga hilft heilen
Edwards: Geistheilung
Findley: Beweise für ein Leben nach dem Tod
Gauquelin: Kosmische Einflüsse auf menschliches Verhalten
Geisler (Hrsg.): New Age – Zeugnisse der Zeitenwende
Geisler (Hrsg.): Paramedizin – Andere Wege des Heilens
Lütge: Carlos Castaneda und die Lehren des Don Juan
Ramm-Bonwitt: Yoga Nidra – Der Schlaf der Yogis
Reifler: Das I-Ging-Orakel
Schäfer: Stimmen aus einer anderen Welt
Sterneder: Tierkreisgeheimnis und Menschenleben
Sterneder: Der Wunderapostel
Zeisel: Entschleierte Mystik

Lu K'uan Yü

Geheimnisse der chinesischen Meditation

Selbstgestaltung durch Bewußtseinskontrolle nach den Lehren des Ch'an, des Mahāyāna und der taoistischen Schulen in China

BAUER
Verlag Hermann Bauer
Freiburg im Breisgau

CIP-Kurztitelaufnahme der Deutschen Bibliothek:

Lu, K'uan Yü:
Geheimnisse der chinesischen Meditation : Selbstgestaltung durch Bewußtseinskontrolle nach d. Lehren d. Ch'an, d. Mahayana u. d. taoist. Schulen in China / Lu K'uan Yü [Übers. von Hans-Ulrich Rieker]. – 1. Aufl. – Freiburg im Breisgau : Bauer, 1984.
(esotera-Taschenbücherei)
Einheitssacht.: The secrets of Chinese meditation ⟨dt.⟩
ISBN 3-7626-0613-7

Die vorliegende Taschenbuchausgabe im Rahmen der *esotera-Taschenbücherei* ist ein Reprint der deutschen Originalausgabe, die 1967 im Rascher Verlag, Zürich, erschien.
Die englische Originalausgabe erschien bei Rider & Co, London, unter dem Titel *Secrets of Chinese Meditation.*
Ins Deutsche übertragen von Hans-Ulrich Rieker.

Die *esotera-Taschenbücherei* erscheint im Verlag Hermann Bauer KG, Freiburg im Breisgau.

1. Auflage 1984

Druck und Bindung: May & Co Nachf., Darmstadt.
Printed in Germany.

ISBN 3-7626-0613-7

Dem Gedenken
Carl Gustav Jungs und *Lobsang Jivakas*
deren Ermutigungen meinen bescheidenen Bemühungen
Auftrieb gaben,
den Buddhisten im Westen den Dharma nahezubringen,
so, wie er in meiner Heimat gelehrt wird.

INHALT

Vorwort	7
Selbstgestaltung nach den Lehren des Śūrangama Sūtra	11
Selbstgestaltung in der Ch'an-(Zen-) Schule	48
Selbstgestaltung in der «Reinen Land»-Schule	95
Selbstgestaltung in der T'ien T'ai-(Tendai-) Schule	130
Selbstverwirklichung nach den Lehren der Taoistischen Schule	202
Verbürgte Experimente mit buddhistischen und taoistischen Methoden der Selbstgestaltung	239
Körperliche und spirituelle Gestaltung nach den Lehren des Chinesischen Yoga	257
Schlußbetrachtung	269
Nachwort von Hans-Ulrich Rieker	273
Glossar	278

VORWORT

Wir nehmen unsre Zuflucht zum Buddha,
Wir nehmen unsre Zuflucht zum Dharma,
Wir nehmen unsre Zuflucht zum Sangha,
Wir nehmen unsre Zuflucht zu dem Dreifachen Juwel in uns selbst.

Nutzlos ist der Buddha-Dharma, wenn er nicht praktisch in die Tat umgesetzt wird. Denn solange wir keine eigene Erfahrung in ihm besitzen, bleibt er uns fremd, und wir werden, trotz all unserer Buchgelehrsamkeit, nie zu seinem wahren Wesen durchstoßen. Ein altes Wort sagt:

Selbstgestaltung erfordert weiter nichts
Als nur das Wissen vom Weg.
Ist dieser Weg wirklich erkannt,
Enden auf einmal Geburt und Tod.

Aus diesem Grunde müssen wir bei unserer Selbstgestaltung zuerst den Weg kennenlernen, wofür die Buddhas und die großen Meister uns die zweckmäßigsten Methoden in den Sūtras und Texten nahebrachten. Die Absicht dieses Buches ist, den Leser mit den verschiedenen Meditationsmethoden vertraut zu machen, wie sie in China praktiziert werden, so daß er sich dann eine davon für seine eigene Selbstgestaltung wählen kann.

Anfangs zögerten wir, Fassungen chinesischer Texte über erfolgversprechende Übungen und Erfahrungen im Dhyāna zu bieten, weil man unsern Optimismus im Hinblick auf die Zukunft des Buddha-Dharma im Westen als ungerechtfertigt kritisierte. Glücklicherweise jedoch hat einer unserer gelehrten Leser, Mr. Terence Gray, der kürzlich den Fernen Osten besuchte, uns geschrieben: «Ich für meinen Teil glaube, selbst wenn es wahr sein sollte, daß der Osten nach tausendjähriger Bemühung erschöpft ist, so sind die Menschen im Westen noch so frisch, wie es die Schüler des Hui Neng waren.» Auch sandte er uns freundlicherweise ein Exemplar von Mr. D. E. Hardings kleinem Buch, mit dem Titel *«On having no Head»* [1], worin der Autor von seinen eigenen Erfahrungen im Dhyāna berichtet. Wir sind Mr. Gray dankbar für seine ermutigenden Mitteilungen, und ebenso Mr. Harding für sein Buch, denn sie spornten uns an, in dem vorliegenden Werk nun von verschiedenen Meditationsmethoden und von befriedigenden Resultaten, wie sie einige Praktiker erzielten, zu berichten.

In keinem Punkt beschränkt sich der Buddha-Dharma auf eine bestimmte Rasse oder Nationalität, und nichts ist irreführender als die unbegründete Behauptung, daß ein Abendländer die Erleuchtung nicht gewinnen könne. Viele waren in ihrem früheren Leben tugendhafte Menschen, praktizierten auch die Buddha-Lehre, erlangten aber noch nicht die Erleuchtung. Auf Grund ihres guten Karma wurden sie in Ländern wiedergeboren, in denen günstige Bedingungen herrschen, so daß sie nun auf dem Wege der Selbstgestaltung weiter fortschreiten können. Wer im Abendland wiedergeboren wurde, ist fähig, die Heiligen Lehren zu verstehen, und er wird gewiß befriedigende Resultate schon in diesem Leben erzielen. So sollte jede Rassenunterscheidung abgeworfen werden, denn, wie Lin Chi sagt: *«Es gibt kein lebendes Wesen, das nicht erlöst werden könnte.»* [2] Im Osten verfällt der Buddhismus, weil der Dharma in verschiedene Schulen zerfallen ist, die zueinander in Widerspruch und Feindschaft stehen. Da gibt es

1. The Buddhist Society, London, 1961.
2. S. *«Ch'an and Zen Teaching»*, 2. Serie, London, 1961, S. 113.

Leute, die, statt das in den Sūtras und Texten Gelehrte zu praktizieren, sich in endlosen Diskussionen ergehen, die zu nichts führen und keine praktischen Resultate schaffen. Andre wieder lernen, die Sūtras auswendig herzusagen, ohne gleichzeitig danach zu streben, ihren tieferen Sinn zu verstehen. Zahlreich sind auch jene, die den Buddha anbeten, Sūtras rezitieren und Mantras hersagen, in der Hoffnung, dadurch für sich selbst und ihre Familie Verdienste zu erwerben. Sie wissen nicht, daß der Erhabene uns lehrt, uns von Illusionen fern zu halten und nicht nach Verdiensten zu streben, denn auch diese sind nur illusorisch. Er hat uns gelehrt, den Ich-Kult aufzugeben. Ist es da ein Verdienst, die Selbstsucht abzulegen? Welche Verdienste kann sich ein Dieb damit erwerben, daß er nicht mehr stiehlt? Dann sind da jene, die beim Studium des Sanskrit und des Tibetischen ihre wertvolle Zeit damit verbringen, korrekte Aussprache zu üben, und dazu die Zunge herunterdrücken oder gegen den Gaumen oder gegen die Zähne pressen, ohne daß sie sich bewußt machen, daß Philologie nichts mit Selbstgestaltung zu tun hat. Statt die innere Bedeutung der Sūtras und Texte zu ergründen, scheinen unsre modernen Schüler mehr interessiert an deren historischen, linguistischen und geographischen Problemen, die so gar nichts mit dem Buddha-Dharma zu tun haben, der weder an Zeit- noch Raumvorstellungen gebunden ist.

Obwohl ich zurückgezogen lebe, bin ich im Laufe der letzten Jahre einigen meiner westlichen Leser begegnet und habe von andern sehr ermutigende Briefe erhalten, so daß ich zu dem Schluß gekommen bin, viele Abendländer seien nun reif, die Lehren des Mahāyāna und des Ch'an zu begreifen. Mindestens ein halbes Dutzend von ihnen konnte von persönlichen Erfahrungen im Dhyāna berichten, zwei davon waren englische Leser in Amerika. Mein Optimismus bezüglich der Zukunft des Dharma im Westen ist also nicht unbegründet.

Um mögliche Zweifel an jenen unwillkürlichen Körperbewegungen, wie sie in den Kapiteln 6 und 7 beschrieben sind, auszuschalten, habe ich sie zwei britischen Bhikṣus, dem Ehrw. Khema und dem Ehrw. Aruno für die Zeitdauer von 65 Minuten vorgeführt. Beide haben in Oxford bzw. Cambridge studiert und weilten zu jener Zeit in Hongkong. Der Ehrw. Aruno ist Mr. Hardings Sohn. Vor ihrer Ankunft führte ich das gleiche Phänomen Mr. Hugh Ripman, einem britischen Bankier vor, sowie Mr. Paul H. Beidler, einem amerikanischen Ingenieur, Dr. Huston Smith, Professor für Philosophie am Institute of Technologie, Massachusetts, Mr. Holmes Welch, Autor des Buches *«The Parting of the Way»*, Mme. Maurice Lebovich, einer französischen Malerin, und einigen bekannten chinesischen Buddhisten, darunter Mr. K. S. Fung, Chef-Delegierter der chinesischen Buddhisten von Hongkong und Macao auf dem 6. Kongreß der World Fellowship of Buddhists in Pnompenh, Kambodscha 1961.

Alles in Klammern gesetzte stammt von mir.

Hongkong, den 14. Juli 1962

UPĀSAKA LU K'UAN YÜ

I

SELBSTGESTALTUNG NACH DEN LEHREN DES ŚŪRANGAMA SŪTRA

Der Buddha lehrt, daß wir alle in uns die Weisheit des Tathāgata tragen, dies uns aber nicht bewußt ist, und daß wir uns ihrer, dieses Unwissens wegen, nicht bedienen können. Weiter wird gezeigt, wie wir unser schweifendes Bewußtsein zähmen können, damit unsre wahre Selbstnatur zu ihrem ursprünglichen Wesen zurückkehren kann, jenem leidenschaftslosen, ruhigen, unerschütterlichen Zustand, der frei ist von allen äußeren Einflüssen, und in welchem unsre immanente Weisheit sich manifestieren und ihrem innersten Wesen – das heißt dem Wesen des Absoluten, jenseits von Relativität und Gegensätzen – gemäß wirken kann.

Deshalb können wir, wenn wir von Selbstgestaltung sprechen, nicht den Buddha-Dharma außer acht lassen, denn der Erhabene lehrte uns, wie wir für immer dem Saṃsāra entkommen können, während als höchstes Ziel in allen andern Religionen eine zeitlich begrenzte Wandlung zu den glückseligen Bereichen der Devas gelehrt wird, Bereichen, aus denen wir, wenn das Verdienst unseres guten Karma erschöpft ist, wieder zu den niederen Sphären weltlicher Existenz zurückgeschickt werden.

Darum mahnt Yung Chia uns, nicht nach dem Glück im Saṃsāra zu suchen, und schrieb in seinem «Lied der Erleuchtung»:

«Ist seine Kraft verbraucht, des matten Pfeiles Schicksal ist's zu fallen,
Und in dem nächsten Dasein folgen wieder Leiden.
Wie fern ist dies der Wirklichkeit des Wu-Wei,
Die zu der Stufe des Tathāgata emporführt.» [1]

Was nun die Selbstgestaltung betrifft, so werden in den chinesischen Sūtras und Shāstras viele Übungsmethoden beschrieben, aber bedauerlicherweise existieren in abendländischen Sprachen keine authentischen Fassungen. Obgleich wir Buddhisten des Ostens Zugang zum Chinesischen Tripiṭaka haben, ist es uns unmöglich, bei unserer Suche nach Erleuchtung (bodhi) all diese Methoden gleichzeitig oder nacheinander zu praktizieren. Viele Buddhisten in China scheitern bei der Selbstgestaltung, weil sie die falsche, für sie ungeeignete Methode wählten. Aus diesem Grunde sagte der verstorbene Meister Hsu Yün im Kloster zum Yade-Buddha in Shanghai vor einigen Jahren:

«Selbstgestaltung erfordert weiter nichts
Als nur das Wissen vom Weg.» [2]

Aus tiefem Mitleid für alle lebenden Wesen, die zu erlösen er gelobt hatte, und in Vorausahnung der Verwirrung und Hilflosigkeit in unserem Zeitalter des schwindenden Dharma, forderte der Buddha 25 Große Bodhisattvas und Arhats aus der Śūraṅgama-Versammlung auf, über ihre Übungsmethoden und ihre persönlichen Erfahrungen zu sprechen.

Das Śūraṅgama Sūtra führt 25 Wege an, auf denen der Geist durch Meditation beherrscht werden kann: Meditation der 6 Grundlagen der Sinne, der 6 Sinnesorgane, der 6 Bewußtseinskontakte und der 7 Elemente (Erde, Wasser, Feuer, Luft, Raum, Sinneswahrnehmung und Bewußtsein).

Nachdem jeder der 25 Großen von seiner persönlichen Erfahrung und Erreichung berichtet hatte, forderte der Buddha

1. S. «*Ch'an and Zen Teaching*», 3. Serie, London, 1962, S. 127.
2. S. «*Ch'an and Zen Teaching*», 1. Serie, London, 1960, S. 62.

den Bodhisattva Mañjuśri auf, diese Methoden miteinander zu vergleichen und diejenige auszuwählen, die für Ānanda und zugleich auch für das Zeitalter des schwindenden Dharma, also für uns, am günstigsten sei.

Nachdem Mañjuśri 24 Methoden als für den menschlichen Geist nicht geeignet verworfen hatte, entschied er sich für die Methode des Bodhisattva Avalokiteśvara, die er als die beste für die Menschen dieser Erde bezeichnete. Sie besteht darin, das Hörorgan von seinem Objekt (dem Laut) abzuziehen und es in den Strom der Konzentration zu lenken. Wenn beide Vorstellungen, sowohl die des Lautes wie die des Stromeintrittes erfolgreich aufgelöst sind, so ist damit zugleich die illusorische Dualität der Begriffe «Störung» und «Stille» aufgehoben. Indem man auf diese Weise Schritt für Schritt vorangeht, schwinden das subjektive Hören und der objektive Laut völlig. An dieser Stelle verlieren viele Meditierende den Faden und werden auf die Ebene von Geburt und Tod zurückgeworfen. Avalokiteśvara jedoch erklärte, er wäre dabei nicht stehen geblieben, sondern hätte versucht, auch diesen Zustand noch zu überschreiten.

Wenn nämlich die Bewußtheit dieses letzten Zustandes und seines Objekts, d. h. der Zustand als solcher, als illusorisch und nicht existierend erkannt wird, ist das Erlebnis der Leere alldurchdringend. Aber immer noch bleibt eine Spur der Dualität von Subjekt und Objekt – mit andern Worten jene subtilste Auffassung von einem Ich und den Dingen (dharma), wie sie das Diamant-Sūtra erwähnt – erhalten, und erst wenn auch diese noch aufgelöst wird, erreicht der Bodhisattva jenen absoluten Zustand, in dem alle Gegensatzpaare wie Geburt und Tod, Schöpfung und Auflösung, Anfang und Ende, Unwissenheit und Erleuchtung, Buddhas und lebende Wesen etc. keine Wirklichkeit mehr besitzen. Dann ist die Voraussetzung für das Nirvāṇa erfüllt, und in einem plötzlichen Sprung über die weltliche sowie die überweltliche Bewußtseinssphäre wird die Absolute Universelle Erleuchtung (für den Meditierenden selbst) und die Wunderbare Erleuchtung (für andre) erreicht.[3] Hier nun die entsprechenden Textstellen des Śūraṅgama Sūtra:

«Der Erhabene sagte zu den großen Bodhisattvas und Arhats in der Versammlung: ‚Ich möchte euch, Bodhisattvas und Arhats, die meinen Dharma geübt und die Stufe jenseits des Lernens[4] erreicht haben, nun diese Frage stellen: Als ihr euern Geist zur Erweckung der 18 Sinnenbereiche (dhātu)[5] entfaltet habt, welches erkanntet ihr als das beste Mittel zur Vervollkommnung, und durch welche Methode gelang es euch, den Samādhi-Zustand[6] zu erreichen?'»

A. MEDITATION DER SECHS GRUNDLAGEN DER SINNE

1. Meditation des Tons

«(Darauf) erhob sich Kauṇḍinya, (einer von) den ersten fünf Bhikṣus, von seinem Sitz, neigte sein Haupt verehrend zu den Füßen des Buddha und erklärte: 'Als wir dem Tathāgata bald nach seiner Erleuchtung in den Hainen von Mṛgadava und Kukkuta begegneten, da hörte ich seine Stimme, verstand seine Lehre und erwachte zu den vier Edlen Wahrheiten[7]. Als mich der Buddha prüfte, interpretierte ich sie korrekt, und der Tathāgata besiegelte mein Erwachen dadurch, daß er mir den Namen Ājñāta (Durchdringende Erkenntnis) gab. Da seine herrliche Stimme wunderbarerweise allumfassend war, erlangte ich Arhatschaft durch den Ton. Wenn der

3. Dies ist die 51. und 52. Stufe der Entwicklung eines Bodhisattva zum Buddha.

4. Aśaikṣa im Sanskrit: nicht mehr lernend, jenseits des Lernens, der Status des Arhat, die 4. der Śrāvaka-Stufen. Die vorangehenden 3 Stufen verlangen das Lernen. Ist ein Arhat frei von allen Täuschungen, dann gibt es für ihn nichts mehr zu lernen.

5. Die 18 Sinnenbereiche sind die 6 Organe, ihre Objekte und deren entsprechende Wahrnehmungsprozesse.

6. Innerer Zustand der Unerschütterlichkeit, abgelöst von allen äußeren Sinneswahrnehmungen.

7. Catvāriārya-satyāni, die 4 Grundlehren: 1. Leiden (duḥkha), 2. seine Ursache (samudaya), 3. seine Aufhebung (nirodha), 4. und der Weg dazu (mārga). Sie enthalten das Prinzip der Lehre, die der Buddha seinen früheren 5 Asketenbrüdern als ersten predigte, jenen, die die Lehren auf der Shrāvaka-Stufe annahmen.

Buddha nun nach dem besten Mittel zur Vervollkommnung fragt, so ist für mich der Ton das beste, was meine persönliche Erfahrung anbelangt.'»

2. Meditation der Form

«Darauf erhob sich Upaniṣad von seinem Sitz, neigte sein Haupt verehrend zu den Füßen des Buddha und erklärte: ‚Auch ich begegnete dem Buddha bald nach seiner Erleuchtung. Nachdem ich über die Unreinheit meditiert hatte, die ich als widerwärtig empfand und deren ich mich enthielt, erwachte ich zu der wahren Natur, die allen Formen zugrunde liegt. Mir wurde klar, daß (selbst) unsre gebleichten Gebeine, die ja ihren Ursprung in der Unreinheit haben, letztlich zu Staub zerfallen und endlich in die Leerheit eingehen. Als sowohl Form wie Leere als nichtseiend erkannt waren, erlangte ich die Stufe, die über alles Lernen hinaus liegt. Der Tathāgata besiegelte mein Verstehen und gab mir den Namen Niṣad [8]. Nach der Aufhebung der (relativen) Form erschien, wunderbar alldurchdringend, die wahre Form (surūpa). So erreichte ich die Arhatschaft durch die Meditation der Form. Wenn der Buddha nun nach dem besten Mittel zur Vervollkommnung fragt, so ist für mich die Form das beste, was meine persönliche Erfahrung anbelangt.'»

3. Meditation des Geruchs

«Darauf erhob sich ein Sohn des Buddha (Kumāra) [9] mit Namen ‚Duftgeschmückt' von seinem Sitz, neigte sein Haupt verehrend zu den Füßen des Buddha und erklärte: ‚Nachdem der Tathāgata mich gelehrt hatte, alle weltlichen Erscheinungsweisen zu durchschauen, verließ ich ihn und zog mich zurück, um meinen Geist zur Ruhe gelangen zu lassen. Während ich so die Regeln des Reinen Lebens beachtete, sah ich, wie Bhikṣus Sandel-Weihrauch verbrannten. Während meiner Ruhe drang mir sein Duft in die Nase. In diesen Duft vertiefte ich mich, und er erschien mir weder aus Sandel noch aus Leerheit, weder Rauch noch Feuer, und er hatte kein Woher und kein Wohin. Dabei verging mein Intellekt (manas), und ich

8. Niṣad: zum Ursprung der Erscheinung gehend.

9. Kumāra: ein Bodhisattva gilt als geistiger Sohn des Tathāgata, des Buddha.

erlangte den Zustand jenseits des Stroms der Wandlungen (anāsrava)[10]. Der Tathāgata besiegelte mein Erwachen und gab mir den Namen „Duftgeschmückt". Nach der plötzlichen Aufhebung des (relativen) Geruchs, erschien, wunderbar alldurchdringend, der wahre Geruch. So erlangte ich Arhatschaft durch das Mittel des Geruchs. Wenn der Buddha nun nach dem besten Mittel zur Vervollkommnung fragt, so ist für mich der Geruch das beste, was meine persönliche Erfahrung anbelangt.'»

4. Meditation des Geschmacks

«Die zwei Söhne des Dharmarāja[11] mit Namen Bhaiṣajya-rāja und Bhaiṣajya-samudgata[12], die zusammen mit 500 Brahmadevas[13] zugegen waren, erhoben sich nun von ihren Sitzen, neigten ihr Haupt verehrend zu den Füßen des Buddha und erklärten: ‚Seit anfanglosen Zeiten sind wir geschickte Ärzte in dieser Welt und haben mit eigener Zunge Kräuter, Pflanzen, alle Arten von Mineralien und Steinen, die man auf Erden findet, probiert, 108 000 an der Zahl[14]. Aus diesem Grunde kennen wir genau ihren Geschmack, ob bitter, sauer, salzig, geschmacklos, süß oder scharf etc., ihre natürlichen, veränderlichen oder harmonisierenden Eigenschaften, und wissen, ob sie kühlend, erhitzend, vergiftend oder heilend sind. Wir erhielten Unterweisung vom Tathāgata und erkannten (daraufhin) klar, daß Geschmack weder existiert, noch nicht existiert, daß er weder körperlich, noch geistig, noch unabhängig von beiden ist. Da wir so den Ursprung des Geschmacks erkennen konnten, erlangten wir unsere Erweckung, die vom Buddha besie-

10. Anāsrava: einflußfrei, frei vom Strom der Leidenschaften, im Gegensatz zu Āsrava, von Einflüssen betroffen, von weltlichen Ursachen.

11. Dharmarāja: Gesetzeskönig, Buddha, ein geistiger Sohn des Dharmarāja ist ein Bodhisattva.

12. Die beiden Medizin-Bodhisattvas, deren Aufgabe es ist, Kranke zu heilen.

13. Brahma-devas: die Götter des Brahma-Himmels.

14. 108 000: die 10 Übel (Mord, Diebstahl, Unzucht, Lüge, Doppelzüngigkeit, Grobheit, unflätige Rede, Habgier, Zorn, Vorurteil) und ihr Gegenteil im Achtfachen Pfad: Rechte Ansicht, Rechter Entschluß, Rechte Redeweise, Rechte Handlungsweise, Rechte Lebensweise, Rechter Eifer, Rechte Achtsamkeit und Rechte Meditation. Diese 10 und 8 sind die Merkmale der Lebewesen dieser Erde.

gelt wurde, der uns daraufhin Bhaiṣajya-rāja und Bhaiṣajya-samudgata nannte. Nun gelten wir als „Söhne des Dharma-Königs" in dieser Versammlung, und auf Grund unserer Erleuchtung durch das Mittel des Geschmacks erlangten wir die Bodhisattva-Stufe. Wenn der Buddha nun nach dem besten Mittel zur Vervollkommnung fragt, so ist für uns der Geschmack das beste, was unsre persönliche Erfahrung anbelangt.'»

5. Meditation der Berührung

«Darauf erhob sich Bhadrapāla, der mit 16 Gefährten, alles große Bodhisattvas, gekommen war, von seinem Sitz, neigte sein Haupt verehrend zu den Füßen des Buddha und erklärte: ‚Als der Buddha mit seiner ehrfurchtgebietenden Stimme (bhīśma-garjitaghoṣasvara-rāja) in der Welt erschien, hörte ich den Dharma und verließ das Heim. Sobald die Zeit des Bades gekommen war, befolgte ich die Regel und betrat den Baderaum. Plötzlich erwachte ich zu (der Erkenntnis des) ursprünglichen Wassers, das da weder den Schmutz, noch den Körper reinigt. Dabei fühlte ich mich befreit und erfuhr den Zustand der ‚Nichtsheit'. Da ich meine früheren Übungen nicht vergessen hatte, während ich in diesem Leben das Heim verließ und dem Buddha folgte, erlangte ich den Zustand jenseits des Lernens. Der Buddha nannte mich Bhadrapāla wegen meiner Einsicht in die wahre Natur der Berührung und der Verwirklichung des Ranges eines Buddha-Sohns. Wenn der Buddha nun nach dem besten Mittel zur Vervollkommnung fragt, so ist für mich die Berührung das beste, was meine persönliche Erfahrung anbelangt.'»

6. Meditation der Dinge (dharma)

«Mahākāśyapa, der mit der Bhikṣuṇī ‚Goldenes Licht' und andern (seiner Gruppe) zugegen war, erhob sich darauf von seinem Sitz, neigte sein Haupt verehrend zu den Füßen des Buddha und erklärte: ‚In einem früheren Weltalter, als der Buddha Candrasūrya-pradīpa in dieser Welt erschienen war, hatte ich das Glück, ihm zu folgen und seinen Dharma zu hören, den ich dann praktisch übte. Nachdem er abgeschieden war, verehrte ich seine Reliquien, entzündete Lampen, um sein Licht zu verewigen und schmückte sein Standbild mit reinem Goldstaub. Seitdem leuchtete mein Körper in jeder folgenden Wiedergeburt mit vollkommenem goldenem

Licht. Diese Bhikṣuṇī ‚Goldenes Licht' und jene andern, die mit ihr sind, stellen mein Gefolge dar, denn wir haben den gleichen Geist zu gleicher Zeit entwickelt. Ich schaute in die sechs veränderlichen Sinnesgrundlagen, die nur durch den Nirvāṇazustand zur völligen Aufhebung gebracht werden können. [15] So gewannen mein Körper und mein Geist die Fähigkeit, in einem Augenblick Hunderte und Tausende von Zeitaltern zu durcheilen. Durch die Aufhebung der Dingwelt (dharma) verwirklichte ich die Arhatschaft, und der Erhabene erklärte mich zum Obersten Meister der Zucht (dhūta) [16]. Ich erwachte zur wahren Natur der dharmas, wobei ich dem Strom der Wandlungen (āsrava) ein Ende setzte. Wenn der Buddha nun nach dem besten Mittel zur Vervollkommnung fragt, so bilden für mich die Dinge (dharma) das beste, was meine persönliche Erfahrung anbelangt.'»

B. MEDITATION DER FÜNF SINNESORGANE

7. *Meditation des Sehorgans*

«Darauf erhob sich Aniruddha von seinem Sitz, neigte sein Haupt verehrend zu den Füßen des Buddha und erklärte: ‚Nachdem ich das Heim verlassen hatte, pflegte ich stets sehr gern zu schlafen, und der Tathāgata machte mir Vorwürfe und meinte, ich gleiche einem Tier. Nach dieser ernsten Mahnung weinte ich bitterlich und verurteilte mich selbst. Wegen meiner Traurigkeit schlief ich sieben aufeinanderfolgende Nächte nicht und erblindete danach völlig. Darauf lehrte mich der Erhabene, am Erleuchtenden Vajra-Samādhi Gefallen zu finden, durch das ich in den Stand versetzt wurde, ohne meine Augen (nur mit dem Geist) die Absolute Wahrheit zu schauen, die die zehn Himmelsrichtungen durchdringt und so einfach und deutlich wahrzunehmen ist wie eine Mangofrucht in meiner Hand. Der Tathāgata besiegelte meine gewonnene

15. Nirvāṇa: völliges Verlöschen aller weltlichen Gefühle und Leidenschaften, wodurch jede Möglichkeit der Wiedergeburt mit den sich daraus ergebenden Leiden zugunsten des transzendenten Bereichs absoluter Ewigkeit, Seligkeit und Reinheit aufgehoben wird.

16. Dhūta: Asket, der die Leiden des Daseins überwunden und Nirvāṇa erreicht hat.

Arhatschaft. Wenn er nun nach dem geeignetsten Mittel zur Vervollkommnung fragt, so ist Sehen für mich, entsprechend meiner persönlichen Erfahrung, das beste. Man gelangt dazu, indem man das Sehorgan zu seinem Ursprung zurückwendet.'»

8. Meditation des Geruchsorgans

«Darauf erhob sich Kṣudrapanthaka von seinem Sitz, neigte sein Haupt verehrend zu den Füßen des Buddha und erklärte: ‚Ich wußte nicht viel (vom Dharma), weil ich nicht viel las und (aus Schriften) rezitierte. Als ich dem Buddha zum ersten Mal begegnete, hörte ich vom Dharma und verließ das Heim. Ich versuchte eine Verszeile seiner Gāthā im Gedächtnis zu behalten, scheiterte aber hundert Tage lang dabei, weil ich, sobald ich mich des ersten Wortes entsann, das letzte schon wieder vergessen hatte, und entsann ich mich des letzten Wortes, so war mir das erste wieder entfallen. Den Buddha dauerte meine Dummheit, und er lehrte mich, in stiller Zurückgezogenheit zu leben und meinen Atem ins Gleichmaß zu bringen. Zu der Zeit achtete ich überaus sorgfältig auf jeden Ein- und Ausatemzug und stellte fest, daß sein Anstieg, Verharren, Wechsel und Ende nur einen Augenblick (kṣaṇa) [17] dauerte. Dabei wurde mein Geist klar und unbehindert, bis ich schließlich den Strom der Wandlungszustände verließ und am Ende die Arhatschaft gewann. Ich kam, um mit dem Buddha zu weilen, der meine Erreichung, den Zustand jenseits des Lernens, besiegelte. Wenn er nun nach dem geeignetsten Mittel zur Vervollkommnung fragt, so ist atmen für mich, entsprechend meiner persönlichen Erfahrung, das beste. Man gelangt dazu, indem man den Atem in den Zustand der ‚Nichtsheit' zurückgelangen läßt.'»

9. Meditation des Geschmacksorgans

«Darauf erhob sich Gavāṃpati von seinem Sitz, neigte sein Haupt verehrend zu den Füßen des Buddha und erklärte: ‚Wegen meiner Verfehlungen im Reden, denn ich pflegte in früheren Zeitaltern mit Mönchen zu scherzen, wurde ich in allen späteren Wiedergeburten mit einem wiederkäuenden Munde geboren, gleich einer Kuh. Der Tathāgata lehrte mich die klare und reine Lehre des

17. Kṣaṇa: kürzestes Zeitmaß (S. Glossar).

Einsgewordenen Geistes [18], die mich in den Stand versetzte, die geistigen Wahrnehmungen aufzuheben, um so in Samādhi einzutreten. Ich durchschaute (nun) den Geschmack (aller Dinge), erkannte, daß er weder (eine subjektive) Substanz, noch (ein objektives) Ding ist, und überschritt so den Strom der Wandlungszustände. Ich befreite mich dabei sowohl vom inneren Körper und Geist, wie vom äußeren Universum und war so abgelöst von den drei Daseinsbereichen [19]. Ich wurde wie ein Vogel, der seinem Käfig entronnen ist, fähig, Unreinheiten und Befleckungen meiden zu können. Mit meinem Dharma-Auge [20], das nun gereinigt und klar war, gewann ich die Arhatschaft, und der Tathāgata selbst besiegelte meine Verwirklichung der Stufe jenseits des Lernens. Wenn der Buddha nun nach dem besten Mittel zur Vervollkommnung fragt, so ist für mich die Rückwendung des Geschmacks zu dem, der ihn erkennt, das beste, was meine persönliche Erfahrung anbelangt.'»

10. Meditation des Körpers

«Darauf erhob sich Pilindavatsa von seinem Sitz, neigte sein Haupt verehrend zu den Füßen des Buddha und erklärte: ‚Als ich anfing, dem Buddha auf seinem Pfad zu folgen, hörte ich den Tathāgata oft über das Weltliche sagen, daß es weder Freude noch Glück vermittle. (Eines Tages) wanderte ich zur Stadt, um Almosen zu erbetteln, und während ich über seine Lehre nachdachte, trat ich versehentlich auf einen giftigen Dorn, der meinen Fuß durchdrang und mir Schmerzen im ganzen Körper verursachte. Ich dachte an meinen Körper, der da große Schmerzen wahrnahm und litt. Obgleich dieses Gefühl da war, schaute ich zugleich meinen klaren und reinen Geist, der von keinem Schmerz berührt werden konnte. Auch dachte ich: Wie kann dieser mein einer Körper zwei (verschiedene) Arten von Gefühl enthalten? Und nach einer kurzen (geistigen) Konzentration darauf schienen plötzlich Körper und Geist nicht mehr zu existieren. Drei Wochen später erreichte ich

18. Wörtlich Dharma-Tor des von Einem Geschmack erfüllten Geist-Grundes.

19. Die 3 Zustände der sterblichen Existenz: Wunschwelt, Formwelt und Welt jenseits der Form.

20. Das Dharma-Auge kann alle Dinge durchdringen und die Wahrheit erkennen, die die Wiedergeburt aufhebt.

die Stufe jenseits des Stroms der Wandlungen und erlangte damit die Arhatschaft. Der Buddha selbst besiegelte meine Verwirklichung der Stufe jenseits des Lernens. Wenn er nun nach dem besten Mittel zur Vervollkommnung fragt, so ist für mich die reine Wahrnehmung, die die (Vorstellung eines) Körpers aufhebt, das beste, was meine persönliche Erfahrung anbelangt.'»

11. Meditation des Intellekts (manas)

«Darauf erhob sich Subhūti von seinem Sitz, neigte sein Haupt verehrend zu den Füßen des Buddha und erklärte: ‚Da mein Geist schon in vergangenen Zeitaltern von Behinderungen frei war, kann ich mich heute aller früheren Geburten erinnern, die so zahlreich sind wie die Sandkörner im Ganges. Selbst als ich noch ein Keim im Schoß meiner Mutter war, war ich schon zu jener unbewegten Leerheit erwacht, die sich später entfaltete, um die zehn Himmelsrichtungen zu erfüllen, und die mich in den Stand versetzte, die lebenden Wesen zu lehren, wie sie zu ihrer wahren Selbstnatur erwachen können. Dank der Belehrung des Tathāgata verwirklichte ich die absolute Leere, die das Wesen dieses Bewußtseins ist, und durch die Vervollkommnung meiner immateriellen Natur erreichte ich die Arhatschaft, wobei ich im Augenblick in des Tathāgatas lichte Strahlung eintrat, die so gewaltig ist wie der Raum und der Ozean. Damit gewann ich einen Teil des Buddhawissens. Der Buddha besiegelte meine Erreichung der Stufe jenseits des Lernens. Auf Grund meiner Einsicht in das Wesen der immateriellen Selbstnatur werde ich als Hauptschüler angesehen. Wenn der Buddha nun nach dem besten Mittel zur Vervollkommnung fragt, so ist dies, was meine persönliche Erfahrung anbelangt, das Erleben der Unwirklichkeit aller Erscheinungsformen und die Aufhebung sogar dieses Bewußtseins von Unwirklichkeit, so daß alle Dinge auf ihre ursprüngliche Nichtsheit zurückgeführt werden.'»

C. MEDITATION DER SECHS BEWUSSTSEINSFORMEN

12. Meditation des Sehkontaktes

«Darauf erhob sich Sāriputra von seinem Sitz, neigte sein Haupt verehrend zu den Füßen des Buddha und erklärte: ‚Schon in früheren Zeitaltern war die Sehwahrnehmung meines Geistes rein und klar, und in (meinen) späteren Inkarnationen, zahlreich wie die Sandkörner im Ganges, vermochte ich ohne Behinderung alle Dinge zu durchschauen, sei es auf der weltlichen, sei es auf der überweltlichen Ebene. (Eines Tages) traf ich auf der Straße die beiden Kāśyapa-Brüder, die die Lehre von der Kausalität predigten [21]. Als ich ihnen gelauscht hatte, erwachte mein Geist zur Wahrheit und wurde dabei umfassend und grenzenlos. Da verließ ich das Heim, um dem Buddha zu folgen und erlangte die Vollkommenheit der Sehwahrnehmung, die mir Furchtlosigkeit (abhaya) gab. Ich gewann die Arhatschaft und erwies mich als des Buddhas ‚Ältester Sohn – aus dem Munde des Buddha geboren durch Verlebendigung des Dharma'. Wenn der Buddha nun nach dem besten Mittel zur Vollkommenheit fragt, so ist, was meine persönliche Erfahrung anbelangt, das beste jene erleuchtende Erkenntnis, die durch des Geistes strahlende Sehwahrnehmung gewonnen wird.'»

13. Meditation des Hörkontaktes

«Darauf erhob sich der Bodhisattva Samantabhadra von seinem Sitz, neigte sein Haupt verehrend zu den Füßen des Buddha und erklärte: ‚Ich war schon ein Sohn des Dharma-Königs, als ich früher mit den Tathāgatas lebte, die so zahlreich waren wie die Sandkörner im Ganges. All die Buddhas der zehn Himmelsrichtungen, die ihre Schüler lehren, den Keim der Bodhisattvaschaft zu pflanzen, ermahnen diese Schüler, Samantabhadra-Taten zu tun, die nach mir so benannt sind. Erhabener, ich pflege meinen Geist zum Hören anzuhalten, um die verschiedenen Ansichten zu unterscheiden, die von den lebenden Wesen vertreten werden. Wenn irgendwo, in einer jener fernen Welten, zahllos wie die Sandkörner im Ganges, ein lebendes Wesen Samantabhadra-Taten tut, besteige ich augenblick-

21. D. h. die 4 Edlen Wahrheiten, die dem Kreislauf von Geburt und Tod ein Ende bereiten.

lich den Elephanten mit den sechs Stoßzähnen und erscheine in vieltausendfacher Form, um ihm zur Seite zu stehen. Selbst wenn er mich, seiner karmischen Behinderung wegen, nicht sehen kann, so lege ich insgeheim meine Hand auf sein Haupt, ihn zu schützen und zu fördern, damit er Erfolg habe. Wenn der Buddha nun nach dem besten Mittel zur Vervollkommnung fragt, so ist, meiner persönlichen Erfahrung entsprechend, das beste das Hören mit dem Geist, das da zur unterschiedslosen Einsicht führt.'»

14. Meditation des Geruchskontaktes

«Darauf erhob sich Sundarananda von seinem Sitz, neigte sein Haupt verehrend zu den Füßen des Buddha und erklärte: ‚Als ich das Heim verließ, um dem Buddha zu folgen, versäumte ich, trotz vollzogener Ordination, den Samādhi-Zustand zu erreichen, weil mein Geist von beständiger Ruhelosigkeit war. So war ich unfähig, über den Strom der Wandlungen hinauszugelangen. Der Erhabene wies (nun) mich und Kauṣṭhila an, den Geist auf die Nasenspitze zu richten. Diese Meditation begann ich, und etwa drei Wochen später sah ich, daß der Atem, der dadurch die Nasenlöcher ein- und ausströmte, wie Rauch war. Im Blick nach innen wurden mir Körper und Geist durchsichtig, und ich durchschaute die (äußere) Welt, die überall zu reiner, kristallgleicher Leerheit wurde. Allmählich verschwand der Rauch, und mein Atem wurde weiß. Wie sich mein Geist öffnete, erreichte ich den Zustand jenseits des Stroms der Wandlungen. Meine nun lichtgewordene Ein- und Ausatmung erhellte die zehn Himmelsrichtungen, so daß ich die Arhatschaft erlangte. Der Erhabene prophezeite, daß ich die Erleuchtung gewinnen würde. Wenn er nun nach dem besten Mittel zur Vervollkommnung fragt, so ist das beste, was meine persönliche Erfahrung anbelangt, den Atem aufzuheben, der sich dabei in Strahlung verwandelt und so die Erreichung der Vollkommenheitsstufe jenseits des Stroms der Wandlungen sichert.'»

15. Meditation des Zungenkontaktes

«Darauf erhob sich Pūrṇamaitrāyaṇīputra von seinem Sitz, neigte sein Haupt verehrend zu den Füßen des Buddha und erklärte: ‚In früheren Zeitaltern war die Macht meiner Rede unbegrenzt, und ich predigte (die Lehre) von Elend und Unwirklichkeit, wobei ich tief in die absolute Wirklichkeit eindrang. (Auch) pflegte ich in der Versammlung den Dharma des Tathāgata zu erläutern, jenen Dharma, dessen Tore zur Erleuchtung so zahlreich sind wie die Sandkörner im Ganges. Dabei gewann ich Furchtlosigkeit (abhaya) [22]. Der Erhabene wußte, daß ich die Macht der Rede gewonnen hatte, und lehrte mich, das Buddhawerk durch Predigen zu erfüllen. Daher unternahm ich es, ihn in seiner Gegenwart beim Drehen des Gesetzesrades zu unterstützen. Ich beherrschte den Löwenruf [23], und so erlangte ich die Arhatschaft. Er besiegelte meine unübertreffliche Fähigkeit im Darlegen des Dharma. Wenn er nun nach dem besten Mittel zur Vervollkommnung fragt, so ist nach meiner Meinung das beste die Anwendung des Dharmawortes, um die Feindschaft Māras [24] zu überwinden und den Strom der Wandlungen versiegen zu lassen.'»

16. Meditation des Tastkontaktes

«Darauf erhob sich Upāli von seinem Sitz, neigte sein Haupt verehrend zu den Füßen des Buddha und erklärte: ‚Ich selbst begleitete den Buddha beim Überklettern der Stadtmauer, als er seine Heimat verließ. Mit eigenen Augen sah ich ihn die Härte der Übungen während der ersten Jahre seines Asketenlebens durchstehen, sah ihn Dämonen besiegen, Ketzer überzeugen und sich selbst von den weltlichen Wünschen und allen unreinen Einflüssen (āsrava) des Geistes befreien. Persönlich lehrte er mich die Mönchsordnung einschließlich der 3000 Regeln [25] und der 80 000 Verhaltensvorschrif-

22. Es gibt 2 Arten von Furchtlosigkeit bei der Darlegung des Dharma zum Zweck der Bekehrung irrender Lebewesen: 1. die 4 Furchtlosigkeiten des Bodhisattva, die das Ergebnis sind seiner Kraft: a) sich des Dharmas zu entsinnen, um ihn Andre zu lehren; b) der moralischen Diagnose und Therapie durch das in jedem Fall nützlichste Heilmittel; c) verstandesbedingter Überwindung aller Hindernisse; d) alle Zweifel im Hörer zu beheben. 2. Die 4 Furchtlosigkeiten des Buddha, die da entstammen: a) seiner Allwissenheit; b) der Vollkommenheit seines Charakters; c) der Fähigkeit, alle Widersprüche zu besiegen; d) alle Leiden zu beenden.

23. Den Buddha-Dharma darzulegen, ohne Menschen und Dinge zu fürchten.

24. Māra ist der Feind des Buddha.

25. Es gibt 250 Mönchsregeln. Diese werden vervierfacht durch Gehen, Stehen, Sitzen und Liegen, das ergibt tausend. Diese wiederum mal drei für: Vergangenheit, Gegenwart und Zukunft, ergeben 3000 Regeln.

ten [26], durch die sich alle meine natürlichen und konventionellen Karmas reinigten [27]. Da mein Körper und mein Geist im Nirvāṇa-Zustand weilten, erlangte ich die Arhatschaft, und der Tathāgata siegelte meinen Geist auf Grund meiner strikten Beachtung der Regeln der Schülerschaft und der Körperkontrolle. Nun bin ich ein Stützpfeiler der Disziplin in dieser Versammlung und werde als Hauptschüler angesehen. Wenn der Buddha nun nach dem besten Mittel zur Vervollkommnung fragt, so ist dies meiner Meinung nach die Disziplinierung des Körpers, so daß er sich selbst von allen Behinderungen befreien kann und die Disziplinierung des Geistes bis dieser alldurchdringend wird. So erlangt man Freiheit von Körper und Geist.'»

17. *Meditation der Denkfähigkeit (mano-vijñāna)*

«Darauf erhob sich Mahā-Maudgalyāyana von seinem Sitz, neigte sein Haupt verehrend zu den Füßen des Buddha und erklärte: ‚Eines Tages, als ich um Nahrung bettelnd durch die Straßen ging, begegnete ich den drei Kāśyapa-Brüdern – Uruvilvā, Gayā und Nadī – die die tiefgründige Lehre der Kausalität predigten [28], wie sie der Tathāgata lehrt. Da öffnete sich mein Geist und wurde alldurchdringend. Darauf gab mir der Tathāgata das Mönchsgewand (kaṣāya), und als ich es trug, fielen mir Haar und Bart aus [29]. Ich durchstreifte die zehn Himmelsrichtungen und fand keine Behinderung.

26. Abkürzung für 84 000. Die Zahl der Mönchsregeln ist 3000 (vgl. vorige Fußnote), diese werden multipliziert mit den 7 «Ästen»: den 3 des Körpers (Mord, Diebstahl, Unzucht) und den 4 der Rede (Lüge, Verleumdung, Beleidigung, Doppelzüngigkeit). Das ergibt 21 000. Diese wiederum mit 4 multipliziert wegen der 3 «Gifte» (Gier, Zorn und Dummheit) plus des Ich-Gedankens, ergeben insgesamt 84 000. Nach der Ch'an-Interpretation steht die 8 für die 8 Arten des Bewußtseins und die 4 für die Körper und Geist aufbauenden 4 Elemente, den Raum, während die Nullen für die Zeit stehen. Die 84 000 Verhaltensformen sollen Zeit und Raum aufheben.

27. Das dem Naturgesetz zuwiderlaufende Karma (z. B. Diebstahl), sowie das den angenommenen Regeln zuwiderlaufende Karma (z. B. wenn ein Mönch Fleisch ißt).

28. Die Lehre von der Kausalität, die das Ungeschaffene enthüllt.

29. Die physischen Merkmale eines «Zu-Lebzeiten-Erlösten» (jivanmukta) sind: Versiegen jeglichen Haarwuchses, aller Transpiration und Exkretion. (d. Ü.)

So erlangte ich die transzendente Kraft, die sich als die höchste erwies und zur Erreichung der Arhatschaft führte. Nicht nur der Erhabene, sondern alle Tathāgatas der zehn Himmelsrichtungen lobten meine übernatürlichen Kräfte, die da vollkommen, rein, überlegen und furchtlos waren. Wenn der Buddha nun nach dem besten Mittel zur Vervollkommnung fragt, so besteht es meiner Meinung nach darin, zur Stille zurückzukehren und dem Licht des Geistes zu gestatten, in Erscheinung zu treten, so wie trübes Wasser durch Unbewegtheit rein und klar wird wie Kristall.'»

D. MEDITATION DER SIEBEN ELEMENTE [30]

18. Meditation des Feuer-Elements

«Darauf trat Ucchuṣma [31] vor den Tathāgata, legte die Handflächen zum Gruß aneinander, neigte sein Haupt verehrend zu den Füßen des Buddha und erklärte: ,Ich kann mich noch erinnern, daß ich in einem sehr fernen Zeitalter von sinnlicher Lust erfüllt war. Zu jener Zeit erschien ein Buddha mit Namen ,König der Immaterialität' in der Welt. Nach seiner Lehre entfachen jene, die lustvolle Wünsche hegen, ihr eigenes Höllenfeuer. Er lehrte mich, die Knochen meines Körpers zu meditieren, meine vier Gliedmaßen sowie meinen heißen und kalten Atem. Beim Nach-innen-Wenden des Geisteslichtes in solch einspitziger Konzentration wandelte sich mein lustvoller Geist in das Feuer der Weisheit. Seit jener Zeit werde ich von allen Buddhas «Feuerhaupt» genannt. Wegen meines feuerhellen Samādhi erlangte ich die Arhatschaft. Da legte ich das Gelübde ab, ein Halbgott (vīra) zu werden, sodaß ich allen Buddhas auf ihrem Weg zur Erleuchtung persönlich helfen könnte, die feindlichen Widerstände Māras [32] zu brechen. Wenn der Buddha nun nach dem besten Mittel zur Vervollkommnung fragt, so ist, meiner Meinung nach, das beste, die ,nichtseiende' Glut in Körper und Geist zu durchschauen, um (dadurch) alle Hindernisse

30. Die 7 Elemente des Universums sind: Feuer, Erde, Wasser, Luft, Raum, Wahrnehmung und Bewußtsein.

31. D. h. Feuerhaupt.

32. S. Glossar.

zu überwinden und dem Strom der Wandlungen ein Ende zu bereiten, damit das Große Licht in Erscheinung treten und zur Verwirklichung der Höchsten Bodhi führen kann.'»

19. Meditation des Erd-Elements

Darauf erhob sich der Bodhisattva Dharaṇiṃdhara [33] von seinem Sitz, neigte sein Haupt verehrend zu den Füßen des Buddha und erklärte: ‚Ich erinnere mich, daß ich, als ehedem der Buddha des Universellen Lichtes in der Welt erschien, ein Bhikṣu war, der alle Hindernisse zu beseitigen suchte: Brücken baute, Sand und Erde zum Straßenbau heranschaffte und zur Verbesserung der Reisfelder und gefährlicher Pässe, die in schlechtem Zustand oder unpassierbar für Pferde und Wagen waren. So fuhr ich fort zu wirken, lange Zeit hindurch, während unzählbar viele Buddhas (einer nach dem andern) in der Welt erschienen. Kaufte jemand etwas auf dem Markt und benötigte einen, der ihm die Ware heim trug, so tat ich es ohne Lohn. Als der Buddha Viśvabhū [34] in der Welt erschien und Hungersnot herrschte, wurde ich ein Lastträger, der nur eine Münze als Lohn forderte, gleich ob die Entfernung groß oder gering war. Wenn ein Ochsenkarren im Schlamm steckenblieb, so gebrauchte ich meine übernatürlichen Kräfte, seine Räder frei zu machen. Eines Tages lud der König diesen Buddha zu einem Fest. Da die Straße schlecht war, ebnete ich sie ihm. Der Tathāgata Viśvabhū legte seine Hand auf mein Haupt und sagte: ‚Du solltest (nun) deinen Geistgrund ebnen, und (du wirst) alle Dinge der Welt auf der gleichen Ebene (sehen) [35]. (Als ich dies hörte) da öffnete sich mein Geist, und ich sah, daß die Moleküle meines Körpers die gleichen waren wie jene, aus denen die Welt gebaut ist. Diese Moleküle waren derart, daß sie einander nicht berührten und sie selbst auch von einer scharfen Waffe nicht getroffen werden konnten. So erwachte ich zu der geduldigen Beharrlichkeit des Unerschaffenen (Zustandes) (anutpattika-dharma-kṣānti) und gewann dadurch die

33. D. h. Beherrscher der Erde.

34. Dritter der sieben mythischen Buddhas. Vgl. «*Ch'an and Zen Teaching*», 2. Serie, Teil 1.

35. Buddha Viśvabhū lehrt ihn, das universelle Bewußtsein zu entwickeln.

Arhatschaft. Als ich so meinen Geist nach innen wandte, verwirklichte ich die Bodhisattva-Stufe. Und als ich die Tathāgatas die universelle Buddha-Erkenntnis durch das Lotus-Sūtra darlegen hörte, war ich der erste Hörer, der zum Verstehen erwachte, und wurde daraufhin zu einem Führer der Gemeinschaft erhoben. Wenn der Buddha nun nach dem besten Mittel fragt, durch das die Vollkommenheit gewonnen werden kann, so ist, meiner Meinung nach, die Schau in die Gleichheit von Körper und Universum das beste. Diese (scheinbare Zweiheit) durch eine Befleckung aus Falschheit im Weisheitsschatz des Tathāgata entstanden, bleibt solange bestehen bis diese Befleckung schwindet und ersetzt wird durch jene vollkommene Weisheit, die zur Verwirklichung der Höchsten Bodhi führt.'»

20. Meditation des Wasser-Elements

«Darauf erhob sich der Bodhisattva Candraprabha von seinem Sitz, neigte sein Haupt verehrend zu den Füßen des Buddha und erklärte: ‚Ich erinnere mich noch, daß in dem fernsten aller Zeitalter, die so zahllos sind wie die Sandkörner im Ganges, ein Buddha war, mit Namen Varuṇa, der in der Welt erschien und die Bodhisattvas lehrte, das Wasserlement zu meditieren, um dadurch den Samādhizustand zu erreichen. Diese Methode besteht darin, Innenschau in die Körperlichkeit zu üben, in welcher die wäßrigen Elemente von Natur aus nicht gegeneinander wirken, und indem man als Meditationsobjekt folgende Gegebenheiten verwendet: zuerst Tränen und Nasensekret, dann Speichel, Absonderungen, Blut, Urin und Exkremente, sodann (das gleiche) in umgekehrter Reihenfolge. Hierbei wird ihm klar bewußt, daß das Wasserelement des Körpers sich nicht von den duftenden Ozeanen unterscheidet, die das Reine Land der Buddhas, jenseits unserer Welt, umgeben. Als mir diese Kontemplation gelang, hatte ich (jedoch) nur die Gleichartigkeit (aller Erscheinungsweisen) des Wasser-Elements erkannt, noch nicht aber gelang es mir, (meine bisherige Betrachtungsweise) des Körpers aufzugeben. Ich war zu jener Zeit Bhikṣu und übte Dhyāna (abstrakte Meditation). Als eines Tages ein Schüler in mein Zimmer blickte, sah er, daß es völlig mit klarem Wasser angefüllt war und mit nichts anderem sonst. Er war ein noch unwissender Knabe, nahm einen Stein, warf ihn in das hochaufspritzende Wasser, lugte neugierig und lief davon. Als ich dann aus meiner

Vertiefung erwachte, fühlte ich einen Schmerz im Herzen [36], so als hätte ich die gleichen Probleme, wie Śāriputra sie mit dem bösen Dämon hatte [37]. Ich überlegte: da ich die Arhatschaft erlangt habe, sollte ich von allen ursächlich bedingten Leiden befreit sein. Warum habe ich heute plötzlich Herzschmerzen? Könnte es das Zeichen eines Rückschritts sein? Als der Knabe zurückkam und mir (von seinem Streich) erzählte, sagte ich: ‚Wenn du nächstens wieder einmal Wasser in meinem Zimmer siehst, öffne die Tür, gehe in das Wasser und nimm den Stein (wieder) fort.' Der Knabe gehorchte, denn als ich wieder im Samādhi-Zustand war, entdeckte er den Stein, öffnete die Tür und entfernte ihn. Als ich darauf wieder erwachte, war mein Schmerz verschwunden. Später begegnete ich zahllosen Buddhas, bevor ich (schließlich) mit dem Buddha Sārgara-varadhara-buddhi-vikrīḍitā-bhijña zusammentraf, (unter dessen Anweisung) es mir gelang, (die Vorstellung vom) Körper aufzugeben. Dabei verwirklichte ich die vollkommene Einheit des Körpers mit den duftenden Ozeanen der zehn Himmelsrichtungen in absoluter Leerheit ohne jede Unterscheidung. Daher werde ich ‚Sohn des Buddha' genannt [38] und damit für würdig befunden, den Begegnungen der Bodhisattvas beizuwohnen. Wenn der Buddha nun nach dem besten Mittel fragt, durch das die Vollkommenheit gewonnen werden kann, so ist meiner Meinung nach das beste, die Erreichung der ungehinderten, allumfassenden Durchdringung des Wasser-Elements, wobei die geduldige Dauerhaftigkeit des Ungeschaffenen (anutpattika-dharma-kṣānti) [39] erfahren werden muß, was die Völlige Erleuchtung sichert.'»

36. Wegen seiner Anhaftung an ein falsches Wirklichkeitsbild, daß nämlich ein Ich in seinem Körper existent sei.

37. Als Śāriputra am Gangesufer Dhyāna übte, schlug ihn ein Dämon sehr schmerzhaft. Die Ursache war sein Karma aus früheren Existenzen. Dazu sagte ihm der Buddha: «Zum Glück warst du im Dhyāna-Zustand. Andernfalls wäre dein Körper zerschmettert worden, und du wärst tot gewesen.»

38. Wörtlich «Kindnatur der Einfachheit». Die Stufe des Kindhaften im Buddha, d. i. die 8. der 10 Stufen der Bodhisattva-Weisheit.

39. Die Ruhe der unerschütterlichen Wirklichkeit, die jenseits liegt von Geburt und Tod, und die viel geduldige Ausdauer voraussetzt. Das Prajñapāramitā-śāstra definiert sie als festen Glauben und unerschütterliches Verweilen in der allen Dingen zugrundeliegenden Wirklichkeit, die jenseits ist aller Schöpfung und Auflösung. Sie muß vor Erlangung der Buddhaschaft verwirklicht sein.

21. Meditation des Luft-Elements

«Darauf erhob sich der Bodhisattva des Kristallenen Lichtes von seinem Sitz, neigte sein Haupt verehrend zu den Füßen des Buddha und erklärte: ‚Ich erinnere mich, daß einst, im fernsten aller Zeitalter, die so zahlreich sind wie die Sandkörner im Ganges, ein Buddha war, der den Namen ‚Unendliche Stimme' trug, und der in der Welt erschien, den Bodhisattvas die tiefgründige, erleuchtende und grundlegende Achtsamkeit zu enthüllen. Durch diese (ist es möglich), die Welt und die körperlichen Formen aller lebenden Wesen zu durchschauen und zu erkennen, daß sie alle durch die Macht des Luft(-Elements) aus dem illusorischen Strom der Ursachen geschaffen sind. Zu jener Zeit ergründete ich die (illusorische) Weltentstehung [40], den Wechsel der Zeit, die körperliche Bewegung und Bewegungslosigkeit sowie die Geistesbewegung, mit andern Worten, alle Arten von Bewegungen, die im Grunde die gleichen waren und sich nicht voneinander unterschieden. Ich stellte dann fest, daß diese Bewegungen weder ein Woher noch Wohin hatten und daß alle lebenden Wesen in den zehn Himmelsrichtungen, zahlreich wie Staubkörner, aus dem gleichen Irrtum entsprangen. Gleichermaßen waren alle lebenden Wesen, in jeder der kleinen Welten des großen Chiliokosmos [41] wie Moskitos in der Falle, in der sie hilflos summen und viel Unruhe verursachen. Bald, nachdem ich dem Buddha begegnet war, erlebte ich die geduldige Dauerhaftigkeit des Unerschaffenen (Zustandes). Wie sich mein Geist öffnete, erblickte ich das Land des Unerschütterlichen Buddha (Akṣobhya) [42] im östlichen Bereich, wo ich als Sohn des Dharma-

40. Durch Aufhebung zuerst des Raumes und dann der Zeit.

41. Tri-sahasra-mahā-sahasra-loka-dhātu. Der Sumeru-Berg und die 7 ihn umgebenden Kontinente, die 8 Ozeane und das Eisengebirge bilden eine kleine Welt; tausend von ihnen einen kleinen Chiliokosmos; tausend davon einen mittleren Chiliokosmos und tausend davon einen großen Chiliokosmos, der aus einer Milliarde kleiner Welten besteht.

42. Einer der 5 Dhyāni-Buddhas. Diese sind: Vairochana (Mitte), Akṣobhya (Osten), Ratnasambhava (Süden), Amitābha (Westen) und Amoghasiddhi (Norden). Er ist der erste der 16 Söhne von Mahābijñājñānābhibhu, dem großen Buddha der höchsten Durchdringung und Weisheit, der der Vater war von Amitābha und Śākyamuni in früheren Inkarnationen.

Königs Zutritt hatte und allen Buddhas der zehn Himmelsrichtungen diente. Mein Körper und Geist strahlten Licht aus, durch das alles ohne Einschränkung erhellt wurde. Wenn der Buddha nun nach dem besten Mittel zur Vervollkommnung fragt, so ist nach meiner Meinung das beste, Innenschau zu gewinnen in die Macht des Luft-Elements, das nichts (an Wirklichkeit) besitzt, worauf man sich verlassen könnte, und dabei zum Bodhi-Geist zu erwachen, um in Samādhi einzutreten und sich schließlich mit dem Höchsten Einen Geist, den die Buddhas der zehn Himmelsrichtungen lehren, zu vereinen.'»

22. Meditation des Raum-Elements

«Darauf erhob sich der Bodhisattva Ākāśagarbha von seinem Sitz, neigte sein Haupt verehrend zu den Füßen des Buddha und erklärte: ‚Als der Tathāgata und ich zusammen bei Buddha Dīpankara waren und wir uns der Grenzenlosigkeit unseres Körpers bewußt geworden, da hielt ich vier große, kostbare Edelsteine in der Hand [43], die alle die Buddha-Länder in den zehn Himmelsrichtungen – zahlreich wie Staubkörner – erleuchteten und in (absolute) Leerheit verwandelten. Da erschien mir mein eigener Geist wie ein großer Spiegel, von dem zehn Arten wunderbaren, kostbaren Lichtes ausgingen [44], das die zehn Himmelsrichtungen durchdrang, die Grenzen des Raumes erreichte und alle Reinen Buddhaländer in diesen Spiegel eingehen ließ, so daß sie und mein Körper, der nun gleichsam die Unendlichkeit des Raumes selber war, einander durchdrangen. (Nun) konnte mein Körper auf vollkommene Weise so viele (saṃsārische) Länder, wie es Staubkörner gibt, betreten, um überall das Buddhawerk (der Erlösung) zu tun, so daß die Vollkommenheit (überall) einziehen konnte. Diese große transzendente Macht gewann ich aus der tiefen Ergründung (einerseits) der vier Elemente, an denen keine verläßliche Wirklichkeit haftet, und (andererseits) des falschen Denkens, das da entsteht und vergeht

43. Ākāśagarbha war erfolgreich in seiner Meditation der vier Elemente: Erde, Wasser, Feuer, Luft, die er als identisch mit dem zugrundeliegenden Prinzip erkannte und sie so in 4 kostbare Edelsteine verwandelte.

44. Das Licht der Wahrnehmung fundamentaler Einheit der 10 dharmadhātus, d. h. der 6 saṃsārischen Welten und der 4 Bereiche der Heiligkeit.

(und in der ‚Nichtsheit' endet). Ich erlebte die Dualitätslosigkeit des Raumes und die Einheit der (Reinen) Buddha (-Länder) mit den saṃsārischen Welten, wobei ich die geduldige Dauerhaftigkeit des Ungeschaffenen (Zustandes) erlangte. Wenn der Buddha nun nach dem besten Mittel zur Vervollkommnung fragt, so ist, meiner eigenen Erfahrung gemäß, das beste die unmittelbare Erkenntnis des grenzenlosen Raumes, die den Eintritt in den Samādhi-Zustand bewirkt, zu gewinnen und dabei die geheime spirituelle Kraft zu vervollkommnen.'»

23. Meditation des Bewußtseins-Elements

«Darauf erhob sich der Bodhisattva Maitreya von seinem Sitz, neigte sein Haupt verehrend zu den Füßen des Buddha und erklärte: ‚Ich erinnere mich, daß in dem fernsten aller Zeitalter, die so zahlreich sind wie Staubkörner, ein Buddha lebte, der den Namen trug Candra-sūrya-pradīpa [45], der in der Welt erschien, (andre zu bekehren). Ich folgte ihm und verließ das Hausleben. Trotzdem liebte ich (noch) den weltlichen Ruhm und schätzte die vornehme Gesellschaft. Da lehrte mich der Tathāgata die tiefsinnige Meditation (dhyāna) des Geistbewußtseins [46], damit ich Samādhi erlangen möge. Seitdem habe ich in allen Weltaltern dieses Samādhi benutzt, um den Buddhas, die so zahlreich sind wie die Sandkörner im Ganges, zu dienen, und dabei völlig meine (bisherige) Gesinnung, die auf weltlichen Ruhm gerichtet war, aufzugeben. Als der Buddha Dīpankara in der Welt erschien, verwirklichte ich (durch seine Anweisung) den bewußtseinsvollenden Samādhi-Zustand des Geistes, der mich in die Lage versetzte zu erkennen, daß alle Tathāgata-Bereiche und alle saṃsārischen Welten, daß Reinheit und Unreinheit sowie Existenz und Nichtexistenz nichts anderes seien als Erscheinungen aus den Wandlungsformen meines eigenen Geistes. Erhabener, wegen dieses meines klaren Verstehens, daß nur das Geistbewußtsein der Ursprung (aller Erscheinungsformen) ist, (sah ich)

45. Oder Buddha Candrākadīpa.

46. Die Nur-Bewußtseins-Lehre, die besagt, daß nichts außerhalb des Geistes existiert, daß die drei Daseinswelten (der Wünsche, der Form und jenseits der Form) aus dem *Nur-Bewußtsein* kommen und daß alle Dinge (dharma) vom *Nur-Bewußtsein* geschaffen sind.

eine grenzenlose Zahl von Tathāgatas aus dem Wesen des Bewußtseins entstehen, und daher (stammt auch des Buddhas) Prophezeihung, daß ich sein Nachfolger sein würde. Wenn der Buddha mich nun nach dem besten Mittel zur Vervollkommnung fragt, so ist meiner Meinung nach das beste, alle Erscheinungsformen der zehn Himmelsrichtungen zu durchschauen, wie sie nur vom Bewußtsein geschaffen sind. So kann der bewußte Geist vervollkommnet werden und dabei die absolute Wirklichkeit erfahren, wobei die Unzuverlässigkeit äußerer Erscheinungsformen erkannt, alle Anhaftungen, die der Unterscheidung entstammen, aufgehoben werden und so die geduldige Dauerhaftigkeit des Ungeschaffenen (Zustandes) gewonnen wird.'»

24. Meditation des Wahrnehmungs-Elements

«Darauf erhob sich Mahāsthāma [47], ein Sohn des Dharma-Königs und Haupt einer Gruppe von 52 Bodhisattvas, von seinem Sitz, neigte sein Haupt verehrend zu den Füßen des Buddha und erklärte: ‚Ich entsinne mich, daß in dem fernsten aller Zeitalter, die so zahllos sind wie die Sandkörner im Ganges, ein Buddha war, der den Namen Amitābha trug [48] und der in diesem Kalpa der erste von elf andern Tathāgatas war. Der letzte (davon) war genannt ‚Der Buddha, dessen Licht stärker strahlt als Sonne und Mond'. Er lehrte mich, wie ich den Samādhi-Zustand (dadurch) erreichen könnte, daß ich ausschließlich an den Buddha (Amitābha) dachte. Um ein Beispiel zu geben: Wenn ein Mensch sich auf einen andern konzentriert, der seinerseits dieses andern aber nicht gedenkt, so mögen die beiden einander wohl (in späterer Existenz) begegnen, sie nehmen jedoch keine Kenntnis voneinander. Denken aber beide eifrig aneinander, so wird dieser Eifer von Wiedergeburt zu Wiedergeburt wachsen, bis sie schließlich beide so unzertrennlich werden wie der Körper und sein Schatten. Die Tathāgatas der zehn Himmelsrichtungen haben Mitleid mit allen lebenden Wesen und

47. Oder Mahāsthāmaprāpta, ein Bodhisattva, der die Buddha-Weisheit Amitābhas symbolisiert. Er hat seinen Platz zur Rechten, während Avalokiteşvara links steht. Sie bilden die Trinität des Westlichen Paradieses der Seligkeit.

48. Der Buddha des Unendlichen Lichtes.

denken beständig an sie, so wie eine Mutter, die nie aufhört, an ihren Sohn zu denken. Läuft der Sohn davon, so helfen ihre Gedanken ihm nicht mehr; denkt er aber mit dem gleichen Eifer an sie, so werden sie nicht voneinander getrennt, mögen sie auch (durch Wiedergeburten) verwandelt werden. Wenn ein lebendes Wesen sich des Buddha erinnert und seiner gedenkt, so wird er ihn sehen in seiner gegenwärtigen und seiner nächsten Existenz. Er wird dem Buddha nicht fern sein. Und ermangelt ihm auch Hilfe von jeder andern Seite, sein Geist wird geöffnet sein. Er ist wie ein Mensch, dessen Körper, von Weihrauchduft getränkt, Duft ausstrahlt. Darum nennt man diesen ‚Einen, der von (des Buddha) Duft und Licht geschmückt ist[49]'. Aus meinem fundamentalen Ursprungsgrund und mit all meinen Gedanken konzentriert auf den Buddha, erlangte ich die geduldige Dauerhaftigkeit des Ungeschaffenen (Zustandes). (Darum) helfe ich allen lebenden Wesen dieser Welt, daß sie ihre Gedanken reinigen, indem sie den Namen des Buddha wiederholen und dadurch das Reine Land erreichen. Wenn der Buddha nun nach dem besten Mittel zur Vervollkommnung fragt, so halte ich dafür, daß nichts die vollkommene Kontrolle der sechs Sinne durch beständige reine Gedanken übertrifft, und daß dadurch der Samādhi-Zustand erreicht wird.'»

E. AVALOKITEŚVARAS METHODE DER VERWIRKLICHUNG HÖCHSTER ERLEUCHTUNG

25. Meditation des Hör-Organs

«Darauf erhob sich der Bodhisattva Avalokiteśvara von seinem Sitz, neigte sein Haupt verehrend zu den Füßen des Buddha und erklärte: ‚Ich erinnere mich, daß vor vielen Zeitaltern, so unzählbar vielen, wie Sandkörner im Ganges sind, ein Buddha mit Namen Avalokiteśvara in der Welt erschien. Als ich mit ihm lebte, entfaltete ich den Bodhi-Geist, und für meinen Eintritt in den Samādhi-Zustand wurde ich von ihm unterwiesen, die Selbstgestaltung auf dem Weg über das Hör-Organ zu üben.'

49. Die Bezeichnung für den, dessen Geist den Buddha meditiert und der vom Buddha-Duft durchdrungen und vom Buddha-Licht verherrlicht wird.

'Indem ich erstlich das Hören richtete in den Strom
(Der Meditation), wurde dies Organ abgelöst von seinem Objekt.
Auslöschend beide (Begriffe): Laut und Stromeintritt,
Waren Störung und Stille, sie beide,
So aufgehoben.
Derart fortschreitend Schritt um Schritt,
Schwand mir das Hören und seine Objekte.
Ich aber harrte nicht, wo sie endeten.
Wie das Erleben (dieses Zustandes) und der Zustand selbst
Als nicht vorhanden (erkannt ward), sanken Subjekt und Objekt in die Leerheit,
Und das Erlebnis der Leerheit wurde umfassend.
Wie aber Schöpfung und Auflösung
Schwanden, war nur noch Eines – Nirvāṇa.

So übersprang ich plötzlich die Weltlichkeit, wie die Überweltlichkeit. Ich erlebte eine allumfassende Helle, die alle zehn Himmelsrichtungen durchdrang, und gewann die zwei unübertroffenen (Verdienste). In Übereinstimmung mit dem höchsten Erleuchtungsbewußtsein aller Buddhas hoch oben in den zehn Himmelsrichtungen gewann ich die gleiche gnadenvolle Macht wie die Tathāgatas, und in Übereinstimmung mit allen lebenden Wesen der sechs Daseinsbereiche hier unten in den zehn Himmelsrichtungen teilte ich mit ihnen die gleiche Sehnsucht nach Mitleid. Erhabener, da ich dem Tathāgata Avalokiteśvara (folgte und ihm) Gaben darbrachte, lehrte er mich, das illusorische Hören zu verwenden, um das (absolute) Hören zu entwickeln und damit das Diamant- (vajra-) Samādhi zu verwirklichen, (das Samādhi) aller Buddhas, das mir die Fähigkeit gab, mich in 32 körperliche Formen zu verwandeln, damit ich (auf diese Weise) alle Bereiche des Saṃsāra besuchen kann, (um die lebenden Wesen zu retten).'»

(Der Bodhisattva gibt nun Einzelheiten der 32 verschiedenen Formen, die er annimmt und sagt, daß er mit Hilfe der tiefen ungeschaffenen Macht dieses Samādhi den lebenden Wesen 14 Arten von Furchtlosigkeit vermitteln kann, und daß er außerdem 4 unfaßbare und wunderbare unerschaffene Vortrefflichkeiten gewann. Er fährt fort:)

«,Wenn der Buddha nach dem besten Mittel zur Vervollkommnung fragt, so ist meiner Erfahrung nach das beste, das Hörorgan für die allumfassende Konzentration zu verwenden, um den bedingten Geist für seinen Eintritt in den (Meditations-) Strom zu lösen und so den Samādhi-Zustand zu erreichen, der, meiner persönlichen Erfahrung gemäß, zur Bodhi führt.

Erhabener, jener Buddha lobte meine geschickte Verwirklichung der völligen Erleuchtung und gab mir, in Gegenwart der Versammlung, den Namen Avalokiteśvara, weil ich die Fähigkeit besaß, vollkommen aus den zehn Himmelsrichtungen (alles) zu hören. Aus diesem Grunde ist mein Name überall in den zehn Himmelsrichtungen bekannt.'

Darauf sagte der Tathāgata zu Mañjuśri: ,O Sohn des Dharma-Königs! Diese fünfundzwanzig Bodhisattvas und Arhats, die nicht mehr zu lernen und zu studieren brauchen, haben die zweckdienlichsten Methoden geschildert, deren sie sich auf ihrem Selbstgestaltungswege zur Bodhi bedienten. In Wahrheit jedoch ist keine der Methoden von der andern verschieden, ist weder besser noch schlechter als die andere. Sage mir (nun), welche davon für Ānanda geeignet sein mag, so daß er zu ihr erwachen kann, und welche von ihnen leicht auszuführen ist; (dies sage mir) zum Heil der lebenden Wesen, die nach meinem Nirvāṇa das Bodhisattva-Fahrzeug zu üben wünschen, um damit zur höchsten Bodhi zu gelangen.'

Wie ihm befohlen, erhob sich Mañjuśri von seinem Sitz, neigte sein Haupt verehrend zu den Füßen des Buddha und rezitierte ehrfurchtsvoll folgende Gāthā:

,Vollkommen ist und klar von Grund auf das Meer der Erleuchtung.
Wunderbar ist sie im Wesen, die fleckenlos reine Bodhi [50].
Leuchtend im Glanz aus ewiger Tiefe schafft sie, wie aus Zufall,
Ein Etwas, das aber nun ihr strahlendes Sein verdunkelt.
So aus Verblendung erwuchs einseitige Leerheit,
In der einer Scheinwelt täuschende Form entstand.
So sich verfestigend schuf sich das Denken die Erde,

50. Die beiden Zeilen schildern die Wirklichkeit des Einen Geistes.

51. Diese 6 Zeilen zeigen, wie die Täuschung sich aus der Wirklichkeit entwickelt.

Während der, der da dachte, zum lebenden Wesen wurde [51].
Doch diese Leerheit, entstanden inmitten der Bodhi,
Ist eine Blase im Meer nur. Doch Welten,
Zahllos wie Sandkörner, wuchsen, entstanden
In dieser (relativen) Leerheit.
Wenn diese Blase zerspringt, wird der Leerheit Trug
Klar offenbar. Mehr noch der Trug der drei Welten [52].
Wenn auch die Rückkehr von allem zur Einen Natur unvermeidlich,
Gibt's doch, dies Ziel zu erreichen, verschied'ne Methoden [53].
Das heil'ge Bewußtsein ist mühelos alldurchdringend;
Doch gibt es direkte und indirekte Wege zum Ziel.
Die Neugeweihten sind ungleich in ihrer Stärke,
Die einen erlangen Samādhi schneller, die andern nur langsam [54].
Form als Kristallbild des Denkens
Ist nur zu schwer zu durchschauen.
Kann man Vollkommenheit sehen
Hinter Bildern, die nicht zu durchdringen [55]?
Begrenzt sind Laut, Stimme, Wort und Sprache
Auf ihre Definitionen,
Die in sich selbst nur begrenzt sind.
Kann da man Vollkommenheit finden [56]?
Jeder Duft bedarf einer Nase,
Ohne welche er nicht existiert.
Wie kann, was nicht ständig vorhanden,
Vollkommenheitshilfsmittel sein [57]?
Absoluter Geschmack ist ein Irrwort,
Solange nichts Schmeckbares da ist.
Weil der Sinn des Geschmacks sich wandelt,
Wie soll er Vollkommenheit geben [58]?

52. Die 3 Bereiche der Wunschwelt, der Formwelt und der Welt jenseits der Formen sind Produkte innerhalb der unwirklichen Leerheit.

53. Der Rückkehr zur nicht-dualistischen Natur.

54. Betont wird die Wahl der geeigneten Methode der Selbstgestaltung.

55. Kommentar zu Upaniśads Wahl der Form als Vervollkommnungsmittel.

56. Kommentar zu Kauṇḍinyas Meditation des Lautes.

57. Kommentar zu «Geschmückt-durch-Duft» Meditation des Geruches.

58. Kommentar zur Meditation des Geschmacks von Bhaiṣajya-rāja und Bhaiṣajya-samudgata.

Berührung ist, wo ich berühre.
Ist nichts zu berühren, was dann?
Kontakt und sein Fehlen, sie wechseln.
Wie kann da Berührung erleuchten [59]?
Inn're Befleckung nennt man dharma (Dinge)
Vertraut man darauf, ist schon ein Objekt gesetzt.
Subjekt und Objekt sind vergänglich.
Wie also macht dharma vollkommen [60]?
Das Auge ist fähig, zu sehen
Die Dinge in seinem Blickfeld.
Doch wie kann ein Ausschnitt der Welt
Zu vollkommener Weltschau verhelfen [61]?
Einatmung und Ausatmung
Haben kein Bindeglied.
Wie können sie, so unverbunden,
Zur Vollkommenheit verhelfen [62]?
Nichts berührend ist nutzlos die Zunge
Ist aber Geschmack da, so schmeckt sie;
Vergeht er, ist wieder Ruhe.
Kann das zur Erleuchtung verhelfen [63]?
Abhängig ist der Körper vom Objekt der Berührung.
Für allumfassende Meditation sind beide gleich nutzlos,
Denn sie ist jenseits der Grenzen von Subjekt und Objekt.
Kann dadurch Vollkommenheit werden [64]?
Der Denkakt des Geistes zerstört
Die Ruhe echter Erkenntnis.
Da schwer dieser Wirbel zu bänd'gen,
Wie kann da das Denken erleuchten [65]?
Bewußtsein und Auge und Anblick,

59. Kommentar zu Bhadrapālas Meditation der Berührung.

60. Kommentar zu Mahākāśyapas Meditation der Dinge (dharma).

61. Kommentar zu Aniruddhas Meditation des Sehorgans. Wir können alles sehen, was sich vor uns befindet, aber nur teilweise, was rechts und links liegt. Wie kann ein Teilbild verwendet werden, die Vollkommenheit zu zeigen?

62. Kommentar zu Kṣudrapanthakas Meditation des Geruchsorgans.

63. Kommentar zu Gavāṃpatis Meditation des Geschmacksorgans.

64. Kommentar zu Pilindavatsas Meditation des Körpers.

65. Kommentar zu Subhūtis Meditation des Intellekts.

Drei ruhelose Momente.
Wie kann, was so voller Verwandlung,
Vollkommenheit für sich gewinnen [66]?
Der Geist des Gehörs dringt durch Räume.
Ihn entfalten heißt, Kräfte bewegen.
Wer da nicht geübt ist, versagt leicht [67].
Kann das zur Vervollkommnung dienen [68]?
Die Meditation der Nase
Ist nur ein Mittel zur Hilfe,
Des Geistes Bewegung zu zügeln.
Ein falsches Verweilen schafft Irrtum.
Kann das der Vervollkommnung dienen [69]?
Dharma-Predigt, ein Spiel mit Worten!
Weit ist der Weg zur Erweckung.
Kein Wort führt über den Welt-Strom.
Kann das der Vervollkommnung dienen [70]?
Das Beachten der mönchischen Regeln
Ist nutzvoll zur Körperkontrolle,
Doch reichte sie darüber hinaus nicht.
Da die Körperkontrolle begrenzt ist,
Kann sie der Vervollkommnung dienen [71]?
Die übernatürlichen Kräfte
Entstammen vergangenem Ursprung.
Wie können sie da befreien
Vom unterscheidenden Geiste [72]?
Weil das Denken das Außen nicht losläßt,
Wie kann's zur Vervollkommnung führen [73]?
Die Erde, Objekt des Betrachtens,

66. Kommentar zu Śāriputras Meditation der Sehwahrnehmung.

67. Wörtlich: Neueingeweihte Menschen können es nicht verwirklichen.

68. Kommentar zu Samantabhadras Meditation der Ohr-Wahrnehmung. Das Hör-Bewußtsein kann nur bei «beträchtlicher Ursache» erkannt werden, d. h. nur nach längerer Übung.

69. Kommentar zu Sundaranandas Meditation der Geruchswahrnehmung.

70. Kommentar zu Pūrnamaitrāyanīputras Meditation des Zungen-Bewußtseins.

71. Kommentar zu Upālis Meditation der Körper-Wahrnehmung.

72. «Unterscheidender Geist» im Vers ist mano-vijñāna, das 6. Bewußtsein, der mentale Sinn oder Intellekt.

73. Kommentar zu Mahā-Maudgalyāyanas Meditation des 6. Bewußtseins.

Ist fest und nicht zu durchdringen.
Da weltlich, ist sie nicht geistig.
Kann sie da zur Vervollkommnung dienen [74]?
In der Meditation des Wassers
Fehlt die Wirklichkeit jedem Gedanken.
Relativ ist Sehen und Fühlen.
Kann da Wasser Vollkommenheit schaffen [75]?
In der Meditation des Feuers
Ist Wunschlosigkeit noch keine Befreiung.
Für Anhänger liegt da kein Nutzen.
Wie also vollkommen durch Feuer [76]?
Bei der Meditation des Luft-Elements
Ist Bewegung und Stille täuschende Zweiheit
Und so kein Ursprung Höchster Erleuchtung.
Kann da Luft zur Vollkommenheit führen [77]?
Wird das Raum-Element für die Einsicht verwendet,
Wie kann seine Dumpfheit Erleuchtung vermitteln?
Unerhelltes gleicht niemals der Bodhi.
Wie also kann ‚Raum' zur Vollkommenheit führen [78]?
Bei der Meditation des Bewußtseins
Wechselt dieses doch unablässig.
Den Geist dran zu binden, schafft Irrtum.
Kann dadurch Vollkommenheit werden [79]?
Vergänglich ist alle Erscheinung,
Auftaucht das Denken und schwindet.
Ursache gleicht niemals der Wirkung.
Wie kann draus Vollkommenheit werden [80]?
Doch ich muß dem Erhab'nen bekennen,
Daß die Buddhas der Dingwelt entkamen,
Weil der heilsamen Lehre sie folgten,
Die den hörbaren Laut sublimiert.
Für den ist Samādhi gewonnen,

74. Kommentar zu Dharaṇiṃdharas Meditation des Erd-Elements.
75. Kommentar zu Candraprabhas Meditation des Wasser-Elements.
76. Kommentar zu Ucchuṣmas Meditation des Feuer-Elements.
77. Kommentar zu «Kristall-Lichts» Meditation des Luft-Elements.
78. Kommentar zu Ākāśagarbhas Meditation des Raum-Elements.
79. Kommentar zu Maitreyas Meditation des Bewußtseins-Elements.
80. Kommentar zu Mahāsthāmas Meditation des Sinnen-Elements.

Der den Weg des Hörens sich wählte [81].
Avalokiteśvara Bodhisattva
Hat damit Befreiung vom Leiden gefunden.
Unzählbar wie Sandkörner im Ganges
Sind die Weltalter, da er die gleiche Zahl
An Buddha-Ländern erleuchtet betrat,
Verseh'n mit der Macht seiner inneren Freiheit,
Furchtlosigkeit unter den Wesen verbreitend.
O du, dessen wunderbar reine
Stimme den Gezeiten gleicht,
Der du niederblickst auf das menschliche Wort,
Hilf uns Weltlichen, biete uns Zuflucht,
Gib Erlösung und Ewigkeit [82].
Dem Tathāgata will ich ergeben erklären
Avalokiteśvaras heiliges Wort:
Wenn man weilt in ewiger Stille,
Donnern Trommeln um den Weltenkreis.
Wer sie hört, der ist vollkommen [83].
Das Auge durchdringt keine Schranken,
Nicht der Mund und nicht die Nase.
Durch Kontakt nur empfindet der Körper,
Gedanken sind wirr und zerrissen.
(Doch) die Stimme, nah oder ferne,
Kann immer, beständig man hören.
Die fünf andern Organe sind unvollkommen,
Alldurchdringend allein ist das Hören [84].
Das ‚Sein' oder ‚Nichtsein' von Laut und Stimme
Registriert das Ohr als ‚ist' oder ‚fehlt'.
Da, wo kein Laut ist, wird nichts gehört,

81. Diese 6 Zeilen zeigen den für diese Welt geeignetsten Dharma.

82. Diese 12 Zeilen preisen die großen Errungenschaften des Bodhisattva Avalokiteśvara. Die «wunderbare Stimme» ist jene, mit deren Hilfe er seine Höchste Bodhi verwirklichte. «Achthaber der Stimme» zu sein ist sein Erlösungsmerkmal zum Heil der Andern. «Reine Stimme» steht für Freiheit von allen Anhaftungen. «Gezeitengleiche Stimme» ist Einsatzfähigkeit gegenüber den Nöten der Menschen, gleichwie die Gezeiten nie versäumen, einzutreten.

83. Diese 5 Zeilen zeigen die Vollständigkeit des Hörens, das durch niemanden beeinträchtigt werden kann.

84. Diese 8 Zeilen beweisen die Durchdringungsfähigkeit des Hörens.

Nichthören ist leer von Natur.
Fehlen des Lauts heißt nicht Ende des Hörens,
Vorhandener Laut, nicht des Hörens Beginn.
Das Hören selbst ist von ständiger Dauer,
Gehört wird von dem, was entsteht und vergeht [85].
Und selbst wenn im Traum sich Ideen bilden,
Obgleich man nicht denkt – Gehör bleibt besteh'n [86].
Denn die Hörfähigkeit ist jenseits des Denkens
Und reicht hinaus über Geist und Leib [87].
In dieser Sahā-Welt
Geschieht Belehrung durch Stimme [88].
Wer des Hörens Natur nicht durchschaun kann,
Folgt dem Laut und wird wiedergeboren.
Was Ānanda hörte, das hat er behalten,
Doch das hinderte nicht sein irriges Denken [89].
So stürzt ins Saṃsāra, wer sich klammert an Laute.
Die Wahrheit kommt nicht aus dem weltlichen Strom [90].
So höre, Ānanda, und höre mit Sorgfalt.
Ich proklamiere im Namen des Buddha
Den Vajra-König der Erleuchtung,
Jenes unbegreifbare Erkennen,
Daß alle Erscheinung nicht wirklich ist.
Dies ist Samādhi, die Buddhazeugung [91].

85. Diese 8 Zeilen beweisen die Dauerhaftigkeit des Hörens.

86. Selbst im Schlaf hört man das Geräusch des Stößels, der Reis zerkleinert, und hält es für das Schlagen einer Trommel.

87. Das Hören übertrifft wahrhaft alle andern Organe.

88. Während andere Gegebenheiten geeignet sind, den Dharma in anderen Daseinswelten zu predigen, ist die Stimme dazu ausersehen, die menschliche Daseinswelt zu lehren.

89. Ānanda erlag der Versuchung, als er an die Tür eines Mātangi-Mädchens klopfte, um Nahrung zu erbetteln, und verstieß nahezu gegen die Mönchsregel der Keuschheit. Der Buddha, der das wußte, sandte Mañjuśri, um Ānanda zu retten, und bediente sich dieses Geschehnisses als Anlaß, das Śūraṅgama Sūtra zu predigen, wobei er auf die Notwendigkeit Nachdruck legte, die sexuellen Wünsche, das Haupthindernis vor der Bodhi, zu entwurzeln.

90. Diese 8 Zeilen zeigen die Hauptursachen sowohl der Täuschung wie der Erleuchtung.

91. Diese 6 Zeilen erklären das wahre Samādhi.

Du magst von Methoden hören,
Von zahllosen Buddhas verkündet;
Doch trägst du noch Wünsche im Herzen,
Entsteht dir durch Hören nur Irrtum [92].
Warum wendest du nicht nach innen,
Dem wahren Geist zu lauschen,
Jenes Ohr, das dem Buddha du öffnest [93]?
Nicht von sich aus ist das Hören,
Es ist bedingt durch den Laut [94].
Wie nennst du, was losgelöst ist,
Wenn, vom Laut gelöst, du zurücklauschst [95]?
Kehrt ein Sinnesorgan sich zur Quelle,
Werden alle sechs Sinne erlöst [96].
Wie optische Täuschung sind Sehen und Hören,
Die Dreiwelt gleicht einer Blume am Himmel.
Wenn das Hören von seinen Objekten gelöst ist,
Verschwindet das Trugbild ‚Hörorgan'.
Vollkommen die Bodhi, wo Objekte entwurzelt [97].
In höchster Reinheit ist alldurchdringend das Licht,
Das in strahlender Ruhe die große Leerheit entfaltet.
In der Nähe beseh'n sind die weltlichen Dinge
Illusionen, wie sie die Träume vermitteln.
Wie ein Traum war das Mātangi-Mädchen.
Wie konnte sie deinen Körper besiegen [98]?
Sieh etwa den Gaukler,
Den Puppenspieler:
Das Leben der Puppen
Ist das Werk dieses Spielers.

92. Diese 4 Zeilen zeigen die Narrheit, zu hören und zu lernen, ohne gleichzeitig der korrekten Methode praktischen Übens zu folgen.

93. Diese 3 Zeilen zeigen die korrekte Übungsmethode.

94. Diese 2 Zeilen zeigen die gegenseitige Abhängigkeit von Hören und Laut. Daher führt das Hören an sich nicht zum Vollen Erwachen.

95. Vollkommenes Erwachen ist jenseits von Namen und Bezeichnungen.

96. Augenblickliche Erleuchtung ist jenseits von Worten und Reden.

97. Das ist Meditation des Scheinbaren, die zum Eintritt in die Leerheit führt.

98. Diese 6 Zeilen zeigen die Meditation der Leerheit, die zum Eintritt in die Scheinbarkeit führt. Zu Mātangi s. Fußnote 89.

Ihr Leben ist fort,
Wenn er nicht mehr wirkt [99].
So auch die sechs Organe,
Die belebt sind vom ālaya,
Geschaffen zu sechsfacher Einheit.
Kehrt eins zurück zur Quelle,
So sind alle sechs verschwunden.
Wo alle Einflüsse enden,
Da ist die Bodhi verwirklicht [100].
Befleckende Restbestände
Erfordern weitere Mühe;
Dagegen ist volle Erleuchtung
Der Gewinn des Tathāgata [101].
Ānanda und alle ihr Hörer,
Ihr solltet nach innen wenden
Das Hören, um euch zu erkennen,
Denn das nur verhilft zur Erleuchtung.
So nur wird die Bodhi gewonnen [102].
Wie Sandkörner zahlreich sind Buddhas,
Die so das Nirvāṇa gewannen.
Alle Tathāgatas der Vergangenheit
Haben entschieden sich zu diesem Weg.
Alle Bodhisattvas der Gegenwart
Haben gewählt eben diese Vollkommenheit.
Ihr alle, die ihr in Zukunft übt,
Sollt euch verlassen auf diesen Dharma.
Avalokiteśvara war es nicht allein,
Der ihn übte,
Auch ich schritt diesen Weg.
Der Erleuchtete, Hocherhabene,
Hat gefragt nach dem nützlichsten Mittel,
In diesen gesetzlosen Zeiten
Dem Saṃsāra zu entrinnen,

99. Meditation der Leerheit und des Scheinbaren, weitergeführt zur Meditation der Mitte.

100. Resultat der Meditation der Mitte.

101. Dies zeigt die teilweise sowie völlige Erleuchtung.

102. Dies ist der Weg, die Bodhi zu verwirklichen.

Ins Herz der Nirvāṇtiefe.
Die Kontemplation des Welt-Lauts
Ist die beste aller Methoden.
Alle andern sind nur Mittel
Des Buddha für jeweilige Fälle,
Den Schüler zu befreien
Von diesen und jenen Beschwerden,
Doch nicht für die zielvolle Praxis
Von Menschen verschiedner Naturen.
Gruß sei des Tathāgatas Reichtum
Weit jenseits des weltlichen Stromes.
Heil kommenden Generationen,
Daß ihnen der Glaube eigen,
Diesen leichten Weg zu gehen.
Er diene Ānanda zur Lehre
Und den Menschen düsterer Zeiten,
Daß sie lernen, ihr Ohr zu verwenden,
Dies wahrlich unübertroff'ne
Vermittlungsorgan zum Urgeist.'»

Die Formulierungen *«wundersame Form, «wundersamer Duft», «wundersame Berührung»* und *«wundersamer Dharma»*, wie sie in den angeführten Stellen des Śūraṅgama Sūtra zitiert werden, beziehen sich auf Sinnesvorgänge, in die während der Meditation erfolgreich Innenschau gewonnen wurde. Diese Sinnesvorgänge erweisen sich als illusorisch und nichtseiend, als identisch mit dem (eigenen) Geist, der sie schuf, dem Geist, der nun zu seinem absoluten Zustand der Reinheit und Fleckenlosigkeit, frei von der Subjekt-Objekt-Dualität, zurückgelangt. Diese Umwandlung der sechs Sinnesvorgänge in den Zustand der Reinheit und Fleckenlosigkeit wird erklärt im Sūtra der Vollkommenen Erleuchtung. [103]

Die von Bodhisattva Avalokiteśvara angewandte Methode der Nachinnenwendung des Hörorgans, zum Erlauschen der Selbstnatur, entspricht völlig der Lehre des Buddha im Sūtra

103. Enthalten in «*Ch'an and Zen Teaching*», 3. Serie.

der Vollkommenen Erleuchtung, wo es heißt, daß die Übung beim selbstbewegten Ursprungsgrund beginnen sollte, also bei der wahren Selbstnatur, die absichtslos in Bewegung ist und dabei sich aufspaltet in den subjektiven Wahrnehmer und die objektive relative Leerheit. Dieser erste Ursprung aller Zerspaltung führte zur Schaffung aller möglichen Illusionen, die jener Blume am Himmel gleichen, die durch optische Täuschung entsteht. Um unsere innewohnende Weisheit wiederzuerlangen, ist es nötig, die Unwirklichkeit aller Illusionen dadurch bewußt werden zu lassen, daß man den Geist zunächst aller groben Subjekt-Objekt-Wahrnehmungen entkleidet, und ihn dann ablöst von der feineren der verbleibenden Anschauungen, der des Ego gegenüber den Dingen (dharma), wie es im Diamant-Sūtra gelehrt wird.[104] Nachdem alle Äußerlichkeiten (aus dem Geist) ausgerottet sind, bleibt als Unauslöschbares der Selbst-Geist in seiner Absolutheit, frei von allen Gegensätzen und Relationen. Das ist die Erleuchtung.

Obwohl all die angeführten 25 Methoden der Selbstgestaltung vom Buddha als hervorragend anerkannt wurden, ist in unserm Zeitalter des zerfallenden Dharma jene, die Avalokiteśvara übte, die geeignetste. Untersuchen wir sie näher, so finden wir, daß sie sich nicht unterscheidet von der Ch'an-Technik, die darin besteht, die Verstrickungen des Selbst-Geistes in Sehen, Hören, Fühlen und Wissen zu lösen und seinen absoluten Zustand, der allein zur Wahrnehmung der Selbstnatur und zur Erreichung der Bodhi führt, zu verwirklichen. Daher liegt der einzige Unterschied zwischen den Lehren des Mahāyāna und der Überlieferung darin, daß letztere einen Kunstgriff bietet, der zur unmittelbaren Erleuchtung führt. Die Lehre ergänzt die Überlieferung und dient dazu, die verschiedenen im Ch'an-Training erreichten Stufen auszurichten und zu besiegeln, bzw. das letzte Ziel zu beglau-

104. S. «*Ch'an and Zen Teaching*», 1. Serie, «The Diamond Cutter of Doubts».

bigen. Da es heute fast unmöglich ist, erleuchtete Meister als Lehrer und Führer zu finden, wird es zwingend, die vom Buddha hinterlassenen Lehren als Gegenkraft in diesem Zeitalter des zerfallenden Dharma zu befolgen. Viele Meister folgten dieser Lehre in ihrer Ausübung des Dharma, und wir können Meister Han Shan anführen, der diesen Weg beschritt und die Erleuchtung (Bodhi) durch sich selbst gewann. Aber auch wenn erleuchtete Lehrer zur Verfügung stünden, so hätten wir doch ihre Anweisungen zu befolgen und die Übungen selbst durchzuführen, um Selbstverwirklichung und Selbsterleuchtung zu gewinnen.

Aus Platzmangel können wir keine weiteren Passagen aus dem Śūraṅgama Sūtra, in denen von Moralanweisungen und Zucht die Rede ist, anführen. Wir sollten aber wissen, daß Zucht einen unerschütterlichen Geist schafft, woraus wiederum Weisheit erwächst. Wir sollten bei der Erfüllung der ersten fünf Vorschriften beginnen, bei den Verboten, die das Töten, das Stehlen, die Begierde, das Lügen und die Berauschung betreffen. Wir sollten weiterhin einen unerschütterlichen Glauben an den Dharma, den der Buddha und die großen Meister lehren, entwickeln, und das große Gelübde ablegen, unsre Erleuchtung nur dafür zu gewinnen, auch andere zu erleuchten. Versäumen wir es, diese einleitenden Vorschriften zu beachten, so werden wir nie bei der Selbstgestaltung Erfolg haben und nur weiter in dem Meer der Leiden treiben müssen.

In der dritten Serie von *«Ch'an and Zen Teaching»* haben wir das Sūtra der Vollkommenen Erleuchtung und das Sūtra des 6. Patriarchen zitiert. Diese Texte haben alle alten Meister Chinas vor ihrer eigenen Erleuchtung gelesen. Sie sind allen Schülern des Großen Fahrzeugs in diesem Zeitalter des zerfallenden Dharma der beste Führer.

II

SELBSTGESTALTUNG IN DER CH'AN (ZEN) SCHULE

Der Buddha gewann die Erleuchtung, nachdem er die Sterne am nächtlichen Himmel betrachtet hatte, d. h. nachdem es ihm gelungen war, seinen Geist von allen Empfindungen und Leidenschaften zu entblößen. Danach war dieser Geist zu seiner eigentlichen, also absoluten Beschaffenheit zurückgelangt und hatte seine unbehinderte Funktion, die Außenwelt (objektiv) wahrzunehmen, wieder aufgenommen. Darauf übergab er Mahākāśyapa den Dharma des Geistes, der den späteren Generationen überliefert wurde, bis er schließlich auf uns kam. Nicht von Geburt her war der Buddha erleuchtet. Er hatte sich strengen Übungen zu unterwerfen, bevor er die Bodhi gewann. Er tat dies allein, ohne Lehrer. Und aus Mitleid für uns, die wir in diesem Zeitalter des zerfallenden Dharma leben, hinterließ er den Dharma, so daß wir seinem Beispiel folgen und dem Reich des Elends und der Leiden entkommen können. Aus diesem Grunde wären wir undankbar und ungerecht ihm gegenüber, wenn wir nun behaupten wollten, daß dieser sein Dharma nicht zu üben wäre, bzw. daß wir nicht in der Lage seien, ihn zu üben, weil fähige Lehrer nicht zur Verfügung ständen.

Der Dharma des Geistes oder die Lehre vom Geist

Nach der Ch'an-Methode beginnt die Selbstgestaltung mit der Kontrolle des Geistes. Dies ist die erste Forderung. Unter

Geist wird das schweifende Bewußtsein verstanden, das beständig im Bereich der Unwirklichkeit auf der Suche nach einem Etwas ist. Es heißt, daß der, der den Selbst-Geist verwirklicht, seine wahre Selbst-Natur erkennen und die Erleuchtung gewinnen kann. Unter Selbst-Geist versteht man den reinen Geist, der von keinem Gedanken bewegt ist. Da der Mensch seit anfangslosen Zeiten in seine falschen Gedanken hoffnungslos verstrickt ist, hält er es für sehr schwierig, seinen Geist von falschen Anschauungen zu befreien, um die ihm innewohnende Weisheit zu entschleiern, die von ihnen verhüllt wird. In seinem Wesen sind wohl latente Möglichkeiten angelegt, die sich jedoch auch bei ständiger und eindringlicher Belehrung nicht entfalten können, weil er sich hartnäckig an leere Namen und an die der menschlichen Sprache eigenen Begriffe klammert. Selbst Ānanda, einer der intelligentesten Schüler des Buddha, wurde vom Erhabenen getadelt, weil er an Namen und Begriffen hing, die ihn derart beeinflußten, daß er seine Selbstgestaltung vernachlässigte. Wieviel mehr muß dies bei den Menschen im Zeitalter des zerfallenden Dharma der Fall sein!

Die innere Möglichkeit

Die innere Möglichkeit kann jedoch durch die Ch'an-Technik geweckt und verlebendigt werden. Sie kann, zur Ausschließlichkeit entfaltet, die Wahrheit in sich aufnehmen und mit ihr eins werden. Diese Übertragung des Geist-Dharma, außerhalb der Lehre, die Mahākāśyapa vom Buddha erhalten hatte, geschah, indem der Buddha, um des Schülers Fähigkeit zu prüfen, das Wesen des Erlösungskörpers (Dharma-kāya) zu erkennen, der durch diese Geste in Erscheinung trat, ihm eine Blume entgegenhob. Als der Hauptschüler die enthüllende Geste verstand, bestätigte der Buddha ihm dies mit einem Lächeln.

Die alte Technik

Diese Übertragung wird in der Folgezeit von den indischen und chinesischen Patriarchen weitergegeben. Ihre Technik, die vom Ursprung einer langen Ch'an-Erbfolge her bis heute noch im Gebrauch ist, wird in den drei Bänden meines *«Ch'an and Zen Teaching»* detailliert behandelt.[1] In früheren Zeiten genügte es einem erleuchteten Lehrer, nur einen Hinweis auf die in seinem Schüler verborgene Selbstnatur zu geben, und der Schüler, der spontan zu ihr erwachte, gewann dadurch die Erleuchtung und gelangte so zum Dharma des Geistes. Solch ein Schüler glich einem guten Pferd, das schon durch den Schatten der Peitsche zum Galoppieren veranlaßt werden kann. Denn das Leben in den alten Zeiten war einfach, und im Schüler lebten nur wenige Wünsche, die um der Ruhe des Geistes willen leicht zu beseitigen waren, so daß er danach seine Selbstnatur erfahren und die Erleuchtung (bodhi) gewinnen konnte.

Der Kunstgriff des kung-an (Kōan)

Als später, mit dem Fortschreiten der materialistischen Zivilisation, das Leben komplizierter, und darum die spirituelle Erweckung schwerer erreichbar wurde, mußten die Meister ihre Taktik ändern. Sie verwendeten nun Worte, Sätze, Ausrufe, lautes Lachen, Gesten und Stockschläge, um ihre Schüler zu erwecken. Diese konnten so den Erlösungskörper ihres Lehrers durch die enthüllende Funktion des Sprechens, Rufens, Lachens und Gestikulierens erkennen. Solch ein Vorgang wurde später *kung-an* (Japan. kōan) genannt. Es waren all dies einander gleichwertige Methoden, um die Erweckung des irrenden Schülers zu bewirken, dessen Geist allerdings schon aus der Verstrickung der Illusionen befreit war und dessen Möglichkeiten schon voll entfaltet, bereit zur Einswerdung mit der Wahrheit waren. Tatsächlich war die *kung-*

1. Bei Rider, London.

an-Methode lange vorher schon vom Buddha angewandt worden, damals nämlich, als er, zum Zweck der Erleuchtung des Mahākāśyapa, jene Blume vorwies, und später auch wieder durch Bodhidharma, als er mit den Worten: «Nun habe ich deinen Geist zur Ruhe gebracht», H'ui K'o, den 1. Patriarchen, den China hatte, zur Erweckung führte.

Kung-ans sind also keine Rätsel oder rätselhafte Probleme, die der Schüler vor seiner Erleuchtung zu lösen hat. *Kung-ans* sind klar in ihrem Sinn für jene, die sich von Unterscheidung und Urteil frei gemacht haben. Dagegen bleiben sie unbegreiflich für den Unerleuchteten, der nach der äußeren Erscheinungsform greift und an Namen und Begriffen der ursächlich bedingten menschlichen Sprache haftet. Wer sich jedoch von den täuschenden Erscheinungen befreit hat (d. h. wessen Denken nicht mehr in Bewegung ist, wer also Hausherr in seinem Bewußtsein wurde), der wird alle *kung-ans* mühelos verstehen.

Konsequenterweise ist es also irreführend zu behaupten, das Ch'an-Training beginne mit der sogenannten *Lösung* dieser sogenannten *Rätsel,* und daß alle *tausendsiebenhundert kung-ans* – eine Zahl, die häufig in Ch'an-Texten verwendet wird – gelöst sein müßten, bis die Erweckung (Chin. wu, jap. satori) stattfinden kann. Dies hieße, das Pferd beim Schwanz aufzäumen, und würde nie zur Erweckung führen. Zuerst muß der Schüler seinen schweifenden Geist zügeln lernen, um sich auf diese Weise vom Sehen, Hören, Fühlen und Wissen unabhängig zu machen und die Einsgerichtetheit des Bewußtseins zu erzielen. Dann erst vermag er klar zu erkennen und die Herrschaft über seinen Geist anzutreten, so daß das *kung-an* nun korrekt interpretiert werden kann. Solange sein Geist durch äußere Erscheinungen noch verschleiert ist und er noch Gast (und nicht Hausherr) im eigenen Bewußtsein ist, kann er die esoterische Bedeutung des *kung-an* nicht erfassen. Gelingt ihm aber die Zügelung des Geistes und entstehen keine weiteren Gedanken darin, so ist er nicht nur in der Lage, die alten 1700 *kung-ans* zu verstehen, sondern auch all jene andern, die mit dem 1701. beginnen. Er wird sie ausnahmslos verstehen und wird sehen, daß in dieser Ch'an-Technik nichts Fremdes enthalten ist, nichts Absurdes und Exzentrisches.

Wird der Schüler, statt zur Zügelung des Denkens, dazu veranlaßt, es in Bewegung zu setzen, um nach einer sogenannten Lösung des *kung-an* zu suchen, so wird er von dem endlosen Strom seiner Gedanken herumgejagt und niemals in der Lage sein, seinen Geist für einen Augenblick zum Stillstand zu bringen und klar zu sehen. Er wird gewissermaßen einen Räuber für seinen eigenen Sohn halten – wie die Meister es nannten. Deshalb ist die logische Voraussetzung für das Ch'an-Training, dem wandernden Geist Halt zu gebieten, so daß er zur Ruhe kommen und, nachdem alle Täuschungen verflogen sind, die ursprüngliche Weisheit zu ihrem natürlichen Sein erwachen und ihrer Natur gemäß wirken kann. Daher müssen wir, ehe wir mit der Ch'an-Übung beginnen, wissen, wie wir dem immerwährenden Strom der Gedanken, der seit anfangslosen Zeiten unsern Geist aufrührt, Halt gebieten können. Wir «leben», weil wir «denken», und wenn wir dieser Leidenssphäre entkommen wollen, ist das erste, einen gedankenunabhängigen Geist zu verwirklichen. Wir wissen, daß der Körper und das Ich, das sich als sein Besitzer aufspielt, nur Erscheinungsbilder sind, geschaffen von unserm irrenden Geist. Sie sind nicht wirklich, denn sie sind von Natur her nicht dauernd und eigenständig. Im Sūtra heißt es: «Allein durch Geist-Kontrolle werden uns alle Dinge möglich».

Weil der Geist ein Aspekt der wahren Selbst-Natur ist, sagte der 6. Patriarch zu seinen Schülern:

«Unsere der Selbst-Natur entstammende Bodhi ist von ihrem Ursprung her rein und ohne Befleckung. Bedient euch nur dieses (eures) Geistes zum unmittelbaren Verstehen und Erreichen der Buddhaschaft.»

Weiter sagte er: *«Man muß mit der (wahren) Selbst-Natur beginnen. Zu allen Zeiten, in jedem Augenblick sollte ihr euren Geist reinigen, Selbstgestaltung üben, euren Dharmakāya verwirklichen, den Buddha in eurem eigenen Geist erkennen, die Selbstbefreiung wirken und Selbstzucht beachten, so daß ihr nicht vergeblich (zu dieser Versammlung) gekommen seid.»* [2]

Die hua-t'ou-Technik

Wir wissen, daß wir den schweifenden Geist zu zügeln und von allen Gedanken zu reinigen haben, bevor wir von Ch'an-Technik reden können. Darum ist es der erste Schritt, den Strom der Gedanken versiegen zu lassen. Wir wissen, daß das besonders schwer ist. Gelingt es uns aber nicht, so können wir mit der Selbstgestaltung nicht beginnen. Aus diesem Grunde vermittelten die Alten eine Technik, mit deren Hilfe es möglich ist, aufkommende Gedanken aus dem Geist zu verbannen. Es ist dies die *hua-t'ou*-Technik. *Hua-t'ou* ist der Geist in seinem Zustand vor seiner Bewegung durch einen Gedanken oder einen mentalen Wortbegriff. Man könnte es «Vor allen Worten» und «Vor allen Gedanken» nennen. Es bedeutet, daß man in den Geist des wahren Selbst schauen, bzw. sich auf ihn konzentrieren soll. Dieser «Geist des wahren Selbst» ist jedoch auch nur ein gedanklicher Begriff, der als Hilfsmittel zur Aufhebung des Denkprozesses verwandt wird. Es handelt sich hierbei um eine einspitzige Konzentration, durch die alle Gedanken und eventuellen Visionen, die den Schüler während seiner Übung heimsuchen, niedergehalten werden. Da der Schüler nicht alle Gedanken auf einmal anhalten kann, muß er sich dieser Methode des Gegengiftes bedienen, um eine auf eine einzige Vorstellung gerichtete Konzentration zu erlangen, die zwar im Grunde auch falsch ist, die aber, wenn sie nicht mehr benötigt wird, verschwindet und dadurch jene Einsgerichtetheit des Geistes ermöglicht, die

2. «*Ch'an and Zen Teaching*», 3. Serie, Teil I.

eine Vorbedingung der Verwirklichung des wahren Selbst-Geistes zur Einsicht in die Selbstnatur und zur Erlangung der Bodhi darstellt.

Der verstorbene Ch'an-Meister Hsu Yün sagte: [3]

«Alle hua-t'ous haben nur einen Zweck, der ganz simpel ist und gar nichts Besonderes an sich hat. Betrachtet man die Frage ‚Wer rezitiert ein Sūtra?', ‚Wer bekommt ein Mantra?', ‚Wer verehrt den Buddha?', ‚Wer ißt?' ... oder ‚Wer schläft?', so ist jedesmal die Antwort auf dies WER? die gleiche: ‚Der Geist'. Worte stammen aus dem Geist, und Geist ist der Kopf der (Ant-)Wort. Der Gedanke entstammt dem Geist, und der Geist ist der Kopf des Gedankens. Unzählbare Dinge entstammen dem Geist, und der Geist ist der Kopf unzählbarer Dinge. Der Kopf des Gedankens ist nichts anderes als der Geist. Um es klar zu machen: bevor ein Gedanke entsteht, ist er hua-t'ou. Das bedeutet, wer in das hua-t'ou schaut, schaut in den Geist. Das ursprüngliche Gesicht, bevor man geboren wurde, das ist der Geist. Dies ursprüngliche Gesicht zu erleben, heißt in den eigenen Geist zu blikken. Die Selbst-Natur ist Geist, und ‚das Hören nach innen wenden, um die Selbst-Natur zu erlauschen' bedeutet, ‚die Kontemplation nach innen zu wenden, um den Selbst-Geist zu kontemplieren'.»

Auf diese Weise kommen wir zu genau der gleichen Methode, wie sie vom Bodhisattva Avalokiteśvara (Kuan Yin) praktiziert wird, der sein Hörorgan nach innen wandte, um die allumfassende Gegenwärtigkeit zu hören, bzw. die selbsteigene Bodhi, wie sie im ersten Kapitel beschrieben wurde. So wäre also die Vermutung, daß die Übertragungsmethode des Ch'an von der Lehre der Sūtras verschieden wäre, insofern unberechtigt, als das Prinzip in beiden das gleiche ist.

3. S. «*Ch'an and Zen Teaching*», 1. Serie, S. 23.

I Ch'ing oder das Gefühl des Zweifels

Selbst wenn wir in das *hua-t'ou,* den Geist der Selbst-Natur, zu schauen verstehen, so ist es doch schwierig, diesen Bewußtseinszustand beständig, d. h. gehend, stehend, sitzend und liegend aufrechtzuerhalten. Obgleich die Ch'an-Praktik nicht davon abhängt, ob einer sitzt oder nicht, ist das Sitzen mit gekreuzten Beinen die beste Methode für den Anfänger, Körper und Geist zu überwachen und zu zügeln. Weiß man jedoch, wie diese Kontrolle im Meditationssitz erfolgreich ausgeübt wird, so sollte man sie dann auch beim Gehen, Stehen und Liegen, ja sogar bei der gewohnten täglichen Arbeit mit Erfolg ausüben. Aus diesem Grunde lehrten die Alten ihre Schüler, beständig einem leichten Gefühl des Zweifels (i ch'ing) Raum zu geben, und zwar bezüglich des obenerwähnten WER?, um dadurch den Geist vom Sehen, Hören, Fühlen und Wissen zu befreien und so seine beständige Ruhe, seine Unstörbarkeit zu sichern.

Es ist nötig, an die Warnung zu erinnern, die Meister Hsu Yün ausgesprochen hat. Er rät, wir sollten das *hua-t'ou* nicht zu weit nach oben verlegen, denn das würde es trüben; wir sollten es nicht in der Brust festhalten, dort würde es Schmerzen verursachen, und es nicht zu tief nach unten verlegen, weil es den Bauch ausdehnen und unsern Sturz in den Bereich der fünf Aggregatzustände, der Quelle aller Schäden, bedeuten würde. Der Grund dafür ist: Das Prāṇa, unser Lebensprinzip, folgt der geistigen Konzentration und kann Kopf, Bauch und Brust angreifen.

Vor Jahren war ich recht ungeduldig in meinen Ch'an-Übungen und konzentrierte mich gewaltsam auf das *hua-t'ou,* wobei ich den Prāna-Strom versehentlich zu weit nach oben lenkte. Dadurch begannen sich die Zähne meines Unterkiefers zu lockern, so daß ich drei von ihnen ziehen lassen mußte. Jedoch hatte sich dies kleine Opfer gelohnt, denn es war die Begleiterscheinung eines geringfügigen Fortschritts.

Wenn wir also den inneren Blick zum *hua-t'ou* lenken, sollten wir den Geist nirgendwo Fuß fassen lassen, sondern ihn veranlassen, sich ohne Nachdruck einzig auf das *I Ch'ing,* nachdem dies entfaltet wurde, zu konzentrieren. Um den Leser mit den exakten Übungsmethoden am Beginn des Trainings vertraut zu machen, folgen nun einige Anweisungen, die erleuchtete Meister ihren Schülern gaben.

1. Anweisungen des verstorbenen Meisters Hsu Yün (1840–1959) [4]

«Bei der Vertiefung in das *hua-t'ou* ist das Wichtigste, den Zweifel entstehen zu lassen. Zweifel ist die Stütze des *hua-t'ou.* Wird man z. B. gefragt: ,Wer wiederholt den Namen des Buddha?', so weiß jeder, daß er selbst es tut. Wird aber der Buddha-Name vom Mund oder vom Geist wiederholt? Ist es der Mund, warum tut er es nicht auch im Schlaf? Ist es der Geist, wie sieht dieser Geist aus? Da der Geist nicht faßbar ist, wird es schwer sein, sich über ihn klar zu werden. Logischerweise erhebt sich daraus der Zweifel über das ,WER?' Das soll kein grober Zweifel sein; je feiner, desto besser. Zu jeder Zeit und überall sollte dieser Zweifel unermüdlich durchleuchtet werden. Es muß dies wie ein beständiger Strom sein, ohne daß ein zweiter Gedanke dazukommt. Bleibt dieser Zweifel bestehen, so versuche man nicht, ihn zu erschüttern. Hört er auf, so versuche man, ihn wieder auf behutsame Weise zu wecken. Der Anfänger wird die *hua-t'ou*-Methode eher an einem stillen Ort, als inmitten von Störungen wirksam finden. Auf jeden Fall darf man den unterscheidenden Geist nicht aufkommen lassen. Auch soll man gleichmütig bleiben gegenüber der Frage, ob (das *hua-t'ou)* wirksam oder unwirksam ist, und gleichermaßen unbeachtet lassen, ob da Stille oder Störung ist. Auf diese Weise soll man mit geistiger Einspitzigkeit üben . . . Gewöhnlich erweckt der Anfänger einen zu groben Zweifel, der dann dazu neigt, abrupt zu enden und dann wieder aufzutauchen, einmal vertraut, dann wieder weniger vertraut zu scheinen. Dies ist dann (natürlich) nicht der eigentliche Zweifel,

4. S. «*Ch'an and Zen Teaching*», 1. Serie, S. 38–40.

sondern ein Denkprozeß. Sobald der beschränkte (irrende) Geist schrittweise unter Kontrolle gebracht ist, wird man imstande sein, den Denkprozeß zu unterbrechen, und nur dann kann man davon sprechen, daß die ,Schau in (ein *hua-t'ou)'* gelungen ist. So wird man Stück für Stück in dieser Übung Erfahrung gewinnen, und den Zweifel zu wecken wird bald nicht mehr nötig, weil er automatisch entsteht. Am Anfang wird die Übung häufig noch nicht richtig sein, weil noch (die Mühe) besteht, das falsche Denken zu beenden. Erst wenn der echte Zweifel aufkommt, ist es eine echte Übung. Dies ist der Augenblick, wo man das «strategische Tor» erreicht, wo man leicht vom Weg abkommt (und zwar folgendermaßen):

Zuerst tritt ein Zustand ein, in dem man höchste Reinheit und grenzenlose Leichtigkeit fühlt. Wird man sich dessen nicht bewußt, übt nicht wache Betrachtung, dann gleitet man in einen Zustand der Dumpfheit. Ist bei solcher Gelegenheit ein wissender Lehrer zur Hand, wird dieser den Zustand des Schülers sofort erkennen und dem Meditierenden mit seinem Stock einen Schlag versetzen, was die Dumpfheit sofort vertreibt. Viele sind bei solcher Gelegenheit zur Wahrheit erwacht.

Falls ferner der Zweifel endet, wenn der Zustand der Reinheit und Leere eintritt, so gerät der Meditierende in eine unbeschreibbare Verfassung, in der er einem verdorrten Baum ohne Leben gleicht, einem Stein, der kein Wasser in sich aufnehmen kann. Befindet man sich in dieser Verfassung, muß man den Zweifel wieder erwecken, dem augenblicklich die Achtsamkeit und wache Betrachtung (dieses Zustandes) zu folgen hat. Vergegenwärtigung (dieses Zustandes) bedeutet Irrtumslosigkeit. Das ist Weisheit. Wache Betrachtung (dieses Zustandes) löscht Verirrung aus. Das ist Unerschütterlichkeit. Die Einspitzigkeit des Geistes wird (dann) ruhig und strahlend in ihrer unerschütterlichen Absolutheit, spirituellen Klarheit und durchdringenden Einsicht sein, so wie der ziehende Rauch eines einsamen Feuers. Ist dieser Zustand erreicht, so hat man das diamantene Auge (d. h. das unzerstörbare Auge der Weisheit) gewonnen und sollte darauf achten, nichts anderes (im Bewußtsein) entstehen zu lassen. Andernfalls würde man (einfach) nur einen andern Kopf (d. h. eine illusorische Äußerlichkeit) über den eigenen Kopf (d. h. den eigenen Geist) setzen.

Einstmals fragte ein Mönch (den Meister) Chao Chu: ‚Was ist zu tun, wenn man nichts hat als das Selbst?' Chao Chu antwortete: ‚Leg es weg!' Der Mönch entgegnete: ‚Was soll ich weglegen, wenn ich nichts bei mir habe?' Chao Chu erwiderte: ‚Wenn du es nicht weglegen kannst, dann nimm es mit.'

Das ist genau der (obenerwähnte) Zustand. Es ist der Zustand eines Wassertrinkers, der allein nur weiß, ob das Wasser kalt oder warm ist. In Wort und Rede ist das nicht zu erklären. Nur wer den Zustand besitzt, der kann ihn auch genau verstehen.»

2. Anweisungen des Meisters Han Shan (1546—1623) (aus «Han Shan's Reise ins Land der Träume» – Han Shan Meng Yu Shi)

a) «Die Ch'an-Sekte übermittelt des Buddhas Geistessiegel und ist keine geringe Sache. Als Bodhidharma aus dem Westen (Indien) kam, richtete er lediglich die Lehre von der Geistigen Übertragung auf und verwendete die vier Bücher des Lankāvatāra-Sūtra, den Geist zu siegeln. Obwohl Ch'an eine Übermittlungsmethode außerhalb der (kanonischen) Lehre darstellt, verwendet es doch Sūtras, um die spirituelle Erweckung zu bestätigen. Daher sind die Lehre des Buddha und die Überlieferungen der Patriarchen eines (und dasselbe) [5]. Was die Ch'an-Praxis betrifft, so leitet sie sich von der (kanonischen) Lehre her. Im Laṇkāvatāra-Sūtra heißt es: ‚Sitzt man in einem Gebirgshain in Meditation und übt allumfassende Selbstgestaltung, dann erlebt man den endlosen Strom irrender Gedanken, wie er im Geist des Selbst entsteht.' Dies ist des Erhabenen Enthüllung des Geheimnisses der Selbstgestaltung.

Das Sūtra fährt fort: ‚Sobald Geist, Denken und Wahrnehmung als irrige Zustände der Selbstnatur, aus dem Geist des Selbst erwachsend, erkannt sind, ist man befreit von allen Ursachen, die das saṃsārische Daseinsmeer und die verblendeten karmischen Wünsche (hervorrufen)'. Dies ist die profunde Lehre des Tathāgata über die Erweckung des Selbst-Geistes.

Es heißt: ‚Von alters her gaben die Heiligen die Lehre weiter, nach der allem verblendeten Denken die unabhängige Natur man-

5. Buddha Śākyamuni war gleichzeitig ein Patriarch der Schule der Übertragung (s. «*Ch'an and Zen Teaching*», 2. Serie, Teil I).

gelt.' Dies ist das geheime geistige Siegel. Das obige sind die Hauptpunkte der Selbstgestaltung, wie sie der ‚gelbgesichtige Große Alte' [6] lehrte.

Bodhidharma sagte zu dem (chinesischen) Zweiten Patriarchen: ‚Setze allen Gestaltungen äußerer Ursachen ein Ende und habe innen kein lechzendes Herz (Geist); denn mit einem Geist (undurchdringlich) wie eine Mauer, wirst du fähig sein, das Tao (die Wahrheit) zu gewinnen.' Dies ist die Essenz der Selbstgestaltung nach der Lehre Bodhidharmas.

Als Huang Mei einen Nachfolger für seinen Dharma suchte, vererbte er dem 6. Patriarchen Robe und Bettelschale auf Grund von dessen Ausspruch: ‚Ursprünglich gibt es nichts.' Das war die Übermittlung des Geistigen Siegels.

Als der 6. Patriarch zum Süden zurückkehrte, traf er Tao Ming und sagte zu ihm: ‚Denke weder an Gut noch an Böse. Was ist in diesem Augenblick das Gesicht des Ehrwürdigen Herrn?' Dies war des 6. Patriarchen erste Enthüllung des Geheimnisses der Selbstgestaltung.

So wissen wir nun, daß der Buddha und die Patriarchen damit nichts lehrten als nur, wie man zum Geist des Selbst und zur Erkenntnis des Selbst gelangt. Damals gab es weder *kung-ans* noch *hua-t'ous*. Später, zur Zeit von Nan Yo und Ch'ing Yüan [7] und danach, bediente sich der Meister, wenn er einen Schüler lehrte, der im Schüler aufkommenden Zweifel, um ihn an der schwächsten Stelle zu treffen und dabei vom Denken abzuziehen, damit sein Geist so zur Ruhe kommen konnte. Im Falle jener, die nicht direkt zur Erweckung gelangten, mußte der Meister auf den geeigneten Augenblick und die passenden Umstände warten, wobei er den Schüler unablässig unter Druck hielt. Erst Huang Nieh lehrte die Leute, sich auf *hua-t'ous* zu richten, und Ta Hui [8] entschloß sich endgültig zur Verwendung dieses Hilfsmittels. Er lehrte seine Schüler eines der alten *kung-ans* zu verwenden, bis sie es erfaßt hatten,

6. D. i. der Buddha Śākyamuni.

7. Die beiden großen Dharma-Nachfolger des 6. Patriarchen, in dessen Dharma-Nachkommenschaft die 5 Ch'an-Sekten Chinas entstanden. Vgl. die Liste der Genealogie der 5 Ch'an-Sekten in «*Ch'an and Zen Teaching*», 2. Serie, S. 56.

8. Ta Hui: ein bedeutender Ch'an-Meister der Sung-Dynastie. Er starb 1163 mit 75 Jahren.

und weckte das *hua-t'ou,* auf welches sie ihre Aufmerksamkeit zu richten hatten. Der Grund dafür war, daß im ‚Speicher' (ālaya) des 8. Bewußtseins die dort seit anfangslosen Zeiten gesammelten Keime schlechter Gewohnheiten fortfahren, ihren vergiftenden Einfluß dadurch auszuüben, daß sie den Gedankenstrom unablässig nähren. Weil es keine andere Wahl gab, wurde ein sinnloser Satz gegeben, den der Schüler zu erfassen hatte. Da er jeden falschen Gedanken von innerem Geist und äußerem Objekt abzulegen hatte, dies aber nicht konnte, mußte er lernen, das *hua-t'ou* dazu zu verwenden, all die verwirrten Fäden mit einem Streich derart zu durchtrennen, daß der Gedankenstrom nicht länger mehr fließen konnte. Genau dies meinte Bodhidharma, als er sagte: ‚Beende alle Gestaltungen äußerer Ursachen und habe innen kein lechzendes Herz, bis daß dein Geist zu einer undurchdringlichen Mauer wird.' Geht man nicht gleich von Anbeginn derart an die Aufgabe, so wird man nie sein ursprüngliches Gesicht erkennen. Das heißt aber nicht, man solle über ein *kung-an* nachdenken und dieses Denken dann als jenen Zweifel ansehen, der zu einem Ergebnis führt. Das ist es auch, was Ta Hui meinte, als er sich der Gegengift-Methode bediente und seine Schüler veranlaßte, sich auf ein *hua-t'ou* zu konzentrieren, um den trägen Geist abzuschneiden. Zum Beispiel sagte er einmal zu ihnen: ‚Die Ch'an-Praxis besteht nur darin, den Geist leer zu machen. Ihr solltet euch zwei Worte auf die Stirn schreiben: ‚Geburt' und ‚Tod', und euch ihrer beständig derart erinnern, als beträfe es eine Schuld von zehntausend Schnüren (voller aufgereihter) Münzen, (die zurückbezahlt werden müssen). Bei Tag und bei Nacht, beim Essen und Trinken, beim Gehen, Stehen, Sitzen und Liegen, beim Gespräch mit Freunden, in Ruhe und Bewegung sollte dies *hua-t'ou* in euch wachbleiben: ‚Hat ein Hund die Buddha-Natur? Chao Chu's Antwort: ‚Wu' (Nein).' Vertieft euch unablässig da hinein. Wieder und wieder, bis es euch endlich zuviel wird. In dem Augenblick (nämlich) kollidiert ihr mit der (undurchdringlichen) Mauer, wie eine Maus, die (vergeblich) versucht, sich in dem Horn einer Kuh zu verkriechen. So laufen alle eure Bemühungen immer wieder zu ihrem Ausgangspunkt zurück. Ihr steht vor der Notwendigkeit, körperliche und geistige Ausdauer zu entwickeln, um in der Betrachtung des *hua-t'ou* zu verharren, bis schließlich die Blume des Geistes sich entfaltet und strahlt, wobei sie alle zehn Himmelsrichtungen erleuchtet. Einmal erwacht, werdet ihr für immer vollkommen sein.' Dies ist die übliche Methode, deren sich der alte Meister Ta Hui bediente, um die ihn Aufsuchenden unter Druck zu setzen. Was er meinte, war dies: ‚Ihr sollt ein *hua-t'ou* verwenden, um alle in eurem Geist aufkommenden falschen Gedanken abzuschneiden, damit der Fortgang ihres Stromes gestoppt wird. Erkennt ihr, wo sie enden, so habt ihr euer ursprüngliches Gesicht entdeckt.' Das bedeutet aber nicht, daß ihr über ein *kung-an* nachdenken solltet und dieses (Denken) als jenen Zweifel betrachten dürft, der euch zu dem erwarteten Ergebnis führt. Wenn er sagt, daß die Geistesblume sich entfaltet und strahlt, könnte dies einen äußerlichen Gewinn bedeuten? Wenn der Buddha und die Patriarchen Lehranweisungen gaben, verlangten sie nichts anderes, als daß ihr in euer eigenes Selbst schaut, nicht aber, daß ihr nach schönen Worten und Sätzen greift.

Heutzutage sagt jeder, der Ch'an praktiziert, er betrachte ein *hua-t'ou* und erwecke einen Zweifel. Statt sich auf die Grundlage zu konzentrieren, sucht er nur (etwas) im *hua-t'ou,* und fährt unablässig mit dieser Suche fort. Geschieht es dann, daß sich ihm eine (geistige) Ebene in Erscheinung bringt, so wird er sofort von seinem Erwachen sprechen, Gāthās und Hymnen verfassen, dies als ein bemerkenswertes Resultat ansehen und behaupten, er habe die Bodhi gewonnen. Er weiß nicht, daß er schon im Netz irrender Gedanken und falscher Anschauungen gefangen sitzt. Wird eine solche Ch'an-Praxis nicht für die nächste Generation des Landes schädlich sein? Heutzutage pflegen junge Anfänger, noch bevor sie gelernt haben, richtig auf ihrer Matte zu sitzen, sich zu rühmen, daß sie zum Tao erwacht sind, und reden Unsinn, den sie für das Produkt ihrer (sogenannten) spirituellen Dialektik ausgeben. Sie schreiben leere Sätze, lesen sie mit tönender Stimme vor und nennen sie dann Hymnen zum Lobe der Alten. All das ist das Resultat irrenden Denkens. Haben sie je vom (Verstehen) der Alten Meister geträumt?

Falls die Menschen heutzutage wirklich so leicht zum Erwachen gelangen würden und wir sie mit solchen Führern alter Zeiten verglichen, wie etwa Ch'ang Ch'ing [9], der so lange in Meditation saß, bis

9. Ch'ang Ch'ing: bedeutender Ch'an-Meister, Dharma-Nachfolger von Shueh Feng. Starb 932 mit 79 Jahren.

er sieben Strohmatten durchgewetzt hatte, oder Chao Chou [10] der seinen Geist 30 Jahre lang durch keinen Gedanken aufstören ließ, dann wären solche Männer wirklich nur Dummköpfe und nicht würdig, auch nur die Strohsandalen der Heutigen zu tragen. Nein, diese Heutigen sind nur arrogant, sie geben den Gewinn einer Erleuchtung nur vor, obgleich sie Ignoranten sind. Es ist tragisch!

Es ist also notwendig, während der Übung, bei der Schau in das *hua-t'ou,* das Empfinden eines Zweifels zu wecken. Da führt ein geringfügiger Zweifel zu einer geringfügigen Erweckung, ein großer Zweifel zu einer großen Erweckung, und das Fehlen des Zweifels zu keiner Erweckung. Die Hauptsache aber ist der geübte Gebrauch dieses Zweifelgefühls. Bricht er auf, dieser Zweifel, dann kann man alle Buddhas und Patriarchen wie eine Herde hinter sich herziehen.

Nehmen wir als Beispiel folgendes *kung-an:* ‚Wer ist es, der den Namen Buddhas wiederholt?' Da ist es nötig, *den* zu erkennen, der da wiederholt, den Zweifel aber nicht auf den Buddha zu richten. Richtet sich der Zweifel auf die Frage, wer Buddha ist, dann braucht man nur einem Kommentator zu lauschen, der da erklären wird, daß Buddha Amitābha der Buddha des Unendlichen Lichtes ist. Wenn du dann ein paar Gāthās über das Unendliche Licht schreibst und behauptest, das wäre dein Erwachen zum Tao, dann wäre die Zahl der so Erwachten allerdings so groß wie Hanf(-samen) und Mais(-körner). Eine traurige Angelegenheit!

Die Alten vergleichen das *hua-t'ou* mit einem (Stück) Ziegelstein, den man aufhebt, um damit an die Tür zu pochen, damit man, wenn die Tür geöffnet wird, den Mann drinnen im Haus sehen kann, statt daß man draußen bleibt und mit den Dingen dort spielt. So wissen wir, daß das Zweifelgefühl, (in Verbindung) mit einem *hua-t'ou* nicht etwa den Zweifel an seiner Bedeutung, sondern am (eigenen) ursprünglichen (Gesicht) bedeutet. Zum Beispiel als Chia Shan [11] den ‚Mönch vom Boot' [12] besuchte, fragte dieser ihn:

10. Chao Chou: bedeutender Ch'an-Meister, Dharma-Nachfolger von Nan Ch'üan. Starb 894 mit 120 Jahren.

11. Chia Shan: bedeutender Ch'an-Meister, Schüler des «Mönches vom Boot». Starb 881.

12. «Der Mönch vom Boot»: Ch'an-Meister Teh Ch'eng von Hua Ting – sein Spitzname war «Mönch vom Boot» – war Dharma-Nachfolger von Yo

‚Wenn eine tausend Fuß lange Angelschnur ausgeworfen ist, ist die Beute tief im Teich. Drei Zoll nur vom Haken entfernt – und du sprichst nicht?' Chia Shan (rätselte und) war dabei, den Mund zu öffnen, als ihm der ‚Mönch vom Boot' einen Schlag mit dem Ruder gab, so daß Chia Shan ins Wasser fiel. Kaum war er wieder ins Boot geklettert, rief sein Meister: ‚Sprich! Sprich!' Ehe der Schüler den Mund öffnen konnte, schlug ihn der Meister schon wieder. Da gewann Chia Shan das Große Erwachen und nickte dreimal (zur Bestätigung und Dankbarkeit). Sein Meister sprach: ‚Du magst mit der Seidenschnur am Ende der Angelrute spielen; solange du jedoch nicht das klare Wasser (d. h. den Geist) zerstörst, wird es einen andern Sinn haben.' Hätte Chia Shan nur mit Schnur und Haken gespielt, hätte der ‚Mönch vom Boot' das Leben seines Schülers um dessen Erleuchtung willen nicht aufs Spiel gesetzt.

Dies zeigt, wie geschickt und rasch die Alten ihren Weg entdeckten. Zu jener Zeit der Hochblüte des Ch'an waren erleuchtete Meister allenthalben zu finden, und im ganzen Land gab es zahlreiche Fälle echten Erwachens. Daher das Wort: ‚An Ch'an fehlt es nicht – nur an Lehrern [13].' Heute sind echte Ch'an-Praktiker selten, und obgleich es viele gibt, die ihn zu üben wünschen, haben ihre Lehrer nur einen schwachen Einblick in die Fähigkeiten ihrer Schüler, fördern ihre weltlichen Gefühle und bestätigen dann diese Erreichungen. Und die Schüler glauben an einen (gar nicht vorhandenen) Erfolg.

Mehr noch: da diese Lehrer die heilige Lehre des Tathāgata mißachten [14], suchen sie nicht den Rechten Weg, sondern handeln achtlos, indem sie ein ‚Kürbis-Siegel' verwenden, den Erfolg des Andern zu bestätigen [15]. So geraten sie nicht nur selbst in die Irre, sie führen auch andre, ihre Schüler, dorthin. Es ist tragisch!

Shan und Lehrer von Chia Shan (9. Jahrhundert). Vgl. «*Ch'an and Zen Teaching*», 1. Serie, S. 123–128.

13. Zitat aus Huang Po's «Das Wesen der geistigen Übertragung».

14. Das betrifft auch Menschen, die da meinen, in der Ch'an-Praxis käme es auf Śīla und Sūtra nicht an.

15. Falsche Bestätigung durch ein «Kürbis-Siegel» ist soviel wie «rein äußerlich» und bedeutungslos, während echte Bestätigung des Geistes spurlos ist, wegen der Immaterialität des Geistigen. «Kürbis-Siegel» ist ein Ch'an-Begriff, den die Meister häufig verwendeten, um Betrug zu kennzeichnen.

Die alten Gelehrten und Upāsakas, deren Namen in der ‚Übermittlung der Leuchte' geführt werden, sind nicht zahlreich. Heute aber pflegen die Weltlinge, die noch nicht einmal die elementarsten Regeln einhalten, den Geist ziellos umherirren lassen und sich nur auf ihren Intellekt verlassen, nur einige alte *kung-ans* zu lesen, und schon rühmen sie sich ihrer überlegenen Wurzeln, streiten sich fröhlich herum, sobald sie auf ein Mitglied des Saṅgha treffen und geben vor, das Tao verwirklicht zu haben. Das ist nicht nur ein Zeichen der Zeit, sondern auch das Ergebnis, wenn ein Blinder den Blindenführer macht.

In Übereinstimmung mit der rechten Übungsmethode, wie der Buddha und die Patriarchen sie lehren, zeige ich nun auf, worauf es beim Studium ankommt. Wer von hoher Geistigkeit ist, wird keine Einwände finden.

b) Wenn in deiner Ch'an-Übung die Gedanken für eine gewisse Zeit versiegen, bedeutet das noch nicht, daß sie wirklich aufgehört haben, sondern daß das *hua-t'ou* wirksam zu werden beginnt. Diese Wirksamkeit ist nicht dauerhaft, denn sie kann sofort verschwinden, sobald du in einen (dagegengerichteten) kausalen Zustand gerätst, bzw. kann sie durch äußere Einflüsse geschwächt werden. In solchem Fall entstehen die zwei Zustände der Ruhe und der Gestörtheit, die einander ohne Unterbrechung ablösen. Kannst du (jedoch) deinen Geist erfolgreich (auf das Selbstseiende) konzentrieren, bevor ein Gedanke entsteht, so wirst du dich langsam daran gewöhnen und im Laufe der Zeit deine darin gewonnene eigene Erfahrung verwirklichen. Sobald keine Gedanken mehr entstehen, wird deine (geistige) Substanz hell und klar erscheinen, wird weder von Licht noch von Dunkelheit berührt und in ihrer Soheit verharren, unabhängig von Ruhe und Gestörtheit. Nur so kann die Einheit (von Geist und Objekt) erlebt werden. Dies ist der Kulminationspunkt aller zusammenfließenden Ursachen, der über alle bewußte Beherrschung hinausliegt. Es ist die aus sich selbst wirkende Vereinigung mit dem Tao.

Die Ch'an-Übung besteht lediglich in der Konzentration auf das, was (aus sich selbst heraus) besteht, bevor dein Geist durch einen Gedanken gestört wird. Und wenn du dich unablässig darum bemühst, wird die Selbstverwirklichung sich rasch ergeben. Betrachtest du jedoch schon die zeitweilige Ruhe eines lichten Augenblicks als echte Erreichung, dann wirst du in den Bereich der Gefühle und Leidenschaften abgleiten.

c) Ein Schüler, der auf dem Weg ist, dem Kreislauf von Geburt und Tod zu entkommen, muß das (alles) wissen, denn innerhalb des beständigen Gedankenstroms gibt es keinen Weg, dem Saṃsāra ein Ende zu bereiten. Will er den Strom versiegen lassen, so muß er Gefühle und Leidenschaften ablegen, muß sie wieder und wieder ablegen, bis er frei von ihnen ist. Es bleibt aber der Keim zu diesen Gewohnheiten bestehen, und der ist nicht auf einen Schlag zu beseitigen. Daher muß er den Blick in ein *hua-t'ou* richten. *Hua-t'ous* kann er in Büchern finden, nicht aber das Geheimnis ihrer Anwendung. So muß er einen Meister suchen, der die Anwendungsmethode kennt.

Als z. B. der 6. Patriarch den Satz hörte: ‚Man muß jenen Geist entfalten, der nirgendwo wohnt', da war er augenblicklich erleuchtet. Im Irrtum befangene Menschen halten das für eine tiefgründige Lehre. In Wirklichkeit ist daran gar nichts Tiefgründiges. Denn ursprünglich hatte der 6. Patriarch einen festen (geistigen) Ort gesucht, und als er hörte, daß es ihn nicht gäbe, hatte er nur alles abgelegt und dadurch die Erleuchtung gewonnen. Wo ist da besondere Tiefgründigkeit?

Gewöhnliche Leute halten Ch'an fälschlich für eine Lehre, ohne zu wissen, daß Ch'an nur der Geist des (wahren) Selbst jenseits von Geburt und Tod ist, so wie ihn die Sūtras schildern. Willst du Genaueres über die wichtige Frage von Geburt und Tod wissen, so brauchst du nur die Gebote einzuhalten und nie zu brechen. Du brauchst festen Glauben, verbissene Entschlossenheit, mußt die tiefgründigen Worte und dunklen Lehrsätze ablegen, wie auch alle weltlichen Gefühle und Leidenschaften. In der Ch'an-Praxis liegt gar nichts Tiefgründiges, Eigenartiges und Ungewöhnliches. Sie ist ganz einfach. Aber wirst du mir das auch glauben? Tust du es aber, dann lege all deine alten Gedanken ab, ohne zu erlauben, daß neue entstehen. Dann sprich langsam: ‚Amitābha!' und ohne dies Wort aus dem Griff zu verlieren, schau zu, wo (in deinem Innern) dies Wort entsteht, und zwar mit der gleichen Sorgfalt, mit der du eine Angelschnur in ein tiefes Gewässer senken würdest. Entsteht (dabei) ein neuer Gedanke, dann nur, weil das seit anfangslosen Zeiten Gewohnheit ist. Lege ihn augenblicklich ab, verwende aber unter keinen Umständen deinen Geist dazu, den Gedanken abzuschneiden. Sitze lediglich aufrecht da, ohne an etwas zu denken, und schaue dort hinein, wo der Gedanke seinen Ursprung hat. Dann lege alles ab. Wieder und wieder. Sprich wiederum den Namen Buddhas aus und versuche zu erkennen, von woher dies Aussprechen kommt. Wiederhole dies fünf bis sieben mal, und dein Denken wird aufhören. Nun aber laß den Zweifel entstehen: ‚*Wer* ist es, der den Namen des Buddha wiederholt?' Die Leute halten dies fälschlich für einen Satz des *hua-t'ou* und wissen nicht, daß die Wirksamkeit der Übung nur aus dem Zweifelsgefühl (nicht aber aus dem Satz selbst) kommt. Entsteht wieder ein Gedanke, frage ihn ganz grob: ‚Wer bist denn du?' und sofort wird er vergehen.

Der Buddha sagte: ‚Außer im Schlaf, muß der Geist ununterbrochen kontrolliert werden.' Im Schlaf kann man das nicht; bist du aber erwacht, solltest du sofort wieder in das *hua-t'ou* schauen, und zwar nicht nur beim Sitzen, Stehen, Trinken oder Essen, sondern auch wenn du in Ruhe oder Bewegung bist. Auf diese Weise wirst du selbst in der Menge keinen Menschen gewahren, keine Bewegung inmitten von Störungen. Gelingt dir dies, so wirst du nach und nach fortschreiten, bis daß dein 7. Bewußtsein kraftlos wird. So mußt du Tag und Nacht übend fortfahren, ohne den Griff (des *hua-t'ou)* zu lockern, bis sich eines Tages dein 8. Bewußtsein (ālaya-vijñāna) plötzlich entfaltet und dir dein ursprüngliches Gesicht enthüllt. Dann wirst du über Geburt und Tod Bescheid wissen und das Ziel verwirklichen, um dessentwillen du das Hausleben verlassen hast.

Während der Übung darfst du nicht auf das Erwachen warten. Wenn du in deiner Meditation den Buddha, die Patriarchen oder Dämonen siehst, bleibe unberührt davon und löse nicht den Griff des *hua-t'ou.* Wenn du so am *hua-t'ou* festhältst, und dies mit ungebrochener Einspitzigkeit des Geistes, dann werden deine Mühen auch Erfolg haben.

d) Wenn die Alten ihren Geist zu zügeln beabsichtigten, dann pflegten sie einen *hua-t'ou*-Satz zu verwenden, den sie als eine Art Eisenmauer oder Silberberg betrachteten, woran sie sich, wie an einen Pfeiler, lehnen konnten, um ihren Bemühungen eine Stütze zu verleihen. Wenn es dir gelingt, das Aufsteigen von Gedanken zu verhindern, so zeigt das zwar, daß dein Üben Erfolg hat, darf aber nicht für das letzte Ziel gehalten werden. Und selbst wenn du ganz ohne zu denken üben kannst und dich dabei von Körper und Geist löst, so stellt das zwar einen noch größeren Fortschritt dar, der höchste Zustand aber ist auch das noch nicht. Kommst du aber dahin, so wirst du automatisch (eine Art) Gewichtlosigkeit, Glücksempfinden und angenehme Unabhängigkeit (von allem) spüren. Freude wird dich erfüllen, aber das ist ein Merkmal deines Selbst und an sich nichts Ungewöhnliches. Betrachtest du dies als etwas Ungewöhnliches, dann gleitest du ab in den Bereich freudiger Dämonen und verstrickst dich augenblicklich in alle möglichen Ansichten. Das (aber) ist ein überaus gefährliches Wegstück, das ich selbst kennengelernt habe. Ein Alter sagt:

‚Vor der Höhle voll von trockenen Scheiten[16] *gibt es viele Pfade,*
Auf denen der, der anlangt, gleiten kann und fallen.'

Bist du tatkräftig genug, alle anfallenden Stufen zu durchschreiten, so mühe dich (weiter) in deinen Übungen, die guten Ergebnisse, die du bereits erlangt hast, dir zu erhalten. Die Heimat ist noch nicht erreicht. Meinst du, die Verwirklichung wäre gewonnen, dann wird das sofort alle Arten von irrenden Gedanken wecken, woraus wiederum die Ursache der fünf Wünsche entsteht[17]. Durch dieses Wegstück zu gelangen ist besonders schwierig, und nur einem oder zwei von hundert Schülern gelingt es. Hast du aber nicht das (gleiche) Ergebnis wie die Alten, dann behaupte nicht, dein kleiner Fortschritt wäre ein vollkommener Gewinn.»

3. Anweisungen des Meisters Kao Feng (1238–1295)
(aus «Worte des Ch'an-Meisters Yüan Miao vom Berge Kao Feng» Kao Feng Miao Ch'an Shih Yü Lu)

a) «Selbstgestaltung üben ist, als würfe man einen Stein in einen tiefen Teich, wo er sofort auf den Grund sinkt. Ist aber die Selbstgestaltung, so in ungebrochenem Fortgang geübt, nicht erfolgreich,

16. D. h. wenn der Geist aller Gefühle und Leidenschaften ledig ist, dann gleicht er einem vertrockneten Stück Holz, bevor die Selbstnatur erwacht.

17. Die 5 Wünsche sind die Resultate der Objekte der 5 Sinnenbereiche: gesehene Dinge, gehörte, gerochene, geschmeckte, berührte.

dann bin ich gern bereit, für meine sündige Täuschung in die Avīci-Hölle zu fahren [18].

b) Üben wir Selbstgestaltung, so müssen wir uns verhalten wie jener Gefangene, den, da er zum Tode verurteilt war, die Hinrichtung erwartete. Eines Abends geschah es, daß der Wärter trank und in tiefen Schlaf fiel. Der Gefangene ergriff die Gelegenheit, streifte seine Fesseln ab und entkam im Schutze der Dunkelheit. Und obgleich der Ort voller Tiger und giftiger Schlangen war, lief er, ohne ihrer zu achten, davon. Warum war das möglich? Nun, er wollte um jeden Preis entkommen. Entwickeln wir den gleichen Eifer auf dem Wege der Selbstgestaltung, so werden wir Erfolg haben.

c) Gewöhnlich wird den Schülern die Aufgabe gegeben, folgendes *kung-an* zu betrachten: ‚Alle Dinge gehen auf das Eine zurück. Worauf geht das Eine zurück?' Betrachtest du dieses *kung-an,* so mußt du den großen Zweifel entstehen lassen (und dich fragen): ‚Alle weltlichen Dinge sind auf ein einziges Ding zurückzuführen. Worauf kann man dieses eine Ding zurückführen [19]?' Und während du gehst, stehst, sitzest oder liegst, beim Tragen des Gewandes, beim Einnehmen des Mahls, beim Erledigen der Ausscheidungsprozesse, (immer) solltest du deinen Geist regen und den Zweifel bezüglich der Frage ‚Worauf geht das Eine zurück?' lebendig halten, so als müßtest du dies um jeden Preis klären. Dabei darfst du weder der Gleichgültigkeit, noch wirren und ziellosen Gedanken Raum geben. Der Zweifel muß fein und beständig sein, so wie ein abgerundetes Ganzes, solange, bis du ernstlich krank erscheinst, beim Essen und Trinken ohne Geschmacksempfindungen bist, mit stupidem, irrem Ausdruck. In solcher Situation wirst du nicht mehr zwischen Ost und West, Nord und Süd unterscheiden können. Bist du dahin gelangt, so wird dein Geiststrom (geöffnet und) strahlend, und du wirst zu deinem ursprünglichen Gesicht erwachen. Lege alle Gedanken und Gefühle in bezug auf das Weltliche ab, und deine Einstellung auf das Tao wird augenblicklich stärker werden. Ein Alter sagt: ‚Man muß vertraut sein mit dem Ungewohnten und (Distanz haben) zum Vertrauten.' Lies keine Sūtras in deinen freien Stunden, um die Zeit zu töten, denn dann wirst du die Gleichheit

18. Avīci-Hölle s. Glossar.

19. Alle Erscheinungen geschehen durch und gehen zurück zum Einen Geist. Wo aber ist dieser Eine Geist?

(d. h. die Einheit) nicht erreichen. Mache dich auf, den Weg zu gehen, den Geist zu öffnen und einzudringen in (die Frage): ‚Worauf geht das Eine zurück?' Da hilft kein Sūtra-Lesen, denn ein *kung-an* ist auch ein Sūtra, das keinen Anfang kennt und sich Tag und Nacht in Bewegung hält [20]. Warum solltest du deinem Kopf einen andern Kopf zufügen?

Übst du auf diese Weise Selbstgestaltung, so werden automatisch alle Devas und Nāgas dir zur Seite stehen. Für (Bitt-)Gebete besteht dann keine Notwendigkeit mehr. Das einzige ist nur, alle weltlichen Ursachen abzutrennen. Damit kannst du viele Worte und Reden sparen. Ein Alter sagte: ‚Zwanzig Jahre lang habe ich meinen Mund nicht zum Reden geöffnet. Gelingt dir das, dann kann auch der Buddha dir nicht mehr widersprechen.' Die Frage nach Geburt und Tod ist wichtig, und die Vergänglichkeit genau so. Wie ein Bergsteiger mußt du dich mühen und kämpfen. Hör' meine Gāthā:

‚In dieser wirbelnden Welt suche, wie auf Gipfeln zu leben;
Bringe Geist und Körper zur Ruh, dann wird deinem Tao nichts mangeln.
Löse den Geist ab von allem Für und vom Wider,
Denn dies auch ist Übung – selbst wenn du nicht Ch'an übst.'»

4. Anweisungen des Meisters Chung Feng (1263–1323) (aus «Worte des Chung Feng» – Chung Feng Kuang Lu)

a) Zu Upāsaka Hai Yin:

«Mein verstorbener Meister Kao Feng lebte 30 Jahre in seinem Kloster, ohne (jemals) vom Berg herabzusteigen. Er lehrte seine Schüler folgendes *kung-an* zu betrachten: ‚Alle Dinge gehen auf das Eine zurück. Worauf geht das Eine zurück?' Er verlangte, daß sie es mit aller Kraft ergründeten und vergaßen, wieviel Zeit sie darauf verwendeten, bis sie das Erwachen erlebten. (So) mußten sie sich in ihrem täglichen Bemühen an dieses *kung-an* halten, das fest

20. Ein Sūtra ist eine Lehrrede über den Dharma. Da aber Dharma in uns grundsätzlich enthalten ist, wird, wenn wir unsere wahre Selbstnatur verwirklichen und erkennen, sich der ewige Dharma ohne Anfang und Ende manifestieren, jener Dharma, der Tag und Nacht wirkt, d. h. in ununterbrochener Kontinuität am Werk ist.

in ihrem Geist gegründet sein sollte und ohne jede Unterbrechung schweigend festgehalten werden mußte. Er verglich das mit einem Menschen, der über einem Abgrund hängt und dabei vergißt, an seine Hände zu denken (mit denen er sich festhält), mit einem, der, auf einer hohen Stange stehend, vorwärts schreiten will, mit einem, der versucht, allein einen Paß gegen 10 000 Feinde zu verteidigen, und mit einem, der dadurch Feuer entzünden will, daß er zwei Holzstücke aneinander reibt. Auf diese Weise pflegten die Alten sich mit aller Macht zu üben, daß ihre Worte mit der Wahrheit im Einklang standen. Und ihre Worte waren in der Tat nicht trugvoll. So sagte ein Alter:

,*Wenn die Kälte nicht bis auf die Knochen geht,*
Wie kann da die Pflaumenblüte duften[21]*?'*

Auch sagte er:

,*Obgleich der Pavillon alt und die Umwelt voller Ruhe ist,*
Unablässig gilt es zu streben, bis sie zurückerobert sind[22]*.'*

Sind das trügerische Worte?

Ein anderer Alter sagte: ‚Es gibt in der Ch'an-Übung kein Geheimnis, das nicht durch Eifer in (der Lösung der Frage nach) Geburt und Tod gelöst werden kann.' Warum? Weil die Buddhas der Vergangenheit, Gegenwart und Zukunft, die Patriarchen und großen Meister späterer Generationen so viele Regeln aufstellten und auf so mannigfache Weise davon sprachen, wie alle weltlichen Gefühle und Leidenschaften, (durch die) Geburt und Tod verursacht werden, zur Aufhebung gelangen können. Wofür sonst hätten sie alle Arten von Dharma begründet? Wenn die Schüler unserer Generation nicht wirklich eifrig in der Erfüllung ihrer Aufgabe sind, was können sie dann von ihren morgendlichen und abendlichen Übungen erwarten?»

b) Zu dem japanischen Asketen Ting I (Tei-ichi)

«Saṇgha ist nicht Saṇgha, und Laienschaft ist nicht Laienschaft, (denn) sechs mal sechs ist sechsunddreißig[23]. Laienschaft ist Laien-

21. Zitat aus Huang Po's Aussprüchen.

22. Obgleich die Selbstnatur selbsteigen ist und ihr Wesen von ewiger Ruhe, soll man mit der Selbstgestaltung doch beides zu bewirken suchen: sowohl die Selbstnatur, wie ihr Wesen der Ruhe.

23. Saṇgha und Laiengemeinde sind im Grunde nur leere Namen und stellen eine innerhalb des Numinosen nicht existierende Dualität dar. Das

schaft, und Saṇgha ist Saṇgha, (denn) die 3. Nachtwache wird nach der Lehre zu Mittag verkündet[24]. Sowohl Saṇgha wie Laienschaft gilt, denn grundsätzlich gibt es keine Unterscheidung[25]. Erwacht jemand plötzlich zu dieser Unterscheidungslosigkeit, dann lacht er beim Anblick eines (alten) Tigers mit zwei Flügeln[26]. Verstehst du? Wenn nicht, dann darfst du nicht nachlässig sein. Warum hast du deine Sohnespflicht vernachlässigt, um einem Meister zu folgen und in einem Kloster zu leben? Weil du auf Essen und Kleidung aus bist? Oder auf Ruhm und Wohlstand? Wenn nicht, warum dann? Tausend Meilen weit bist du übers Meer gekommen, nur weil dir etwas auf den Fersen war, was der Dauerlosigkeit von Geburt und Tod (d. h. dem Leben) zugehört. Weltalter hindurch, bis heute, bist du umso verworrener geworden, je mehr du versuchtest, die Große Ursache zu wecken[27], und immer tiefer bist du gesunken in deinem Fall[28]. Von jetzt an wirf (alle deine Ideen von) Körper und Leben beiseite, verwende all deine Tatkraft darauf, ruhig und tief in das begrifflose alte *kung-an* zu schauen, und damit fortzufahren in ungebrochener Ausdauer, mit einem Geist, der nichts erwartet, einem Intellekt (manas), der nicht draußen wandert, einem Bewußtsein, das keine Äußerlichkeiten mehr sucht und mit einem Denken, dessen Strom versiegte. Wahre Gleichmut in deiner Umgebung, gleich ob du in stiller Bergeshöhle oder im Lärm der Stadt bist, ob inmitten von Ruhe oder Unruhe, ob du arbeitest oder dich ausruhst. Schaue heute in das *kung-an,* tue das gleiche

Numen kann man nicht benennen. Es kann aber innerhalb seines Wirkens erkannt werden, etwa durch die Feststellung, daß 6 mal 6 = 36 ist. Dies ist die Wirklichkeit, die unerkennbar und unausdrückbar ist.

24. Nur durch das Phänomen ist das Numen zu entschleiern, wie es die Lehre darstellt. Die unbewegte Selbstnatur, durch die Nacht symbolisiert, kann inmitten aller Aktivität erkannt werden, die durch den Tag symbolisiert wird. Das bedeutet das Scheinbare, das dem Wirklichen entspringt.

25. Sowohl das Numen wie das Phänomen entspringen dem ungeteilten Ganzen, das jenseits von beiden liegt. Das ist die Mitte, die sowohl im Absoluten wie im Relativen beschlossen ist.

26. «Ein alter, zahnloser Tiger» ist ein Ch'an-Begriff für die Hilflosigkeit der Selbstnatur inmitten der durch die Anhaftung an die Dualität entstandenen Illusionen, die ihrerseits durch die zwei Flügel symbolisiert sind.

27. D. h. die Entdeckung der Weisheit der Selbstnatur in jedem Wesen.

28. D. h. in einen See des Leidens. Es ist dies der differenzierende Bereich der Erscheinungen.

morgen, und fahre damit beständig fort. Dann werden plötzlich deine Augenlider zerreißen, und dein Schädel wird zerspringen [29]. Dann siehst du das Tao, und es wird dir klar erscheinen und allgegenwärtig sein [30]. Erscheint das Tao, dann werden alle Dinge glückverheißend [31]. Vom Östlichen Meer wird ein Perser erscheinen, dessen Augenbrauen und Nasenlöcher drei Fuß lang sind [32], und wird von Geburt, Tod, Wiedergeburt, leerer Falschheit und echter Wahrheit sprechen. Die beiden Ösen deiner Strohsandalen werden plötzlich seine Stimme hören, Saṅgha und Laienschaft aber werden völlig unbekannt bleiben [33]. Wer aber weiß, daß sie unbekannt sind?

Fährt der Frühlingswind durch die Blumen von Ling Nan [34],
Dann künden alle Pflöcke in den Fässern von der Wahrheit [35]*.'*»

5. Anweisungen des Meisters Ta Kuan, genannt Tsu Pai (1543–1604) (aus «Worte des Meisters Tsu Pai» – Tsu Pai Lao Jen Chi)

a) Anweisungen an einen seiner Schüler

«Wenn du das ‚Wu' (Nein) des Meisters Chao Chou als *hua-t'ou* für deine unablässige Übung nimmst, so werden im Laufe der Zeit deine Gedanken mit dem *hua-t'ou,* und das *hua-t'ou* mit deinen Gedanken identisch, und dies inmitten aller Zustände wie Geburt

29. So werden alle Hindernisse zerstört, z. B. Unterscheidung und Vorurteil.

30. Der numinose Bereich der Einheit.

31. Das Numinose und das Phänomen sind abhängig voneinander.

32. Die Alten pflegten den Persischen Golf «Westliches Meer» zu nennen. – Nach der Erleuchtung kehren sich alle Erscheinungen um, und Örtlichkeiten sowie Richtungen heben sich auf, denn alles entspringt dem Numinosen.

33. Alle Erscheinungen sind voneinander abhängig. So stellt die Lehre die 4 Dharmabereiche dar: a) Bereich der Phänomene (differenziert); b) Bereich des Numinosen (Einheit); c) der Bereich des Numinosen und der der Phänomene sind voneinander abhängig; d) alle Phänomene sind gleichfalls voneinander abhängig.

34. Die ist die «Mitte», die sowohl Phänomen wie Numen in sich schließt.

35. Frühling steht für Erleuchtung, der Wind für die Auswirkung. Er zerstreut die Blüten, Symbole der Illusionen. So nach der Südlichen Schule des 6. Patriarchen Hui Neng von Ling Nan, d. i. der Süden einer Gebirgskette oder die Provinz Kuang Tung. Sobald der Strom der Wiedergeburten versiegt, erscheint die Eine Wirklichkeit.

und Tod, in günstigen, wie in ungünstigen Umständen. Dann wirst du dich überall im Zustand der Einheit befinden.

Das Geheimnis der Ch'an-Übung liegt in der Fähigkeit deines Geistes, diese Einheit inmitten aller Gegensätze wie Mißgeschick und Wohlstand usw. herzustellen. Gelingt dir das, so hast du die Erweckung in Aussicht.»

b) Die Geschichte von Meister Ta Kuans Erwachen

«Eines Tages hörte der Meister einen Mönch Chang Chues Gāthā der Erweckung lesen. Als der Leser zu der Stelle kam:

‚Das falsche Denken enden, macht die Krankheit schlimmer,
Doch falsch ist auch, das Absolute suchen[36]',

bemerkte Ta Kuan: ‚Das ist falsch. Es sollte heißen:

‚Das falsche Denken enden, endet auch die Krankheit,
Doch richtig ist, das Absolute suchen.'

Da erwiderte der Mönch: ‚Ihr irrt, aber nicht Chang Chue.' Diese Antwort ließ in Ta Kuans Geist den großen Zweifel entstehen, und wohin er seitdem auch ging, überall schrieb er die zwei Zeilen an die Wand. Sein Zweifel war so groß, daß sein Kopf anzuschwellen begann. Eines Tages, es war beim Essen, wurde er augenblicklich erleuchtet, und die Schwellung verschwand. Er sagte: ‚Wäre ich bei (einem der erleuchteten Meister wie) Lin Chi oder Te Shan gewesen, so hätte ein Schlag (von ihnen) mich augenblicklich erweckt und mir viel Beschwerden erspart[37].'»

Aus den obigen Anweisungen erleuchteter Meister ersehen wir, daß ein *kung-an* ein Satz oder ein satzähnlicher Auslöser der Erleuchtung ist, und daß das *hua-t'ou* eine Technik ist, um den Geist vom Hören, Sehen, Fühlen und Wahrnehmen zu lösen, so daß er zu seinem absoluten Zustand, der Vorstufe des Erwachens, zurückkehren kann. In alter Zeit war das Leben unkomplizierter als heute, und ein Schüler hatte so wenig Bedürfnisse, daß er sie ohne allzu große Schwierigkeit aufgeben und so die Einheit des Geistes gewinnen konnte.

36. Das Denken anzuhalten und das Absolute zu suchen, setzt ein Subjekt und ein Objekt voraus und führt nicht zur Verwirklichung der absoluten Bodhi.

37. Zitat aus Han Shan's Vorwort zu den Aussprüchen des Meisters Tsu Pai.

Daher seine Fähigkeit, die Bodhi zu erlangen, ohne Zugang zur *hua-t'ou*-Technik zu besitzen, die erst später den widerspenstigen Schülern gegeben wurde, die nicht imstande waren, direkt in den Geist ihres Selbst zu schauen. Mit der erfolgreichen Anwendung dieser Technik konnte der Geist, befreit von allen Hindernissen, seine Funktion des Sehens und Hörens ohne weitere Behinderung wiederaufnehmen. Dabei konnte der Anblick des eigenen Spiegelbildes im Wasser, oder der Laut eines Steines, der einen Bambusstamm traf, genügen, augenblickliche Erleuchtung zu bringen. Anblick und Laut sind also auch *kung-ans* oder gleichbedeutende Anlässe, um zur Wahrnehmung der Selbstnatur und Erlangung der Bodhi zu führen. Der Schlag, den der erleuchtete Meister gab, um die verwirrende Dummheit seines Schülers zu vertreiben und seine Erweckung zu schaffen, wie es oben in Meister Hsu Yüns Anweisung geschildert wird, ist auch ein *kung-an,* das zur Erleuchtung des Schülers beiträgt, der das ‚strategische Tor', an dessen Schwelle er fehlzugehen droht, erreicht hat. So ist es also falsch zu denken, daß *kung-ans* entbehrlich wären, wenn man sich der *hua-t'ou*-Technik bedient.

Die Astronauten berichten, daß sie bei ihren Raumflügen wunderbare Farben sehen und Schwerelosigkeit erleben. Für die meisten von uns ist es unmöglich, Raummenschen zu werden, und obwohl es viele gern möchten, werden nur ganz wenige für diese Art zu reisen ausgewählt. Es bedarf jedoch nicht dieser Unkosten. Denn wenn wir den Ch'an-Dharma ernsthaft üben, dann können auch wir, ohne unser Haus zu verlassen, noch schönere Farben sehen, als wir sie jemals zuvor sahen. Wenn wir die Augen schließen und uns auf das «Dritte Auge» zwischen den Augenbrauen konzentrieren, dann werden wir auch sehr anziehende Farben erleben, und jene, die der Geist sieht, sind schöner als die, die das Auge wahrnimmt. Diese Farben jedoch, wie anziehend sie auch sein mögen, sind nur Scheinbilder, und wir dürfen uns in keinem

Fall an sie klammern, sondern müssen gleichmütig gegenüber allen Erscheinungen bleiben, die wir in der Meditation sehen, um uns von allen Äußerlichkeiten freizuhalten. Was die Schwerelosigkeit betrifft, so kann sie jeder ernsthaft Ch'an Übende erleben, sobald es ihm gelingt, die Einheit des Geistes zu verwirklichen und in den Dhyāna-Strom einzutreten. Sind alle Anhaftungen an die Welt versiegt und Körper und Geist abgelegt, plötzlich verweht und ersetzt durch die Lichtheit der inneren Weisheit, so erlebt man ein schwereloses und grenzenloses Glück, das kein Wissenschaftler vermitteln und kein irdischer Reichtum erwerben kann. Man wird zu einem ‚unbekümmerten Menschen', wie die Alten es nannten, und dies ist der Schlüssel zu unserem Entkommen aus dem Saṃsāra. Darüber hinaus verschafft dieser Teilgewinn an Weisheit der Selbstnatur die Fähigkeit, Sūtras und *kung-ans* korrekt zu interpretieren, ebenso wie die Dharma-Worte, die ‚Sprache des Ungeschaffenen', wie Upāsaka P'ang Yün es nennt, die von den erleuchteten Meistern bei ihren Anweisungen an Schüler oder bei der Prüfung von deren Erfolgen verwendet werden. Dieser Erfolg kostet keinen Pfennig und kann gewonnen werden, während man vor dem Hausschrein oder im Schlafzimmer sitzt. Und doch muß man all diesen attraktiven Zuständen gegenüber, die sich in der Meditation ergeben, gleichmütig bleiben, denn sie sind nur Täuschungen, die auf dem Weg zum höchsten Ziel zu Hindernissen werden können.

Das Einfrieren des schweifenden Bewußtseins zum Zweck der Erweckung der Selbstnatur

Nachdem der Geist sich vom Sehen, Hören, Fühlen und Unterscheiden gelöst hat, das heißt, sobald er innerhalb der Übung gewissermaßen eingefroren ist, gewinnt der Schüler den Zustand, in dem er nur noch sein 8. Bewußtsein (ālaya-vijñāna) erlebt, jenes Speicherbewußtsein, das die Keime aller Dinge enthält, von denen sein Dasein im Bereich der Täuschungen abhängt. Hier besteht immer noch der subtile und unmerkliche Dualismus von Ego und Objekt (dharma). Obwohl er innerhalb des Stroms der Meditation bereits zu unterscheiden wußte zwischen dem groben Aspekt von ,Hausherr' und ,Gast', wie im Śūraṅgama-Sūtra gelehrt[38], zeigt sich ihm nun der feinere Aspekt, und wenn er den noch nicht erkennen kann, bleibt er stehen und kommt nicht vorwärts. Diese Stufe erlangte der Bodhisattva Avalokiteśvara, der da sagte:

«Und im Fortgang, Schritt für Schritt,
Hören und Gehörtes schwanden;
Doch ich ging noch ein Stück weiter.»

Dies nannten die Alten ,stehendes Wasser', ,trockenes Holz', ,Spitze eines hundert Fuß hohen Mastes', ,steinernes Mädchen', ,hölzernes Pferd', ,Weihrauchgefäß im alten Tempel', ,eiserner Baum' usw. Es ist das zur Unwirksamkeit gebrachte schweifende Bewußtsein. Das jedoch enthält noch eine geringfügige Einstellung auf das Ich und seine Objekte (dharma), was aber dem Übenden nicht wahrnehmbar ist. Es ist der letzte der vier Ich-Aspekte, die da heißen: Ich, Mensch, Wesen, Leben, so wie im Diamant-Sūtra erwähnt[39]. Gelingt es dem Übenden nicht, diesen Zustand, der noch saṃsārisch ist, zu überschreiten – und wer nicht fortschreitet, der gleitet zurück – dann fällt er auf einen der 6 ketzerischen Wege, wie es die Sūtras nennen. Er steht vor der dumpfen Leerheit, bzw. jener relativen Leerheit, die nichts als die subjektive Wahrnehmung dieses Zustandes beinhaltet. Lockert er den Griff des *hua-t'ou,* so wird er den Versager merken und ihn zu überwinden suchen und damit jenen Zustand erreichen, den Bodhisattva Avalokiteśvara in den folgenden Versen beschreibt:

38. S. «*Ch'an and Zen Teaching*», 1. Serie, Teil I, «Master Hsu Yün's Discourses» (S. 94).

39. S. «*Ch'an and Zen Teaching*», 1. Serie, Teil III, «The Diamond Cutter of Doubts».

«Sobald die Bewußtheit (dieses Zustandes), wie der Zustand selbst
Als nichtseiend erkannt ward, schwanden Subjekt und Objekt in Leerheit dahin,
Und das Leerheitbewußtsein ward allumfassend.
Als aber Schöpfung und Auflösung vergingen,
Trat der Zustand des Nirvāṇa ein.»

Relatives Nirvāṇa

Dieser Zustand heißt Relatives Nirvāṇa oder Teil-Nirvāṇa, und wenn er auch schon jenseits des Bereiches von Geburt und Tod liegt, ist er doch nicht das eigentliche Ziel des erleuchteten Ch'an-Meisters, der nichts sucht, was geringer wäre als der Dharma-kāya. Ist diese Stufe erreicht, so muß der Schüler weiter voranschreiten, wobei aber eine ganz besondere und große Ausdauer nötig ist, damit die Stufe des Ungeschaffenen erreicht werden kann. Das nennt man anutpattika-dharma-kṣānti (geduldige Ausdauer des Ungeschaffenen), eine Voraussetzung zum Erreichen des absoluten Nirvāṇa.

Der Yün Men Dharma (Ummo Zen)

Yün Men gab folgende Warnung:

«Ist das Licht nicht durchdringend, so gibt das zwei Arten von Krankheit. Die erste entsteht, wenn das Fehlen von Klarheit allgemein ist, weil ein Etwas davor steht. Die zweite entsteht, wenn, obwohl das Licht die Leerheit durchdringt, noch etwas da zu sein scheint, durch das das Licht nicht ganz dringen kann. Auch der Dharma-kāya hat zwei Krankheiten. Die erste herrscht, wenn man, obwohl der Dharma-kāya erreicht ist, die Wirklichkeit der Dinge (dharma) nicht aufgeben kann, wobei man am Irrbild eines Ich festhält. Man verharrt also an der Grenzlinie. Die andere Krankheit ist, wenn man, selbst wo

der Dharma-kāya durchdrungen wurde, ihn zu «ergreifen» meint und nach dem Dharma lechzt.» Der Yün Men Dharma ist für den Anfänger nicht leicht zu verstehen und betrifft eher den höher Vergeistigten. Seine Leckerbissen sind berühmt: die Ein-Wort-Antworten, die Drei Tore und seine scheinbaren verbalen Angriffe, die nur gegen eines angehen, des Schülers Vorurteile und sein Zögern, sobald er zwischen dem unwandelbaren Selbst und den wechselnden Erscheinungsformen zu unterscheiden hat. Mit andern Worten: alle Spuren eines Bildes von Ich und Objekt (dharma) sind zu beseitigen, so daß der Schüler den absoluten Dharma-kāya verwirklichen kann. Das ist es, was Han Shan die Selbsterhaltung und Selbstergründung des Ich nannte.[40]

Der Lin Chi Dharma (Rinzai Zen)

Hing ein fortgeschrittener Schüler immer noch an den restlichen Spuren von Ich und Objekt (dharma), so pflegte Lin Chi, um ihn zu erwecken, einen Schrei auszustoßen, den der Meister einen ‚Schrei, der kein Schrei ist'[41] nannte. Auch dies war eine Art, jene große Aufgabe des Lehrers zu erfüllen, die Gesamtheit der in dem Schüler liegenden Möglichkeiten zu wecken, um ihn so zur Einswerdung mit dem Absoluten zu führen. Lin Chi lehrte seine Schüler, an nichts zu haften, damit sie aus dem Reich der Illusionen befreit würden. Er sagte:

«Manchmal ist das Subjekt losgelassen, das Objekt aber nicht; dann wieder ist das Objekt losgelassen, das Subjekt aber nicht; manchmal sind sowohl Subjekt wie Objekt losgelassen, und manchmal ist weder Subjekt noch Objekt losgelassen».

40. S. «*Ch'an and Zen Teaching*», 1. Serie, Teil III, «The Diamond Cutter of Doubts», S. 189.

41. S. «*Ch'an and Zen Teaching*», 2. Serie, The Lin Chi Sect.

Darum besteht sein Dharma darin, das Subjekt zu entwurzeln, sobald kein Haften am Objekt besteht; das Objekt zu entwurzeln, sobald kein Haften am Subjekt besteht; im Auslöschen beider (Subjekt und Objekt), wenn beide aneinander hängen, und im Nichtaufgeben, wenn weder Subjekt noch Objekt ergriffen sind.

Er forderte von seinen Schülern, den Dharma korrekt zu interpretieren, und zwar von der Warte des ‚Hausherrn' aus, und alle Illusionen zu mißachten, die doch nichts anderes sind als Aspekte des nichtexistierenden ‚Gastes'. Er lehrte sie, die primäre Bedeutung zu entdecken, um das Absolute zu verwirklichen, weil die sekundäre Bedeutung nur zur Einsicht in die Nichtexistenz aller Erscheinungen führt, alle übrigen Bedeutungen aber lediglich zur Einsicht in die Lehre, ohne deren praktische Verwirklichung. Er erklärte weiter, daß man, um die primäre Bedeutung zu verwirklichen, Drei Tiefgründige Tore zu durchschreiten habe, jedes mit drei Lebendigen Stufen, also neun Lebendige Übungsphasen, um auf diesem Weg den Dharma-kāya zu verwirklichen. Diese neun Lebendigen Stufen schließen sowohl die Hīnayāna- wie die Mahāyāna-Lehre in sich. Der Leser findet eine Darstellung aller fünf Ch'an-Sekten mit detaillierten Erklärungen dazu in der 2. Serie meines Buches *«Ch'an and Zen Teaching»*.

Lin Chi ist bekannt dafür, daß er vier Arten des Schreis in seinem Lehrsystem verwendete. Er verlangte außerdem von seinen Schülern, klar zu unterscheiden zwischen «Hausherr» und «Gast», um Verwirrung in der Meditation zu verhindern. Nach diesem Dharma ist die Beziehung zwischen «Hausherr» und «Gast» in vier Positionen gestuft: 1. der «Gast» blickt auf den «Hausherrn»; 2. der «Hausherr» blickt auf den «Gast»; 3. der «Gast» blickt auf den «Gast» und 4. der «Hausherr» blickt auf den «Hausherrn». So kann der Schüler sich klar werden bezüglich des absoluten Selbstes und der relativen Erscheinungsformen.

Der Kuei Yang Dharma (Ikyō Zen)

Der Schüler muß die letzten Hindernisse – das Ich und die Objekte (dharma) – überwinden, um seinen Dharma-kāya, den Körper seines wahren Wesens, in buddhistischer Terminologie die «Substanz», zu verwirklichen. Da «Substanz», die ihre erlösende Funktion nicht ausüben kann, nutzlos ist, muß der Lehrer seinen Schüler in der rechten Anwendung der «Funktion» unterweisen. Die Geschichte der Kuei Yang-Sekte berichtet, wie Kuei Yang seinen Schüler Yang Shan in der rechten Verwendung von «Substanz» und «Funktion» unterwies. Beispielsweise pflegte er seinen Schüler darauf hinzuweisen, wenn dieser nur die «Funktion», nicht aber deren Leib verwirklichte oder umgekehrt, bis der Schüler mit der Lehre von «Substanz» und «Funktion» vertraut war. Die «Substanz» muß allumfassend sein, damit die Universelle Erleuchtung gewonnen werden kann. Das ist die 51. Stufe in der Entwicklung des Selbst eines Bodhisattva. Ihre «Funktion» jedoch sollte gleicherweise universell sein, zum Zweck der Verwirklichung der 52. und letzten Entwicklungsstufe eines Bodhisattva hin zur Buddhaschaft, zum Heil aller lebenden Wesen. Als Yang Shan nach dem Ort wahrer Buddhaschaft fragte, antwortete ihm sein Meister Kuei Shan:

«Wende einwärts die Feinheit deines gedankenentleerten Denkens, um an die Klarheit des Geistes zu denken, bis dein Denken erschöpft ist. Dann wende es zu seiner Quelle zurück, wo die ursprüngliche Natur und ihre wesensmäßige Ausprägung ihren ewigen Ort hat, wo Funktion und Prinzip nicht unterschieden sind, und wo die Soheit des wahren Buddha ist.»

Dies ist der Bereich, wo die ursprüngliche Natur, die «Substanz», und ihre heilsame Aktivität, die «Funktion», nichts anderes sind als nur die Eine Wirklichkeit des absoluten Dharma-kāya.

Der Ts'ao Tung Dharma (Sōtō Zen)

Um den Dharma noch klarer erscheinen zu lassen, stellte Tung Shan und sein Schüler Ts'ao Shan die aufsteigenden Stufen der Selbstgestaltung in fünf Positionen dar: 1. «Der Hausherr» oder «der Fürst» oder «das Wirkliche, das das Scheinbare enthält»; 2. «Der Gast» oder «der Minister» oder «das Scheinbare, das das Wirkliche enthält»; 3. «Der Hausherr, der zum Licht kommt» oder «der Fürst, der den Minister anschaut» oder «das Wiederaufleben des Wirklichen»; 4. «Der Gast, der zum Hausherrn zurückkehrt» oder «der Minister, der zum Fürsten zurückkommt oder «das Scheinbare, das sich mit dem Wirklichen vereinigt»; und 5. «Der Hausherr im Hausherrn» oder «Fürst und Minister in Harmonie» oder «die Integration des Wirklichen mit dem Scheinbaren». In der Praxis sind diese fünf Positionen: Veränderung, Unterwerfung, Erreichung, Gesamterreichung und absolute Erreichung. Diese fünf Positionen dienen dazu, den Schüler in den Stand zu versetzen, zwischen «Hausherr», also dem Selbst und dem «Gast», d. h. den illusorischen Äußerlichkeiten, zu unterscheiden. Kann er das in der Praxis, so werden ihn die eigenen alten Gewohnheiten nicht irreführen, die sich in ihm seit anfangslosen Zeiten angehäuft haben. Die Anhänger der Ts'ao Tung-Sekte müssen den Dharma ihrer Schule beherrschen, so wie er in Ts'ung Shans Gāthā vom «Siegel des kostbaren Spiegels Samādhi» [42] zusammengefaßt ist.

Der Fa Yen Dharma (Hogen Zen)

Dieser Dharma basiert auf jenem Teil der Buddha-Lehre, nach dem die dreifache Welt der Wünsche, der Form und der transzendenten Form nur Schöpfungen des Einen Geistes, und alle Erscheinungsformen nur Produkte seines Bewußtseins sind. Der Schüler wird veranlaßt, zu erleben, daß dieser Eine Geist und seine Umwelt miteinander identisch sind, damit er

42. S. «*Ch'an and Zen Teaching*», 2. Serie, S. 149 ff.

so den absoluten Zustand erfährt. Wer diesen Dharma so auf persönlichem Wege erlebt, der wird unerschütterlich inmitten aller sich wandelnden Erscheinungsformen bleiben. Dies ist der Zustand, in dem die ursprüngliche Natur und ihre formalen Ausprägungen ihren ewigen Ort haben, wo zwischen Aktivität und Prinzip kein Unterschied besteht, und wo die Soheit des wahren Buddha, wie sie die Kuei Yang-Sekte lehrt, zu finden ist.

Das absolute Nirvāṇa

Das absolute und endgültige Nirvāṇa ist erreicht, sobald keine Spur mehr geblieben ist vom Wirklichen wie vom Scheinbaren, d. h., wenn der Schüler den Ursprung von allem erreicht hat, den Ort, wo die ursprüngliche Natur und ihre formalen Ausprägungen in Ewigkeit ihre Heimstatt haben. Wo Aktivität und Passivität keinen Dualismus bilden, und wo die Soheit des wahren Buddha zu finden ist, wie es die Kuei Yang-Sekte lehrt. Wo er die primäre Bedeutung gefunden hat, bzw. die letzte Stufe des dritten der Drei Tiefgründigen Tore zur Erleuchtung, wie es die Lin Chi-Sekte lehrt. Wo er die Position des «Hausherrn im Hausherrn» erreicht hat, wie es die Ts'ao Tung-Sekte lehrt. Wo er die Identität des Geistes mit seinen «Leckerbissen» erlebt hat und es ihm gelang, dem durch die Drei Tore geschossenen Pfeil zu folgen, wie es die Yün Men-Sekte lehrt, und wenn er eigene Erfahrung in der Lehre vom Einen Geist gewonnen hat, wie es die Fa Yen-Sekte lehrt.

Dieses endgültige Nirvāṇa hatte der Bodhisattva Avalokiteśvara verwirklicht und mit folgenden Sätzen beschrieben:

«Plötzlich überschritt ich das Weltliche und das Überweltliche, und mir widerfuhr eine allumfassende Helle, die die zehn Himmelsrichtungen durchdrang, so daß ich zwei unübertreffliche (Vorzüge) gewann. Der erste war die Übereinstimmung mit dem ursprünglichen Völlig Erleuchteten Geist

aller Buddhas hoch oben in den zehn Himmelsrichtungen, der Besitz der gnadenvollen Macht des Tathāgata. Der zweite war der Gleichklang mit allen Lebewesen der sechs Daseinsbereiche dieser Welt in den zehn Himmelsrichtungen, ihre Sehnsucht nach Mitleid, die ich mit ihnen teilte.»

Die Ch'an-Sekte lehrt, daß dieses absolute Nirvāṇa erreicht ist, sobald der Schüler zu seines erleuchteten Lehrers «Abschließendem Satz», dem «Wirklichen Ziel» erwacht ist, sobald er, einfach gesagt, das Objekt seiner Lehre, d. h. das «Objekt des Vom-Westen-Kommens» gewonnen hat. Solange er das nicht versteht, ist er noch nicht würdig, Dharma-Nachfolger seines Meisters zu werden.

Der «Abschließende Satz»

Um eine Vorstellung von dem Begriff des «Abschließenden Satzes» zu geben, lassen wir nun die Geschichte von Meister Tao Ch'ien vom Chiu Feng-Berg folgen: [43]

«Meister Tao Ch'ien war der Diener Shih Shuangs, und als letzterer starb, wählte die Mönchsgemeinde ihren Vorsteher zum Nachfolger des Abtes. Der Meister sagte zu den Mönchen: ‚Der Vorsteher sollte das Ziel des verstorbenen Meisters erst erfüllen, bevor er zu seinem Dharma-Nachfolger geeignet ist.' Der Vorsteher entgegnete: ‚Was war das Ziel unseres verstorbenen Meisters?' Der Meister entgegnete: ‚Unser verstorbener Meister sagte: ‚Verharre und bleibe [44], sei kühl und gleichmütig [45], betrachte den Augenblick (kṣaṇa) eines Gedankens einem Weltalter (kalpa) gleich [46], sei auf dem Weg

43. Aus «*Kaiserliche Auswahl von Ch'an-Worten*» (Yü Hsüan Yü Lu). Tao Ch'ien war ein bedeutender Meister, der um 921 starb.

44. Lege Körper und Geist ab, und höre auf zu unterscheiden.

45. Die Leerheit aller Erscheinungen erkennen, um das transzendente Wu Wei zu verwirklichen.

46. Das Element Zeit aufheben, um die Ewigkeit zu erleben.

wie kalte Asche und trockenes Holz[47]*, gleiche einem Weihrauchgefäß in einem alten Tempel*[48] *und sei ein Faden weißer Seide*[49]*'. Nach alldem will ich nicht fragen; aber sage mir, was meinte er damit: ‚Sei wie ein Faden weißer Seide'?' Der Vorsteher erwiderte: ‚Das bedeutet nur die Gleichförmigkeit des Verstehens.' Der Meister sagte: ‚Also verstehst du das Ziel unseres verehrten Meisters nicht!' Der Vorsteher antwortete: ‚Wenn du mir nicht beipflichtest, so laß mich ein Weihrauchstäbchen anzünden, und wenn ich nicht hingeschieden bin, bevor es niedergebrannt ist, dann bedeutet das, daß ich das Ziel unseres verstorbenen Meisters nicht verstehe.' Darauf entzündete er ein Weihrauchstäbchen, und bevor es niedergebrannt war, war er tot. Der Meister klopfte ihm auf die Schulter und sagte: ‚Es gibt Fälle, wo jemand sitzend oder stehend abschied; du aber hast noch nicht einmal vom Ziel unseres verstorbenen Meisters geträumt!'»*

Dies zeigt, daß der Vorsteher nicht verstand, daß der Seidenfaden wahrhaft weiß war und für die allumfassende Reinheit und Fleckenlosigkeit das Dharma-kāya stand. Er mißdeutete ihn als einseitige Gleichförmigkeit. Daher gelangte er zwar in den Stand, im Dhyāna willentlich abzuscheiden, ohne jedoch im gleichen Maße Weisheit (prajñā) zu besitzen. Denn er war wirklich noch nicht zu Shih Shuangs Ziel erwacht. Wir wissen, daß sich Dhyāna und Weisheit die Waage halten müssen, wie der 6. Patriarch uns lehrt, wenn wir Nirvāna erreichen wollen.

Wenn der absolute Zustand erreicht ist, dann hat man die Herrschaft angetreten, d. h. man ist frei, zu kommen und zu gehen. Erleuchtete Meister pflegen ihre Schüler, die gerade ab-

47. Die Machtlosigkeit des Geistes erkennen.

48. Alle Gefühle und Leidenschaften abscheiden.

49. Die Reinheit und Fleckenlosigkeit des Dharma-kāya erkennen. Er ist wie ein durch und durch weißer Seidenfaden.

geschieden waren, zu prüfen, indem sie sagten: «Du weißt nur, wie man geht; du weißt aber nicht, wie man kommt.»

Hier nun einige Fälle von solchen, die sich der vollkommenen Freiheit, zu kommen und zu gehen, erfreuten:

1. Als Chih I hinschied, während er vor Meister Ts'ao Shan stand, sagte dieser: «Du weißt nur, wie man geht; du weißt aber nicht, wie man kommt.» Darauf öffnete Chih I die Augen und sagte: *«Ehrwürdiger Meister, bitte gebt gut auf euch selbst acht!»* und verschied. [50]

2. Obwohl Meister Tung Shan schon einige Zeit tot war, fuhren seine Schüler fort, ohne Unterbrechung bitterlich zu weinen. Plötzlich öffnete er seine Augen und sagte: *«Wer das Heim verlassen hat, sollte seinen Geist von den Illusionen der Außenwelt frei halten. Das ist wahre Übung. Warum sich (also) um Leben und Tod sorgen?»* [50] Danach verschob er seinen Tod um sieben Tage.

3. Als Meister Ta Kuan irrtümlich angeklagt und ins Gefängnis geworfen worden war, erfuhr er, daß der Vertreter der Regierung ihn mit dem Tode bestrafen wollte. Er nahm ein Bad, setzte sich aufrecht hin und rezitierte, bevor er verschied, folgende Gāthā:

«Kein Lächeln kommt ohne besonderen Grund.
Wer weiß schon, daß die Nichtsheit keinen Staub enthält?
Seitdem hob ich die Füße, die mir die Mutter mitgab:
Der eiserne Baum bedarf zum Blühen nicht des Frühlings.» [51]

50. S. «*Ch'an and Zen Teaching*», 2. Serie The Ts'ao Tung Sect.

51. Die 1. Zeile bedeutet: «Ich bin in der Welt erschienen, die verlorenen Wesen zu lehren, die Bodhi ihrer Selbstnatur zu verwirklichen.» Dies ist der «besondere Grund». Die 2. Zeile bedeutet: «Die absolute Immaterialität der Selbstnatur nimmt keinerlei fremde Materie in sich auf», d. h. alle äußerlichen Illusionen, einschließlich des Abtötens meines täuschenden Körpers, sind in der Nichtheit nicht-seiend. Die 3. Zeile bedeutet: «Ich führe die Funktion auf die Substanz zurück.» «Den Fuß niedersetzen» ist ein Ch'an-Begriff, der das Wirken der Funktion bedeutet, ihn aufheben, das Zurück-

Als ein Freund von seinem Tod hörte, eilte er zum Kerker, berührte den Körper und sagte: «Du hast deinen Abschied gut genommen.» Darauf öffnete der Meister die Augen, lächelte und verschied.

Das alles zeigt, daß ein Mensch, wenn er völlig erleuchtet wurde, frei genug ist, ohne Hindernis zu sterben und wiederzukehren. Das ist die wahre Verwirklichung von des Lehrers letztem Satz, seines wahren Dharma-Ziels, ohne das der Schüler noch nicht würdig ist, sein Nachfolger zu sein.

Bodhi – die Erleuchtung

Wir kennen nun die Vorbedingungen der Vollkommenen Erleuchtung und schildern im folgenden einige Fälle von Ch'an-Meistern, die diese Erleuchtung erlangten.

1. Der verstorbene Meister Hsu Yün

Nachdem er mit 19 Jahren von zuhause fortgelaufen war, ging Hsu Yün zum Ku Shan-Kloster, wo er dem Sangha beitrat und die volle Ordination erhielt. Drei Jahre lang verbarg er sich in einer Höhle und lebte dort als Einsiedler. Darauf kehrte er ins Kloster zurück, wo er etwa vier Jahre lang lebte, bevor er auf seine lange Reise zum Hua Ting-Berg in Wenchow ging. Dort begegnete er Meister Yang Ching von der T'ien Tai (Tendai-)Schule, der ihm folgendes *kung-an* gab: «Wer schleppt diesen deinen Leichnam?» Er übte nach der T'ien T'ai-Methode der Meditation. Darauf besuchte er andere Orte, um die Ch'an- und die Lotus-Lehre zu studieren, und begab sich auf die Pilgerfahrt nach P'u T'o, dem heiligen Ort des Bodhisattva Avalokiteśvara, nach dem Kloster des Königs Aśoka in Ningpo, wo die Reliquien des Buddha be-

führen der Aktivität auf die Ruhe der Selbstnatur. «Der eiserne Baum» ist ein Ch'an-Begriff für den Geist, befreit von allen Gefühlen und Leidenschaften, bereit zur Erleuchtung, unabhängig vom Frühling, d. h. vom Wechsel der Erscheinungen.

wahrt und verehrt werden, zum Berg Wu T'ai, dem heiligen Ort Mañjuśris und zum Berg O Mei, dem Bodhimaṇḍala des Bodhisattva Samantabhadra. Danach ging er nach Tibet, Bhutan, Indien, Ceylon und Burma und kehrte darauf nach China zurück, wo er die Provinzen Yünnan, Kweichow, Hunan, Anhwei und Kiangsi durchreiste und zwei Jahre lang auf dem Gipfel Ts'ui Feng blieb, um den Tripiṭaka zu studieren. Während seiner Reisen gelang es dem Meister, die Einswerdung des Geistes zu verwirklichen, und mit 56 Jahren, eines Abends, es war im Kloster Kao Ming in Jangchow, nach langer Meditation, öffnete er seine Augen und sah alles innerhalb und außerhalb des Klosters. Er sah durch die Mauer, wie ein Mönch draußen Wasser ließ, einen Gast-Mönch auf der Toilette und weiter entfernt ein auf dem Fluß treibendes Boot sowie die Bäume an den Ufern. In der dritten Nacht, gegen Ende einer langen Meditation, kam ein Diener, um ihm Tee einzugießen. Als das kochende Wasser ihm auf die Hand spritzte, ließ er die Tasse fallen, die auf dem Boden zerbrach. Da zerriß der letzte Zweifel über das Selbst, und er erfuhr die Verwirklichung seines ersehnten Ziels. Er berichtete, daß er sich vorkam wie einer, der aus einem Traum erwacht, und rezitierte folgende Gāthā:

«Eine Tasse fiel zu Boden
Mit durchdringendem Laut.
Der Raum war aufgelöst,
Der beschränkte Geist versiegt.»

Und eine zweite Gāthā, die da lautet:

«Als die Hand den Griff löste, fiel die Tasse und zerbrach;
Schwer, Worte zu finden, wenn die Familie zerbricht oder jemand stirbt.[52]

52. Es ist unmöglich, den erreichten Zustand zu beschreiben, nachdem man alle weltlichen Gefühle und Leidenschaften abgeschnitten hat.

Mit dem Duft üppig wuchernder Blüten kommt der Frühling;[53]
Alle Berge, Flüsse und die weite Erde sind nichts als der Tathāgata.»[54]

2. Meister Han Shan[55]

Als Han Shan 9 Jahre alt war, übergab seine Mutter ihn einem Kloster, wo er in den Sūtras und der Literatur unterwiesen wurde. Mit 19 veranlaßte ihn ein gelehrter Mönch, *«Die Worte des Chung Feng»* zu lesen und Ch'an-Meditation zu üben. Da er aber deren Hauptpunkte noch nicht kannte, konzentrierte er sich auf das Wiederholen des Buddha-Namens Amitābha, und dies ununterbrochen Tag und Nacht. Eines Nachts sah er im Traum den Buddha Amitābha mit seinen beiden begleitenden Bodhisattvas. Danach erschienen ihm die Drei Heiligen des Westlichen Paradieses unablässig, und so war er gewiß, daß er in seiner Selbstgestaltung Erfolg haben würde.

Eines Tages, als er einem Kommentar über das Samādhi des Ozeansymbols nach der Lehre des Avataṃsaka Sūtra lauschte, erwachte er zu der inneren Bedeutung der uneingeschränkten Gleichheit aller Erscheinungsformen der Dharma-Sphäre. Der Vortragende, der erleuchtete Meister Wu Chi, veranlaßte ihn, an der Meditation teilzunehmen und das *kung-an* zu betrachten: «Wer ist es, der den Buddha-Namen wiederholt?» Han Shan gewann die Einheit des Denkens, und drei Monate lang nahm er die Gegenwart der Gemeinde nicht zur Kenntnis, und ihr Tun drang nicht zu seinem Geist. Als er nach dieser langen Meditation seinen Sitz verließ, blieb sein Geist in derselben Einstellung wie vordem, als er saß. Er ging hinaus und

53. Dies ist der beseligte Nirvāṇa-Zustand.

54. Alle Erscheinungen sind identisch mit der Soheit der Selbstnatur, der sie entstammen.

55. S. Han Shan's Selbstbiographie – zur Veröffentlichung zusammengefaßt von Ch. E. Tuttle, Tokio, Japan.

sah niemanden auf dem bevölkerten Marktplatz. Mit 28 ging er zum Wu T'ai-Berg mit der Absicht, dort zur Meditation zu bleiben, konnte aber der bittern Kälte nicht standhalten und zog weiter zur Hauptstadt.

Eines Tages stieg er auf den Gipfel des P'an Shan-Berges, wo er einen Einsiedler traf, der sich jedoch weigerte, mit ihm zu reden. Trotzdem blieb er bei dem schweigsamen Gastgeber in dessen Höhle. Eines Abends, als er grade zu seinem gewohnten Spaziergang aufbrechen wollte, hatte er plötzlich das Gefühl, als würde seine Stirn mit einem lauten Krach, gleich einem Donner, zerspringen, und seine Umgebung verschwand vor seinen Augen. Dieser Zustand der Leere dauerte etwa eine halbe Stunde. Danach fühlte er seinen Körper und Geist allmählich wieder, und auch die Umgebung trat nach und nach erneut in sein Bewußtsein. Er fühlte Schwerelosigkeit und ein Glücksempfinden jenseits aller Beschreibung.

Der Einsiedler begann zu sprechen und warnte ihn, daß sein soeben erlebter Zustand nicht mehr sei als die Manifestation der Gesamtheit des Formelements, an das man sich nicht klammern darf[56]. Aus der Hauptstadt kehrte er zum Wu T'ai-Berg zurück, wobei er das Shao Lin-Kloster besuchte, wo Bodhidharma einst geweilt hatte, und Ho Tung, wo er haltmachte, um das Schnitzen der Druckstöcke für eine Ausgabe des Chao Lung mit Kommentaren[57] zu beaufsichtigen. Noch immer war er sich nicht ganz im klaren über die Lehre der Unwandelbarkeit der Erscheinungen. Nachdem er den Text aber noch einmal gelesen hatte, erwachte er augenblicklich zu dem Urgrund der Lehre. Er erhob sich von seinem Meditationssitz und ging zum Buddhaschrein, aber da gewahrte er überall nur

56. Meister Hsu Yün gab seinen Schülern den Rat, das *hua-t'ou* nicht in den Bauch zu verlegen, um den negativen Einfluß der 5 Aggregate zu vermeiden. (S. «*Ch'an and Zen Teaching*», 1. Serie, Teil I).

57. Eine Abhandlung von dem bedeutenden Meister Seng Chao, der Kumārajīvas Hauptschüler war und diesem half, die indischen Sūtras ins Chinesische zu übersetzen.

Bewegungslosigkeit. Er öffnete die Fensterladen, aber selbst die im Wind wirbelnden Blätter standen still. Da vergingen ihm alle Zweifel über Geburt und Tod.

In seinem 30. Jahr reiste er weiter zum Wu T'ai-Berg. Anfangs störte ihn das Brausen des Wassers, das vom Felsen stürzte, doch dann entsann er sich der Geschichte von des Bodhisattva Avalokiteśvara Völliger Erleuchtung durch das Hilfsmittel des Hörens und ging zu einer Holzbrücke, wo er sich zur Meditation niederließ. Der Lärm war betäubend, aber mit seiner einspitzigen Konzentration hörte er ihn nach einiger Zeit nur noch, wenn sein Geist durch Gedanken abgelenkt wurde. Plötzlich schien sein Körper sich aufzulösen, und das Geräusch verstummte.

Eines Tages fiel er stehend in den Samādhi-Zustand, und sein Körper und Geist verschwanden völlig und wurden durch eine große Helligkeit ersetzt, die einem runden Spiegel glich, in dem sich die Umwelt reflektierte. Da fühlte er sich von Glückseligkeit erfüllt, ohne daß ein Einfluß von außen her wirkte. Er war allein und wußte daher nicht, wie lange dieser Samādhi-Zustand andauerte. Aber als er wieder daraus erwachte, war sein Herd von einer dicken Staubschicht bedeckt. Er schlug das Śūraṅgama Sūtra auf, um sein Erwachtsein nachzuprüfen. Bald danach jedoch wurde er von der Ch'an-Krankheit ergriffen[58], wovon er sich dadurch befreite, daß er fünf Tage und Nächte hindurch ununterbrochen in Meditation saß, wonach er eine unbeschreibbare Seligkeit genoß. Er hatte vielerlei Erlebnisse, von denen zwei von besonderer Bedeutung waren. Bei jeder saß er mit gekreuzten Beinen, sich gegen-

58. Die Ch'an-Krankheit zieht man sich mitunter nach dem großen Erwachen zu, wenn nämlich die Vitalkraft nicht frei durch die psychischen Zentren des Körpers zirkuliert. Der Meditierende wird dann von dem unwiderstehlichen Drang erfaßt, zu tanzen, springen, gestikulieren, summen, reden und ohne klaren Grund sich eigentümlich zu benehmen. Worte, die er vorher gelesen hat, kommen zu ihm in ununterbrochener Folge, und man kann es nicht verhindern (s. auch Kap. 6, sowie das Vorwort zu «*Ch'an and Zen Teaching*» 2. Serie).

über einen gleichermaßen erleuchteten Freund, vierzig aufeinanderfolgende Tage und Nächte, ohne zu schlafen.

3. Meister San Feng (1573–1635)
(aus *«Selbstbiographie des Meisters San Feng»* – San Feng Ho Shang Nien P'u)

Im Alter von 30 Jahren schloß sich Meister San Feng von der Umwelt ab, um sich in das *kung-an* «Alle Dinge gehen auf das Eine zurück. Worauf geht das Eine zurück?» zu vertiefen. Ohne Unterbrechung übte er dies Tag und Nacht.

Als er 40 geworden war, beschloß er, in schweigender Abgeschlossenheit, in Gesellschaft eines andern Mönches, zu leben.

Wie er nun auf seinem Kissen saß, fühlte er einen Schwindel, mußte sich übergeben und fiel darauf in einen Schlaf, wobei es ihm vorkam, als stürze er in eine sehr tiefe Grube, ohne sich an irgend etwas festhalten zu können. Am fünften Tag, er schlief immer noch, geschah es, daß zwei Mönche vor dem Fenster einen Bambusstab mit lautem Krach zerbrachen. Das traf ihn wie ein Donnerschlag. Augenblicklich erlebte er die Auflösung des Raumes, das Verschwinden der Erde, die Aufhebung des Ich und der Dinge (dharma), die Nichtigkeit der Einen Wirklichkeit und die Nichtexistenz selbst der letzten Spuren der Unvollkommenheit – all dies jenseits der Erklärbarkeit und Vergleichsmöglichkeit. Ihm waren alle Schriften, die er studiert hatte, zu bloßem Papier geworden, weil deren tieferer Sinn jenseits allen Denkens lag. So saß er in diesem Zustand die ganze Nacht hindurch, die ihm nur einen kurzen Augenblick zu währen schien. In dieser Situation der Gedankenleerheit entsann er sich alter *kung-ans,* wie Chao Chus «In Ch'ing Chou kaufte ich eine (Mönchs-)Robe, die wog sieben (chinesische) Pfund», «Eine alte Zypresse», «Ein Toilettenstock», «Eine Braut, die auf einem Esel reitet, der von ihrer Schwiegermutter geführt wird», «Ein achteckiger Mühlstein dreht sich in der Luft», sowie Yün Mens «Ein Fächer, der bis zum 33. Himmel springt», so daß er alle Formen des Samādhi erlebte [59]. Daraus gewann er die Erkenntnis, daß das Hinundherstreiten, daß Schläge, Schreie usw. nicht die Jenseitig-

59. Sobald man diese sechs sinnlosen *kung-ans* sorgfältig durchschaut hat, kann man sie auf ihren tieferen Sinn hin erkennen. Dies ist dann der direkte Hinweis auf den Selbst-Geist.

keit erreichen, daß selbst Yün Mens Satz «Die Erde ist völlig bar jeder Unvollkommenheit» nur ein Wortverdrehen ist, daß das Nichtsehen der Gleichheit nur ein Teilgewinn ist und daß es eine transzendente Ganzheit gibt, die nur in einem besonders glücklichen Augenblick erlebt werden kann [60]. Solange Lin Chi nicht verstand, daß «Huang Po's Buddha-Dharma nur so klein ist [61]», und wenn Te Shan noch immer «Zweifel pflegt über die Zungenspitzen der alten Mönche im Land [62]», wie könnte da ein Schrei oder ein Schlag die Verwirklichung der Höchsten Erleuchtung bewirken? Als man ihn fragte, welchen Satz er für den wirkungsvollsten erachtete, antwortete der Meister: «Als ich vom Bett aufstand, trat ich meine Binsensandalen platt [63].»

4. Der Japanische Zen-Meister Yin Yüan (In-gen) (aus der Ergänzungsausgabe von *«Ein Finger, der auf den Mond weist»* – Hsu Chih Yüeh Lu)

Der Meister kam aus Hsiang Chou (Sō-shū, heute Kamakura) in Japan. Sein bürgerlicher Name war T'eng (Fujiwara), und die T'engs (die Fujiwara-Familie) zählten zu den Edlen. Es wurden glückverheißende Zeichen wahrgenommen, als der Meister geboren wurde.

Mit 13 Jahren verließ er seine Eltern, ließ sich den Kopf rasieren und bekam die volle Ordination. Darauf fuhr er übers Meer nach China, wo er den Abt Wu Chien aufsuchte, der (zur) T'ien T'ai (Schule gehörte).

Wu Chien riet ihm, Chung Feng in T'ien Mu aufzusuchen. Dieser empfing ihn und erlaubte, daß er ihm diente.

Yin Yüan hatte sein eigenes Verständnis (des Dharma) immer wieder dem des Chung Feng unterworfen, doch eines Tages fuhr ihn dieser an: «Wie kannst du hoffen, dich von deinen Fesseln zu

60. Dieser Zustand ist unbeschreibbar. Wer ihn erlangt, ist wie einer, der Wasser trinkt und allein weiß, ob es warm oder kalt ist.

61. S. *«Ch'an and Zen Teaching»*, 2. Serie, The Lin Chi Sect. S. 85.

62. S. *«Ch'an and Zen Teaching»*, 1. Serie, Teil I, S. 60.

63. Es ist die höchste Wirkungskraft, die diese Worte spricht, bzw. deren Funktion ausübt. Kann die Funktion auf ihren Ursprung zurückgeführt werden, ihre eigentliche Substanz, dann ist die Verwirklichung des Selbst-Geistes möglich. Das ist Bodhidharmas direkter Hinweis auf den Geist.

befreien, wenn du dich nicht von den Sinnesorganen und Sinneswahrnehmungen löst?» Yin Yüan zog sich betroffen zurück und weinte bitterlich. Danach konnte er weder essen noch schlafen. Chung Feng aber wurde mitleidsvoll beeindruckt von dieser Ernsthaftigkeit und sagte: «Der Geist enthält Myriaden von Erscheinungsformen; ist er im Stande der Täuschung, dann unterliegt er Geburt und Tod; ist er aber erleuchtet, dem Nirvāṇa. Obgleich es schwer ist, die saṃsārischen Täuschungen zu überwinden, gleicht die nirvāṇische Erleuchtung goldenem Staub, der in die Augen fliegt. Weisheit (prajñā), so mußt du wissen, ist wie ein großes Feuer, das alles verbrennt, was mit ihm in Berührung kommt. Wenn du einen Gedanken entstehen läßt, der sich nicht (zu dir selbst) zurückwendet, und du kannst ihn festhalten bei deiner Wanderung durch Geburt und Tod, dann bist du sicher im Einklang mit dem Tao. Vor deiner Erweckung aber können tausend Śākyamunis und zehntausend Maitreyas alle Wasser der vier Ozeane in dein Hörorgan gießen – es entstünde nur Irrtum und Vergiftung und nichts sonst, was nahe dem Höchsten wäre.»

Diese Worte erschreckten Yin Yüan so sehr, daß ihm der Schweiß ausbrach.

Eines Tages erwachte er zur tieferen Bedeutung [64], kam zu Chung Feng und sagte: «Ich bin an den silbernen Berg und an die eiserne Mauer gestoßen und habe sie durchdrungen.» Chung Feng sagte: «Wenn du den silbernen Berg und die eiserne Mauer durchdrungen hast, warum kommst du dann zu mir [65]?» Da verstand Yin Yüan augenblicklich, was sein Lehrer meinte. Dieser fuhr fort: «Gib fein acht auf dein Erwachen, und sorge dafür, es dir zu erhalten [66]!»

Eines Tages fühlte sich der Meister unwohl und sagte zu seinem

64. Vermutlich war der Meister dem Gedanken an die Erleuchtung derart ergeben, daß Ching Feng's Worte über das Absolute, das ja nicht einmal vom Buddha oder von Maitreya beschrieben werden kann, ihn so beeindruckte, daß er heftig zu schwitzen begann. Heftiger Schweißausbruch geht stets der Erweckung voran. Dies erklärt, warum der Meister nach Überwindung aller Hindernisse – symbolisiert durch den Silberberg und die Eisenmauer – zur Erweckung gelangte.

65. Chung Feng veranlaßte den Meister, selbst die Idee, alle Hindernisse zu überwinden, abzulegen, damit selbst die letzte Anhaftung aufgegeben wird.

66. Nach dem Erwachen muß man immer noch alte Gewohnheiten, die man seit anfangsloser Zeit angesammelt hat, nach und nach ablegen. Darum

Diener: «Die Zeit ist gekommen. Bring mir Feder und Tinte.» Er fügte hinzu: «Mein Stupa ist fertig, nur die Inschrift fehlt noch.» Dann schrieb er zwei Zeichen: «hsin yin» (Geistiger Eindruck), setzte sich aufrecht hin und verschied.

Es war noch vor seinem Tod, da wollten seine Schüler ein Portrait von ihm malen und baten ihn um eine Aufschrift in seiner eigenen Kalligraphie. Der Meister zeichnete einen Kreis [67] auf das Papier und schrieb folgende Gāthā:

«Die verborgene Form ist von kristallener Klarheit [68]
Absolut und unwandelbar [69]
Allgegenwärtig.
Welches ist ihr Gesicht [70] *?»*

muß man sehr sorgsam sein, daß der «heilige Embryo» erhalten bleibt und man ihn pflegt, wie der Meister empfiehlt.

67. Der Kreis steht für den allumfassenden Dharma-kaya, der weder Anfang noch Ende hat.

68. Wunderbare oder wundervolle Form ist das, was sowohl das Numen wie das Phänomen in sich schließt. S. auch die Erklärung auf S. 36.

69. Die unbewegte Soheit.

70. Unwahrnehmbar und unbeschreibbar, das «ursprüngliche Gesicht» genannt. – Nach dem Text kehrte der Meister nicht nach Japan zurück. Er starb in China.

III

SELBSTGESTALTUNG IN DER «REINEN LAND»-SCHULE

Der Grundsatz der «Reinen Land»-Schule (Chin T'u Tsung) ist: Erlösung durch den Glauben an Buddha Amitābha, der durch seine 48 großen Gelübde gekennzeichnet ist, welche er in einer früheren Existenz als Bhikṣu Dharmākara (Fa Tsang, «Schatzhaus des Dharma») abgelegt hat. Sein 18. Gelübde lautet:

«Wenn nach meiner Erlangung der Buddhaschaft noch Lebewesen in den zehn Himmelsrichtungen existieren – mit Ausnahme derer, die eine der fünf Großen Sünden begingen[1] *oder den Rechten Dharma schmähten – die unerschütterlichen Glauben an mich besitzen, in meinem Reich wiedergeboren zu werden suchen und meinen Namen zehnmal wiederholen und doch nicht zu ihrem Ziel gelangen, so bin ich bereit, die Saṃbodhi aufzugeben».*[2]

In Voraussicht des Zeitalters, in dem der Dharma vergeht, alle Sūtras und Shāstras, an der Spitze das Śūrangama Sūtra, eines um das andere verschwinden, verkündete der Buddha Śākyamuni:

1. Die 5 Todsünden: Vatermord, Muttermord, Heiligenmord, Verletzung eines Buddha und das Stören der Harmonie des Sangha.

2. Saṃbodhi: vollkommene universelle Wahrnehmung; Vollkommene Erleuchtung.

1. Das Sūtra des Amitābha (O Mi T'o Ching), das das Reine Land des Buddha vom Unendlichen Licht beschreibt;

2. Das Sūtra des Amitāyus (des Buddhas der Grenzenlosen Zeit – Wu Liang Shu Ching), das die Geschichte des Bhikṣu Dharmākara erzählt und von seinen 48 Großgelübden berichtet, und

3. Das Sūtra von der Kontemplation des Amitāyus (Kuan Wu Liang Shu Ching), das die Methode der Meditation dieses Buddha lehrt, so daß alle Lebewesen einen Anhalt haben, sobald der Rechte Dharma in Vergessenheit zu geraten droht. Es heißt, daß in dieser Zeit der Dunkelheit, wenn Haß und Sorge allgegenwärtig sind, sich nur wenige Glückliche noch des Namens Amitābha erinnern werden und Gelegenheit haben, ihn anzurufen.

Die Traditionsfolge der «Reinen Land»-Schule

Nach den Urkunden war es der Bodhisattva Samantabhadra, der die «Reine Land»-Schule begründete. In seinem Text «Die Erweckung des Glaubens» fordert Aśvaghoṣa, der 12. Patriarch der Ch'an-Sekte, die Buddhisten auf, nach einer Wiedergeburt im Reinen Land zu streben. In ihren Schriften geben Nāgārjuna und Vasubandhu, 14. bzw. 21. Patriarch der Ch'an-Sekte gleichfalls diese Anweisung jenen, denen es nicht gelingt, zum Dharma des Geistes zu erwachen. In China begann die «Reine Land»-Schule unter Meister Hui Yüan [3] zu blühen. Er wurde als ihr 2. Patriarch betrachtet, in Nachfolge des Bodhisattva Samantabhadra. Auf Hui Yüan folgten T'an Lüan [4] und Tao Ch'o [5], die damals als 3. bzw. 4. Patriarch galten.

Diese Schule wird in China auch Lotus-Sekte genannt (Lien Tsung), und ihre neun Patriarchen sind: Hui Yüan [3], Shan

3. Starb 416 mit 83 Jahren.
4. Starb 542 mit 67 Jahren.
5. Starb 645.

Tao[6], Ch'en Yüan[7], Fa Chao[8], Shao K'ang[9], Yen Shou[10], Hsing Ch'ang[11], Lien Ch'ih[12] und Hsing An[13]. Unter ihnen waren Yen Shou und Lien Ch'ih erleuchtete Ch'an-Meister, und sie verbreiteten die Lehre vom Reinen Land, weil die Ch'an-Überlieferung für Menschen mit Zuneigung zum Glauben an Buddha Amitābha nicht geeignet ist.

Übungsmethoden

Die drei bekannten Übungsmethoden sind:

1. Wiederholung des Namens Amitābha

Es geht darum, den Namen des Buddha Amitābha entweder geistig oder hörbar bzw. leise auszusprechen. Die mehrfache Wiederholung dieses Vorgangs – mit oder ohne Hilfe eines Rosenkranzes aus 108 Perlen – soll den Übenden in die Lage versetzen, seine Aufmerksamkeit auf diesen Buddha zu konzentrieren, wobei er die Einspitzigkeit des Denkens verwirklichen kann.

Es ist dies ein ausgezeichneter Weg, den Geist zu kontrollieren, und manch einem Andächtigen gelang es, dabei den Buddha Amitābha und seine beiden begleitenden Bodhisattvas Avalokiteśvara und Mahāsthāmaprāpta zu sehen[14].

Die Anhänger dieser Schule legen sich gewöhnlich auf eine bestimmte Anzahl von Wiederholungen pro Tag fest – von 50 000 bis 500 000 und mehr – und wo sie auch immer sein mögen, sie wiederholen den Buddha-Namen ohne Unterbrechung. Dies setzt sie in den Stand, alle andern Gedanken

6. Starb 681.
7. Starb 802 mit 91 Jahren.
8. Starb 772.
9. Starb 805.
10. Starb 975 mit 72 Jahren.
11. Starb 1020 mit 62 Jahren.
12. Starb 1615 mit 81 Jahren.
13. In der Ch'ing-Dynastie (1662–1911)
14. Bevor er mit der Ch'an-Praxis begann, sah Han Shan die Drei Heiligen des Seligen Bereiches, sobald er sich auf sie konzentrierte (s. S. 88).

abzuschneiden und ihren Geist ohne Schwierigkeit zu reinigen.

Diese Übung wird getragen von dem unerschütterlichen Glauben an Amitābhas 48 Gelübde und der strengen Beachtung der fünf Gebote. Gewöhnlich gelobt der Gläubige, alle lebenden Wesen, nachdem er die Selbsterleuchtung gewonnen hat, zu erretten. Und wenn seine Gelübde mit denen Amitābhas zusammenfallen, so kann deren vereinte Kraft ihm die Möglichkeit verleihen, den allumfassenden Zustand der Reinheit und Fleckenlosigkeit zu erleben. Der Chinesische Begründer dieser Schule, Meister Hui Yüan, sah Amitābha dreimal, und als er zum Sterben kam, sah er die drei Heiligen des Westlichen Paradieses, die ihn zu empfangen kamen.

Der 2. Patriarch, Shan Tao, wiederholte den Buddha-Namen pausenlos Tag und Nacht, und jedesmal, wenn er ihn aussprach, kam aus seinem Mund ein Lichtstrahl. Aus diesem Grund verlieh ihm Kaiser Kao Tsung aus der T'ang-Dynastie den Namen Großer Meister «Kuang Ming» («Helles Licht»).

Vielen Anhängern dieser Schule gelang es, mit Hilfe dieser Übung ihren Geist zu reinigen und im voraus den genauen Zeitpunkt ihres Todes zu wissen. Viele Fälle sind bekannt von alten Leuten, die, nachdem sie ein Bad genommen, ihr Festgewand angelegt und sich mit gekreuzten Beinen niedergelassen hatten, sodann in Frieden abtraten. Um der Ruhe ihres Geistes Willen bereiteten sie ihre Familie nicht auf ihren bevorstehenden Tod vor, damit ihr letzter Augenblick nicht durch deren Weinen gestört würde.

Die Methode des stummen Aussprechens des Buddhanamens ist die geeignetste für Menschen aller Lebensformen und -situationen, die ihren Geist zu zügeln suchen, und kann selbst in Zeiten der Verfolgung geübt werden.

2. Die Übung des Amitābha-Mantra
(Chinesisch: Wang Sheng Chu – Mantra zur Wiedergeburt im Reinen Land).

Das Amitābha-Mantra ist in China sehr populär. Schon als ich sieben Jahre alt war, lehrte es mich meine Mutter, und ich konnte es auswendig hersagen. Seine chinesische Umschrift ist genau so verfälscht, wie die aller anderen Mantras, aber gleichwohl hält man sie für sehr wirkungsvoll, sofern der Übende die geistige Einheit besitzt. Denn dann wirken sie sich genau so aus wie ein *hua-t'ou* oder ein *kung-an*. Infolgedessen kann auch ein fehlerhaft umschriebenes Mantra auf wunderbare Weise wirksam werden, wenn dadurch die Sinneswahrnehmungen aufgehoben und damit das Tor zu den Wundern geöffnet wird. Tritt der Tod an den Gläubigen heran, so wird entweder der Buddhaname oder das Mantra von ihm selbst, von seiner Familie oder seinen buddhistischen Freunden wiederholt. Wir danken an dieser Stelle dem Ehrw. Bhikṣu Āryadeva, der uns vor einigen Jahren aus Indien eine korrekte Umschrift dieses Mantra schickte, das nun hier, zum Nutzen jener, die der «Reinen Land»-Schule folgen, wiedergegeben werden soll:

«Namo Amitābhaya Tathāgatāya Tadyathā Amṛtabhave Amritasambhave Amṛtavikrante Amṛtavikrantagamini Gagana Kīrtīchare Swāhā!»

Die indischen Meister, die nach China kamen, um Siddham-Texte ins Chinesische zu übersetzen, haben niemals Mantras übersetzt, weil sie meinten, es sei unmöglich, das Wesen des Mantra in der Übersetzung zu erhalten. Trotzdem gab uns Bhikṣu Āryadeva die Übertragung des Wortlautes:

«Wir nehmen unsre Zuflucht zum Tathāgata Amitābha. Es sei: daß uns Unsterblichkeit werde, daß uns vollkommene Unsterblichkeit werde, daß wir der Unsterblichkeit näher kommen, daß die Unsterblichkeit in uns fortwirkt, fortwirkt auf dem glorreichen transzendenten Weg – Swāhā!»

Wie uns der Ehrw. Bhikṣu sagt, ist diese Übersetzung nur annähernd, weil es unmöglich ist, die esoterische Sinngebung eines Mantra in Worte zu übersetzen. Es heißt, daß der tiefere Sinngehalt eines Mantra sich dem Gläubigen dann enthüllt, wenn es ihm gelingt, durch die Rezitation dieses Mantra die Einheit des Geistes zu erleben.

3. Die Kontemplation des Buddha Amitāyus

Wir geben nun die Übersetzung des Sūtra von der Kontemplation des Amitāyus, das die 16 Meditationsmethoden lehrt, die zur Verwirklichung einer der 9 folgenden Stufen der Wiedergeburt im Reinen Land Amitābhas führen:

1.–3. Die höhere, mittlere und niedere Stufe der obersten Geburtsklasse.

4.–6. Die höhere, mittlere und niedere Stufe der mittleren Geburtsklasse.

7.–9. Die höhere, mittlere und niedere Stufe der unteren Geburtsklasse.

DAS SŪTRA VON DER BETRACHTUNG DES AMITĀYUS

(Kuan Wu Liang Shu Ching)

«So habe ich gehört: Zu einer Zeit weilte der Buddha auf dem Gṛdhrakūṭa-(Geier-)Berg bei Rājagṛha(-Stadt) in der Versammlung von 1250 Bhikṣus, in Gemeinschaft von 32 000 Bodhisattvas unter der Führung von Mañjuśrī, einem Sohn des Dharmarāja (Gesetzeskönig). Damals hatte in Rājagṛha Prinz Ajātaśatru [15], ermutigt von seinem falschen Freund Devadatta [16], seinen eigenen Vater, König Bimbisāra, eingekerkert und ihn in einem Raum mit siebenfacher Sicherung festgesetzt. Allen Ministern und Beamten war es streng verboten, ihn aufzusuchen.

15. Ajātaśatru (s. Glossar).
16. Ein Vetter des Buddha und dessen Feind und Rivale.

Königin Vaidehī pflegte den König mit großer Hingabe, bediente ihn beim Bade, pflegte seinen Leib mit Salbe aus Sahne und Reispuder und reichte ihm Traubensaft in einem Jadekelch.

Nachdem der König den Traubensaft getrunken hatte, spülte er seinen Mund, wandte sich in Richtung des Gṛdhrakūṭa-Berges, legte die Handflächen aneinander und kniete nieder, um dem Erhabenen aus der Ferne seinen Gruß zu entbieten. Er sprach: ‚Möge mein Verwandter und Freund Maudgalaputra [17] mich aus Mitleid die 8 Vergehen lehren [18].'

Darauf begab sich Maudgalaputra mit der Geschwindigkeit eines fliegenden Adlers zum Palast, und an jedem Tag kam er so, den König die 8 Vergehen zu lehren. Auch gebot der Erhabene, daß Pūrṇamaitrāyaṇīputra [19] den König im Dharma unterweise.

So gingen drei Wochen dahin, während denen, dank der Salbe, des Traubensaftes und des Dharma, der Gefangene sich wohl befand.

(Eines Tages) fragte der Prinz den Torhüter: ‚Lebt der König noch?' Der Torhüter antwortete: ‚(Jeden Tag) versorgt die Königin ihn mit Salbe aus Reispuder und reicht ihm Traubensaft in einem Jadekelch. Die beiden Mönche Maudgalaputra und Pūrṇamaitrāyaṇīputra fliegen jeden Tag her, ihn im Dharma zu unterweisen. Ich fürchte, man kann sie nicht daran hindern.'

Als Ajātaśatru das hörte, geriet er in Wut und sagte: ‚Meine Mutter ist auch eine Verbrecherin, da sie sich mit diesem Verbrecher zusammentut. Und diese Mönche sind bösartige Leute, die unorthodoxe Mantras verwenden, um den verruchten König am Leben zu erhalten.' Mit diesen Worten zog er sein scharfes Schwert, in der Absicht, seine Mutter zu töten.

Da verneigten sich ‚Mondglanz', ein kluger und weiser Minister, sowie Jīva [20] vor dem Prinzen und sagten: ‚Majestät, wir haben in

17. Oder Mahā-maudgalyāyana, einer der zehn Hauptschüler des Buddha. Vornehmlich berühmt wegen seiner Wunderkräfte.

18. Die 8 Vergehen: 1. Mord; 2. Diebstahl; 3. Unzucht; 4. Lüge; 5. Berauschung; 6. Sich aus Eitelkeit schmücken; 7. Verwendung luxuriöser Betten; 8. Essen nach dem Mittagsmahl.

19. Oder Maitrāyaṇīputra, Sohn von Bhava mit einer Sklavin; er war der Hauptprediger unter den zehn Hauptschülern des Buddha.

20. Oder Jīvaka, Sohn von Bimbisāra mit der Konkubine Āmrapālī. Berühmt wegen seiner ärztlichen Fähigkeiten.

den Veden gelesen, daß es seit dem Beginn dieses Weltalters 108 000 Prinzen gegeben hat, die den Thron dadurch eroberten, daß sie ihren Vater töteten. Keiner von ihnen aber hat seine Mutter, die Königin, umgebracht. Würdet Ihr aber diesen Akt der Rebellion vollziehen, der Schande über die Kṣatriya-(Königs-)Kaste brächte, so könnten wir solch eine niedrige und verfluchte Tat nicht hinnehmen. Wir würden Euch verlassen.' Die beiden Minister nahmen ihre Schwerter auf und machten Anstalten, sich zurückzuziehen. Ajātaśatru war verblüfft und erschrocken. Er sagte zu Jīva: ‚Ihr habt vor, mich allein zu lassen?' Jīva erwiderte: ‚Euer Majestät sollten Vernunft annehmen und Eure Mutter nicht töten.' Da empfand Ajātaśatru tiefe Reue, legte sein Schwert beiseite und gab den Plan, seine Mutter zu töten, auf. Er befahl einem Hofbeamten, sie in den innersten Hofraum zu verbannen und ihr zu verbieten, ihn zu verlassen.

Da Königin Vaidehī nun zur Gefangenen geworden war, wurde ihr Herz traurig und von Furcht erfüllt. Sie wandte sich in Richtung des Gṛdhrakūta-Berges, kniete nieder und sprach aus der Ferne zum Buddha: ‚O Tathāgata! Der Erhabene pflegte mir zur Stütze Ānanda zu senden. Jetzt aber bin ich voll Traurigkeit und werde wohl keine Gelegenheit mehr haben, den Erhabenen wiederzusehen. Ich bitte, sendet mir Maudgalaputra und Ānanda, daß sie mir Trost spenden.' Sie weinte bitterlich, und die Tränen liefen ihr die Wangen herab.

Ehe sie nur, wie sie dort kniete, den Kopf gehoben hatte, da wußte der Erhabene, der auf dem Gṛdhrakūta-Berg weilte, die Gedanken der Königin schon im Augenblick ihres Entstehens, und er befahl Maudgalaputra und Ānanda, sich im Fluge hinzubegeben, um ihr Trost zu spenden. Auch der Buddha verließ den Berg und erschien im Palast. Als die Königin aufblickte, sah sie die goldglänzende Erscheinung des Erhabenen, thronend auf einem mit hundert Juwelen geschmückten Lotus, Maudgalaputra zu seiner Linken und Ānanda zur Rechten, während die Hüter des Dharma, einschließlich Indra und Brahmā, himmlische Blüten opferten, die aus der Höhe herabschwebten. Sie schleuderte ihre Halskette aus Edelsteinen fort, warf sich ihm zu Füßen und rief: ‚O Erhabener, welche Sünde habe ich begangen, daß mir ein so verruchter Sohn wurde? Erhabener, warum mußte ich mit Devadatta verwandt werden? Weise mir einen Ort, frei von Sorge und Heimsuchung, wo ich wiedergeboren werden kann, denn ich verabscheue diese unreine Welt (Jambudvīpa) voller Höllen, hungriger Geister und böser Tiere! O möge ich doch von nun an nicht mehr die verruchten Stimmen hören und die bösen Menschen sehen! Hier werfe ich mich nieder zu den Füßen des Erhabenen und flehe um eine Gelegenheit zur Buße und Erneuerung. Möge mich der Buddha täglich lehren, wie ich nur reines und fleckenloses Karma finde!'

Da sandte der Erhabene von (dem Bewußtseinszentrum) zwischen seinen Augenbrauen einen leuchtenden Strahl goldenen Lichtes aus, der unzählige Welten in den zehn Himmelsrichtungen erleuchtete und dann zum höchsten Punkt auf seinem Haupt zurückkehrte, wo er sich in einen goldenen Turm, dem Berg Sumeru gleich, verwandelte, in dem die geheimnisvollen Reinen Buddha-Länder der zehn Himmelsrichtungen erschienen. Einige dieser Buddha-Länder bestanden entweder aus den sieben kostbaren Edelsteinen oder aus Lotusblüten; andere glichen den Himmeln Iśvaradevas, während wieder andere kristallenen Spiegeln glichen, in denen sich die Welten aller zehn Himmelsrichtungen widerspiegelten.

Als Königin Vaidehī die zahlreichen Buddha-Länder sah, rief sie: ‚O Erhabener, obgleich diese Buddha-Länder rein und strahlend sind, wünsche ich doch, in Buddha Amitābhas Seliger Welt wiedergeboren zu werden. Möge der Erhabene mich lehren, wie mein Denken zu zügeln ist, daß ich Rechtes Samādhi (für diese gewünschte Wiedergeburt) erlangen lerne!'

Da sandte der Erhabene Strahlen eines fünffarbigen Lichtes von seinem Mund aus, das den Scheitel König Bimbisāras erhellte. Und obwohl der König eingeschlossen war, war das Auge seines Geistes doch nicht behindert. Und so sah er, wiewohl fern von ihm, den Erhabenen. Er neigte verehrend sein Haupt, und wie er dabei sich geistig entfaltete, verwirklichte er die Stufe des Anāgāmin [21].

Der Erhabene sagte zu Vaidehī: ‚Weißt du nicht, daß Amitābha niemals fern ist [22]? Richte deinen Geist darauf und kontempliere sei-

21. Anāgāmin: die Stufe des «nicht-wiederkehrenden» Arhat, der nicht mehr in dieser Welt wiedergeboren wird, sondern im Himmel, von wo aus er ins Nirvāṇa eingeht.

22. S. auch «*Ch'an and Zen Teaching*» 3. Serie, The Altar Sūtra of the Sixth Patriarch, Kap. III.

nen Bereich, der das Resultat guter Werke ist. Ich will versuchen, dir die völlige Unterweisung zu geben, auch zum Heil jener kommenden Generationen, die in Reinheit zu handeln suchen, um im Westlichen Seligkeitsbereich geboren zu werden. Wer in diesem Buddha-Land wiedergeboren werden will, sollte drei Arten gesegneter Tugenden üben. Erstlich müssen sie ihre kindlichen Pflichten erfüllen, indem sie für ihre Eltern Sorge tragen, ihren Lehrern gehorchen, freundlich (zu andern) sind, sich des Tötens enthalten und die zehn guten Werke tun [23]. Zum Zweiten sollen sie die dreifache Zuflucht nehmen (zu Buddha, Dharma und Sangha), alle Vorschriften einhalten und sich bemühen, die Regeln der Zucht zu beachten. Zum Dritten sollen sie den Bodhi-Geist entwickeln, an das Gesetz der ursächlichen Beziehungen glauben, die Mahāyāna Sūtras lesen und rezitieren und alle jene ermutigen, die (den Dharma) üben. Dies sind reine Werke [24].' Der Buddha fuhr fort: ‚Wisse, daß diese drei Tugenden die direkte Ursache sind aller reinen Werke der Buddhas in Vergangenheit, Gegenwart und Zukunft.'

Dann sagte der Buddha zu Ānanda und Vaidehī: ‚Hört sorgfältig zu und widmet eure Aufmerksamkeit dem, was der Tathāgata euch sagt über diese reinen Werke, zum Heil aller Lebewesen kommender Generationen, die unter den Anhaftungen (kleśa) leiden. Es war gut, Vaidehī, daß du danach gefragt hast. Und du Ānanda, solltest diese Worte des Buddha bewahren und überall verbreiten. Ich will Vaidehī und alle Lebewesen kommender Generationen nun lehren, wie der Westliche Seligkeitsbereich zu kontemplieren ist, auf daß, mit Hilfe der (transzendenten) Buddha-Kräfte, sie das Reine Land so mühelos erkennen wie das eigene Gesicht in einem Spiegel. Haben sie erst die wunderbare Seligkeit dieses Landes erfahren, dann werden sie mit Freude erfüllt sein und die geduldige Unerschütterlichkeit des ungeschaffenen (Zustandes) erleben.'

23. Die 10 guten Werke bestehen im Vermeiden der 10 Vergehen: Mord, Diebstahl, Unzucht, Lüge, Doppelzüngigkeit, grobe Rede, unsaubere Rede, Falschheit, Zorn und Irrtum.

24. Diese Worte des Buddha verwerfen die grundlose Behauptung, daß Sūtras und Śīla auf dem Weg des Großen Fahrzeugs entbehrlich seien.

1. Betrachtung der untergehenden Sonne

Darauf sprach der Buddha zu Vaidehī: ‚Deine weltliche Denk(gewohnheit) ist von niederer Art, und solange du nicht die göttliche Schau [25] verwirklicht hast, bist du noch nicht fähig, (die Dinge) aus der Ferne zu erkennen. (Aber) alle Buddhas haben die wunderbare Fähigkeit, dir die kleine Schau zu vermitteln.' Vaidehī sprach: ‚Erhabener, ich lernte durch des Buddhas transzendente Kraft, jenes Land zu sehen. Wie aber können, nach des Buddhas Nirvāṇa, unreine und verwirrte Wesen, die den fünf Formen des Leidens [26] verfallen sind, des Buddha Amitābhas Seligkeitsbereich erfahren?' Der Buddha erwiderte: ‚Du und alle Lebewesen, ihr sollt euren Geist scharf auf den Gedanken an den Westen konzentrieren. Was heißt ‚Gedanken'? Es heißt, daß keiner blind geboren ist, und wer Augen hat, der sieht die untergehende Sonne. Du mußt diese Idee in dir entstehen lassen, aufrecht dich hinsetzen, das Antlitz nach Westen gerichtet, und deinen Geist dorthin sammeln, wo die Sonne zu sinken pflegt, wie eine hängende (rote) Trommel. Gelang es, dir das vorzustellen, dann muß (dies Bild) klar sichtbar bleiben, bei offenen und geschlossenen Augen. Dies ist die Vorstellung der Sonne und wird die Erste Kontemplation genannt [27].'

2. Betrachtung des Wassers

Sodann stelle dir reines und durchsichtiges Wasser vor, von völliger Klarheit und Stille. Nachdem du das Wasser gesehen hast, stelle dir Eis vor, auch klar und durchsichtig. Siehst du das Eis, dann stelle dir Kristall vor, dann die Erde als Kristall, gänzlich durchsichtig und den ganzen Grund bildend, auf dem Fahnenmasten aus

25. Deva-Auge: göttlicher Blick, unbegrenzte Schau.

26. Die 5 Formen des Leidens in jeder der 3 Kategorien:
a) (1) Geburt, Alter, Krankheit, Tod; (2) Von geliebten Menschen getrennt sein; (3) Mit Ungeliebten und Gehaßten vereint sein; (4) Unerfüllte Wünsche; (5) Geistige und körperliche Leiden der 5 Daseinsaggregate.
b) Geburt, Alter, Krankheit, Tod und Gefangenschaft.
c) Leiden in den 5 Höllen: der hungrigen Geister, der Tiere, der Asuras und der Menschen.

27. Diese 1. Betrachtung ist leicht zu meistern. Wer sie ernsthaft übt, wird keine Schwierigkeit finden, die untergehende Sonne zu sehen, die einen lieblichen Anblick bietet. Gewöhnlich jedoch folgt darauf starker Schweißausbruch.

Diamant und sieben anderen Edelsteinen errichtet sind. Jeder Fahnenmast ist achteckig, mit 100 Edelsteinen auf jeder Seite. Jeder Edelstein 1000 Lichtstrahlen aussendend, jeder Lichtstrahl von 84 000 Farben, reflektiert vom kristallenen Grund, wobei Myriaden Sonnen entstehen, zu zahlreich, um gezählt werden zu können. Der kristallene Grund ist umgeben von einem goldenen Seil, geschmückt mit sieben Edelsteinen, von denen jeder 500 farbige Strahlen aussendet, sodaß er einer Blume gleicht, einem Stern oder dem Mond am Himmel. Sie bilden einen leuchtenden Turm mit zehntausenden von Räumen, jeder aus 100 Juwelen gebildet. Die Seiten des Turmes sind geschmückt mit 100 lakh[28] Fahnenmasten und zahllosen Musikinstrumenten, die von acht klaren Lüften, hervorgerufen von dem hellen Glanz, gespielt werden. Sie künden (die Lehre von) Leiden, Unwirklichkeit, Vergänglichkeit und Ichlosigkeit. Dies ist die Vergegenwärtigung des Wassers und bildet die Zweite Kontemplation.

3. Betrachtung des Grundes

Sobald die (obige) Kontemplation gelungen ist, sollte deren Vorstellungsbild klar sichtbar sein, sowohl bei geschlossenen wie bei offenen Augen und sollte fest im Geist bewahrt bleiben, außer im Schlaf. Dies ist (jedoch nur) ein grobes Schaubild der Seligen Welt[29]. Gelingt es dir, den Samādhi-Zustand zu erreichen, so wirst du den Bereich klarer sehen, wie er in seiner wahren Form unbeschreibbar ist[30]. Dies ist die Vergegenwärtigung des Grundes und bildet die Dritte Kontemplation.'

Der Buddha sprach zu Ānanda: ‚Bewahre diese Buddha-Worte. Zum Heil kommender Generationen, die dem Leid entkommen wollen, lehre sie diese Methode der Vergegenwärtigung des Grundes. Wer sie erlangt, wird, wenn er stirbt, befreit sein von den saṃsārischen Sünden, die im Laufe von acht Millionen von Weltaltern begangen wurden, und er wird wiedergeboren im Reinen Land, über das fürderhin für ihn kein Zweifel mehr besteht. Diese Kontemplation ist die rechte, jede andere falsch.'

28. Lac oder lakh: hunderttausend.
29. Dies ist aber noch ein Bereich der Relativität.
30. Dies ist der Bereich des Absoluten.

4. Betrachtung der Wunderbaren Bäume

Darauf sprach der Buddha zu Vaidehī und Ānanda: ‚Nach Erlangung dieser Kontemplation des Grundes soll man sich dessen Juwelenbäume vergegenwärtigen. Sie müssen in sieben Reihen (oder Straßen) klar gesehen werden, jeder Baum soll eine Höhe von 8000 Yojanas [31] haben. Diese Bäume haben Blätter und Blüten aus den sieben Juwelen, jedes Blatt und jede Blüte von unterschiedlicher Farbe. Ist ein Blatt oder eine Blüte aus Lapislazuli, so werden Strahlen goldenen Lichtes ausgesandt. Wenn aus Kristall, Strahlen roten Lichtes. Wenn aus Karneol, achatenes Licht. Wenn aus Achat, perlgrünes Licht. Oberhalb dieser Bäume sind Netze gespannt aus Perlen, verziert mit Korallen, Bernstein und allen andern Juwelen. Sieben Schichten solcher Netze sind über die Bäume gespannt. In jedem Netz sind 50 Millionen herrlich geschmückter Paläste, gleich dem Palast Brahmās, in denen Jünglinge weilen. Jeder Jüngling trägt Halsketten von 50 Millionen Maṇi-Perlen, die das Land hundert Yojanas weit erstrahlen lassen. Das Ganze gleicht einer unbeschreibbaren Fülle von hellen Sonnen und Monden. All diese Edelsteine sind durcheinander gemischt, und ihre Farben sind von unvergleichlicher Schönheit. Die Reihen der Juwelenbäume sind von vollkommener Ordnung, wie ihre Blätter auch. Zwischen ihren Blättern sind herrliche Blüten, darüber Früchte aus sieben Juwelen. Jedes Blatt ist 20 Yojanas lang und breit, hat tausend Farben und hundert Rippen, die dem Halsschmuck der Götter (devas) gleichen. Die herrlichen Blüten sind von der Farbe des Jambustromgoldes und gleichen wirbelnden Fackeln, die inmitten der Blätter leuchten und Früchte schaffen, die dem Kelch Śakras [32] gleichen. (Auch) ist dort ein großes Licht, durch das Banner und zahllose Baldachine gebildet werden. Unter jedem Baldachin sieht man all die (Erlösungs-)Werke des Buddha in allen Welten des Universums und aller Buddha-Länder in den zehn Himmelsrichtungen. Sobald diese Bäume erscheinen, müssen sie sorgfältig, einer nach dem andern, kontempliert werden, mit ihren Stämmen, Ästen, Zweigen, Blättern, Blüten und Früchten, die (alle) deutlich erkennbar sein müssen. Dies ist die Vergegenwärtigung der Bäume und bildet die Vierte Betrachtung.

31. Yojana (s. Glossar).

32. Das Gefäß Śakras, das alles bietet, wessen er bedarf. (Mythologisch vielleicht dem Gral vergleichbar. D. Ü.).

5. Betrachtung des Heilverleihenden Wassers

Sodann vergegenwärtige dir das Heilverleihende Wasser. Im Seligkeitsbereich gibt es acht Teiche, deren Wasser aus sieben Juwelen in flüssiger Form besteht, die aus der königlichen Maṇi-Perle entstanden sind [33]. Das Wasser jedes dieser Teiche fließt in die 14 Kanäle, von denen jeder die herrliche Farbe von sieben Edelsteinen hat, mit einer goldenen Rinne und einem Bett aus Diamantensand. In jedem Teich schwimmen sechs Millionen Lotusblüten aus den sieben Juwelen (gebildet), jede Blüte von vollkommener Form und 12 Yojanas (im Durchmesser). Das perlengleiche Wasser fließt zwischen den Blüten, plätschernd um ihre Stengel, und (aus dem Plätschern flüstern) geheimnisvolle Stimmen und verkünden (die Lehre von) Leiden, Unwirklichkeit, Vergänglichkeit und Ichlosigkeit, sowie von den verschiedenen Vollkommenheiten (pāramitā) und lobpreisen die physischen Erscheinungsformen und hervorragenden Merkmale der Buddhas. Die königliche Maṇi-Perle strahlt wunderbare Strahlen goldenen Lichtes aus, die sich in vielfarbige Juwelenvögel verwandeln, die klangvoll zum Lobpreis des Buddha, des Dharma und des Sangha singen. Dies ist die Vergegenwärtigung der acht Teiche des heilverleihenden Wassers und bildet die Fünfte Betrachtung.

6. Betrachtung der Seligen Welt der Kostbaren Bäume, des Grundes und des Wassers

Über diesem Bereich kostbarer Juwelen liegen 50 Millionen kostbarer Paläste, in deren Haupträumen zahllose Gottheiten himmlische Musik erschallen lassen. Musikinstrumente schweben in der Luft gleich himmlischen Fahnenmasten, und ihr Klang kündet von Buddha, Dharma und Sangha. Die Vorstellung dieses Bildes schafft eine nur grobe Anschauung der Seligen Welt (mit ihren) kostbaren Bäumen, ihrem Grund und ihren Teichen. Die vollständige Vergegenwärtigung bildet die Sechste Betrachtung. Wer sie erreicht, befreit sich vom bösen Karma, das in zahllosen Weltaltern geschaffen wurde, und wird bei seinem Tod in dieser seligen Welt wiedergeboren. Diese Betrachtung ist die richtige, jede andere falsch.'

33. Cintāmaṇi: ein wunderbarer Edelstein, der alle Wünsche erfüllt.

7. Betrachtung des Lotus-Throns

Darauf sprach der Buddha zu Ānanda und Vaidehī: ‚Lauscht nun aufmerksam und widmet euer ernstes Denken dem, was ich euch nun sage darüber, wie dem Leid und dem Kummer zu entfliehen ist, auf daß ihr euch dessen erinnert und andere daran teilhaben lassen könnt.' Wie der Buddha sprach, erschien Amitāyus in der Luft, zu seiner Seite je einer der beiden ihn begleitenden Bodhisattvas, umgeben von einer Lichtfülle, die so gewaltig war, daß man sie nicht erschöpfen konnte, wie sie die Hunderttausende von glänzenden Goldkörnern des Jambūflusses überstrahlte.

Als sie Amitāyus erblickte, neigte Vaidehī ihr Haupt verehrend zu den Füßen des Buddha und sprach: ‚Erhabener, dank der transzendenten Kräfte des Buddha kann ich nun Amitāyus und seine beiden ihn begleitenden Bodhisattvas sehen. Was sollen die Lebewesen künftiger Generationen tun, um ihn (gleichfalls) zu sehen?' Der Buddha erwiderte: ‚Wer diesen Buddha zu sehen wünscht, muß sich einen Lotus auf einem Grund von sieben Juwelen vergegenwärtigen. Jedes Lotusblatt von der Farbe hundertfacher Edelsteine mit 84 000 Adern, die von den Göttern gezeichnet scheinen und 84 000 Lichtstrahlen aussenden, durch die sie erkennbar werden. Jedes Blütenblatt ist 250 Yojanas lang und breit, und jeder Lotus hat 84 000 solcher Blütenblätter. Jedes Blütenblatt ist geschmückt mit zehn Millionen Maṇi-Perlen, und jede Perle sendet tausend Lichtstrahlen aus. Diese Lichtstrahlen bilden einen Schirm, der aus sieben kostbaren Juwelen gebildet scheint und der den ganzen Grund überdacht. Die Samenkapsel (des Lotus) ist umrandet und geschmückt mit einem Netz aus achtzigtausend Edelsteinen wie Diamanten, Rubin (kiṃśuka), Cintāmaṇi und herrlichen Perlen. Von der Samenkapsel erheben sich vier kostbare Fahnenmasten, deren jeder wie hundert, wie tausend, wie zehntausend, wie hunderttausend Sumeruberge aussehen, deren jeder auf der Spitze ein kostbares Zelt trägt, vergleichbar dem Himmel Yamas [34], und geschmückt ist mit fünf Millionen edelster Perlen. Jede Perle sendet 84 000 Lichtstrahlen aus, deren jeder eine gleiche Zahl goldener Farben aufweist. Dies goldene Licht durchdringt alles und

34. Yamas Himmel oder Yamaloka, der 3. Devaloka, ein Ort, wo immer liebliche Jahreszeiten herrschen.

nimmt mannigfache Formen und Gestalten an, so wie Diamantthrone, Perlennetze und Blütenwolken, die in den zehn Himmelsrichtungen erscheinen und die Werke des Buddha tun. Dies ist die Vergegenwärtigung des Lotus-Throns und bildet die Siebente Betrachtung.'

Dann sagte der Buddha zu Ānanda: ‚Dieser Lotus ist die Kristallisation der früheren Gelübde des Bhikṣu Dharmākara. Wer an jenen Buddha denkt, muß sich zuerst seinen Lotus-Thron vergegenwärtigen. Dabei aber soll man sich jeder andern Betrachtung enthalten. In dieser Betrachtung (aber) muß jedes Blatt, jeder Edelstein, jeder Lichtstrahl, der Lotus-Thron und jeder Fahnenmast klar und deutlich vergegenwärtigt werden, so deutlich, wie man sein eigenes Gesicht in einem Spiegel erkennt. Die Verwirklichung dieser Vorstellung wird alle karmischen Sünden, die in 5000 Millionen von Weltaltern begangen wurden, aufheben und die Wiedergeburt in der Seligen Welt sichern. Diese Betrachtung ist die richtige, während jede andere falsch ist.'

8. Betrachtung der Erscheinungsformen der Drei Heiligkeiten

Darauf sprach der Buddha zu Ānanda und Vaidehī: ‚Nachdem man alles dies gesehen hat, denke man an jenen Buddha (Amitāyus). Warum? Weil die Buddha-kāyas aller Tathāgatas nichts anderes sind als der Dharmadhātu, welcher den denkenden Geist aller Lebewesen enthält und durchdringt. Wenn daher der Geist auf (jenen) Buddha gerichtet ist, dann ist er identisch mit den 32 physischen Merkmalen und den 18 hervorragenden Kennzeichen (des Nirmāṇa-kāya-Buddha) denn es ist der Geist, der die Buddhaschaft verwirklicht. Der Geist ist Buddha, und des Buddhas Meer des universellen Wissens entspringt dem denkenden Geist. Darum muß man seinen Geist ausschließlich konzentrieren auf die Betrachtung jenes Buddha (als) Tathāgata, Arhat und Samyak-sambuddha [35].

In der Betrachtung dieses Buddha ist der erste Schritt, sein golde-

35. Die drei ersten der 10 Titel des Buddha: 1. Tathāgata, der zur «Soheit» aller Buddhas gelangt ist, der auf dem absoluten Weg von Ursache und Wirkung wandelt und die vollkommene Weisheit erlangt hat. Einer der höchsten Ehrentitel Buddhas; 2. Arhat ist, wer die Sterblichkeit überwunden hat. Es ist der 2. Titel des Buddha; 3. Samyak-sambuddha ist, wer die vollkommene, universelle Weisheit gewonnen hat. Der 3. Titel des Buddha.

nes Erscheinungsbild, sitzend auf einem Lotus, zu vergegenwärtigen, bis man es sowohl bei geschlossenen wie bei offenen Augen sieht. Sieht man dies, so öffnet sich das Auge des Geistes und erkennt klar den Seligen Bereich mit seinem Grund aus sieben Juwelen, kostbaren Teichen und Alleen kostbarer Bäume, überdacht von himmlisch geschmückten Zelten, mit Netzen aus Edelsteinen, die den ganzen Raum ausfüllen. Dies Vorstellungbild soll so klar sichtbar erscheinen wie die eigene Hand.

Ist diese Betrachtung gelungen, dann vergegenwärtige man sich einen zweiten großen Lotus, dem ersten gleich, auf der linken Seite des Buddha, und darauf einen weiteren, der dem vorigen gleicht, zu seiner Rechten, sodann das Vorstellungsbild Avalokiteśvaras von gleichem goldenen Glanz (wie der Buddha), auf dem linken Lotus sitzend, und schließlich das Vorstellungsbild Mahāsthāmas auf dem rechten Lotus. Nach dieser Vergegenwärtigung senden der Buddha und seine beiden begleitenden Bodhisattvas goldene Lichtstrahlen aus, die alle die kostbaren Bäume erhellen. Am Fuße eines jeden Baumes erstehen drei Lotusblüten, auf denen der Buddha und seine beiden begleitenden Bodhisattvas sitzen. So ist die ganze Selige Welt mit unzähligen Lotusblüten erfüllt, auf denen die Drei Heiligkeiten thronen.

Ist diese Vergegenwärtigung gelungen, dann wird der Übende den tiefgründigen Dharma hören, wie er von den strömenden Wassern, den Lichtstrahlen, den kostbaren Bäumen, Wildgänsen und Mandarinenten verkündet wird. Unablässig wird er den wunderbaren Dharma hören, ob er in Meditation ist oder nicht [36]. Gegen Ende seiner Betrachtung soll er dessen gedenken, was er in ihr gehört hat und sich nicht vom Dharma lösen, der sich in Einklang mit den Sūtras befinden soll [37]. Stimmt er nicht mit dem Sūtra überein, so (geht das) auf falsches Denken (zurück), stimmt er aber überein, so ist das eine grobe Form der Meditation [38]. Dies Erleben

36. Wörtlich ob er in die Meditation eintritt oder aus ihr herauskommt.

37. Die Betrachtung, die der Buddha hier lehrt, ist die wahre. Entspricht der vom Übenden gehörte Dharma nicht den Sūtras, dann zeigt dies, daß der Übende der Unterscheidung Raum gibt und sich so von der Konzentration entfernt. Dann entstehen falsche Lehren in seinem Geist und widersprechen dem wahren Dharma.

38. Der grobe Aspekt der Meditation.

der Seligen Welt bringt die Vergegenwärtigung der Erscheinungsformen mit sich und heißt Achte Betrachtung. Es hebt die karmischen Sünden zahlloser vergangener Weltalter auf und sichert dem Übenden die Verwirklichung des Samādhi-Zustandes in seiner gegenwärtigen Körperlichkeit zu, (auf Grund) seiner einspitzigen Konzentration auf den Buddha [39].'

9. Betrachtung der körperlichen Erscheinungsform des Buddha Amitāyus

Darauf sprach der Buddha zu Ānanda und Vaidehī: ‚Nachdem diese Betrachtung gelungen ist, soll man sich den strahlenden Körper des Buddha Amitāyus vergegenwärtigen. Du, Ānanda, sollst wissen, daß dieser Körper und seine Farbe dem reinen Gold hunderter, tausender, zehntausender, hunderttausender Yamalokas gleicht, (das, zu einem Berg gehäuft) so viele Yojanas (hoch) ist, wie Sandkörner in 60 Milliarden Nayutas [40] von Gangesströmen sind. Die weiße Haarflocke zwischen seinen Augenbrauen [41] windet sich fünfmal in rechter Richtung wie fünf Sumeruberge. Seine Augen gleichen dem Wasser der fünf Ozeane, das Blaue und das Weiße klar zu unterscheiden. Die Poren seines Körpers senden Lichtstrahlen aus, gewaltig wie der Sumeruberg. Die Aura (seines Hauptes) enthält zehn Millionen Chiliokosmen, in denen so viele Nirmāṇa-kāya-Buddhas erscheinen, wie Sandkörner in 100 Milliarden Nayutas von Gangesströmen sind. Jeder Nirmāṇa-kāya-Buddha hat ein Gefolge von zahllosen Wandlungs-Bodhisattvas, die ihm dienen. Buddha Amitāyus hat 84 000 (körperliche Merkmale, jedes Merkmal hat 84 000 hervorstechende Eigenschaften, jede Eigenschaft sendet 84 000 Lichtstrahlen aus und jeder Lichtstrahl erleuchtet und bekehrt alle Lebewesen aller Welten in den zehn Himmelsrichtungen, die (ernsthaft) seiner gedenken. Die strahlenden Merkmale und Eigenschaften dieser Nirmāṇa-kāya-Buddhas sind im einzelnen nicht aufzuzählen. Der Meditierende jedoch soll nur (deren Vorstellungsbild) im Geiste festhalten und sich ihrer erinnern, bis

39. Dieses Samādhi entstammt entweder der obigen Visualisierung oder der unablässigen Wiederholung des Buddha-Namens, was schließlich zur Einung des Geistes führt.

40. Nayuta (s. Glossar).

41. Weiße Stirnlocke oder Ūrnā, eines der 32 Merkmale eines Buddha.

daß das Auge seines Geistes sie (schließlich) sieht. Ist ihm das gelungen, wird er die Buddhas der zehn Himmelsrichtungen sehen. Sieht er alle Buddhas, so nennt man das den Samādhi-Zustand der einspitzigen Buddha-Konzentration. Diese Vergegenwärtigung nennt man Betrachtung aller Buddha-kāyas. Wie der Buddha-kāya, so wird auch der Buddha-Geist gesehen, worunter die große Alliebe (maitrī) und das große Mitempfinden (karuṇā) zu verstehen ist, die in der bedingungslosen, gnadenvollen Hinnahme aller Lebewesen besteht. Diese Betrachtung garantiert, am Ende des Lebens, die Wiedergeburt bei allen Buddhas und die Verwirklichung der geduldigen Dauerhaftigkeit des Ungeschaffenen. Der Weise soll daher seinen Geist auf die Betrachtung des Buddha Amitāyus konzentrieren, die darin besteht, zuerst sich jenes Merkmal zu vergegenwärtigen, das durch die weiße Haarlocke zwischen den Augenbrauen (des Buddha) gebildet wird, bis man es klar sieht. Ist dies erreicht, dann erscheinen alle 84 000 Merkmale. Wird der Buddha Amitāyus gesehen, dann werden zahllose Buddhas in den zehn Himmelsrichtungen erkennbar. Weil zahllose Buddhas gesehen werden, so kommen sie, die künftigen Erreichungen (des Übenden) vorauszukünden. Dies ist die allumfassende Vergegenwärtigung der körperlichen Erscheinungsform (aller Buddhas) und heißt die Neunte Betrachtung. Solch eine Betrachtung ist die richtige, während jede andere falsch ist.'

10. Betrachtung des Bodhisattva Avalokiteśvara

Darauf sprach der Buddha zu Ānanda und Vaidehī: ‚Nachdem man den Buddha Amitāyus deutlich gesehen hat, muß man sich den Bodhisattva Avalokiteśvara vergegenwärtigen, dessen goldener Körper 80 Milliarden Nayutas an Yojanas groß ist, mit einer Aufwölbung auf dem Scheitel seines Kopfes [42] und einer Aura um den Nacken. Sein Gesicht, die Aufwölbung und die Aura sind jeweils hundert bzw. tausend Yojanas groß. Innerhalb der Aura befinden sich 500 Nirmāṇa-kāya-Buddhas, die dem Buddha Śākyyamuni gleichen. Jeder Nirmāṇa-kāya-Buddha hat ein Gefolge von 500 Wandlungs-Bodhisattvas und eine unübersehbare Zahl ihm dienender Devas.

42. Uṣṇīṣa; eines der 32 physischen Merkmale eines Buddha.

Der Körper des Bodhisattva Avalokiteśvara sendet Lichtstrahlen aus, in denen alle lebenden Wesen der fünf Daseinswelten erscheinen. Seine Deva-Krone besteht aus Maṇi-Perlen, in deren jeder ein Nirmāṇa-kāya-Buddha steht, dessen Körper 25 Yojanas groß ist. Des Bodhisattva Gesicht ist goldglänzend, und zwischen seinen Augenbrauen ist eine Locke, die, von sieben Farben, 84 000 Arten von Licht ausstrahlt. In jedem Strahl sind unzählige Nirmāṇa-kāya-Buddhas. Jeder Buddha ist umgeben von unzähligen Wandlungs-Bodhisattvas, die ihm dienen und nach eigenem Willen Wandlungsformen schaffen, die die Welten der zehn Himmelsrichtungen erfüllen.

Die (beiden) Arme des Bodhisattva sind rot wie ein Lotus und mit Armbändern geschmückt, deren Pracht aus acht Millionen herrlicher Lichtstrahlen gebildet ist.

Die Handflächen des Bodhisattva haben eine Tönung von 50 Millionen vielfarbiger Lotusblüten. Jede Fingerspitze hat 84 000 Linien, (klar) als wären sie daraufgedruckt. Jede Linie ist von 84 000 Farben, deren jede 84 000 alleserleuchtende, sanfte Lichtstrahlen aussendet. Mit diesen köstlichen Händen empfängt und verabschiedet er die Lebewesen.

Wenn der Bodhisattva seinen Fuß hebt, weist seine Sohle das Zeichen eines tausendspeichigen Rades auf, das sich in 50 Millionen strahlende Türme verwandelt. Senkt er seinen Fuß, so verstreut er Lotusblüten aus Maṇi-Perlen über den ganzen Bereich. Die andern Merkmale und Eigenschaften seines Körpers entsprechen denen des Buddha, mit Ausnahme der Aufwölbung seines Hauptes und der Zartheit seiner Brauen, die mit denen des Erhabenen nicht verglichen werden können. Dies ist die Vergegenwärtigung der körperlichen Erscheinungsform des Bodhisattva Avalokiteśvara und heißt die Zehnte Betrachtung.'

Danach sagte der Buddha zu Ānanda: ‚Wer sich den Bodhisattva Avalokiteśvara vergegenwärtigen will, der soll diese Betrachtung üben. Wer es tut, der wird allen Schwierigkeiten entgehen, sich von karmischen Hemmnissen befreien und alle sterblichen Sünden auslöschen, die in zahllosen Weltaltern begangen wurden. Auch nur den Namen des Bodhisattva zu hören, gibt grenzenlosen Segen, wieviel mehr erst seine Betrachtung. Die Betrachtung beginnt mit der Vergegenwärtigung der Aufwölbung seines Hauptes, sodann seiner himmlischen Krone und nach und nach aller andern körperlichen Merkmale, bis man ihn so klar sieht wie die eigene Handfläche. Solch eine Betrachtung ist die rechte, während jede andere falsch ist.'

11. Betrachtung des Bodhisattva Mahăsthăma

Sodann vergegenwärtige man sich den Bodhisattva Mahăsthăma (oder Mahăsthămaprăpta), der die gleiche Größe hat wie der Bodhisattva Avalokiteśvara. Sein Gesicht und die Aura sind jeweils 25 Yojanas groß und senden Lichtstrahlen aus, 250 Yojanas weit. Sein leuchtender Körper erhellt alle Erdteile der zehn Himmelsrichtungen, und jene Lebewesen, die ihm ursächlich verwandt sind, können seinen goldenen Körper sehen. Wer nur einen Lichtstrahl sieht, der aus einer seiner Poren dringt, wird das reine Licht grenzenloser Buddhas in den zehn Himmelsrichtungen sehen. Darum heißt der Bodhisattva ‚Grenzenloses Licht'. Weil er sich des Weisheitslichtes bedient, um alle Wesen zu erleuchten und sie aus den drei niederen Daseinsbereichen (der hungrigen Geister, der Tiere und der Hölle) zu führen, damit sie unübertroffener Kräfte teilhaftig werden [43], darum heißt er der Bodhisattva, dessen Weisheitsmacht überall hinreicht (Mahăsthămaprăpta). Seine himmlische Krone besteht aus 500 herrlichen Lotusblüten, deren jede 500 kostbare Türme trägt. In jedem der Türme erscheinen all die wunderbaren Reinen Länder der zehn Himmelsrichtungen mit Buddhas, die ihre breite und lange rote Zunge zeigen [44]. Die Aufwölbung auf dem Scheitel seines Hauptes gleicht einem roten Lotus mit einem prächtigen Kelch darüber, der alle Arten von Buddha-Werken enthüllt [45]. Seine übrigen körperlichen Merkmale entsprechen denen Avalokiteśvaras. Wenn er geht, werden die Welten der zehn Himmelsrichtungen erschüttert, und wo diese Erschütterung verspürt wird, erscheinen 50 Millionen herrlicher Lotusblüten, jede so erhaben, wie die Selige Welt (selber). Wenn er sitzt, gerät der Grund aus den sieben Juwelen in Erschütterung, und aus dem unteren Land des Buddha vom Goldenen Licht, bis hin zum oberen

43. Leidensursachen aufheben.

44. Eines der 32 Merkmale eines Buddha; seine Zunge ist groß genug, sein ganzes Gesicht zu bedecken. Ein Beweis, daß seine Worte wahr und nicht täuschend sind.

45. Der Erlösung aller lebenden Wesen.

Land des Buddha vom Glanz, versammeln sich zahllos wie Staubkörner viele Wandlungs-Amitāyus-Buddhas, jeder mit Avalokitésvara und Mahāsthāma, im Seligen Bereich und erfüllen den Raum, auf ihrem Lotus thronend, und verkünden den Tiefgründigen Dharma, um die leidenden Menschen zu erlösen. Dies ist die Vergegenwärtigung des Bodhisattva Mahāsthāma, bzw. die Betrachtung seiner körperlichen Erscheinungsform und heißt die Elfte Betrachtung, die die sterblichen Sünden, begangen in zahllosen, endlosen (asaṃkhya) Weltaltern ausrotten. Wer derart Betrachtung übt, wird von keinem Schoß mehr geboren und sich ewig seiner Wege im Reinen Land aller Buddhas erfreuen.

12. Betrachtung von des Amitāyus' Seligem Bereich

Ist die geschilderte Vergegenwärtigung erfolgreich, so hat der Übende das erreicht, (was man) die vollkommene Betrachtung der beiden begleitenden Bodhisattvas Avalokiteśvara und Mahāsthāma nennt. Daraufhin soll man den Wunsch nach Wiedergeburt im Westlichen Seligkeitsbereich entwickeln, wo man sich mit gekreuzten Beinen sitzend in einem Lotus findet, jener Blüte, die sich öffnet und schließt. Öffnet sie sich, so wird der Körper von 500 bunten Lichtstrahlen erhellt. Dann erlebt man, wie sich die eigenen Augen öffnen und die (zahllosen) Buddhas und Bodhisattvas den ganzen Raum mit Gewässern, Vögeln, Bäumen und Hainen erfüllen. Die Stimmen (dieser Buddhas) verkünden den Tiefgründigen Dharma in Übereinstimmung mit den Lehren der 12 Teile des Tripiṭaka. Wenn man nach der Meditation [46] diesen Zustand weiter erhalten kann, dann ist das die Schau von des Amitāyus Seligem Reich. Dies ist die vollständige Vergegenwärtigung und heißt die Zwölfte Betrachtung. (Darin wird sich der) Buddha Amitāyus in eine grenzenlose Anzahl von Nirmāṇa-kāya-Buddhas (verwandeln) und sich stets mit Avalokiteśvara und Mahāsthāma zum Ort des Meditierenden begeben.

46. Wörtlich «Wenn man, nachdem man aus dem ruhevollen Zustand kommt...»

13. Betrachtung der Drei Heiligen des Seligen Bereichs [47]

Darauf sagte der Buddha zu Ānanda und Vaidehī: ‚Wer dazu ausersehen ist, im Westlichen Bereich wiedergeboren zu werden, soll sich zuerst ein 16 Fuß (großes) Standbild (des Buddha Amitābha) vergegenwärtigen, dies über einem Teich, wie er vorher beschrieben worden ist. Denn es ist dem Geist des Weltmenschen unmöglich, den grenzenlosen Körper des Buddha Amitāyus zu erlangen. Wer jedoch seiner gedenkt und sich auf ihn konzentriert, der wird, zufolge der machtvollen Gelübde, die der Tathāgata in früheren Leben ablegte, seine Wünsche erfüllt finden. Selbst nur die Vergegenwärtigung seines Standbildes kann zu grenzenlosem Segen führen; um wieviel mehr die Betrachtung seines ganzen Buddha-kāya! Der Buddha Amitābha kann, mit Hilfe seiner transzendenten Kraft willentlich seinen Nirmāṇa-kāya in den zehn Himmelsrichtungen hervorrufen, entweder in der Erscheinung eines grenzenlosen Körpers, der den ganzen Raum erfüllt, oder in einem kleinen Körper von acht oder sechzehn Fuß Größe. Der goldene Leib, die Aura und der Lotus-Thron seines Wandlungsleibes sind schon vorher beschrieben worden. Was Avalokiteśvara und Mahāsthāma betrifft, so gleichen ihre Körper einander und können nur vom Kopf her unterschieden werden. Diese beiden Bodhisattvas helfen dem Buddha Amitābha alle Lebewesen zu bekehren und zu erlösen. Dies ist eine kombinierte Vergegenwärtigung und heißt die Dreizehnte Betrachtung.'

14. Die Oberste Geburtsklasse im Seligen Bereich

a) Die höhere Stufe der Obersten Geburtsklasse.

Darauf sagte der Buddha zu Ānanda und Vaidehī: ‚Die höhere Stufe der Obersten Geburtsklasse (im Seligen Bereich) ist nur von dem zu erlangen, der, in seiner Sehnsucht, dort wiedergeboren zu werden, drei Arten des Geistes entwickelt: den Geist der Wahrhaftigkeit, den durchdringenden Geist und jenen Geist, der ganz auf das Gelübde gerichtet ist, alle eigenen Verdienste dieser Wiedergeburt zu widmen. Wer diese drei Arten des Geistes entwickelt, dessen Geburt im Reinen Land ist gesichert.

47. S. Fußnote 14.

Es gibt weitere drei Klassen von Wesen, die dort wiedergeboren werden: wer sich des Tötens enthält, weil er ein mitleidvolles Herz hat und (auch) alle anderen Verbote beachtet; wer die Vaipulya und Mahāyāna Sūtras liest und rezitiert (d. h. in die Tat umsetzt); und wer sich nicht löst von den sechs Arten des Denkens [48] und alle seine Verdienste daraus der Geburt im Seligen Bereich widmet. Die Fülle solcher Verdienste sichert ihm die Geburt dort innerhalb eines bis sieben Tagen. Und wegen seines Eifers und seiner Hingabe wird der Tathāgata Amitābha, zusammen mit seinen beiden begleitenden Bodhisattvas Avalokiteśvara und Mahāsthāma, einer unendlichen Zahl an Nirmāṇa-kāya-Buddhas, mit Hunderten und Tausenden von Gläubigen, einschließlich Bhikṣus und Śrāvakas und zahlloser himmlischer Paläste aus den sieben Juwelen erbaut (erscheinen), ihn zu begrüßen. Der Bodhisattva Avalokiteśvara auf seinem Diamanten-Thron, mit dem Bodhisattva Mahāsthāma davor, wird erscheinen. Buddha Amitābha wird Strahlen von Großem Licht aussenden, seinen Körper zu erhellen, während er und die (anwesenden) Bodhisattvas ihre Hände ausstrecken werden, ihn zu empfangen. Dann werden Avalokiteśvara und Mahāsthāma und zahllose Bodhisattvas den Übenden preisen und erquicken, der, wie er sie sieht, große Seligkeit empfindet und sich (plötzlich) selbst auf einem Diamanten-Thron findet, der dem Buddha (überallhin) nachfolgt. Und in einem Augenblick wird er im Seligen Bereich wiedergeboren.

Dort geboren, wird er jenen Buddha und alle Bodhisattvas in ihren vollkommenen körperlichen Erscheinungsformen sehen, während die strahlenden und köstlichen Haine des Buddha vollkommenen Dharma verkünden. Hört er dies, so erlebt er die geduldige Dauerhaftigkeit des Ungeschaffenen, und in einem Augenblick wird er fähig, allen Buddhas der zehn Himmelsrichtungen zu dienen. Nachdem er ihre Voraussage seiner zukünftigen Erreichungen empfangen hat, wird er zum (Seligen) Bereich zurückkehren, wo er augenblicklich die unendliche Zahl an Dhāraṇi-Toren (zur Erleuchtung) verstehen wird. Dies ist die höhere Stufe der Obersten Geburtsklasse.

48. Die 6 Gedanken sind: Buddha, Dharma, Sangha, Disziplin (śīla), Wohltätigkeit (dāna) und himmlische Seligkeit.

b) Die mittlere Stufe der Obersten Geburtsklasse

Die mittlere Stufe der Obersten Geburtsklasse kann von dem erreicht werden, der, ohne die Vaipulya Sūtras zu studieren, den Wahrheitspfad wohl versteht, dessen Geist unerschütterlich in der höchsten Wirklichkeit verweilt, der tiefen Glauben an das Kausalitätsgesetz besitzt, der das Mahāyāna nicht kritisiert und der all seine auf diese Weise erworbenen Verdienste der Wiedergeburt im Seligen Bereich opfert. Kommt der Tod zu ihm, dann werden der Buddha Amitābha, begleitet von seinen beiden ihm dienenden Bodhisattvas Avalokiteśvara und Mahāsthāma und deren zahllose Anhänger mit einem goldenen Thron erscheinen, ihn zu preisen, und sagen: ‚Sohn des Dharma [49], da du das Mahāyāna geübt hast und die Höchste Wirklichkeit verstehst, bin ich nun da, dich zu empfangen.' (Sodann) strecken sie und tausend Nirmāṇa-kāya-Buddhas ihre Hände aus, ihn willkommen zu heißen, und er wird sich auf dem goldenen Thron sitzend finden, wird seine Hände falten und alle Buddhas preisen. In einem Augenblick wird er in jenem Bereich geboren sein, auf dem Thron sitzend über dem Teich aus sieben Juwelen. Dieser Thron gleicht einem großen, köstlichen Lotus, der sich am nächsten Tag öffnen will. Goldglänzend wird sein Körper sein, und unter jedem seiner Füße ein Lotus aus sieben Juwelen. Dann werden die Buddhas und Bodhisattvas ihn mit Lichtstrahlen erhellen, durch die seine Augen geöffnet werden. Durch seine früheren Übungen werden ihm Stimmen hörbar, die die tiefgründige Höchste Wirklichkeit verkünden. Dann wird er von seinem goldenen Thron herabsteigen, seine Hände aneinanderlegen, dem Buddha Verehrung erweisen und den Erhabenen lobpreisen. Innerhalb von sieben Tagen wird er einen unerschütterlichen Glauben an die unübertroffene Höchste Erleuchtung (anuttara-samyak-saṃbodhi) entwickeln, durch den er fähig wird, durch die Lüfte zu fliegen und sich innerhalb der zehn Himmelsrichtungen überallhin zu begeben und allen Buddhas, unter deren Anweisung er alle Arten von Samādhi üben wird (zu verehren und ihnen) zu dienen. Am Ende eines kleinen Weltalters (antarakalpa) wird er die geduldige Dauerhaftigkeit des Ungeschaffenen verwirklichen und von seinen zukünftigen Erreichungen erfahren. Dies ist die mittlere Stufe der Obersten Geburtsklasse.

49. Sohn des Dharma: ein Übender des Buddha-Dharma.

c) Die niedere Stufe der Obersten Geburtsklasse.

Die niedere Stufe der Obersten Geburtsklasse wird von dem gewonnen, der an das Kausalitätsgesetz glaubt, das Mahāyāna nicht kritisiert, in der Suche nach dem höchsten Tao beharrt und alle auf diese Weise angesammelten Verdienste seiner Wiedergeburt im Seligen Bereich opfert. Kommt der Tod zu ihm, dann erscheint der Buddha Amitābha mit seinen beiden ihm dienenden Bodhisattvas Avalokiteśvara und Mahāsthāma zur Seite und von andern Bodhisattvas gefolgt, mit einem goldenen Lotus und veranlaßt, durch seine Wandlungsmacht, 500 Nirmāṇa-kāya-Buddhas zu erscheinen und zum Gruß und Preis ihre Hände auszustrecken, indem sie sagen: ‚Sohn des Dharma, zufolge deines reinen Lebens und deiner beharrlichen Suche nach dem Tao, kommen wir nun, dich zu empfangen.' (Sobald) er sie sieht, wird er sich auf dem goldenen Lotus sitzend wiederfinden. Dieser wird sich schließen und dem Erhabenen (überallhin) folgen. Dann wird er bei einem Teich aus sieben Juwelen wiedergeboren, und nach einem Tag und einer Nacht wird sich der Lotus öffnen. Sieben Tage später wird er den Buddha sehen, doch wenn er ihn auch sieht, so werden dessen körperliche Merkmale und hervorstechendsten Eigenschaften 21 Tage lang nur trübe und unklar erscheinen. Dann wird er Stimmen hören, die den subtilen Dharma verkünden, und er wird fähig sein, sich innerhalb der zehn Himmelsrichtungen zu bewegen, um Gaben darzubringen allen jenen Buddhas, unter deren Anleitung er von dem tiefgründigen Dharma erfuhr. Drei kleine Weltalter später wird er zur Pforte des Rechten Verstehens der hundert Arten aller Erscheinungsformen erweckt sein [50] und die Seligkeitsstufe (pramuditā) [51] verwirklichen. Dies ist die niedere Stufe der

50. Die 100 Unterteilungen aller geistigen Werte und ihrer Wirkkräfte, in 5 Gruppen klassifiziert: 1. Die 8 Arten des Bewußtseins; 2. die 51 mentalen Ideen; 3. die 5 physischen Organe und ihre 6 Sinnesbezeichnungen, z. B. Auge und Form usw.; 4. die 24 Unbestimmtheiten; 5. die 6 inaktiven Begriffe.

51. Die 1. der 10 Stufen der Entwicklung eines Bodhisattva im Mahāyāna. Die 10 Stufen sind: 1. pramuditā, das Glück, alle Hindernisse auf dem Weg zur Bodhi überwunden zu haben; 2. vimala, Zustand der Reinheit, frei von allen Befleckungen; 3. prabhākarī, Inerscheinungtreten des Lichtes der Weisheit; 4. arciṣmatī, begeisterungsvolle Weisheit; 5. sudurjayā, Überwindung größter Schwierigkeiten; 6. abhimukhī, Inerscheinungtreten des Abso-

Obersten Geburtsklasse. Das hier Geschilderte sind die (Vergegenwärtigungen der) Obersten Geburtsklasse und werden (alle zusammen) die Vierzehnte Betrachtung genannt.'

15. Die Mittlere Geburtsklasse im Seligen Bereich

a) Die höhere Stufe der Mittleren Geburtsklasse.

Darauf sprach der Buddha zu Ānanda und Vaidehī: ‚Die höhere Stufe der Mittleren Geburtsklasse wird von jenem gewonnen, der die fünf Vorschriften empfängt und hält [52], der die acht Anweisungen befolgt [53], die übrigen Moralregeln übt, nicht die fünf Widerstände entwickelt, frei von andern Fehlern ist und all seine aus diesen wohltätigen Wurzeln gewachsenen Verdienste opfert, um im Westlichen Seligkeitsbereich geboren zu werden. Kommt dann der Tod, so wird der Buddha Amitābha mit seinem Gefolge von Bhikṣus Strahlen goldenen Lichtes aussenden, um den Platz, auf dem der Gläubige weilt, zu erhellen, und wird ihn unterweisen in der Lehre vom Leiden, der Unwirklichkeit, der Vergänglichkeit und der Ichlosigkeit und wird jene loben, die ihr Heim und damit das Elend verlassen. Sieht er dies, so wird der Übende von Freude erfüllt und findet sich sitzend auf einem Lotus-Thron. Er wird seine Hände (verehrend) aneinanderlegen und niederknien, um dem Buddha Verehrung zu erweisen. Und ehe er noch sein Haupt erhebt, ist er schon im Seligen Bereich wiedergeboren, wo sich der Lotus öffnet. Wenn er sich öffnet, wird er Stimmen hören, die die vier Edlen Wahrheiten [54] preisen, und wird die Arhatschaft verwirkli-

luten; 7. dūraṃgamā, Zustand der Immaterialität, jenseits aller Weltlichkeit, des Śrāvakā- und des Pratyeka-Buddha-Statuts; 8. acalā, Zustand der Unwandelbarkeit inmitten der sich wandelnden Erscheinungen; 9. sādhumatī, Erlangung der 4 uneingeschränkten Kräfte der Darlegung, mit der Fähigkeit, alle Dharma-Tore überall zu erklären; 10. dharmamegha, die Stufe, auf der die Wolke des Dharma Amṛta (Nektar) regnet, um alle lebenden Wesen zu retten.

52. Die Verbote des Tötens, Stehlens, der Unzucht, Lüge und Berauschung.

53. Gegen 1. Mord, 2. Diebstahl, 3. Fleischeslust, 4. Lüge, 5. Berauschung, 6. Eitelkeit, 7. Verweichlichung, 8. Nichteinhalten der Essenszeiten.

54. Catvāriārya-satyāni (s. Glossar).

chen und damit die drei Einsichten [55], die sechs übernatürlichen Kräfte [56] und die acht Formen der Erlösung [57] vervollkommnen. Dies ist die höhere Stufe der Mittleren Geburtsklasse.

b) Die mittlere Stufe der Mittleren Geburtsklasse

Die mittlere Stufe der Mittleren Geburtsklasse wird von dem gewonnen, der Tag und Nacht die acht Vorschriften, die zehn Verbote des Śrāmaṇera [58] und alle Ordnungsregeln [59] einschränkungslos beachtet, der sich würdig verhält (im Gehen, Stehen, Sitzen und Liegen) und alle aus diesem korrekten Verhalten gewonnenen Verdienste opfert, um im Seligen Bereich wiedergeboren zu werden. So durch den Duft der Selbstzucht gereinigt, wird er, wenn der Tod kommt, den Buddha Amitābha sehen, der, von seinem Gefolge umgeben, goldene Lichtstrahlen aussendet und mit einem Lotus aus sieben Juwelen vor dem Übenden erscheinen wird. Dieser wird eine Stimme in den Lüften hören, die ihn (folgendermaßen) preisen wird: ‚Tugendhafter Mensch, da du die Lehren aller Buddhas der drei Zeiten bewahrt hast, komme ich nun, dich zu empfangen.' Und (so) wird er sich auf einem Lotus sitzend finden. Dann wird sich dieser Lotus schließen, und er wird wiedergeboren in dem kostbaren Teich des Seligen Bereichs. Sieben Tage später wird sich der Lotus erschließen, und er selbst wird seine Augen öffnen, die Hände (verehrend) aneinanderlegen und den Tathāgata preisen. Er wird vom Dharma hören, wird von Freude erfüllt und die Śrota-āpanna-Stufe erreichen [60]. Ein halbes Weltalter später wird er die Arhatschaft [61] verwirklichen. Dies ist die mittlere Stufe der Mittleren Geburtsklasse.

55. Die Einsicht in 1. den eigenen sterblichen Zustand früherer Leben und den der Andern; 2. zukünftige Leben und 3. in gegenwärtige Leiden, um allen Leidenschaften ein Ende zu bereiten.

56. Ṣaḍabhijñā (s. Glossar).

57. Aṣṭavimokṣa (s. Glossar).

58. Die 10 Gebote für den Novizen wenden sich gegen: 1. Töten, 2. Stehlen, 3. Fleischeslust, 4. Lügen, 5. Berauschung, 6. Essen außer den vorgeschriebenen Zeiten, 7. Sich-Schmücken, 8. Sich-luxuriöser-Lagerstätten-Bedienen, 9. An-Vergnügungen-Teilnehmen, 10. Gold-und-Silber-Annehmen.

59. 250 für einen Mönch, 500 für eine Nonne.

60. Einer, der in den Strom des hl. Lebens eingetreten ist, die 1. Stufe des Hīnayāna, die des Śrāvaka.

61. Ein Heiliger, der Idealtyp des Hīnayāna, im Gegensatz zum Bodhisattva, dem Heiligen im Mahāyāna.

c) Die niedere Stufe der Mittleren Geburtsklasse

Die niedere Stufe der Mittleren Geburtsklasse wird gewonnen von tugendhaften Männern und Frauen, die alle Kindespflichten erfüllten und weltliches Mitgefühl pflegten[62]. Wenn der Tod kommt, wird er bzw. sie einem erleuchteten Lehrer begegnen, der ihm bzw. ihr von den segensreichen Bedingungen im Bereich des Buddha Amitābha erzählt, wie auch über des Bhikṣu Dharmākara 48 Gelübde. Hat der Mensch dies gehört, dann wird er sterben, und nach einem Zeitraum, so lange, wie ein starker Mann (vīra) braucht, seinen Arm zu beugen und wieder zu strecken, wird er im Seligen Bereich des Westens geboren sein. Sieben Tage später wird er bzw. sie den beiden Bodhisattvas Avalokiteśvara und Mahāsthāma begegnen, die dem Übenden den Dharma darlegen werden. Der aber wird von Freude erfüllt und die Śrota-āpanna-Stufe erreichen. Nach Durchlaufen eines kleinen Weltalters wird der Gläubige die Arhatschaft verwirklichen. Dies ist die niedere Stufe der Mittleren Geburtsklasse.

Dies sind die Vergegenwärtigungen der Mittleren Geburtsklasse und werden (alle zusammen) die Fünfzehnte Betrachtung genannt.'

16. Die Untere Geburtsklasse im Seligen Bereich

a) Die höhere Stufe der Unteren Geburtsklasse

Darauf sprach der Buddha zu Ānanda und Vaidehī: ‚Die höhere Stufe der Unteren Geburtsklasse wird gewonnen von dem, der die Vaipulya Sūtras nicht kritisiert, wenn er auch (sonst) böses Karma geschaffen hat. Trotz seiner Unwissenheit und seiner vielen schlechten Handlungen schämt er sich seines Benehmens nicht. (Jedoch) bevor er stirbt, trifft er einen erleuchteten Lehrer, der ihm die Namen der Sūtras nennt, sowie die 12 Teile des Mahāyāna-Kanons. Weil er die Namen der Sūtras hörte, werden die schlechten Auswirkungen seiner Taten, die in tausend Weltaltern begangen wurden, ausgelöscht. Auch wird ihn der Lehrer unterweisen, seine Hände zu falten und zu rufen: ‚Namo Amitābha Buddhāya!' So den Namen Buddhas anrufend, wird er die böse Auswirkung der

62. Das bedingte Mitleid auf Erden, gegenüber dem unbedingten Mitleid des Bodhisattva.

saṃsārischen Sünden, die in fünf Millionen Weltaltern angehäuft wurden, auslöschen. Daraufhin wird jener Buddha einen Nirmāṇakāya-Buddha senden, der mit zwei Wandlungs-Bodhisattvas, Avalokiteśvara und Mahāsthāma, vor dem Menschen erscheint und ihn lobt: ‚Tugendhafter Mensch, dein Anruf des Buddha-Namens hat alle deine Sünden ausgelöscht. Ich komme, dich zu begrüßen.' Dies hörend, wird der Übende seinen Raum von dem Licht des Nirmāṇakāya-Buddha erfüllt sehen. Freude wird sich seiner bemächtigen, und er wird abscheiden. Dann findet er sich in einem kostbaren Lotus und wird dem Buddha folgen, um in dem köstlichen Teich geboren zu werden. Nach 49 Tagen wird der Lotus sich öffnen, und er wird den mitleidsvollen Avalokiteśvara und den machtvollen Mahāsthāma sehen, die Lichtstrahlen aussenden, ihn zu erhellen. Die beiden Bodhisattvas werden die tiefgründige Lehre der 12 Teile des Mahāyāna-Kanons darlegen. Hört er sie, so wird er glauben und verstehen und wird seinen Geist auf die Suche nach dem höchsten Tao senden. Nachdem zehn kleine Weltalter vergangen sind, wird er zum Tor der korrekten Darlegung der hundert Teile der Erscheinungen erwachen und die erste Stufe der Bodhisattva-Entwicklung betreten. Dies ist die höhere Stufe der Unteren Geburtsklasse.

b) Die mittlere Stufe der Unteren Geburtsklasse

Darauf sprach der Buddha zu Ānanda und Vaidehī: ‚Die mittlere Stufe der Unteren Geburtsklasse wird von dem gewonnen, der zwar alle fünf und acht Anordnungen, sowie alle Ordensregeln gebrochen hat, sich Klostereigentum angeeignet und Mönchsbesitz gestohlen hat und dem wegen seiner ‚unreinen Predigt' [63] und wegen seiner Reuelosigkeit gegenüber den bösen, befleckenden Handlungen im Tode für sein böses Karma das Höllenfeuer droht, der aber einem wohlinformierten Lehrer begegnet, der sich seiner gnädig annimmt, ihn die einschüchternden zehn Kräfte (daśabala) des Buddha Amitābha kennen lehrt, sowie die transzendente Macht des Buddha-Lichtes und die Lehre der Ordnung, Meditation, Weisheit,

63. D. h. den Dharma – richtig oder falsch – aus selbstsüchtigen oder unreinen Motiven darlegen, z. B. um des materiellen Gewinns oder des Ruhmes willen.

Befreiung und das Wissen von der Befreiung [64]. Die Wirkung dessen, was er hört, löscht seine karmischen Sünden aus acht Millionen Weltaltern aus, und das grausige Höllenfeuer wird in einen linden Luftzug verwandelt, der den himmlischen Lotus umfächelt, in dem der Nirmāṇa-kāya-Buddha erscheint und Wandlungs-Bodhisattvas, die da kommen, ihn zu empfangen. In einem Augenblick wird er in einem Lotus geboren, in einem Teich aus sieben Juwelen. Nach sechs Weltaltern wird sich der Lotus öffnen, und die Bodhisattvas Avalokiteśvara und Mahāsthāma werden erscheinen, ihn zu erquicken, und ihn mit ihrer tiefen und klangvollen Stimme [65] die tiefgründigen Mahāyāna Sūtras lehren. Hat er den Dharma vernommen, so wird er fähig, seinen Geist auf die Suche nach dem Höchsten Tao zu schicken. Dies ist die mittlere Stufe der Unteren Geburtsklasse.'

c) Die niedere Stufe der Unteren Geburtsklasse

Darauf sprach der Buddha zu Ānanda und Vaidehī: ‚Die niedere Stufe der Unteren Geburtsklasse wird von dem gewonnen, der trotz seines bösen Karmas und seines Vergehens der fünf Auflehnungen und des Brechens der zehn Vorschriften, wodurch er dem Elenden Bereich verfallen wäre, wo er viele Weltalter hindurch unendliche Leiden zu erdulden hätte, doch in der Zeit seines Todes einem wohlinformierten Lehrer begegnet, der sich seiner erbarmt, ihm den tiefgründigen Dharma erklärt und ihn lehrt, wie man an den Buddha denkt. Da der Mensch so leidet, daß er unfähig ist, an den Buddha zu denken, wird der Lehrer sagen: ‚Wenn du an den Buddha Amitābha nicht denken kannst, dann rufe seinen Namen an!' So wird er jedesmal die Wirkung der karmischen Sünden, begangen in acht Millionen Weltaltern aufheben und wird, wenn er zum Sterben kommt, einen goldenen Lotus vor sich sehen, vergleichbar der untergehenden Sonne. In einem Augenblick wird er im Seligen Bereich geboren, und wird (schlafend) verweilen in diesem Lotus, 12 große Weltalter hindurch. Am Ende dieser langen

64. Pañca-dharma-kāya, die 5 Attribute des Körpers der Buddha-Natur (s. «*Ch'an and Zen Teaching*», 3. Serie, «The Altar Sūtra of the Sixth Patriarch»).

65. Wörtlich Brahma-Stimme, rein, klar, klangvoll, tief, weithallend. Eines der 32 Merkmale des Buddha.

Zeit wird sich der Lotus öffnen, und er wird Avalokiteśvara und Mahāsthāma sehen, die, mit ihrer gnadenvollen Stimme, ihm die fundamentale Wirklichkeit der Erscheinungsformen darlegen und ihn lehren, seine Sünden auszurotten. Hat er das vernommen, so wird ihn Freude erfüllen, und er wird fähig, den Bodhi-Geist zu entwickeln. Dies ist die niedere Stufe der Unteren Geburtsklasse. Dies sind die Vergegenwärtigungen der Unteren Geburtsklasse und werden (alle zusammen) die Sechzehnte Betrachtung genannt.'

Nachdem der Buddha diese Worte gesprochen hatte, erschauten Vaidehī und 500 ihrer Hofdamen den unermeßlichen Seligen Bereich mit (Amitābha und) den beiden Bodhisattvas. Sie waren beglückt und priesen das bemerkenswerte Ereignis, das sie nie zuvor erlebt hatten. Darauf erfuhren sie die große Erweckung und verwirklichten die geduldige Dauerhaftigkeit des Ungeschaffenen. Die 500 Damen entfalteten den höchsten universellen Bodhi-Geist und sprachen den Wunsch aus, im Seligen Bereich geboren zu werden. Der Erhabene sagte ihnen ihre zukünftigen Verwirklichungen nach ihrer Geburt in dem Bereich voraus, den Samādhi-Zustand zur Erlangung des Absoluten (bhūtatathatā) [66]. Eine unendliche Zahl an Devas entfaltete den Geist, der auf die Suche nach dem Höchsten Tao (gerichtet ist).

Dann erhob sich Ānanda von seinem Sitz und sprach: ‚Erhabener, wie ist der Name dieses Sūtra? Wie können wir das Wesentliche dieses Dharma empfangen und beachten?' Der Buddha antwortete: ‚Es ist das Sūtra der Betrachtung des Buddha Amitāyus und der Bodhisattvas Avalokiteśvara und Mahāsthāma im Seligen Bereich – auch genannt das Sūtra der Aufhebung karmischer Hindernisse für die Geburt in der Gegenwart aller Buddhas – unter diesen Namen sollt ihr es empfangen und beachten und es nicht in Vergessenheit geraten lassen. Wer den (geschilderten) Samādhi-Zustand verwirklicht, wird im gegenwärtigen Leben Amitāyus und seine beiden begleitenden Bodhisattvas sehen. Ein tugendhafter Mensch, der nur den Namen hört, wird dadurch fähig, die karmischen Sünden zahlloser Weltalter auszulöschen. Wieviel mehr einer, der sich ihrer Namen erinnert und sie ausspricht. Du mußt wissen, daß der, der des Buddhas Namen auspricht, eine weiße Lotusblüte (puṇḍa-

66. Die 6. der 10 Stufen der Bodhisattva-Entwicklung.

rīka)[67] unter den Menschen ist, und die beiden Bodhisattvas werden seine besten Freunde sein. Er wird in einem Bodhimaṇḍala sitzen und in der Familie des Buddha geboren sein.'

Dann sprach der Buddha zu Ānanda: ‚Du sollst meine Worte bewahren, und sie bewahren heißt, den Namen des Buddha Amitāyus (im Bewußtsein) zu behalten.'

Nachdem sie diesen Lehrvortrag gehört hatten, waren Maudgalaputra, Ānanda und Vaidehī von Freude erfüllt. Darauf erhob sich der Erhabene in die Luft, um zum Gṛdhrakūṭa-Berg zurückzukehren. Darauf verbreitete Ānanda das Sūtra, und eine unendliche Zahl himmlischer Drachen (Nāga) und Dämonen (Yakṣa)[68] die es hörten, wurden von Freude erfüllt, neigten sich, den Buddha verehrend, und verschwanden[69].»

In meiner Jugend las ich zuerst das Diamant-Sūtra und dann das Sūtra des Buddha Amitābha. Wenn ich das Diamant-Sūtra auch nicht sehr gut verstand, so wußte ich doch, daß es von tiefer Bedeutung und, wenn in die Praxis umgesetzt, dadurch die Erleuchtung zu gewinnen ist. Dann las ich das Sūtra des Buddha Amitābha; doch schon nach ein paar Seiten stieß es mich so ab, daß ich es für viele Jahre beiseite legte, weil ich keine Beziehung finden konnte zwischen der Lehre des Erhabenen von der absoluten Buddha-Natur in allen Wesen und seiner Schilderung des Westlichen Seligkeitsbereichs, der ja der Welt der Relativität zugehört. Ich befragte einen Dharma-Meister, der mir jedoch keine befriedigende Auskunft gab, und erst nachdem ich das Sūtra des 6. Patriarchen, das Sūtra der Höchsten Erleuchtung, das Mahāparinirvāṇa-, Avataṃsaka und Śūrangama Sūtra gelesen hatte, erkannte ich, daß der Buddha das Sūtra des Buddha vom Unendlichen Licht jenen geben mußte, die nicht fähig waren, zur absoluten Wirklichkeit zu erwachen, die aber, nachdem sie den un-

67. Ein unübertrefflicher Mensch.

68. Yakṣa (s. Glossar).

69. Vgl. C. G. Jung, *Ges. Werke XI*, *«Zur Psychologie westlicher und östlicher Religion»*. Zürich 1963.

erschütterlichen Glauben an Amitābha erweckten, fähig werden, ihre weltlichen Anhaftungen aufzugeben und die Einheit des Geistes zu gewinnen. Obgleich die Mittel verschieden, ist das letzte Ziel in beiden Sūtras das gleiche, und zwar die Erlangung des reinen, ruhigen und unerschütterlichen Zustandes, der zur Erleuchtung führt.

Im Sūtra der Betrachtung des Buddha Amitāyus sind Zahlen wie 6, 8, 25, 500, 600, 80 000, 84 000 usw. symbolisch und stehen für die 6 Bewußtseinsarten, die 8 Bedrängnisse, die 18 Sinnenbereiche mit den 7 Elementen, die das Universum bilden, die 5 Wesenskomponenten, das 6. Bewußtsein, das Ālaya-vijñāna oder 8. Bewußtsein innerhalb des Erscheinungskörpers der 4 Elemente. Dies alles betrifft den Raum, wogegen die Nullen für die Zeit stehen. Durch diese Zahlen werden die Relativitäten gekennzeichnet, die durch einen hingebungsvollen und durchdringenden Geist sublimiert werden, durch einen Geist, der auf Wiedergeburt im Seligen Bereich gerichtet ist, indem er die Regeln der Zucht beachtet und andere dazu notwendige Verdienste sammelt. Diese werden verwandelt in die sechs Gedanken: Buddha, Dharma, Sangha, Zucht, Güte und Segen, in die acht Teiche wohltatverleihenden Wassers oder die acht Formen der Befreiung, eine Aura, 25 Yojanas hoch, 500 Wandlungsbodhisattvas oder Nirmāṇa-kāya-Buddhas, 60 Millionen herrlicher Perlen, 80 000 Edelsteine oder 84 000 Arten von Licht oder hervorragender körperlicher Merkmale.

Obgleich der Geist nun auf den Seligen Bereich jenseits von Geburt und Tod gerichtet ist, befindet er sich doch noch im Bereich der Relativität. Daher sagte der Buddha: «Dies ist nur ein grobes Vorstellungsbild des Seligen Bereichs. Gelingt es dir, den Samādhi-Zustand zu erreichen, dann wirst du jenen Bereich ganz klar erkennen, so wie er unmöglich beschrieben werden kann.» Daher wird der Gläubige, nach seiner Geburt in jenem Bereich, entweder dem Buddha Amitābha oder seinen beiden begleitenden Bodhisattvas begegnen, die ihn den rechten Dharma lehren, so daß er dann Samādhi verwirklichen kann, was ihn in den Stand versetzt, jenen absoluten Bereich zu erlangen, der unschaubar und unausdrückbar ist.

Ānanda und Vaidehī hatten abzusehen von jeder anderen Vorstellung als der, die sie der Buddha lehrte, denn er gab ihnen die korrekte Meditation, durch die ein Ende aller Unterscheidung und Wahrnehmung geschaffen wird. Denn schweift der Geist von der rechten Betrachtung ab, so wandert er außen herum und geht auf die Suche nach Zuständen. Er wird zu Illusionen und Irrtümern zurückkehren und gelangt dadurch zurück zum Saṃsāra.

IV

SELBSTGESTALTUNG IN DER T'IEN T'AI- (TENDAI-) SCHULE

Die T'ien T'ai (jap. Tendai-) Schule basiert in ihren Lehrsätzen vorwiegend auf dem Lotus-Sūtra, aber auch auf dem Mahāparinirvāṇa Sūtra, Nāgārjunas Kommentar zum ,Langen Kapitel' des Mahāprajñāpāramitā Sūtra [1] und seinem Mādhyamika Śāstra. Aus diesem Grunde wird Nāgārjuna als der 1. Patriarch der T'ien T'ai-Schule betrachtet.

Als Hui Wen aus der Pei Ch'i-Dynastie (550–578) jenen Kommentar las, erwachte er zu der tieferen Bedeutung des Wortes von Nāgārjuna: «Die drei Weisheiten [2] sind in dem Einen Geist zu verwirklichen.» Dann las er das Mādhyamika Śāstra und erlangte vollkommene Einsicht in die drei Aspekte des Einen Geistes [3], als er zu folgender Gāthā kam:

«Alle ursächlich entstandenen Dinge,
Sage ich, sind leer,
Sind nur täuschende Namen,
Kennzeichen des Bedeutungslosen.»

1. Ta Chih Tu Lun, ein Kommentar Nāgārjunas zum «Langen Kapitel» des Mahāprajñāpāramitā Sūtra.

2. Die drei Weisheiten: Śrāvaka- und Pratyeka-Buddha-Weisheit, Bodhisattva-Weisheit und Buddha-Weisheit. Die T'ien T'ai-Schule stellt sie gleich der weltlichen Weisheit, der überweltlichen Weisheit und der Höchsten Weisheit.

3. Auch genannt: die vereinigte dreifache Einsicht, die unwahrnehmbare dreifache Einsicht und die gleichzeitige dreifache Einsicht, die die meditative

Daraufhin wurde Hui Wen als der 2. Patriarch betrachtet.

Hui Wen übermittelte die Lehre an Hui Sze von Nan Yo, der der 3. Patriarch wurde[4]. In einer seiner Meditationen verwirklichte Hui Sze das Lotus-Samādhi[5]. Er war der Autor des Ta Ch'eng Chi Kuan (‚Mahāyāna Śamatha Vipaśyanā').

Hui Szes Nachfolger war Chih I, auch Chih Che genannt, der der 4. Patriarch wurde[6]. Auch er übte das Lotus-Samādhi und verwirklichte das Höchste Erwachen innerhalb zweier Wochen. Er war der Autor mehrerer Abhandlungen, von denen Mo Ho Chih Kuan (‚Mahā-śamatha-vipaśyanā'), T'ung Meng Chih Kuan (‚Śamatha-vipaśyanā für Anfänger') und Lü Miao Fa Meng (‚Die sechs tiefgründigen Dharma-Tore') in China am meisten gelesen werden. Da er auf dem T'ien T'ai-Berg[7] lebte und starb, wurde die Schule nach diesem Berg benannt.

Die T'ien T'ai-Tradition setzte sich mit Kuan Ting als 5. Patriarchen fort, Fa Hua als 6., T'ien Kung als 7., Tso Ch'i als 8.[8] Chan Jan als 9.[9] und Tao Sui als 10. Patriarchen[10], dessen japanischer Schüler Dengyo Daishi im 9. Jahrhundert die Lehre in Japan einführte.

Schulung der T'ien T'ai-Schule bildet, geeignet für Menschen von hoher Geistigkeit, hergeleitet von Nāgārjunas Kommentar zum «Langen Kapitel» (s. o.). Es ist die gleichzeitige Einsicht in die drei Aspekte des Geistes, d. h. Einsicht in die Leerheit, die Unwirklichkeit und die Mitte, ohne die Stufen zu durchlaufen. Dies entspricht der Lehre des Buddha im Sūtra der Vollkommenen Erleuchtung.

4. Gestorben 577.

5. Ein Samādhi-Zustand, bei dem der Meditierende in die Leerheit (Numen), die Unwirklichkeit (Phänomen) und die Mitte (das Absolute, das beide vereint), schaut. Dies stammt von den 16 Samādhis des Lotus-Sūtra, Kap. 24.

6. Gestorben 518 mit 60 Jahren.

7. T'ien T'ai oder «Himmlische Plattform» ist ein Distrikt südwestlich von Ningpo in der Provinz Chekiang.

8. Gestorben 742 mit 83 Jahren.

9. Gestorben 782 mit 72 Jahren.

10. Im 8. Jahrhundert.

Die Meditationslehre des T'ien T'ai ist die umfassendste von allen. Um den Leser mit ihren Übungsmethoden vertraut zu machen, geben wir nun die Fassungen zweier Abhandlungen des 4. Patriarchen, Meister Chih I, auch genannt Chih Che.

I. ŚAMATHA-VIPAŚYANĀ FÜR ANFÄNGER

(T'ung Meng Chih Kuan)

(von Meister Chih I vom Hsiu Ch'an-Kloster auf dem T'ien T'ai-Berg)

«Böse Werke zu meiden,
Gute Werke zu tun
Und den Geist zu reinigen,
Das ist die Essenz der Buddha-Lehre.»

Das Nirvāṇa ist auf vielfache Weise zu erreichen, von denen aber keine in ihrem Wesen die Übung von Chih (śamatha) und Kuan (vipaśyanā) übertrifft [11]. Chih ist der erste Schritt, um aller Bindungen ledig zu werden, während Kuan erforderlich ist, um alle Täuschungen zu beseitigen. Chih bietet der Erhaltung des wissenden Geistes Nahrung [12], Kuan ist die hohe Kunst, spirituelles Verstehen zu fördern. Chih ist die unübertreffliche Wurzel des Dhyāna, Kuan erzeugt Weisheit. Wer sowohl Chih wie auch Kuan erlangt, der ist geeignet, zum Heil seiner selbst und anderer zu wirken. Darum sagt das Lotus-Sūtra: «Des Buddhas Verweilen im Mahāyāna bedient sich der transzendenten Kräfte des Dhyāna und

11. Chih Kuan: Śamatha-vipaśyanā. Chih ist Stillung des aktiven Geistes und Befreiung von Unterscheidungen. Kuan ist Beobachtung, Prüfung, Einsicht. Ist der physische Organismus zur Ruhe gekommen, dann ist das Chih; sieht der Geist klar, dann ist das Kuan. Das Hauptziel ist die Konzentration des Geistes durch spezielle Methoden, zum Zweck klarer Innenschau in die Wahrheit und die Befreiung von Täuschungen.

12. Oder erkennender Geist, im Gegensatz zum differenzierenden, unterscheidenden Geist.

der Weisheit (prajñā), die er entfaltet, um die Lebewesen von Geburt und Tod zu befreien.» Darum wissen wir, daß diese zwiefache Verwirklichung den beiden Rädern eines Wagens oder den beiden Flügeln eines Vogels gleicht. Nur eine Seite zu üben, ist ein Fehler. Darum sagt das Sūtra: «Nur Dhyāna allein zu üben, während die Weisheit nicht beachtet wird, (verursacht) Unwissenheit; die Übung der Weisheit allein, während Dhyāna nicht beachtet wird, verursacht Verblendung.» Obgleich Unwissenheit und Verblendung relativ untergeordnete Mängel und außerdem voneinander verschieden sind, ist ihr Anteil an der Entstehung falscher Anschauungen gleich groß.

Wenn Dhyāna und Weisheit nicht gleich stark sind, so ist die Übung unzulänglich. Wie könnte man da zur zügigen Verwirklichung der Höchsten Frucht gelangen? Darum sagt das Sūtra: «Śrāvakas können die Buddha-Natur nicht wahrnehmen, denn sie haben zu viel Dhyāna; Bodhisattvas der 10. Stufe können sie nicht klar erkennen, denn sie haben zu viel Weisheit; (aber) alle Tathāgata-Buddhas können sie klar erkennen, denn sie haben gleich viel Dhyāna und Weisheit.» Aus diesem Grund ist Chih Kuan das Hauptportal zum großen Nirvāṇa, der unübertroffene Pfad der Selbstgestaltung, der Wegweiser zur Vervollkommnung aller hohen Tugenden und die wahre Substanz der Höchsten Frucht. So ist Chih Kuan ein hohes Dharma-Tor zur Erleuchtung. Wenn ein Anfänger in den Weg eingeweiht wird, so ist es leicht, ihm den Dharma zu predigen, der aber sehr schwer zu üben ist. Wie aber ist es möglich, das völlig begreiflich zu machen, was so tiefgründig und subtil ist?

Zum Nutzen für den Anfänger werde ich nun kurz die zehn Hauptpunkte schildern, die der Weg auf dem rechten Pfad erfordert, sodaß er die zu (seiner Verwirklichung des) Nirvāṇa aufsteigenden Stufen gehen kann. Statt die scheinbare Oberflächlichkeit des Textes geringzuschätzen, sollte der Wahrheitsucher schamvoll erkennen, daß diese Stufen schwer zu verwirklichen sind. Ist sein Geist jedoch reif für die Lehre, so wird plötzlich dieses Geistes scharfe Weisheit [13] grenzenlos sein, und das spirituelle Verstehen wird zur Grenzenlosigkeit erwachsen. Klammert er sich jedoch an

13. Wörtlich «deren Weisheit, die alle Leiden auflöst, wird grenzenlos werden».

Worte und Begriffe und erlaubt er seinen Gefühlen (und Leidenschaften), die Lehre zu zerstören, so wird er seine Zeit verschwenden und keine Verwirklichung erlangen. Er handelt dann wie einer, der fremde Schätze zählt. Was ist dabei zu gewinnen? (Die zehn Hauptstufen sind):

1. das Schaffen der günstigen Voraussetzungen [14]
2. Minderung der Wünsche
3. Entfernen der Hindernisse
4. Regulierung (von Essen, Schlaf, Körper, Atmung und Geist)
5. Richtlinien des Verhaltens
6. die Hauptübung
7. (Entwicklung und) Kundgebung heilsamer Wurzeln (Eigenschaften)
8. Minderung der bösen Einflüsse Māras
9. Heilung vom Leiden
10. letztgültige Verwirklichung

Diese zehn Stufen sollen die Lehre von Chih und Kuan erläutern und sind von wesentlicher Bedeutung für den, der mit der Übung der Meditation beginnt. Versteht er sie wirklich und befolgt sie im Zuge seiner Selbstverwirklichung, dann wird er fähig sein, den Geist zur Ruhe gelangen zu lassen und allen Schwierigkeiten aus dem Wege zu gehen. Er wird Dhyāna verwirklichen und Einsicht gewinnen. So erlangt er die transzendente heilige Stufe.

1. Das Schaffen der günstigen Voraussetzungen

Wer den Entschluß faßt, die Chih Kuan-Methode zu üben, muß in sich die fünf günstigen Voraussetzungen (gleichzeitigen Ursachen) herstellen:

a) strenges Einhalten von Zucht und Moral (śīla)
b) Versorgtsein mit Nahrung und Kleidung
c) Zurückgezogenheit an einen ruhigen Ort
d) Ablegen aller bedingten Aktivität
e) Suche nach hilfreichen Freunden

14. Wörtlich «der mitwirkenden Ursachen», ein buddhistischer Begriff. Bedeutung etwa: günstige Bedingungen, die den Erfolg der Übungen fördern. Nach der Buddhistischen Lehre ist im Bereich der Illusionen stets das Kausalgesetz wirksam, denn nichts geschieht zufällig.

a) strenges Einhalten der Śīla

Die Vorschriften der Zucht und Moral (śīla) müssen strikt eingehalten werden. Wie das Sūtra sagt, schafft Zügelung die Verwirklichung des Dhyāna und die Kundgebung der Weisheit, wodurch allen Leiden ein Ende gesetzt wird. Darum haben alle Bhikṣus die Śīla strikt einzuhalten. Es gibt drei Kategorien von Menschen, die die Vorschriften auf unterschiedliche Weise beachten:

Die erste Kategorie bilden jene, die, bevor sie als Schüler angenommen wurden, keines der fünf großen Vergehen begingen und später einen erleuchteten Lehrer fanden, der sie in der dreifachen Zuflucht und den fünf Vorschriften unterwies und sie dadurch zu Schülern des Buddha machte. Verlassen sie (dann) das Hausleben, dann empfangen sie zunächst die zehn Vorschriften des Novizen (śrāmaṇera), sodann die volle Ordination eines Bhikṣu bzw. einer Bhikṣuṇī. Nach ihrer Ordination haben sie alle Anordnungen einzuhalten und sich zu hüten, sie zu brechen. Sie sind (dann) die bevorzugten Bewahrer der Śīla. Man muß wissen, daß diese Menschen, wenn sie Chih Kuan üben, bestimmt den Buddha-Dharma verwirklichen, so wie ein fleckenloser Stoff sich leicht färben läßt.

Die zweite Kategorie bilden jene, die, nachdem sie die Moralvorschriften empfangen haben, nur die geringeren Regeln verletzen, nicht aber die gewichtigen. Wenn sie vor ihrer Meditationspraxis ordnungsgemäß die Riten der Wandlung und Reue vollziehen, dann besitzen sie jene strikte Observanz, die sowohl Dhyāna wie Weisheit schaffen hilft. Sie sind wie unreiner und fettiger Stoff, der erst gereinigt wird, damit er danach mühelos gefärbt und getragen werden kann.

Die dritte Kategorie bilden jene, die, nachdem sie die Moralvorschriften empfangen haben, unfähig sind, sie einzuhalten und viele der geringen und gewichtigen Verbote brechen. Sie können die Hīnayāna-Gebote nicht befolgen, denen gemäß nach dem Verletzen der vier schweren Verbote [15] keine Reue und keine Wandlung mehr nützt. Folgen sie den Geboten des Mahāyāna, so können sie ihre Sünden entwurzeln. Darum sagt das Sūtra: «Nach dem

15. Pārājikas: töten, stehlen, Unzucht treiben und täuschen unter der Maske, die Wahrheit zu predigen.

Buddha-Dharma gibt es zwei Arten von starken Menschen: jene, die sündlos sind und jene, die nachträglich bereuen.»

Echte Reue und Wandlung sind möglich, sofern (folgende) zehn Bedingungen erfüllt sind:

1. Glaube an das Kausalitätsgesetz
2. große Furcht (vor den Folgen)
3. großes Schamgefühl
4. eifriges Suchen nach Mitteln, die Sünden auszurotten, so wie es die Mahāyāna Sūtras lehren, was streng befolgt werden muß
5. Bekenntnis der begangenen Sünden
6. jede sündige Geistestätigkeit abbrechen
7. Eifer, den Dharma zu wahren
8. das Gelübde ablegen, alle Wesen zu erlösen
9. ständige Vergegenwärtigung aller Buddhas der zehn Himmelsrichtungen
10. Einsicht in die Nichtseins-Natur der Sünde [16]

Sind diese zehn Bedingungen erfüllbar, dann soll der reuige Schüler, nachdem er ein Bad genommen und reine Gewänder angelegt hat, den Drei Kostbarkeiten (Buddha, Dharma und Sangha) Weihrauch und Blumen darbringen und (um) echte Reue und Wandlung (bitten). Für die Dauer von 7 bis 21 Tagen, von 1 bis 3 Monaten oder manchmal für ein Jahr soll er seinen Geist wegen der von ihm übertretenen Verbote auf Reue und Wandlung konzentrieren, bis seine Sünden entwurzelt sind. Wie kann er erkennen, daß alle seine Sünden entwurzelt sind?

Wenn er bei seiner Konzentration auf wahre Reue und Wandlung fühlt, daß sowohl sein Körper wie sein Geist leicht und ruhig sind, er glückverheißende Träume hat, bemerkenswerte Dinge sieht, Kundgebungen seines hervorragenden geistigen Zustandes wahrnimmt, er das Gefühl hat, als wäre sein Körper einer Wolke und einem Schatten gleich, unter dem er nacheinander die verschiedenen Stufen des Dhyāna verwirklicht, plötzlich zum Verstehen aller Dinge (dharma) erwacht und mühelos die tiefere Bedeutung

16. Diese letzte Bedingung ist jener grundsätzliche Punkt in Reue und Wandlung innerhalb des Mahāyāna, der am meisten vom Hīnayāna und anderen Religionen abweicht.

der Sūtras, die er hört, versteht. Dann wird er im Dharma beglückt sein und sich befreit wissen von Furcht und Gewissensnot. All das gibt ihm sicheren Beweis, daß er wirklich alle sündigen Beeinträchtigungen des Tao, die durch sein Brechen der Śīla entstanden sind, aufgehoben hat. Von nun an hält er gewissenhaft alle Vorschriften. Sein Śīla ist fleckenlos, und er kann Dhyāna üben. Dieser ist vergleichbar einem zerrissenen und verschmutzten Gewand, das, nachdem es geflickt, gewaschen und gefärbt wurde, wieder getragen werden kann.

Wenn ein Mensch, nachdem er die schwerwiegenden Verbote übertreten hat, die daraus resultierenden Behinderungen seines Dhyāna fürchtet, und, statt die Entwurzelung der Sünden nach den Lehren der Sūtras zu betreiben, das Getane bitter bereut und sich dessen schämt, seine Schwäche den Drei Kostbarkeiten offenbart, gelobt, den befleckten Geist abzuschneiden, sich aufrecht hinzusetzen, um die Nichtseins-Natur der Sünde zu betrachten, der Buddhas in den zehn Himmelsrichtungen gedenkt und am Ende jeder Meditation mit gleichbleibendem Eifer in Reue und Wandlung Weihrauch darbringt und (dem Buddha) Verehrung erweist, die Zuchtregeln rezitiert und die Mahāyāna Sūtras liest, dem werden alle Hindernisse vor der Verwirklichung des Tao nach und nach schwinden, so daß sein Śīla fleckenlos wird und er den Dhyāna-Zustand verwirklicht. Das Sūtra sagt: «Wenn ein Mensch von großer Furcht ergriffen wird, nachdem er die schwerwiegenden Gebote übertreten hat, und er (nun) hofft, die bösen Auswirkungen zu eliminieren, so gibt es für ihn keinen andern Weg, als Dhyāna zu üben, wodurch allein alle seine Sünden entwurzelt werden können.» Dieser Mensch soll sich an ruhigem Ort niedersetzen, um seinen Geist unter ständiger Kontrolle zu halten und die Mahāyāna Sūtras zu rezitieren. Alle seine Sünden werden so ausgelöscht, und der Dhyāna-Zustand wird sich ihm kundgeben.

b) Versorgtsein mit Nahrung und Kleidung

Es gibt drei Arten von (Mönchs-)Gewändern: erstens das einteilige Gewand, das die Meister in den Schneegebirgen (d. h. dem Himalaya) tragen, und das gerade hinreicht, den Körper zu bedecken, denn sie haben jeden Kontakt mit der Welt abgeschnitten und sind von großer Ausdauer. Zweitens die drei Gewänder aus weggeworfenen Lumpen[17], wie sie Mahākāśyapa trug, der keine andere Kleidung besaß, um den Regeln der Askese zu genügen. Und drittens die drei üblichen Gewänder[18] mit 101 zusätzlichen Möglichkeiten, die der Tathāgata gebilligt hat für Schüler, die in kalten Ländern leben und noch nicht fähig sind, Beharrlichkeit zu entwickeln. Ist ein Mönch gierig und hält sich mehr Kleidung, als er braucht, so wird das seinen Geist stören und seine Übung des Tao behindern.

Die Nahrung betreffend gibt es vier geeignete Wege, sie zu erhalten:

1. den der großen Meister, die tief in den Bergen hausen, um sich von der Welt zurückzuziehen. Sie essen nur Pflanzen und Früchte, um den Körper zu erhalten;

2. den der Asketen, die ihre Nahrung erbetteln, und deren Lebensform sie in den Stand versetzt, die ungeordnete Lebensweise zu meiden und der Rechten Lebensweise[19] zu folgen, wodurch zur Erlangung des Tao beigetragen wird. Es gibt vier unrechte Wege (für Mönche), das Leben zu fristen: durch körperliche Arbeit, durch Astrologie, durch Magie und Wahrsagerei und durch List und Schmeichelei. So lehrte Śāriputra das blauäugige Mädchen;

3. (den Weg) derer, die zurückgezogen leben und ihre Nahrung von Gastgebern (dānapati) erhalten, von denen sie versorgt werden;

4. (den Weg) derer, die in einer Gemeinschaft leben, deren Lebensform durch Klosterregeln geordnet ist.

Ist der Gläubige mit Kleidung und Nahrung versehen, so genügt das seinen Bedürfnissen (und ist eine Bedingung für den Meditationserfolg). Warum? Weil ohne diese erfüllten Voraussetzungen der Geist nicht zur Ruhe gelangt und (darum) der Weg behindert ist.

17. Lumpen wurden auf Friedhöfen gesammelt, gewaschen und geflickt, und daraus wurden Gewänder hergestellt.

18. Diese sind: 1. antarvāsas oder antarvāsaka, ein Unterkleid, die fünfteilige Soutane; 2. uttarāsanga, ein Obergewand, die siebenteilige Soutane und 3. sanghāṭī, ein Versammlungsgewand aus mindestens neun, höchstens 25 Stücken.

19. Der 5. Teil des Edlen Achtfachen Pfades.

c) Zurückgezogenheit an einen ruhigen Ort

«Zurückgezogenheit» bedeutet das Fehlen (weltlicher) Aktivität, und «ruhig» bedeutet Freisein von Störung. Es gibt drei Orte, wo Dhyāna geübt werden kann: auf fernem, unbewohntem Berg; in einer Einsiedelei, drei bis vier Meilen von bewohnten Plätzen abgelegen, zu fern für Hirten, von wirklicher Stille; und in einem stillen Kloster, weit von den Wohnungen der Laien.

d) Ablegen aller bedingten Aktivität

Alle bedingte Tätigkeit niederzulegen besteht darin: alle bedingten Werke des Lebensunterhaltes zu meiden, indem die weltliche Tätigkeit aufgegeben wird; alle Verbindungen zu Weltmenschen, einschließlich Verwandten, Freunden und Bekannten abzuschneiden; Aufgeben aller ursachenschaffenden Künste und Werke, so wie weltliche Gewandtheit, Erfindungsgabe, Quacksalberei, Zauberei, Horoskopstellen, Physiognomik, Schreiben, Rechnen und Protokollieren; und die Suche nach weltlichem Wissen zu beenden durch Aufgeben von Lesen, Vortragen und Zuhören.

All dies betrifft das Ablegen der bedingten Aktivität, durch die, solange sie fortgesetzt wird, der Weg behindert ist und der unruhige Geist nur schwer überwacht werden kann.

e) Suche nach hilfreichen Freunden

Es gibt drei Arten hilfreicher Freunde: Außenstehende, die dich mit allen Lebensnotwendigkeiten versehen und sich um dich kümmern; Übungsgefährten, die dich gut beraten und nicht stören; und erleuchtete Lehrer, die darauf bedacht sind, dich alles Notwendige zu lehren, wie Dhyāna zu üben ist.

Dies alles (a–e) sind die günstigen Voraussetzungen (der Chih Kuan-Übung).

2. Minderung der Wünsche

Die zu mindernden Wünsche bestehen aus den fünf Arten von Verlangen, von denen keine während der Chih Kuan-Übung entstehen darf. Es sind: Verlangen nach Formen, Tönen, Gerüchen, Geschmäcken und Berührungen, durch die der Weltmensch getäuscht wird, um an ihnen zu hängen. Erkennt man Wünsche als hinderlich, so soll man sie zurückweisen. Dies nennt man Minderung.

1. Das Zurückweisen des Verlangens nach Formen umschließt alle Reize, die von männlichen oder weiblichen Wesen ausgehen: anziehende Augen, Augenbrauen und weiße Zähne, sowie edle Juwelen, hübsche Farben wie blau, gelb, rot, weiß, purpur, grün usw., durch die der Unwissende getäuscht und zum Wunsch nach Besitz angeregt werden kann, wodurch schlechtes Karma geschaffen wird. So ging beispielsweise König Bimbisāra, um einer Kurtisane willen, in ein feindliches Land, um seine Begierde zu stillen, und König Udayana, der durch (den Reiz der) Formen verdorben war, ließ 500 Sehern (ṛṣi) die Hände und Füße abschneiden. Dies zeigt, wie Fehler und Irrtümer durch Formen verursacht werden können.

2. Das Zurückweisen des Verlangens nach Tönen betrifft die Musik, die männliche und weibliche Stimme und den Gesang, durch die der ihnen lauschende Weltmensch in Abhängigkeit von ihnen gerät und damit zu Taten schlechten Karmas gelangt. Wie beispielsweise die 500 Seher (ṛṣi), die dem melodischen Gesang eines Kinnara[20]-Mädchens verfielen, wodurch ihr Geist verwirrt wurde und sie den Erfolg des Dhyāna verloren. Dies zeigt, wie Fehler und Irrtümer durch Töne verursacht werden können.

3. Das Zurückweisen des Verlangens nach Gerüchen betrifft den Duft, der von männlichen und weiblichen Körpern ausgeht, von Getränken und Nahrungsmitteln und von den verschiedenen Parfums. Der Unwissende, dem die (Gefahren der) Düfte nicht bekannt sind, schätzt sie und gerät in Abhängigkeit zu ihnen, wobei er diesem «Anstifter der Leidenschaften»[21] weit das Tor öffnet. Als beispielsweise ein Bhikṣu einst zu einem Lotusteich kam und sich am Duft ergötzte, tadelte ihn der Wachgeist (des Teiches), weil er ihm seinen Duft gestohlen habe. Durch das Haften an Gerüchen erwachen alle schlafenden Anstifter der Leidenschaften (zum Unheil). Dies zeigt, wie Fehler und Irrtümer durch Gerüche verursacht werden können.

4. Das Zurückweisen des Verlangens nach Geschmäcken betrifft den Geschmacksreiz von Getränken, Nahrungsmitteln und Leckerbissen, der den Geist des Weltmenschen beflecken und zu

20. Kinnara: Himmlische Musikanten, ihrer Tänze und Gesänge wegen berühmt.

21. Wörtlich «ein bindender Bote». Buddhistischer Begriff für einen auftretenden Anreiz, der den Meditierenden veranlaßt, Unterscheidungen zuzulassen und damit die Ruhe des Geistes zu stören.

schlechtem karmischem Tun anreizen kann. Beispielsweise wurde ein Novize, der saure Milch besonders gern mochte, als Milchwurm wiedergeboren. Dies zeigt, wie Fehler und Irrtümer durch Geschmäcke verursacht werden können.

5. Das Zurückweisen des Verlangens nach Berührungen betrifft die Unterschiede zwischen den Körpern der beiden Geschlechter, die Illusion also, daß sie weich, zart, warm im Winter und kühl im Sommer seien und andere angenehme Berührungsempfindungen. Der Unwissende, der das nicht durchschaut, wird durch den Berührungsreiz verführt und so gehindert, das Tao zu verwirklichen. So verlor beispielsweise der Ṛṣi Ekaśṛnga [22] seine übernatürlichen Kräfte, weil er von einer Kurtisane verführt wurde und ihr erlaubte, auf seinem Nacken zu reiten. Dies zeigt, wie Fehler und Irrtümer durch Berührungen verursacht werden können.

Die Methoden, wie Wünsche gemindert werden können, werden in den Mahāyāna Śāstras gelehrt, wo es heißt: «Es ist höchst bedauerlich, wie die Lebewesen unablässig durch die fünf Wunschbereiche beirrt werden, nach denen sie pausenlos Ausschau halten.» Diese fünf Wunschbereiche sind wie Reisig, die dem Feuer Nahrung geben. Sie geben keine Beglückung und gleichen (hungrigen) Hunden, die an einem trockenen Knochen nagen. Durch sie entstehen Auseinandersetzungen, wie wenn Vögel um ein Stück Fleisch kämpfen. Sie versengen, wie wenn ein Mann eine Fackel gegen den Wind hält. Sie sind verderblich wie giftige Schlangen. Sie sind vergänglich wie Funken des Feuersteins. Darum betrachten die Weisen sie als ihre bittersten Feinde, (doch) der Weltmensch ist unwissend und hält nach ihnen Ausschau und bewahrt sie bis zu seinem Tode, wodurch er grenzenlose Leiden zu erdulden hat. Auch Tiere besitzen diese fünf Wunschbereiche. Alle Lebewesen handeln nach dem Gebot ihrer Wünsche, deren willige Sklaven sie sind. Wer von seinen Wünschen abhängt, ist verurteilt, in die drei niederen Bereiche des Leidens zu stürzen. Wenn wir Dhyāna üben, so behindern uns diese Räuber, und darum sollten wir ihnen aus dem Wege gehen, so wie es in folgenden Gāthās des Dhyāna-pāramitā Sūtra gelehrt wird:

22. Wörtlich «Einhorn-Seher», ein von einer Gazelle geborener Asket, der von einer Frau verführt wurde, seine übernatürlichen Kräfte verlor und ein hoher Minister wurde. Er war eine der früheren Inkarnationen des Buddha.

«Der Kreislauf von Geburt und Tod
Entsteht, wenn am Geschmack man hängt;
Ist falsches Tun im Grab versenkt,
So geht dahin auch alle Not.
Der Körper hat, dem Leichnam gleich,
Neun Tore für die Unreinheit.
Der Mensch, der noch vom Wissen weit,
Ist wie der Wurm im Moderteich.
Der Weisen Schau gilt Fleisch und Bein,
Gelöst von irdischem Plaisier.
Frei von den Fesseln der Begier,
Dies ist das Im-Nirvāṇa-Sein.
Die Übung, die der Buddha lehrt:
Zueins den Geist, dann Atemschau
Im Dhyāna-Zustand ganz genau,
Das ist, was den Asketen (dhūta) ehrt.»

3. Entfernen der Hindernisse

Es gibt fünf Arten von zu entfernenden Hindernissen:

1. Das Hindernis «Verlangen». Von den fünf Wunschbereichen, die den Sinneswahrnehmungen entstammen, haben wir bereits gehandelt. Hier nun entstammt «Verlangen» dem Intellekt (manas). Das bedeutet: wenn man in Meditation sitzt und den Wunsch nach Erleuchtung entwickelt, entsteht ein nichtendender Gedankenstrom und hindert unsern Selbst-Geist, sich kundzugeben. Sobald wir uns dessen bewußt werden, müssen wir dies Verlangen aufgeben. Śubhakara [23] beispielsweise, der Triebgedanken aufkommen ließ, wurde von seinem inneren Verlangen verbrannt. Um wieviel mehr wird das Feuer des Verlangens, wenn es in unserm Geist entsteht, all unsere Güte verbrennen. Die, die Begierden aufkommen lassen, entfernen sich vom Tao, weil ihr Verlangen die Ursache aller Leidenschaften und Sorgen ist. Ist der Geist von Verlangen gebunden, dann kann er dem Tao nicht näherkommen, wie es in der folgenden Gāthā von der Zerstörung der Hindernisse heißt:

23. Śubhakara: ein Fischer, der von seinen Trieben verbrannt wurde.

«Wer demutsvoll den Pfad betritt,
Ist Bettelmönch zum Heil der Wesen [24].
Ist er vom Sinnenzwang genesen,
Verlangen reißt ihn nicht mehr mit.
Die fünf Begierden hat er aufgegeben
Und ist darauf nicht mehr versessen.
Wie könnte einer auch das Essen
Verschlingen, das er hergegeben.
Nach Dingen jagen, schafft nur Last.
Gewinnst du sie, dann hast du Sorgen.
Du trauerst, schwinden sie dir morgen.
Sie schenken nichts, was du für immer hast.
So schafft nur Leiden, was man sucht und findet.
Versuche dieses alles zu vermeiden.
Dhyāna-Samādhi nur besiegt das Leiden,
Weil die Enttäuschung dann für immer schwindet.»

2. Das Hindernis «Haß», das die Wurzel zum Verlust des Buddha-Dharma bildet, ist die Ursache unseres Sturzes in den Abgrund des Leidens, ein Stein auf dem Wege zur Dharmafreude, es beraubt uns der Moral und bildet den Motor der bösen Rede. Darum sollte der Schüler, wenn er in Meditation sitzt, diesen Gedanken erzeugen: «Mein Gegner irritiert mich und alle, die mir lieb sind, und es macht ihm Spaß, mich zu verleiten. Das tat er in der Vergangenheit, und er wird es auch weiterhin tun. Dies sind die neun Arten der Verirrung, die Ärger schaffen; aber Ärger führt zu Verstimmung und verleitet zu Vergeltungsstreben. Dann wird mein Geist durch Haß verschleiert, und der bildet ein Hindernis. Dies Hindernis muß entfernt werden, bevor es sich verdichtet.» Als Śakra [25] den Buddha fragte:

«Was ist das, was das Glück zerstört,
Und alle Freiheit in Besorgnis wandelt?
Was ist die Wurzel dieses Giftes,
Das aller Reinheit Glanz vernichtet?»

gab der Buddha zur Antwort:

24. Sodaß alle Lebewesen ihm Nahrung geben und sich gesegnete Verdienste erwerben können.

25. Herrscher in den 33 Himmeln. Er wird als Beschützer des Buddha-Dharma betrachtet.

«Glückseligkeit entsteht, wo Haß verschwindet
Und wandelt alle Sorge um in Freiheit.
Haß ist des Giftes Wurzel. Ihn zerstören,
Schafft aller Reinheit höchsten Glanz.»

Kennen wir das Übel des Hasses, so müssen wir geduldige Ausdauer üben, um es auszurotten, wodurch wir unsern Geist reinigen.

3. Das Hindernis «Schlaf und Schläfrigkeit»: Ist der Geist passiv und dumpf und die fünf Leidenschaften [26] lustlos und verworren, dann neigt man dazu, sich schläfrig zu entspannen. Das (aber) ist ursächlich bedingter Schlaf, ist Schläfrigkeit, wodurch die Glückseligkeit zerstört wird, die wir in dieser und der nächsten Wiedergeburt im Dharma finden, das Glück himmlischer Geburt, oder die Seligkeit des zukünftigen Nirvāṇa. Dies ist das ärgste Übel, denn alle andern Hindernisse kann man zerstören, sobald man ihrer gewahr wird; Schlaf und Schläfrigkeit jedoch sind wie ein Toter ohne Bewußtsein. Da dieses Übel nicht bewußt ist, kann man es nur schwer ausrotten. Dies ist in folgenden Gāthās beschrieben, die eine Mahnung sind an alle schläfrigen Schüler:

«Umarme nicht eine stinkende Leiche im Schlaf, denn sie enthält
Nichts als Unreinheit und wird fälschlicherweise Mensch genannt.
Wie einer, von Pfeilen schwer verwundet,
Kannst du mit diesen Schmerzen friedlich schlafen?
Wie wenn vom Tod bedroht, in Fesseln liegend,
Kannst du mit diesen Qualen sorglos schlafen?
Der Räuber Fesseln drohen dir beständig;
Du bist wie einer, der bei Schlangen haust.
Als lägest du inmitten blanker Schwerter.
Ist dir da ruhevoller Schlaf gewiß?
Wie Dunkelheit, die alles deckt, ist dieser Schlaf,
Raubt dir die Einsicht, hüllt dich ein in Täuschung.
Die Schläfrigkeit verhüllt den Geist und blendet dich.
Wie, wenn Vernichtung droht, kannst du nur schlafen?»

26. Von den fünf Sinnen aufgestört.

Mit solchen Warnungen gegenüber den Hindernissen versehen, sollst du zur Ausdauer erwachen, deine Schläfrigkeit bekämpfen, um Trübung deines Geistes zu vermeiden. Ist deine Neigung zu Schläfrigkeit zu groß, so sollte man dich mit dem Stock des Ch'an-Meisters behandeln.

4. Das Hindernis «Unruhe und Verdruß». Es gibt drei Arten von Ruhelosigkeit: 1. die des Körpers, die zu Vergnügen an Spaziergängen, am Herumlaufen und zu unruhigem Dasitzen führt; 2. die der Rede, die zu Vergnügen am Vor-sich-Hinsummen, zu Debatten über Recht und Unrecht, zu zielloser Sophisterei und weltlichen Gesprächen führt; 3. die des Geistes, der sich an Äußerlichkeiten klammert, sich mit weltlichen Künsten und Werken, sowie mit falschen Ansichten beschäftigt. Ruhelosigkeit stört den Geist derer, die sich dem Sangha angeschlossen haben. Es ist schon schwer genug, Dhyāna durch Geisteskontrolle zu verwirklichen; um wieviel schwerer noch, wenn sich Ruhelosigkeit in die Selbstgestaltung einschleicht. Ruhelosigkeit ist wie ein ungezähmter Elephant, wie ein Kaninchen oder Kamel, die man nicht bewachen kann. Darauf weisen folgende Gāthās:

«Geschorenes Haupt und gefärbtes Gewand,
Den irdenen Bettelnapf in deiner Hand,
Doch im Herzen ruh'lose Leidenschaft –
Dahin ist des Dharmas erlösende Kraft!»

Wenn des Dharmas erlösende Kraft und alles weltliche Glück dahin ist, dann solltest du dir deiner Irrtümer bewußt werden und die Ruhelosigkeit aufgeben. Bist du deiner Fehler wegen aber verdrießlich, so wird dieser Verdruß (gleichfalls) als (geistiges) Hindernis wirken. Hat die Ruhelosigkeit keinen Verdruß im Gefolge, so entsteht auch kein Hindernis. Warum? Weil in deiner Ruhelosigkeit keine Ursachen geschaffen wurden, jedoch danach, in der Meditation, wirst du dir deiner Ruhelosigkeit bewußt, und dies verdrießt dich. Dieser Verdruß ist es, der deinen Geist behindert und also ein (zusätzliches) Hindernis schafft.

Es gibt zwei Arten von Verdruß: den einen fühlt man, wie bereits geschildert, im Gefolge der Ruhelosigkeit. Der andre entsteht, nachdem man ein schwerwiegendes Verbot übertreten hat, woraufhin man in Furcht und Schmerz gerät. In einem solchen Fall hat der Pfeil des Verdrusses den Geist getroffen und kann nicht mehr beseitigt werden, so wie in folgenden Gāthās erklärt wird:

«Zu tun, was du nicht sollst,
Oder nicht zu tun, was du solltest,
Schafft Gram, der wie Feuer dich brennt,
Schafft Abstieg in düstere Reiche.
Bereust du begangene Sünden,
Dann gräme dich nicht nach der Reue.
Bringe dein Herz zur Ruhe,
Doch hänge dich nicht an den Gram.
Wenn du doppelt die Sünde bejammerst,
Dann versäumst du erneut, was zu tun war,
Und du tust, was vermieden sein sollte;
Dann bist du tatsächlich ein Dummkopf.
Doch kommt dir keine Reue,
Dann fahre nur fort mit der Sünde.
Denn ist die Tat erst begangen,
Macht niemand sie ungetan.»

5. Das Hindernis «Zweifel». Sobald Zweifel den Geist verschleiert, ist kein Glaube an die verschiedenen Dharma(-Tore) mehr möglich. Aus dem Mangel an Glauben läßt sich kein Gewinn vom Buddha-Dharma herleiten. Wenn beispielsweise ein Mensch ohne Hände zu einem Berg kostbarer Edelsteine kommt, dann kann er keinen Schatz davontragen. Es gibt jedoch viele Arten des Zweifels, und nicht jeder davon [27] behindert die Dhyāna(-Übung). Die aber behindern sind folgende: 1. Zweifel am Selbst, wenn (nämlich) der Übende meint: «Bin ich vielleicht ein Mensch mit unzulänglichen Anlagen und großer Sündhaftigkeit?» Pflegt er diesen Zweifel, so kann er Dhyāna nicht erreichen. Der, der da übt, sollte sich nicht geringschätzen, denn keiner weiß, ob er in früheren Leben nicht gute Anlagen geschaffen hat. 2. Zweifel am Lehrer, von dem der Schüler denken könnte: «Wenn sein Erscheinen und

27. I Ch'ing z. B. ist solch ein Zweifel, der Dhyāna nicht behindert, sondern in der Zen-Meditation fördert.

Verhalten so und so ist, und wenn er selbst das Tao nicht gewonnen hat, wie kann er mich da belehren?» Wenn er seine Zweifel und seine Mißachtung pflegt, so werden seine Dhyāna-(Übungen) behindert. Der Weg, auf dem (Zweifel und Geringschätzung) abgelegt wird, wird in den Mahāyāna Śāstras gelehrt, in denen es heißt: «Man soll einen stinkenden Ledersack, sofern er Gold enthält, nicht fortwerfen, wenn man auf das Gold Wert legt.» Genau so sollte der Schüler einen Lehrer, auch wenn er unvollkommen ist, als Buddha betrachten, (wenn er den Dharma von ihm lernen kann). 3. Zweifel am Dharma. Die meisten Weltmenschen verlassen sich auf ihren Geist und haben kein Vertrauen zum Dharma, der sie gelehrt wurde, und den sie (trotzdem) nicht verstehen und mit Ergebenheit üben können. Zweifeln sie an ihm, dann wird der Dharma ihren Geist nicht durchdringen. Warum? Wegen des behindernden Zweifels, wie in folgenden Gāthās erklärt wird:

«*Wie wenn einer zu einem Kreuzweg kommt,*
Und sein Zögern führt zu keinem Ziel,
So in der Wirklichkeit, die Dharma lehrt,
Führt Zweifel zur Verneinung hin.
Dies ist der Lässigkeit Beginn.
Wer Wirklichkeit im Dharma sucht
Und nicht versteht, der zweifelt leicht.
Das ist der Übel ärgstes.
Der rechte und der falsche Pfad
Ist leicht vermischt, wie Welt und Heil.
Doch ein Weg muß der rechte sein.
Und dem vertraue ganz und gar.
Doch bleibst du halben Herzens,
Schlägt Yama dich in Fesseln [28],
Und wie das Reh dem Löwen,
Wirst du ihm nicht entkommen.
Kommt Zweifel dir am Leben an,
Das mag. Am Dharma zweifle nicht,
Wie einer, der am Kreuzweg wählt
Den Pfad, der ihn zum Ziele führt.»

28. Wörtlich «du wirst vom Totengott und Höllenfürsten gefesselt».

Glaube allein schafft die Möglichkeit, den Buddha-Dharma zu betreten. Ohne Glauben läßt sich dabei kein Gewinn erzielen. Erkennt man also einen Zweifel als hinderlich, so sollte er abgeworfen werden.

Frage: Es gibt doch so viele Arten von Übel. Warum forderst du, daß nur fünf davon beseitigt werden sollen?

Antwort: Diese fünf Hindernisse enthalten die drei Gifte und bilden eine Gruppe von vier Hauptübeln (kleśa), einschließlich aller 84 000 Befleckungen. Diese Gruppe von vier Hauptübeln besteht aus hinderlichen Wünschen: Zorn und Verdruß, Schläfrigkeit und aus Dummheit entstandener Zweifel, sowie Ruhelosigkeit und Gram. Jedes Haupt-Kleśa umfaßt 21 000 Übel [29], so ergeben die vier zusammen 84 000. Daher zerstört die Beseitigung dieser fünf Hindernisse alle (die 84 000) Übel. Der, dem das gelingt, ist wie ein Schuldner, der alle seine Schulden bezahlt hat, wie ein Kranker, der gesund wurde, wie ein Verhungernder, der zu einem Land voller Nahrungsmittel kommt, wie einer, der Räubern entkommt und dem keine Gefahr mehr droht. Genauso erfreut sich der, der die fünf Hindernisse beseitigte, voller Ruhe und Glückseligkeit. Werden Sonne und Mond von den fünf Schleiern: Rauch, Staub, Wolken, Nebel und Verfinsterung verhüllt, so büßen sie ihr Licht ein. Genauso ist der menschliche Geist verfinstert, wenn ihn die fünf Hindernisse verhüllen.

4. Regulierung von Essen, Schlaf, Körper, Atmung und Geist

Bevor man sich zur Meditation hinsetzt, um die Dharmas aller Buddhas der Vergangenheit, Gegenwart und Zukunft in den zehn Himmelsrichtungen zu üben, soll der Anfänger das Gelübde ablegen, alle Lebewesen zu erlösen und die Höchste Buddha-Stufe zu suchen, mit einem Geist, hart wie Diamant, darauf gerichtet, alle Buddha-Darmas zu vervollkommnen, ohne sich im geringsten aufhalten zu lassen. Sitzt er in Meditation, soll er den rechten Gedanken bezüglich der allen Dharmas zugrundeliegenden Wirklichkeit entwickeln, d. h. bezüglich aller guten, bösen und neutralen (wörtlich undefinierbaren) Dinge, über die inneren Sinnesorgane, äußerlichen Sinneswahrnehmungen und die falschen Bewußtseinseinstel-

29. 21 000 Übel: 250 mal 4 mal 3 mal 7, das sind die 250 Mönchsregeln, multipliziert mit den vier Zuständen (gehen, stehen, sitzen, liegen), dann mit den drei Neigungen (zum Dharma, zur Ketzerei und zur Unentschiedenheit),

lungen; über alle weltlichen Übel und Verstrickungen und alle Ursachen und Wirkungen von Geburt und Tod in den drei Daseinsbereichen, die der Geist produziert. Darum sagt das Daśabhūmi Sūtra:

«Drei Welten gibt es im Nirgendwo.
Ihr Ursprung ist der Eine Geist.
Erkennst du des Geistes wahre Natur,
Dann enthüllt sich die Leerheit aller Dinge.»

Ist der Geist frei von Befleckung und Anhaftung, dann werden alle saṃsāraschaffenden karmischen Handlungsweisen ihr Ende finden. Erst nach dieser Meditation kann die nächste Übung – das Regulieren von Essen, Schlaf, Körper, Atmung und Geist – begonnen werden.

Was bedeutet «Regulierung»? Ein Beispiel: Wenn ein Töpfer Tongefäße herstellen will, muß er zuvor geeigneten Ton schaffen, der nicht zu hart und nicht zu weich ist, sodaß er die Form füllen kann. Ein Lautenspieler muß erst die Saiten stimmen, wenn er eine Melodie hervorbringen will. Gleichermaßen müssen bei der Geisteskontrolle (folgende) fünf Dinge geordnet werden, so daß eine unerschütterliche Stille gesichert ist, da sich andernfalls die edlen Wurzeln der inneren Werte nicht kundgeben können:

1. Regulierung des Essens. Essen dient dem Körper zur Nahrung, so daß er fähig wird, in das Tao einzutreten. Wird zu viel aufgenommen, dann ist der Magen zu voll und schafft Atemlosigkeit, mit dem Ergebnis, daß die inneren Bewußtseinszentren blockiert werden und der Geist behindert ist, was die Meditation beeinträchtigt. Wird zu wenig Nahrung aufgenommen, dann ist der Magen nicht voll genug, so daß der Geist und seine Tätigkeit unruhig wird. Diese beiden Bedingungen verhelfen nicht zur Verwirklichung des Dhyāna. Unreine Nahrung verursacht Verworrenheit des Geistes und seiner Tätigkeit. Ungeeignete Nahrung verursacht Erkrankungen und bringt die vier Elemente in Disharmonie. Der Schüler muß mit alldem sehr sorgfältig sein, bevor er mit den Meditations-Übungen beginnt. Darum sagt das Sūtra: «Ist der Kör-

dann mit den sieben Taten (töten, stehlen, Unzucht treiben, lügen, doppelzüngig reden, grob reden und unrein reden).

per ruhig, wird das Tao sich entfalten. Sind Essen und Trinken geordnet, dann wird man freudig gestimmt und ruhigen Geistes, ein Bild großen Eifers bieten. Das lehren alle Buddhas.»

2. Regulierung des Schlafs. Schlaf entstammt der Unwissenheit, die (den Geist) verschleiert, und sollte nicht ermutigt werden. Wer zu viel schläft, wird nicht nur die Übung des Hl. Dharma verwerfen, sondern wird auch die Übungsfähigkeit verlieren, so daß sein Geist verworren wird und alle guten Anlagen verkümmern. Darum sollte man die Vergänglichkeit (des Lebens) erkennen und den Schlaf regulieren, um das Bewußtsein hoch und den Geist klar zu halten; denn das führt zur Erhaltung des Hl. Zustandes, der seinerseits zur unerschütterlichen Ruhe führt. Daher sagt das Sūtra: «Die Selbstgestaltungsabsicht soll nicht vor und nicht nach Mitternacht abgelegt werden, (und die Gewohnheit des) Schlafens soll nicht dazu führen, das Leben ziellos hingehen zu lassen, ohne daß man ihm etwas abgewonnen hat.» Man denke an das (zerstörerische) Feuer der Vergänglichkeit, das die ganze Welt versengt, und strebe, davon sobald wie möglich befreit zu werden, statt sich dem Schlaf zu überlassen.

3., 4. und 5. Regulierung von Körper, Atem und Geist. Diese drei Übungen sollen nicht gesondert voneinander, sondern gemeinsam sein. Doch unterscheiden sich die einleitenden, die mittleren und die abschließenden Methoden voneinander. Es ist etwas anderes, ob man sich in Meditation begibt oder ob man sie beendet.

Zunächst über die Methode der Körperregulierung am Anfang der Meditation: Wenn der Meditierende seinen Körper ordnungsgemäß für den Eintritt in die unerschütterliche Stille überwachen will, so muß er, schon bevor er sich niederläßt, prüfen, ob seine Tätigkeit des Gehens, Stehens, der Bewegungen und des Verweilens grob sind. Sind sie es, so wird sein Atem rauh sein und daher sein Geist unruhig und ziellos; wenn er aber sitzt, dann beklommen und schwer. Daher muß er, bevor er sich setzt, seinen Körper sorgfältig sich entspannt vergegenwärtigen, so daß er sich während der Meditation behaglich fühlt.

Was das Meditationsbett[30] betrifft, so soll man das Kissen der-

30. Wörtlich «Seil-Bett», früher in China im Gebrauch.

gestalt ordnen, daß es einer langen Sitzzeit genügt. Außerdem soll man verstehen, mit gekreuzten Beinen zu sitzen. Im halben Lotussitz soll das linke Bein auf das rechte gelegt und so dicht an den Bauch gezogen werden, daß die Zehen des linken Fußes auf gleicher Höhe mit der rechten Lende, und die Zehen des rechten Fußes in Höhe der linken Lende liegen. Wünscht man die volle Lotushaltung (padmāsana), dann muß man auch das rechte Bein auf das linke legen. Das nächste ist, daß man den Gürtel so weit löst, daß er nicht hinunterrutscht. Darauf wird die linke Hand auf die rechte gelegt (beide Handflächen aufwärts gekehrt, d. Ü.), sie ruhen dicht am Bauch auf den Beinen auf. Dann wird der Körper aufgerichtet, und durch sechs- bis siebenmaliges Bewegen der Gliedmaßen und des Rumpfes schafft man Entspannung. So wird die Haltung grade, bei weder gebeugter noch durchgedrückter Wirbelsäule. Danach sollen Genick und Kopf in die rechte Haltung gebracht werden, daß die Nasenspitze und der Nabel eine Linie bilden. Der Kopf soll weder gedreht sein, noch nach einer Seite neigen, weder gesenkt noch erhoben sein. Seine Linie muß eben sein. Dann soll alle unreine Luft durch den Mund ausgeatmet werden. Nicht hastig, sondern langsam und anhaltend, wobei man sich alle Behinderungen der Bewußtseinszentren im Körper so vorstellen soll, als ob sie dem Atem folgten und dabei entfernt würden. Dann wird der Mund geschlossen und frische Luft durch die Nasenlöcher eingesogen. Das soll noch ein- oder zweimal wiederholt werden. Ist aber Körper und Atem nach einem Mal schon in Ordnung, dann genügt das. Schließt man den Mund, dann sollen die Oberlippe und die oberen Zähne die unteren berühren und die Zunge den Gaumen. Dann schließt man die Augen, um das Licht auszuschließen.

Auf diese Weise nun soll er wie ein unbelebter Felsblock grade dasitzen, ohne dem Körper, dem Kopf und den Gliedern Bewegungen zu erlauben. Dies ist der rechte Weg, den Körper am Beginn der Meditation zu ordnen, und ist wesentlich, um sowohl Anspannung wie Schlaffheit zu vermeiden.

4. Atemregulierung am Beginn der Meditation. Es gibt vier Arten von Atmung: hörbare, schwere, rauhe und ruhige. Die ersten drei sind falsch, die vierte richtig. Was ist hörbare Atmung? Ist die Atmung, wenn man in Meditation sitzt, dem (eigenen) Ohr wahr-

nehmbar, dann ist sie hörbar. Was ist schwere Atmung? Wenn sie unfrei und behindert ist, dann ist sie schwer. Was ist rauhe Atmung? Ist die Atmung, wenn man in Meditation sitzt, zwar nicht hörbar und nicht behindert, dafür aber nicht sanft, dann ist sie rauh. Was ist ruhige Atmung? Wenn sie weder hörbar noch behindert noch rauh ist, sondern einen steten Verlauf hat, kaum wahrnehmbar ist und so sanft, daß man sie kaum spürt und versehen ist mit allen sich daraus ergebenden Annehmlichkeiten und Bequemlichkeiten. Dann ist die Atmung ruhig.

Hörbarer Atem stört (die Gemütsruhe), schwerer Atem fesselt, rauher Atem ermüdet, ruhiger Atem besänftigt den Geist. Sind die drei ersten gegenwärtig, so beweist das, daß der Atem nicht geordnet ist, und wenn man sich des Geistes zu bedienen sucht, um Ordnung zu schaffen, dann wird dieser nur gestört, und Stille entsteht dabei kaum. Um zur Regulierung zu gelangen, muß man sich dreier Methoden bedienen: den Geist dadurch beruhigen, daß man ihn tiefer (im Körper) sammelt, den Körper entspannt und sich den Atem vorstellt, wie er durch alle Poren frei und ungehindert kommt und geht. Konzentriert man den Geist auf einen sanften Atem, so reguliert er sich ordnungsgemäß, und alle Behinderungen schwinden. Danach ist es leicht, den Geist zur Ruhe gelangen zu lassen.

Auf diese Weise wird der Atem am Meditationsbeginn reguliert, denn es ist wesentlich, daß er weder zu stark (d. h. behindernd) noch zu sanft (d. h. ausweichend) geht.

5. Regulierung des Geistes am Beginn der Meditation. Diese umfaßt drei Phasen: Eintritt in (die Meditation), Verweilen in (der Meditation) und Austritt aus (der Meditation).

a) Eintritt in die Meditationssituation erfordert das Ordnen des verwirrenden Denkens, um den Geist daran zu hindern, draußen herumzuwandern, sowie das Ausrichten des sinkenden, umtreibenden, angespannten oder schlaffen Geistes und seine Normalisierung.

Was ist ein sinkender Geist? Ist der Geist während der Meditation dumpf, wirr und ungeordnet, und der Kopf sinkt (vornüber), dann beweist das einen sinkenden Geist. In solchem Fall soll man ihn auf die Nasenspitze richten, um ihn da festzunageln und am Herumwandern zu hindern. So reguliert man den sinkenden Geist.

Was ist ein umtreibender Geist? Wenn er während der Meditation umhertreibt, und der Körper fühlt sich unbequem, wobei die Gedanken sich dem Außen zuwenden, dann ist das ein umtreibender Geist. In solchem Fall soll man ihn abwärts zwingen und auf den Nabel richten, um das Aufkommen von Gedanken zu verhindern. Dadurch wird der Geist stabilisiert und leicht zur Ruhe gebracht. Wo der Geist weder sinkt noch umhertreibt, dort ist er beruhigt.

Ein stabilisierter Geist kann (aber) zu angespannt oder zu schlaff sein. Zu angespannt ist er, wenn während der Meditation alle Gedanken auf die Regulierung gerichtet sind, um dadurch die Stabilisierung zu sichern. Dabei wird (Prāṇa, das Lebensprinzip) zur Brust gelenkt, und es entstehen Beschwerden. In solchem Fall soll man den Geist entspannen, indem man sich den absteigenden Prāṇa(-Strom) vorstellt. Dadurch schwindet die Beschwerde sofort.

Ist der Geist zu schlaff, so springt er entweder herum, während der Körper schwankt und Speichel sich im Munde sammelt, oder er wird verdrießlich. In solchem Fall muß der Meditierende seinen Körper beruhigen und seinen Geist, wie oben geschildert, fixieren, wobei er den Körper als Stütze verwendet. Man kann aus alldem folgern, daß der Geist entweder grob oder abgleitend ist. Dies sind die Methoden der Regulierung des Geistes am Beginn der Meditation. Der Eintritt in ihre Stille geht von einem groben zu einem feinen Zustand. Weil der Körper, in dem der Atemprozeß abläuft, grob ist, während der Geist dem Feinen zugehört, besteht der einleitende Schritt des Eintrittes in den Dhyāna-Zustand in der Ausrichtung des Groben auf das Feine hin, um dadurch den Geist zu beruhigen.

b) Während seines «Verweilens» im Meditationszustand muß der Übende drei Dinge regulieren. Ob die Meditation lang oder kurz ist, ob sie 24 oder nur eine, zwei oder drei Stunden dauert, der Übende muß sich, während er seine Gedanken überwacht, um seinen Geist zu meistern, wohl bewußt sein, ob Körper, Atem und Geist ordentlich reguliert sind.

Wenn er, nachdem er seinen Körper reguliert hat, feststellt, daß er entweder angestrengt oder erschlafft ist, nach einer Seite neigt, gebeugt, zusammengesunken, angehoben oder ungerade ist, so muß er ihn, um der Stabilisierung willen, sofort ausrichten.

Es mag geschehen, daß, obwohl der Körper reguliert ist, es der

Atem nicht ist. Wir haben oben schon von verschiedenen ungeordneten Aspekten des Atems gehandelt, der hörbaren, schweren oder rauhen Atmung, durch die der Körper aufgebläht wird. In solchem Fall muß man die vorerwähnten Methoden anwenden, um den Atem auszurichten, sodaß er kontinuierlich und so sanft wird, daß er zur Hälfte wahrnehmbar und zur Hälfte unbewußt wird.

Es mag geschehen, daß, obwohl Körper und Atem reguliert sind, der Geist entweder umhertreibend, sinkend, erschlafft, gespannt oder unstet ist. In solchem Fall muß man die früher erwähnten Methoden anwenden, um den Geist zu regulieren und zu normalisieren.

Die obenerwähnten drei Wege, Körper, Atem und Geist zu regulieren, sollen nicht einer nach dem andern angewandt werden. Wenn nötig, soll einer davon oder sollen alle dem Zweck dienen, Körper, Atem und Geist in Ordnung zu bringen, daß sie einander nicht behindern und während der Meditation zu vollkommener Harmonie gelangen können. Auf diese Weise werden alle früheren Beschwernisse ausgeschaltet und alle Behinderungen entfernt, so daß die Verwirklichung des Dhyāna-Zustands gesichert ist.

c) Kommt man aus dem Meditationszustand, sollen Körper, Atem und Geist gleichfalls zuvor reguliert werden. Bevor die Meditation beendet wird, soll der Übende seinen Geist niederlegen, um ihn aus dem (Meditations-) Zustand zu entlassen, soll den Mund öffnen und ausatmen, indem er sich vorstellt, die Luft verließe die Bewußtseinszentren. Dann sollen der Rumpf, dann die Schultern, Arme, Hände, Kopf und Nacken leicht bewegt werden. Dann die Füße, um sie zu entspannen. Danach soll der Meditierende seinen Körper mit beiden Händen massieren, sich die Hände reiben und auf die Augen legen, bevor er diese öffnet. Er soll warten, bis sich der Körper abgekühlt hat, bevor er den Sitz verläßt. Befolgt er diese Methode nicht, so mag durch die abrupte Beendigung des Meditationszustandes ein unreines Element im Körper zurückbleiben, durch das Kopfschmerzen und Gelenkschmerzen entstehen können, ungeachtet dessen, daß sein Geist in der Meditation stabilisiert worden ist. In seiner nächsten Meditation wird er sich gestört fühlen, und sein Geist wird ungeduldig sein, möglichst bald zuende zu kommen. Auf all das soll man achten. Es ist dies die Methode, Körper, Atem und Geist zu regulieren, bevor man aus der Meditation kommt, d. h. wenn man aus einem feinen in einen groben (Zustand) gelangt. Wir sprachen von den vollkommenen Wegen des Eintritts, Verweilens und Verlassens des Ruhezustandes, wie in den folgenden Gāthās erklärt wird:

«*Geordnet sei Kommen und Gehen,*
Dann sind Grobes und Feines sich einig.
Wie das wilde gezähmte Pferd
Kommt und geht nach deinem Willen.»

Das Lotus-Sūtra sagt: «Alle Bodhisattvas dieser Versammlung haben während unzähliger tausender, zehntausender und hunderttausender von Weltaltern Eifer und Hingabe sorgfältig geübt, so daß sie fähig wurden, einzutreten, zu verweilen und zu verlassen unzählige hundert, tausend, zehntausend, hunderttausend von Samādhi-Zuständen, wodurch sie alle gewaltigen transzendenten Kräfte gewannnen. All dies ist möglich durch ihr unerschütterlich reines Leben und ihre gewandte Übung aller hervorragenden (Dharma-)Methoden in rechter Ordnung.

5. Richtlinien des Verhaltens

Die Chih Kuan-Übung ist auf fünf Voraussetzungen gegründet:

1. Das Gelübde, sich aller weltlichen Gedanken zu enthalten, um die Dharma-Tore durch Dhyāna und Weisheit (prajñā) zu öffnen. Das ist (Rechter) Entschluß, (Rechtes) Gelübde und Zuneigung und Freude (dem Dharma gegenüber). Das bedeutet den «Entschluß» des Übenden, sich zu «geloben», der «Freude» an den Toren des Dharma «zugeneigt» zu sein. Darum «Gelübde». Wie der Buddha sagt, ist ein Gelübde für alle hervorragenden Dharmas wesentlich.

2. Unausgesetzter Eifer in der strikten Einhaltung aller Verbote, um beständig die fünf Hindernisse ohne Rückfall [31] zu meiden. Unausgesetzter Eifer gleicht der Reibung (zweier) Holzstücke aneinander, die nicht unterbrochen werden darf, wenn man Feuer haben will. Dies ist unausgesetzter Eifer in der Übung des hervorragenden Dharma.

3. Ständige Vergegenwärtigung, daß die Welt trügerisch und verächtlich ist, wohingegen Dhyāna und Weisheit die beiden ver-

31. Wörtlich «ohne Rückfall vor oder nach Mitternacht».

ehrungswürdigen Gegebenheiten sind. Ist Dhyāna-Samādhi gewonnen, so wird der Übende fähig, transzendente Weisheit zu entfalten, alle überweltlichen Kräfte zu erlangen, die Höchste Erleuchtung zu gewinnen und alle Wesen zu erlösen. Dies ist das Höchste und heißt (Rechte) Vergegenwärtigung.

4. Rechte Einsicht, die das weltliche Glück von der Seligkeit der Dhyāna-Weisheit zu unterscheiden weiß und allen sich daraus ergebenden Gewinn und Verlust (erkennt). Dadurch erkennt der Übende, daß es auf der täuschungsreichen, unsteten weltlichen Ebene mehr Leid als Glück gibt, und daß das Glück der Dhyāna-Weisheit, das jenseits der weltlichen Abläufe liegt, nicht-aktiv, still und grenzenlos ist. Es ist jenseits von Geburt und Tod und ist auf immer befreit von allem Elend. Darin liegt der Gewinn. Die Fähigkeit, zwischen den beiden Ebenen zu unterscheiden, das ist Rechte Einsicht.

5. Klare Aufrichtigkeit, durch die der Übende deutlich erkennen kann, daß die Welt leidvoll und abscheulich, der Gewinn aber, der sich aus Dhyāna und Weisheit ergibt, wertvoll und erhaben ist. So sollte er sich entschließen, in aufrichtiger Hingabe Chih Kuan zu üben, mit einem Geist, so unzerstörbar wie ein Diamant (vajra), einem Geist, der weder durch Irrlehrer noch durch himmlische Geister ins Wanken gebracht werden kann, und der nicht rückfällig wird, auch wenn (die Übung) erfolglos erscheint. Das ist Aufrichtigkeit.

So muß beispielsweise ein Reisender erst wissen, ob die Straße offen ist oder nicht, bevor er sich auf eine lange Reise begibt. Dazu bedarf er Rechter Einsicht und des Rechten Entschlusses, deren Bedeutung sich in den Sūtra-Worten findet: «Ohne Weisheit gibt es kein Dhyāna, ohne Dhyāna keine Weisheit.»

6. Die Hauptübung

Die Chih Kuan-Übung kann geübt werden, wenn man in Meditation sitzt und wenn man innerhalb kausaler Aktivität mit den Erscheinungen verbunden ist.

I. Die Chi Kuan-Übung innerhalb der Meditation

Obgleich man Chih Kuan im Gehen, Stehen, Sitzen oder Liegen üben kann, ist die sitzende Haltung für den Schüler des Tao die angemessenste, und von ihr wird nun gehandelt, um diese Meditationsmethode zu erklären, deren Ziel folgende fünf Gegebenheiten sind:

a) die Meisterung des groben und wirren Geistes im Anfänger;
b) die Kontrolle des sinkenden und umhertreibenden Geistes;
c) (Stabilisierung des Geistes) je nach der Situation;
d) Normalisierung des feineren Geistes;
e) gegenseitiger Ausgleich von Dhyāna und Weisheit.

a) die Chih Kuan-Übung zum Zweck der Meisterung des groben und wirren Geistes im Anfänger.

Sitzt ein Anfänger in Meditation, so ist sein Geist gewöhnlich grob und unruhig. Diesen beiden Zuständen ein Ende zu bereiten, sollte er Chih üben; mißlingt das, dann übe er (sofort) Kuan. Daher heißt es, daß Chih und Kuan geübt werden, um den groben und unruhigen Geist des Anfängers zu ordnen. Sehen wir uns an, wie das gemacht wird. Zuerst die Chih-Übung, für die es drei Methoden gibt:

1. Die Aufmerksamkeit auf ein Objekt fixieren, d. h. den Geist auf die Nasenspitze oder den Nabel richten, so daß das Bewußtsein nicht umherwandern kann. Das Sūtra sagt: «Der fixierte Geist, der nicht abirren kann, gleicht einem gefesselten Affen.»

2. Den Geist in Schranken halten, d. h. ihn unterwerfen, sobald er sich bewegt, um ihn vom Wandern abzuhalten. Das Sūtra sagt: «Die fünf Sinnesorgane werden vom Geist kontrolliert. Darum soll man dem (wandernden) Geist Halt gebieten.»

Das Genannte (1) und (2) gehört den Erscheinungen an und bedarf keiner weiteren Differenzierung [32].

3. Das Anhalten aller aufkeimenden Ursachen, um die Verkörperung der (absoluten) Wirklichkeit zu garantieren, indem man sich klar macht, daß alle Dinge (dharma) dem Geist entstammen, und zwar durch direkte oder bedingte Ursachen, und daß sie bar sind einer jeden Eigennatur. (Ist das klar geworden), wird der Geist sie nicht ergreifen, und ihre Verworrenheit wird versiegen. Darum (heißt es Chih oder) Anhalten. Das Sūtra sagt:

32. Die phänomenale oder äußere Aktivität, im Gegensatz zu dem numinosen oder fundamentalen Prinzip.

«Ursachen, leer und ohne Eigner,
Schaffen die Dinge. Wer gestillt hat
Den Geist, den Urgrund zu erlangen,
Ihn nennt mit Recht man Mönch.»

Der Anfänger wird im Laufe der Meditation entdecken, daß nicht ein einziger der in seinem Geist entstehenden Gedanken auch nur einen Augenblick verweilt. Wenn die oben (unter 3) empfohlene Chih-Methode des Anhaltens der entstehenden Ursachen den Strom der fließenden Gedanken nicht aufhalten kann, dann muß er die Kuan-Methode anwenden und in den Geist schauen, aus dem heraus sie entstehen. Er wird finden, daß der vergangene Geist dahin ist, der gegenwärtige Geist nicht beharrt und der zukünftige Geist noch nicht da ist. Und er wird erkennen, daß er selbst bei sorgfältigster Suche in den drei Zeiten nicht zu entdecken ist. Da er nicht zu finden ist, folgt daraus, daß er nichtseiend ist und daß alle Dinge (dharma) es gleichermaßen sind. Obgleich seine Einsicht (kuan) beweist, daß der Geist nicht beharrt und demzufolge nichtseiend ist, existiert jedoch der Gedanke dieser Feststellung, der durch sich selbst entsteht. So muß er nun in diesen Gedanken schauend eindringen (kuan) und wird finden, daß der Kontakt der sechs inneren Sinnesorgane mit den sechs äußeren Sinnesobjekten das vermittelnde Bewußtsein schafft, das grundsätzlich nicht außerhalb dieses Kontaktes entsteht. Wie die Schöpfung dergestalt erkannt wurde, so wird es nun gleicherweise die Auflösung. So sind Schöpfung und Auflösung nur willkürliche Erfindungen. Sobald der schaffende und auflösende Geist schwindet, gibt sich die nirvāṇische Eigenheit der Leere und die Auflösung (der Leidenschaften) kund, (ein Zustand), in dem kein Objekt (dharma) ist. Dies ist das Prinzip der Immaterialität und des ruhevollen Nirvāṇa, in dem (sobald es verwirklicht ist), der Geist zum Stillstand (chih) kommt. Im «Erwachen des Glaubens» heißt es: «Wenn der Geist draußen herumwandert, dann muß er unter Kontrolle gebracht und an einen rechten Gedanken gebunden werden. Ein rechter Gedanke, das ist der Geist, außerhalb dessen es keine Erscheinung gibt. Dieser Geist ist wesensleer[33] und im Augenblick des Denkens nicht zu finden.» Das heißt, daß es für den Anfänger schwer

33. svalakṣaṇa oder Individualität.

ist, den Geist am Beginn der Meditation zu stabilisieren, denn wenn er unzweckmäßig unterdrückt wird, ergibt sich Gestörtheit. Es ist wie das Bogenschießen, das bis zur Meisterschaft ein langes Training braucht.

Sodann die Kuan-Übung, in der es zwei Methoden gibt:

1. Betrachtung des Gegensatzes, z. B. von Unreinheit, um Wünsche und Begierden zu beseitigen, von mitleidsvoller Zuneigung, um Zorn und Voreingenommenheit aufzuheben, von Begrenzungen in den Daseinsbereichen [34], um das Haften am Ich abzulegen, und das Zählen der Atemzüge, um den Gedankenstrom zum Versiegen zu bringen. Das alles wirkt ausschließend auf die Unterscheidung.

2. Die Rechte Betrachtungsweise, die darin besteht, in (das Wesen) aller Dinge zu schauen, die keine eigene Wirklichkeit besitzen, sondern nur Produkte direkter oder bedingter Ursachen sind. Da auch die Ursachen keine (eigene) Natur besitzen, sind sie mit der (ihnen zugrundeliegenden) Wirklichkeit, (der sie entstammen), identisch. Da die so betrachteten Objekte unwirklich sind, ergibt sich daraus, daß der Geist, der sie betrachtet, nicht länger entsteht. Diese Lehre wird in den Texten häufig besprochen, und der Leser muß sich über sie im klaren sein. So sagt das Sūtra in folgendem Gāthā:

«Unbeständig sind alle Dinge,
Die unser Geist hervorbringt.
Durchschaut man die Unwirklichkeit,
So bleibt kein Gedanke.»

b) Die Chih Kuan-Übung zur Kontrolle des sinkenden und umherschweifenden Geistes.

Sitzt der Übende in Meditation, so mag sein Geist trübe oder lahm sein, wirr, dunkel, stumpf und müde. In einem solchen Fall muß er Kuan üben, ihn zu erhellen (d. h. wach zu machen). Ist der Geist in der Meditation aber getrieben, ruhelos und unbequem, so übe er Chih, um ihn in die Gewalt zu bekommen. Dies ist der übliche Weg, den sinkenden und umherschweifenden Geist durch

34. Das sind die begrenzten Regionen, aufgeteilt in den Bereich des Wunsches, der Form und jenseits der Form, im Gegensatz zu der reinen, universellen und grenzenlosen Region der Buddhas, die jenseits dieser Eingeschränktheit liegt.

die Chih Kuan-Übung in die Gewalt zu bekommen. Nur muß der Meditierende wissen, welche Medizin er im jeweiligen Augenblick braucht, und wie er sich davor bewahrt, die falsche zu verwenden.

c) Die dem jeweiligen Augenblick entsprechende Chih- und Kuan-Übung.

Der Übende sitzt in Meditation, und sein Geist wird nicht licht und klar, obgleich er die Kuan-Methode anwendet, um den sinkenden Geist zu wecken. In dem Fall versuche er die Chih-Methode (um dem Mangel abzuhelfen). Fühlt er danach, daß Körper und Geist sich nun wohl befinden, so zeigt das, daß Chih angemessen war und seiner Geistesruhe dienlich ist. Wenn sein Geist in der Meditation unstet bleibt, obwohl er sich des Chih bediente, den Geistesstrom zu dämmen, so beweist das, daß Chih nicht angebracht ist, und dann sollte er Kuan versuchen. Wird sein Geist auf Kuan hin licht, klar, ruhig und fest, dann war Kuan angebracht und muß zum Zweck der Geistesruhe angewandt werden.

Dies ist die rechte Anwendung von Chih und Kuan, die so verwendet werden sollen, wie es der Augenblick fordert, damit die Befestigung des Geistes und die Aufhebung der Behaftungen (kleśa) zum Zweck der Verwirklichung der verschiedenen Dharma-Tore (zur Erleuchtung) gesichert sind.

d) Die Übung von Chih und Kuan, um den feineren Geist zu ordnen.

Einleitend hat der Übende die Chih Kuan-Methode verwendet, um den groben und ruhelosen Geist zu meistern. Hat er ihn stabilisiert, so tritt er in den Zustand der Stille (dhyāna) ein. Da sein Geist nun verfeinert ist, fühlt er den Körper als leer und still, erfüllt von Freude und Glück. Er kann aber infolge des verfeinerten Geistes sich versucht fühlen, von den Lehrgeboten abzugleiten. Wenn er nicht weiß, daß der Zweck der Geistesstillung ist, allen trügerischen Täuschungen ein Ende zu bereiten, dann kann er an ihnen Gefallen finden und sie für Wirklichkeit nehmen. Erkennt er dagegen alle trügerische Täuschung als unwirklich, so wird er die beiden Arten der Behaftung (kleśa) – (irrende) Bevorzugung (des Unwirklichen) und falsche Ansicht (diesbezüglich) – meiden. Das ist Chih-Übung.

Wendet sich sein Geist nach der Chih-Übung diesen beiden Behaftungen immer noch zu, wobei Karma geschaffen und Ruhe vermindert wird, dann soll er Kuan üben, indem er den verfeinerten Geist im Zustand der Stille betrachtet. Kann er ihn nicht finden, dann wird er aufhören, an der Idee der Stille zu hängen. Ist aber die Idee der Stille nicht zu packen, dann schwinden auch die zwei Arten von Kleśa. Das ist Kuan-Übung.

Dies sind die üblichen Wege, Chih und Kuan zu üben, um den feineren Geist zu ordnen. Es geschieht ähnlich, wie vorher gelehrt, nur daß es hier um den Begriff der Stille geht.

e) Die Übung von Chih und Kuan als Mittel zum Ausgleich zwischen Innenausbau und Weisheit.

Sitzt der Übende in Meditation, dann kann er Dhyāna sowohl durch Chih wie durch Kuan verwirklichen. Obgleich er nun den Zustand der Ruhe erreicht hat, mag er doch ohne die betrachtende Weisheit sein. Das aber wäre ein trübes Dhyāna, durch das er keine Fesseln lösen kann. Auch mag es sein, daß er zu wenig Weisheit entwickelt hat, seine Fesseln zu lösen, um die verschiedenen Dharma-Tore zu erkennen. In solchen Fällen muß er Kuan üben, um diesem Engpaß zu entkommen, sodaß Dhyāna und Weisheit ins Gleichgewicht gebracht wurden, wie es nötig ist.

Wenn er in seiner Meditation durch die Kuan-Übung plötzlich zur klaren Weisheit erwacht, obgleich sein Dhyāna unausgeglichen und trübe ist, dann wird sein Geist bewegt sein gleich einer Kerzenflamme im Wind, die die umliegenden Objekte nicht erhellen kann. Ein Entkommen aus Geburt und Tod ist da nicht möglich. In solchem Fall muß er Chih üben, um seinen Geist zu stillen, der dann wie die Kerzenflamme im eigenen Zimmer ist, durch die alle Dunkelheit vernichtet und die Umwelt erhellt wird. Dies sind die üblichen Wege, Chih und Kuan zu üben, um Dhyāna und Weisheit einander anzugleichen.

Kann der Übende in seiner Meditation rechten Gebrauch machen von diesen Methoden (a–e), Chih und Kuan zu üben, dann ist er fähig, den Buddha-Dharma korrekt zu praktizieren. Aus diesem Grunde wird sein Leben nicht vertan sein.

II. Die Chih Kuan-Übung innerhalb der kausalen Aktivität und der Auseinandersetzung mit den Erscheinungsformen

Obwohl die geschilderte Methode des kreuzbeinigen Sitzens die zweckmäßigste ist, bleibt der Übende doch mit einem physischen Körper belastet, der dem Verstricktsein in kausale Aktivitäten nicht entgehen kann. Gibt er dem nach und sieht sich nun den äußeren Gegebenheiten gegenüber, ohne daß er jedoch fortfährt, Chih Kuan zu üben, so wird sein Übungsweg unterbrochen und neues Karma entsteht. Wie sollte er da aber zum Buddha-Dharma erwachen, so zügig, wie er es wünscht? Kann er jedoch fortfahren, zu jeder Zeit (und unter allen Umständen) die zweckdienlichen Methoden zum Gewinn von Dhyāna und Weisheit zu üben, dann wird er alle Buddha-Dharmas verstehen.

Wie nun kann man Chih Kuan üben, sofern man verstrickt ist in kausale Aktivitäten, von denen es sechs Arten gibt: gehend, stehend, sitzend, liegend, arbeitend und sprechend? Wie kann man in der Auseinandersetzung mit äußeren Objekten Chih Kuan üben? Es gibt sechs Arten von Objekten, denen die Sinnesorgane gegenüberstehen: die Form den Augen, der Laut den Ohren, der Geruch der Nase, der Geschmack der Zunge, das Tastobjekt dem Körper und das Ding (dharma) dem Bewußtsein (manas). Übt der Meditierende, während er in diesen zwölf (Kontaktformen des Alltagslebens) verwickelt ist, die Chih Kuan-Methode, dann handelt es sich um Übung innerhalb der kausalen Aktivität und der Auseinandersetzung mit den Erscheinungsformen (wie im weiteren erklärt wird).

1. Beim Gehen

Beim Gehen soll der Übende folgenden Gedanken entwickeln: «Warum gehe ich hier? Ist es, weil ich von Kleśa getrieben bin und von meinem Bestreben, üble oder ungeordnete (neutrale) Dinge zu tun? Wenn ja, dann sollte ich nicht gehen. Wenn aber nicht, und es dient dem Dharma, dann darf ich gehen.»

Wie übt man Chih im Gehen? Wenn der Übende klar erkennt, daß durch sein Gehen alle Kleśa, wie auch gute und böse Dinge, geschaffen werden, und wenn er klar versteht, daß sein aufs Gehen und auf alles sich daraus Ergebende gerichteter Geist nirgendwo eigentlich zu finden ist, dann kommt sein falsches Denken zu einem Ende. Das ist Chih-Übung.

Wie übt man Kuan im Gehen? Der Übende muß den Gedanken entwickeln: «Da der Geist den Körper zur Bewegung veranlaßt, entsteht Fortbewegung, die man Gehen nennt. Durch dies Gehen entstehen alle Kleśa, so wie alle guten und bösen Dinge.» Dann soll er seine Betrachtung nach innen wenden, um seinen aufs Gehen gerichteten Geist zu erkennen, der weder Form noch Gestalt hat. Auf diese Weise wird im klar, daß das, was geht, und alles, was sich daraus ergibt, grundsätzlich immateriell ist[35]. Das ist Kuan-Übung.

2. Beim Stehen

Beim Stehen soll der Übende folgenden Gedanken entwickeln: «Warum stehe ich hier? Ist es bedingt durch den Wunsch, Kleśa zu schaffen, so wie üble oder neutrale Dinge? Wenn ja, dann sollte ich nicht fortfahren zu stehen. Ist es jedoch zu einem nützlichen Ziel, dann darf ich dabei bleiben.»

Wie übt man Chih im Stehen? Wenn der Übende erkennt, daß durch sein Stehen alle möglichen Hindernisse (kleśa), so wie gute und üble Dinge geschaffen werden, und wenn er klar erkennt, daß sein aufs Stehen gerichteter Geist nirgendwo eigentlich zu finden ist, dann kommt sein falsches Denken zu einem Ende. Das ist Chih-Übung.

Wie übt man Kuan im Stehen? Der Übende muß den Gedanken entwickeln: «Sowie der Geist dem Körper Halt gebietet, bleibt er stehen. Durch das Stehen entstehen alle Kleśa, so wie alle guten und bösen Dinge.» Dann soll er seine Betrachtung (kuan) nach innen wenden, um seinen aufs Stehen gerichteten Geist zu erkennen, der weder Form noch Gestalt hat. Auf diese Weise wird ihm klar, daß das, was steht und alles, was sich daraus ergibt, grundsätzlich immateriell ist. Das ist Kuan-Übung.

3. Beim Sitzen

Beim Sitzen soll der Übende folgenden Gedanken entwickeln: «Warum sitze ich hier? Ist es bedingt durch den Wunsch, Kleśa zu

35. Ein Zustand der Leerheit und der Ruhe, jenseits aller Aufgestörtheit, die Bedingung des Nirvāṇa.

schaffen oder üble bzw. ungeordnete Dinge zu tun? Wenn ja, dann sollte ich nicht sitzen. Dient es jedoch einem nützlichen Ziel, dann darf ich sitzen.»

Wie übt man Chih im Sitzen? Erkennt der Übende klar, daß – obgleich Kleśa, sowie gute und üble Dinge daraus erwachsen mögen – es nicht *ein* Ding (dharma) gibt, das irgendwo zu finden ist, dann kann auch kein wirrer Gedanke entstehen. Das ist Chih-Übung.

Wie übt man Kuan im Sitzen? Der Übende muß den Gedanken entwickeln: «Derweil mein Geist an Ruhe denkt, sitze ich hier mit übereinandergeschlagenen Beinen, um dem Körper Bequemlichkeit zu schaffen. Daraus mögen sich alle Arten von guten und üblen Dingen ergeben. Daher nennt man es sitzen.» Wendet er seine Betrachtung (kuan) nach innen, seinen aufs Sitzen gerichteten Geist zu betrachten, so wird er bei ihm weder Form noch Gestalt wahrnehmen. So wird ihm klar, daß das, was sitzt, und alles, was sich daraus ergibt, grundsätzlich immateriell ist. Das ist Kuan-Übung.

4. Beim Liegen

Beim Liegen soll der Übende folgenden Gedanken entwickeln: «Warum liege ich hier? Ist es wegen meiner Freude an üblen Dingen oder aus Selbst-Verzärtelung, dann sollte ich damit nicht fortfahren. Geschieht es aber zur Harmonisierung der vier Elemente (Erde, Wasser, Feuer, Luft), dann mag ich weiterhin liegen in der Lage des königlichen Löwen [36].»

Wie übt man Chih im Liegen? Wenn der Übende klar erkennt, daß beim Liegen, obwohl alle guten und üblen dharmas daraus erwachsen, in Wirklichkeit doch kein einziges Ding (dharma) da ist, das wirklich gefunden werden kann, dann werden keine falschen Gedanken mehr in ihm aufkommen. Das ist Chih-Übung.

Wie übt man Kuan im Liegen? Der Übende muß den Gedanken entwickeln: «Weil ich müde bin, fühle ich mich trübsinnig und lasse die Zügel der sechs Leidenschaften [37] locker, wobei alle Arten von Kleśa, sowie gute und üble Dinge geschaffen werden.» Wenn er dann seine Betrachtung nach innen wendet, um den auf das

36. D. i. der Buddha, der auf der rechten Seite ruht.
37. Aus den sechs Sinnesorganen erwachend.

Liegen gerichteten Geist zu erkennen, so findet er ihn ohne Form und Gestalt. Auf diese Weise wird ihm klar, daß das, was liegt, und alles, was sich daraus ergibt, grundsätzlich immateriell ist. Das ist Kuan-Übung.

5. Beim Arbeiten

Beim Arbeiten soll der Übende folgenden Gedanken entwickeln: «Warum arbeite ich hier? Ist es zu üblen oder ungeordneten Zwecken, dann sollte ich aufhören. Ist es zu nützlichen Zwecken, dann mag ich fortfahren.»

Wie übt man Chih bei der Arbeit? Wenn der Übende klar erkennt, daß beim Arbeiten, obwohl gute und üble Dinge daraus erwachsen, in Wirklichkeit doch kein einziges tatsächlich da ist, dann werden seine falschen Gedanken nicht mehr aufsteigen. Das ist Chih-Übung.

Wie übt man Kuan bei der Arbeit? Der Übende muß den Gedanken entwickeln: «Da mein Geist meine Hände zur Arbeit bewegt, ergeben sich daraus alle guten und üblen Dinge. Daraus entsteht Arbeit.» Wenn er dann seine Betrachtung (kuan) nach innen wendet, um den auf Arbeit gerichteten Geist zu erkennen, so findet er ihn ohne Form und Gestalt. So wird ihm klar, daß das, was arbeitet, und alles, was sich daraus ergibt, grundsätzlich immateriell ist. Das ist Kuan-Übung.

6. Beim Sprechen

Beabsichtigt er zu sprechen, so soll der Übende folgenden Gedanken entwickeln: «Warum spreche ich jetzt? Finde ich an den Kleśa Entzücken und spreche von Dingen, die üble oder neutrale Auswirkungen haben, dann sollte ich schweigen. Dient meine Rede jedoch nützlichem Zweck, dann mag ich sprechen.»

Wie übt man Chih beim Sprechen? Wenn der Übende weiß, daß beim Sprechen Kleśa, sowie gute und üble dharmas daraus entstehen, dann wird er klar erkennen, daß der aufs Sprechen gerichtete Geist und seine genannten Wirkungen nirgendwo wirklich gefunden werden können. Dabei wird sein falsches Denken enden. Das ist Chih-Übung.

Wie übt man Kuan beim Sprechen? Der Übende muß den Gedanken entwickeln: «Da der Geist unterscheidet und den inneren Luftstrom veranlaßt, sich zu erheben, sowie Kehle, Zunge, Gaumen, Zähne und Lippen Laut und Stimme bilden läßt, entsteht Sprache, die zu guten und üblen Ergebnissen führt.» Wenn er dann seine Betrachtung nach innen wendet, um den auf das Sprechen gerichteten Geist zu erkennen, so findet er ihn ohne Form und Gestalt. Auf diese Weise wird ihm klar, daß das, was spricht, und alles, was sich daraus ergibt, grundsätzlich immateriell ist. Das ist Kuan-Übung.

Diese sechs Methoden der Chih und Kuan-Übung sollen je nach den sich ergebenden Verhältnissen angewandt werden. Jede von ihnen schließt alle fünf Objekte der Hauptübung (a–e) (vgl. S. 155) in sich. Im Folgenden wird von der Kontrolle der sechs Sinnesorgane gehandelt.

7. Beim Sehen

Wenn die Augen eine Form sehen, z. B. den Mond (der sich) im Wasser (spiegelt), dann besteht die Chih-Übung darin, die Unwirklichkeit der Spiegelung zu erkennen. Trifft das Auge auf eine erfreuliche Erscheinung, so darf der Übende kein Gefühl der Zuneigung, auf eine unerfreuliche Erscheinung hin, nicht das der Abneigung aufkommen lassen. Ist die gesehene Form weder erfreulich noch unerfreulich, dann muß er sich von dummen und verworrenen Gedanken fernhalten. Das ist Chih-Übung.

Wie übt man Kuan, wenn das Auge eine Form sieht? Der Übende muß den Gedanken entwickeln: «Sieht man eine Form, so ist ihr Wesen immateriell. Warum? Weil in der klaren Leerheit zwischen dem Sehorgan und der Form nichts ist, was zu sehen oder zu beachten wäre. Wenn die Umstände eine Verbindung zwischen beiden herstellen, so ergibt sich Sehwahrnehmung (d. i. das 1. Bewußtsein), gefolgt von Bewußtsein (d. i. der Intellekt), das die Unterscheidung zwischen den Formen trifft. Auf diese Weise entstehen alle Arten von Kleśa, sowie gute und böse Dinge (dharma).» Dann soll der Übende seine Betrachtung (kuan) nach innen wenden, seinen Geist zu betrachten, der die Formen wahrnimmt. Dabei wird er erkennen, daß dieser weder Gestalt hat noch Form. So wird ihm klar, daß das, was sieht, und alle Formen grundsätzlich immateriell sind. Das ist Kuan-Übung.

8. Beim Hören

Wenn das Ohr einen Laut hört, dann besteht die Chih-Übung darin, sich der Zuneigung gegenüber dem angenehmen Laut, der Abneigung gegenüber dem unangenehmen Laut und der Unterscheidung gegenüber dem weder angenehmen noch unangenehmen Laut zu erhalten.

Wie übt man Kuan, wenn man einen Laut hört? Der Übende muß den Gedanken entwickeln: «Der gehörte Laut ist leer und unwirklich in sich selbst. Vereinigen sich aber das Organ des Hörens und der Laut, so entsteht Lautwahrnehmung (d. i. das 2. Bewußtsein), gefolgt von der Geistesfunktion, die da eigenmächtig unterscheidet. Auf diese Weise entstehen alle Kleśas, sowie alle guten und bösen dharmas.» Dann soll der Übende seine Betrachtung (kuan) nach innen wenden, seinen Geist zu betrachten, der den Laut hört. Dabei wird er erkennen, daß dieser weder Form noch Gestalt hat. Auf diese Weise wird ihm klar, daß das, was hört, und alle Laute grundsätzlich immateriell sind. Das ist Kuan-Übung.

9. Beim Riechen

Wenn die Nase einen Geruch wahrnimmt, dann besteht die Chih-Übung darin, den Geruch als so unwirklich zu betrachten wie eine Flamme. Der Übende muß sich davor hüten, einen Geruch seiner Annehmlichkeit wegen zu schätzen oder seiner Lästigkeit wegen zu verabscheuen, bzw. dann, wenn er weder angenehm noch unangenehm ist, verworrene Gedanken zu entwickeln. Das ist Chih-Übung.

Wie übt man Kuan, wenn man einen Geruch wahrnimmt? Der Übende muß den Gedanken entwickeln: «Wenn ich einen Duft rieche, so ist er täuschend und unwirklich. Warum? Aus der Verbindung zwischen dem Geruchsorgan und dem Duft entsteht Geruchswahrnehmung (d. i. das 3. Bewußtsein), gefolgt von der Geistesfunktion, die eigenmächtig den Duft ergreift. Auf diese Weise entstehen alle Kleśa, sowie alle guten und bösen dharmas.» Dann soll der Übende seine Betrachtung (kuan) nach innen wenden, seinen Geist zu betrachten, der da riecht. Dabei wird er erkennen, daß dieser weder Form noch Gestalt hat. So wird ihm klar, daß die Geruchswahrnehmung und alle Düfte grundsätzlich immateriell sind.

10. Beim Schmecken

Wenn die Zunge einen Geschmack wahrnimmt, dann besteht die Chih-Übung darin, den Geschmack so zu betrachten wie etwas, was nur im Traum oder in einer Täuschung besteht. Er muß sich davor hüten, einen Geschmack als angenehm zu schätzen, einen andern als unangenehm zu verabscheuen, oder bei einem weder angenehmen noch unangenehmen Geschmack unterscheidende Gedanken zu entwickeln. Das ist Chih-Übung.

Wie übt man Kuan, wenn die Zunge einen Geschmack wahrnimmt? Der Übende muß den Gedanken entwickeln: «Der Geschmack, den ich empfinde, ist nicht zu entdecken. Warum? Weil die den sechs Geschmäcken[38] (zugrundeliegende) Natur nicht unterscheidet und weil die Verbindung von Zunge und Geschmack die Geschmackswahrnehmung erzeugt (d. i. das 4. Bewußtsein), gefolgt von der Geistesfunktion, die eigenmächtig den Geschmack ergreift. Auf diese Weise entstehen alle Kleśa, sowie alle guten und bösen Dinge.» Dann soll er seine Betrachtung (kuan) nach innen wenden, das zu betrachten, wodurch der Geschmack wahrgenommen wird. Dabei erkennt er, daß das, was schmeckt, und der Geschmack selbst, grundsätzlich immateriell sind. Das ist Kuan-Übung.

11. Beim Berühren

Wenn der Körper berührt wird, dann besteht die Chih-Übung darin, die Berührung so zu betrachten wie einen Schatten, der täuschend und unwirklich ist. Er muß sich hüten, die Berührung zu schätzen, wenn sie angenehm ist, sie zu verabscheuen, wenn sie unangenehm ist, und vor dem Darübernachdenken, wenn sie weder angenehm noch unangenehm ist. Das ist Chih-Übung.

Wie übt man Kuan, wenn der Körper berührt wird? Der Übende muß den Gedanken entwickeln: «Körperliche Wahrnehmungen wie Leichtigkeit, Schweregefühl, Kälte, Wärme, Rauheit und Sanftheit fühlt man, wenn Berührung stattfindet, durch den Körper, der aus Kopf, Rumpf und den vier Gliedmaßen besteht. Die Natur der Berührung ist unwirklich, wie der Körper auch. Verbinden sich Körper und Berührung unter kausalen Umständen, so ergibt sich das Bewußtsein eines Berührungsobjektes (d. i. das 5. Bewußtsein),

38. D. i. bitter, sauer, süß, scharf, salzig und geschmacklos.

gefolgt von der Geistesfunktion, die alle angenehmen und unangenehmen Sinneswahrnehmungen unterscheidet.» Dann soll der Übende seine Betrachtung (kuan) nach innen wenden, seinen Geist zu betrachten, der die Berührung fühlt, und er wird finden, daß er weder Form noch Gestalt hat. Dabei erkennt er, daß das, was physische Sinneswahrnehmungen fühlt, und auch die Sinneswahrnehmungen selbst, grundsätzlich immateriell sind. Dies ist Kuan-Übung.

12. Beim Sich-der-Dinge-bewußt-Sein

Wenn die Geistesfunktion sich der Dinge (dharma) bewußt wird, dann ist die Chih-Übung die gleiche, wie sie zuvor gelehrt wurde, wenn der Anfänger in Meditation sitzt.

Die geschilderten sechs Methoden (7–12) von Chih und Kuan in ihrem Bezug zu den sechs Sinnesorganen werden je nach Situation angewandt. Jede Methode schließt alle fünf Objektfälle (a–e) der Hauptübung (s. S. 155) in sich.

Wer Chih und Kuan beim Gehen, Stehen, Sitzen, Liegen, Sehen, Hören, Fühlen und Unterscheiden übt, der geht wahrhaft den Mahāyāna-Pfad. Davon handelt der folgende Abschnitt, der aus dem langen Kapitel (des Mahāprajñāpāramitā Sūtra) stammt:

«Der Buddha sprach zu Subhūti: ‚Wenn ein Bodhisattva beim Gehen sich des Gehprozesses bewußt ist, beim Sitzen sich des Sitzprozesses bewußt ist und beim Tragen der Robe seinen Blick auf den Einen Geist richtet, der in den Zustand der Stille eintritt und ihn wieder verläßt, der ist wahrhaft ein Mahāyāna-Bodhisattva. Wer Mahāyāna auf diese Weise üben kann, und zwar unter jeglichen Bedingungen, der ist unübertroffen und ein unvergleichlicher Mensch in der Welt.'» In seinem Kommentar zum Mahāprajñāpāramitā Sūtra schreibt Nāgārjuna folgende Gāthās:

«Sorgenfrei sitzend in einem Hain,
Um des stillen Verwehens alles Bösen
Und eines ruhigen Geistes willen,
Das schafft Seligkeit über alle Maßen.
Die Menschen suchen nur weltliches Glück,
Ein schönes Kleid, ein bequemes Bett.
Wie wechselhaft ist solches Glück,
Denn Wünsche hören niemals auf.

Das Ordenskleid befreit vom Wunsch,
Schafft Sammlung dir in Lärm und Ruh'.
Im lichten, klaren Weisheitsstrom
Schaust du das Sein der Wirklichkeit.
So hast du die Erscheinungswelt
Unteilbar ganz vor deiner Schau.
Hast du die Weisheit, ruht dein Geist.
Nichts gleicht dem in der Dreierwelt [39].»

7. *Das Entwickeln heilsamer Wurzeln (Eigenschaften)*

Kann der Meditierende auf diese Weise die Chih Kuan-Methode in seiner Betrachtung des Scheinbaren üben, um in die Leerheit (die Wirklichkeit) einzutreten, so wird er, wie er da sitzt, die Reinheit und Lichtheit von Körper und Geist erleben. Zur gleichen Zeit werden sich seine hervorragenden Wurzeln (die ungeweckten Eigenschaften) offenbaren. Er muß wissen, wie er sie erkennen kann. Es gibt zwei Arten dieser offenbarten Eigenschaften, die voneinander verschieden sind:

1. Die sich äußerlich manifestierenden (ungeweckten) Eigenschaften, die den Meditierenden veranlassen, Wohltätigkeit (dāna), Zucht und Moral (śīla) und Kindesliebe zu üben, seine Vorgesetzten zu respektieren, den Drei Kostbarkeiten [40] und den Getreuen der Lehre Gaben darzubringen. Dies sind äußere Kundgebungen. Ist deren Übung aber nicht ordnungsgemäß, so wird er dem Dämonenbereich verfallen. Dies alles wird im weiteren Verlauf erklärt werden.

2. Die sich innerlich manifestierenden (ungeweckten) Eigenschaften im Dhyāna-Zustand, die sich auf folgende drei Arten erklären lassen:

a) das In-Erscheinung-Treten hervorragender Wurzeln;
b) echte und falsche Erscheinungsweisen und
c) die Chih Kuan-Übung zur Entwicklung und Erhaltung dieser hervorragenden Eigenschaften.

a) Das In-Erscheinung-Treten hervorragender Wurzeln

Es gibt fünf Arten hervorragender Eigenschaften:

39. Welt der Wünsche, der Form und jenseits der Form.
40. Buddha, Dharma, Sangha.

1. Das In-Erscheinung-Treten hervorragender Eigenschaften auf Grund von (wirkungsvoller) Atemkontrolle. Durch ordnungsgemäße Chih Kuan-Übung gelingt es dem Meditierenden, Körper und Geist zu regulieren, auf diese Weise den Strom der Gedanken zu stoppen und den Geist dadurch zu veranlassen, schrittweise den Dhyāna-Zustand zu erreichen. Dieser gehört jedoch noch so lange der Wunschwelt an, bis der Übende die (Dhyāna-)Stufen der Bodhisattva-Entwicklung gewonnen hat. In dieser Ruhesituation schwinden sowohl Körper wie Geist (scheinbar) hin und werden immateriell. Nun ist sein gefestigter Geist völlig gelöst, und in diesem Dhyāna-Zustand sind Form und Gestalt des Körpers wie des Geistes unerkennbar. So wird nach einer oder zwei Meditationen oder in ein bis zwei Tagen oder Monaten sein Atem (scheinbar) unwahrnehmbar. Dieser Dhyāna-Zustand vergeht nicht, sondern dauert an, bis plötzlich Körper und Geist darauf zu reagieren beginnen, und zwar mit (unwillkürlichen) Bewegungen, durch die acht physische Empfindungen hervorgerufen werden, wie Schmerz, Jucken, Kälte, Hitze, Leichtigkeit (bzw. Gewichtlosigkeit), Schwere, Grobheit und Sanftheit [41]. Werden diese Empfindungen wahrgenommen, dann sind Körper und Geist unvergleichlich leicht, ruhig, leer, subtil, freudvoll, selig, rein und klar. Das ist die Manifestation hervorragender Eigenschaften auf Grund von fundamentalem Dhyāna, hervorgerufen durch Atemruhe.

Auch mag der Übende, solange er noch im Wunschbereich weilt, bevor er die Stufe der Bodhisattva-Entwicklung gewonnen hat, sich plötzlich der Länge der langen oder kurzen Ein- und Ausatmungen bewußt werden und fühlen, daß alle Poren seines Körpers offen und unversperrt sind, so daß er mit seinem geistigen Auge alles, was in seinem Körper ist, so klar sehen kann, als hätte sich ein Lagerraum geöffnet, in dem er deutlich den Hanf, das Getreide usw., was immer auch dort gespeichert ist, erkennen kann. Das wird ihn in Staunen versetzen, er wird von Freude überwältigt, und sein Geist gewinnt Ruhe und Glück. Dies ist das In-Erscheinung-Treten hervorragender Wurzeln durch die Festigung der Atmung.

2. Das In-Erscheinung-Treten hervorragender Eigenschaften auf Grund von Unreinheitsbetrachtung. Der Übende mag, während er

41. Nähere Erklärungen s. Sechstes Kapitel.

noch im Bereich der Wünsche weilt, bevor er die Dhyāna-Stufe der Bodhisattva-Entwicklung erreicht hat, die Immaterialität seines Körpers und Geistes in ihrer Ruheform betrachten, indem er plötzlich aufgequollene, zersetzte Menschenleichen sieht, von Würmern durchsetzt, eiterüberlaufen und mit herausragenden weißen Knochen. Gleichzeitig mit Abscheu und Befriedigung wird er nun verwerfen, was er zuvor geschätzt hat. Dies ist das In-Erscheinung-Treten hervorragender Wurzeln auf Grund der neunfachen Meditation (von Leichen) [42].

Weiterhin mag der Meditierende während seines Ruhezustandes plötzlich Unreinheiten in seinem Körper sehen und üble Schwellungen. Auch mag er gewahr werden, wie seine weißen Knochen sich vom Kopf bis zu den Füßen aneinanderfügen. Wenn sein Geist nach dieser Vision gefestigt ist, dann wird er überrascht sein und die Vergänglichkeit erkennen, wird die fünf schädlichen Wünsche ablegen und jede Unterscheidung von ‚Selbst' und ‚Andere' aufgeben. Dies ist das In-Erscheinung-Treten hervorragender Wurzeln als Ergebnis der Entsagung.

Oder er mag, während der Geistesruhe, das Innere und Äußere seines eigenen Körpers sehen, (weiterhin) Tiere und Vögel, Essen, Trinken, Kleidung, Häuser, Hütten, Berge und Höhlen – alles als unrein. Dies ist das In-Erscheinung-Treten hervorragender Wurzeln auf Grund (völligen Verwerfens) aller Unreinheiten.

3. Das In-Erscheinung-Treten hervorragender Eigenschaften auf Grund von Nächstenliebe (maitrī) [43]. Als Resultat seiner (erfolgreichen) Chih Kuan-Übung erlebt der Meditierende den Zustand der Ruhe im Wunschbereich, die der Erreichung der Dhyāna-Stufen der Bodhisattva-Entwicklung vorausgeht. Während er in diesem Zustand weilt, mag er plötzlich liebevolle Gedanken gegenüber den Lebewesen entwickeln, oder er gewinnt, hinsichtlich des Glücks eines ihm Nahestehenden, tiefes Dhyāna, wobei er unvergleichliche Freude, Glück, Reinheit und Klarheit gewinnt. Auch mag er das

42. Navasaṃjña, eine Unreinheitsmeditation (s. Glossar).

43. Die 1. der vier Unermeßlichkeiten, vier Universalitäten oder vier unendlichen Buddha-Zustände des Geistes: grenzenlose Nächstenliebe (maitrī), grenzenloses Mitgefühl (karuṇā), grenzenlose Mitfreude (muditā) wenn man andere vom Leid erlöst sieht, und grenzenloser Gleichmut (upekṣā).

Gleiche erreichen beim Glück eines Neutralen [44], eines Gegners oder irgend eines Lebewesens in den fünf Daseinswelten. Nach seiner Meditation wird sein Geist von Freude und Glück erfüllt, und begegnet er andern, dann wird sein Ausdruck stets freundlich und wohlwollend sein. Dies ist das In-Erscheinung-Treten hervorragender Wurzeln auf Grund von Nächstenliebe.

Auf gleiche Weise treten die selben hervorragenden Wurzeln durch des Übenden Mitgefühl (karuṇā), Mitfreude (muditā) und Gleichmut (upekṣā) in Erscheinung.

4. Das In-Erscheinung-Treten hervorragender Eigenschaften auf Grund der Einsicht in die (zwölf Glieder der) Kausalitätskette [45]. Als Resultat seiner (erfolgreichen) Übung der Chih Kuan-Methode erlangt der Meditierende den Ruhezustand im Wunschbereich, der der Erreichung des Dhyāna von Körper und Geist in der Bodhisattva-Entwicklung vorangeht. In diesem Zustand (mag er) plötzlich zur Erweckung kommen, und durch die Schau in (die zwölf Glieder der Daseinskette, wie:) Unwissenheit (avidyā), Aktivität (saṃskāra) usw. in Vergangenheit, Gegenwart und Zukunft wird er aufhören, ein ‚Ich' und 'Andere' (unterscheidend) zu sehen. Er wird (den Begriff von) Sterblichkeit und Unsterblichkeit überwinden, wird alle blind anerkannten Anschauungen ablegen, weil er Festigkeit und Leichtigkeit gewann, wird Rechtes Verstehen durch Weisheit entwickeln, weil er Glückseligkeit im Dharma erfahren hat, und sich nicht mehr um Weltliches sorgen. Zu dem gleichen Ergebnis (mag) er gelangen, wenn er in (das Wesen der) fünf Daseinsgruppen [46] schaut, in die zwölf Bewußtseinspforten [47] und in die achtzehn Sinnesbereiche [48]. Dies ist das In-Erscheinung-Treten hervorragender Wurzeln durch die zwölf Nidānas.

5. Das In-Erscheinung-Treten hervorragender Eigenschaften auf Grund des Buddha-Gedankens. Als Resultat seiner (erfolgreichen)

44. Jemand, der weder freundlich noch feindlich ist.

45. Nidāna, die Kausalitätskette (s. Glossar).

46. Die fünf Daseinsaggregate (skandha) sind: Körper (rūpa), Empfindung (vedanā), Wahrnehmung (sañjñā), Unterscheidung (saṃskāra) und Bewußtsein (vijñāna).

47. Die 12 Pforten oder āyatana sind: die sechs Sinnesorgane und die sechs Sinnenreize, die zur Unterscheidung führen.

48. Die 18 Sinnenbereiche oder dhātu sind: die sechs Sinnesorgane, ihre Objekte und deren Wahrnehmung.

Übung der Chih Kuan-Methode, erlangt der Meditierende das (weltliche) Dhyāna im Wunschbereich, jedoch noch nicht das der Stufe der Bodhisattva-Entwicklung. Während sein Körper und Geist im Zustand ruhevoller Unstofflichkeit weilen, erinnert er sich plötzlich der abstrakten Werte, der physischen Kennzeichen und der hervorragenden Aspekte aller Buddhas, ihrer (zehn) unermeßlichen Kräfte, (ihrer vier) Furchtlosigkeiten, (ihrer achtzehn) unübertrefflichen Merkmale, (ihrer) Samādhis und (ihrer) Befreiung, sowie ihrer geheimnisvollen Wandlungskräfte und ihrer weitreichenden Lehrworte zum Heil der Wesen. Während er sich dessen erinnert, entwickelt er das Gefühl der Verehrung und Ergebenheit, wobei er seinen Samādhi-Zustand entfaltet, durch den sein Körper und sein Geist freudvoll, glücklich, leicht, gefestigt und frei von Leiden werden. Verläßt er diesen Zustand der Ruhe, dann fühlt er sich angenehm und schwerelos und wird sich seiner eindrucksvollen Gewinne bewußt, durch die ihm Bewunderung und Respekt der anderen zuteil werden. Dies ist das In-Erscheinung-Treten hervorragender Wurzeln auf Grund der Verwirklichung des Samādhi des Buddha-Gedenkens [49].

Weiterhin, wenn ein Meditierender auf Grund seiner (erfolgreichen) Übung der Chih Kuan-Methode den Zustand der Reinheit und Klarheit von Körper und Geist verwirklicht, dann mag er die Dharma-Tore erkennen, jene der Vergänglichkeit, des Leidens, der Unwirklichkeit und des Nichtseins des Ich, die der Beflecktheit und Widerwärtigkeit und Unreinheit (der Art und Weise) wie sich die Weltlichen nähren, dessen (was folgt), wenn die Sterblichkeit endet, der ständigen Vergegenwärtigung von Buddha, Dharma und Sangha, der Vorschriften, Entsagung und himmlischer (Seligkeit), der (vier) Objekte der Reflexion (bzw. der vierfachen Objektivierung der Gedanken), der (vier) vollkommenen Wege der Ausübung, der (vier) fortgeschrittenen Stufen der allgegenwärtigen Kräfte, die die (fünf) positiven Hilfskräfte stärken und die (sieben) Grade der Erleuchtung [50], die Leerheit, Ungegenständlichkeit und Unwirksamkeit, die sechs Vollkommenheiten und andere

49. Ein Samādhi, das der Meditierende erlangt, der seine Aufmerksamkeit nur auf den Buddha richtet, indem er dessen Namen unablässig wiederholt. (S. 3, Kap. Die «Reine Land»-Schule).

50. S. «*Ch'an and Zen Teaching*», 3. Serie «The Sūtra of Complete Enlightenment», S. 193, Fußnote 3.

Pāramitās und die übernatürlichen Kräfte und transzendenten Wandlungen usw. die alle sorgfältig voneinander unterschieden werden müssen. Darum sagt das Sūtra: ‚Wenn der Geist völlig unter Kontrolle gebracht ist, dann ist alles möglich.'

b) Echte und falsche Manifestationen

Es gibt zwei Wege, zwischen echten und falschen Manifestationen zu unterscheiden:

1. Eine böse Manifestation kann erkannt werden, wenn der Meditierende, während er den obigen Dhyāna-Zustand erfährt, fühlt, daß sein Körper ruhelos ist oder von einer schweren Last bedrückt scheint, so leicht erscheint, als könne er fliegen, als wäre er angebunden, oder wenn er so schwankt, als wolle er in Schlaf sinken, oder wenn starke Kälte oder Hitze gefühlt wird. Zeitweilig sieht er seltsame Visionen, oder sein Geist ist trübe und dumpf. Ungute Gefühle entstehen oder wirre und verworrene Erinnerungen an gute Taten. Zu anderer Zeit ist er von Freude erfüllt und dadurch aufgestört, oder Traurigkeit und Niedergeschlagenheit ergreift ihn. Dann wieder hat er üble Sinneswahrnehmungen, so daß ihm die Haare zu Berge stehen, oder er gerät in Ekstase. Tritt derartiges im Ruhezustand auf, so ist es schlecht und kommt von falschem Dhyāna.

Gefällt das dem Meditierenden und hängt er daran, dann macht er sich den 95 Wegen der Geister und Dämonen zugänglich, zieht Geisteskrankheit an und kann irrsinnig werden. Oder er kommt unter den bösen Einfluß von Geistern und Dämonen, die von seinem Hang zu ihren Übeltaten wissen und so ihre Macht nähren, ihn festzuhalten, und seine Neigung zu falschem Dhyāna und negativen Erkenntnissen bestärken, wodurch er die Macht gewinnt, durch (lügnerische) Rede Eindruck auf Weltmenschen zu machen.

Der Unwissende wird das als Gewinn des Tao betrachten, ihm glauben und ihm verfallen. Jedoch sein inneres Bewußtsein ist schon pervertiert, und so wird er den Weg der Dämonen gehen, um die Weltmenschen zu täuschen und zu zerstören.

Nach seinem (leiblichen) Tod wird er nicht dem Buddha begegnen, sondern wird in den Bereich der hungrigen Geister stürzen. Praktiziert er Ketzereien während der Meditation, so stürzt er in den Höllenbereich.

Erlebt der die Chih Kuan-Methode Übende diese Zustände des falschen Dhyāna, dann muß er sie vertreiben. Wie? Erkennt er sie als täuschend, dann korrigiere er sein Bewußtsein durch Ablehnung und Loslassen. Dann werden sie von allein verschwinden. Dann übe er korrekte Betrachtung (kuan), um das falsche Dhyāna abzubrechen, was dann auch schwinden wird.

2. Eine echte Manifestation kann der Übende daran erkennen, daß sein Dhyāna-Zustand von den obigen Merkmalen frei ist. Im rechten Dhyāna entsprechen alle aufeinanderfolgenden Erscheinungsvorgänge dem Zustand selbst, der immateriell, hell, rein und sauber ist, in dem das innere Bewußtsein freudvoll ist, vom Gefühl der Gelöstheit und Seligkeit erfüllt, befreit von Behinderungen, getragen von Herzensgüte, gesteigertem Glauben und Hingabegefühl, klarer Wahrnehmung und Einsicht, Körper und Geist besänftigt im Zustand der Entstofflichung und Ruhe. Dem Weltlichen neigt er nicht zu, er ist nicht aktiv von Wünschen geleitet und kann den Dhyāna-Zustand willentlich betreten und verlassen. Das sind die Merkmale des echten Dhyāna. Nimm ein Beispiel: Arbeitest du mit einem bösen Menschen zusammen, dann wird er dich beunruhigen; ist es aber ein guter Mensch, dann wird seine gute Art dich erfreuen. Genau so wird der Unterschied zwischen dem schlechten und dem rechten Dhyāna erkannt.

c) Die Chih Kuan-Übung zur Erhaltung der in Erscheinung getretenen hervorragenden Wurzeln.

Treten die inneren Werte während der Meditation in Erscheinung, dann soll der Übende die Chih Kuan-Methode anwenden, um darin fortzuschreiten. Er übe Chih oder Kuan, wie es der Fall verlangt, so wie es oben gelehrt wurde.

8. *Minderung der bösen Einflüsse Māras*

Das Sanskritwort ‚māra' bedeutet im Chinesischen ‚Mörder'. Māra nimmt dem Übenden seinen Besitz, seine Verdienste und zerstört das Leben seiner Weisheit [51], denn das sind die Ziele der bösen Dämonen. Das Ziel des Buddha ist, alle Lebewesen durch gute

51. «Weisheitsleben», ein buddhistischer Terminus. Er bedeutet Weisheit als Leben, die Basis des spirituellen Daseins.

Werke und Weisheit zum Nirvāṇa zu führen, während Māras Absicht ist, die heilsamen Wurzeln zu zerstören, damit man verdammt ist, im Strom von Geburt und Tod dahinzutreiben. Können wir den Geist so zur Ruhe bringen, daß er das rechte Tao übt, so werden wir entdecken, daß Māra genau so anwächst, wie unser Fortschritt im Tao sich steigert. Aus diesem Grunde ist es wichtig, Māras Ziele zu stören.

Māras Art ist vierfach: Der Dämon der Triebe (kleśa), der Dämon der fünf Daseinsgruppen, der Todesdämon und dämonische Geister. Die drei ersten werden gewöhnlich durch das Ich-Bewußtsein geschaffen und müssen auch dadurch vernichtet werden. Sie sind (bekannt, und darum werden sie) hier nicht behandelt. Die dämonischen Geister muß man kennen; sie sollen hier nun geschildert werden. Es gibt drei Arten:

1. Die boshaften Māras, die durch 12 Tiere dargestellt werden, für die 12 Tag- und Nachtstunden stehen und die verschiedene körperliche Erscheinungsformen annehmen, als Mädchen oder Greise oder unterschiedliche erschreckende Gestalten, um den Meditierenden zu täuschen und zu schrecken. Diese Dämonen wählen ihre typische Zeit, um zu erscheinen und zu verwirren. Man muß sie erkennen:

Kommt ein Dämon zwischen drei und fünf Uhr am Morgen, dann gilt er als Tiger; zwischen fünf und sieben als Kaninchen; zwischen sieben und neun als Drache; zwischen neun und elf als Schlange; zwischen elf und ein Uhr mittags als Pferd; zwischen eins und drei als Schaf; zwischen drei und fünf als Affe; zwischen fünf und sieben als Huhn; zwischen sieben und neun Uhr abends als Hund; zwischen neun und elf als Schwein; zwischen elf und eins als Ratte und zwischen ein und drei Uhr nachts als Stier [52]. Sieht der Übende sie zu ihren typischen Zeiten kommen, dann weiß er, daß es Tiergeister sind. Er soll sie mit ihrem Namen anrufen, dann werden sie verschwinden.

2. Die quälenden Māras, deren Ziel es ist, den Meditierenden zu belästigen, und die als Würmer und Käfer erscheinen, um ihn am

52. Diese 12 Symboltiere können den 12 Tierkreiszeichen gleichgeordnet werden.

Kopf zu stechen, unter den Armen zu kitzeln, sich an ihn zu krallen, störende Geräusche zu verursachen; oder sie erscheinen als Bestien und andere Seltsamkeiten, um ihn zu schrecken. Er soll sie zur Kenntnis nehmen, sich auf seinen gesammelten Geist konzentrieren und sie anfahren, indem er sagt: ‚Ich kenne euch, ihr feuerfressenden, weihrauchschnuppernden und opferstehlenden Dämonen der Welt. Ihr vertretet den Irrtum und ergötzt euch an gebrochenen Gelübden. Ich halte mich an die Ordnung und fürchte euch nicht.' Ist der Übende ein Mönch, dann soll er den Text der Śīla rezitieren, wenn ein Laie, die dreifache Zufluchtsformel und die fünf Verbote. Dann werden die Dämonen verschwinden. Es gibt viele Wege, sich ihrer zu entledigen. Sie werden in den Sūtras gelehrt.

3. Die beirrenden Māras, die Bewußtseinseindrücke schaffen, um den geistigen Fortschritt des Meditierenden zu stören, wie z. B.: 1. eine unbehagliche Umgebung, durch die fünf lästigen Sinneseindrücke (bedingt), um ihn zu erschrecken; 2. eine behagliche Umgebung, durch die fünf lieblichen Sinneseindrücke (bedingt), um ihn zu fesseln; 3. eine Umgebung neutraler Sinneseindrücke, weder behaglich noch unbehaglich, um ihn zu langweilen. Darum nennt man sie ‚Mörder', 'Blumenpfeile' (ihrer Reize wegen) oder ‚die fünf Pfeile, die die fünf Sinne treffen'.

Sie schaffen alle möglichen Zustände, den Meditierenden zu täuschen und in die Irre zu leiten, z. B. freundliche Zustände, in denen seine Eltern, seine Brüder, Buddhas und ehrwürdige Menschen erscheinen, um seine Zuneigung zu erwecken; widrige Zustände, in denen wilde Tiere wie Tiger, Wölfe, Löwen und böse Geister (rākṣasas) in furchterregender Form erscheinen, ihn zu schrecken; und gewöhnliche Zustände, die weder angenehm noch widrig sind, um seinen Geist zu zerstreuen und zu verwirren, um dadurch Fehlschläge in seinem Dhyāna zu bewirken. Daher heißen sie Māras. Mitunter geben sie liebliche oder böse Reden oder Laute von sich, strömen duftende oder stinkende Gerüche aus, schaffen angenehme oder unangenehme Geschmäcke und bilden beglückende oder lästige Situationen, den Körper zu treffen. Das alles sind dämonische Einflüsse, zu zahlreich, um alle aufgezählt zu werden.

Zusammenfassend kann man sagen: sie greifen die Sinne

auf jede nur mögliche Weise an, um den Meditierenden zu belästigen und aufzuregen und ihn dadurch zu veranlassen, von allen guten Dharmas abzukommen und sich an die vielfältigen Kleśa zu verlieren. Sie alle gehören den Heerscharen Māras an, deren Ziel es ist, den universellen Buddha-Dharma zu zerstören und das Tao zu behindern, indem sie Wünsche, Traurigkeit, Haß, Schlaf usw. verursachen, wie es in folgenden Gāthās heißt:

«Das erste Heer ist das der Wünsche,
Gram, Trauer ist das zweite,
Durst und Hunger sind das dritte,
Und das vierte: Liebesgier.
Das fünfte Heer ist Schlaf und Trübheit,
Furcht und Schrecken ist das sechste,
Nummer sieben: Reu' und Zweifel,
Zorn und Vorurteil das achte.
Wunsch und Hoffnung sind das neunte,
Und das zehnte ist der Stolz.
Diese Heerschar hat zum Ziel,
Die Zerstörung uns'res Sangha.
Doch ich wähle Dhyāna-Weisheit,
Deine Kampfesmacht zu brechen
Und, wenn ich zum Buddha werde,
Alle Wesen zu erlösen.»

Wird sich der Übende der Māra-Störungen bewußt, dann muß er ihnen aus dem Wege gehen. Dies kann auf zwei Arten geschehen:

1. Durch Chih-Übung. Begegnet er diesen äußeren Māra-Zuständen, dann muß er wissen, daß sie alle unwirklich sind, und darf sich keinesfalls verwirren oder in Furcht versetzen lassen. Noch soll er sie annehmen oder verwerfen und so Unterscheidungen schaffen. Hält er aber jede geistige Aktivität an und bringt sie augenblicklich zur Ruhe, dann verschwinden sie von allein.

2. Durch Kuan-Übung. Wenn die Māra-Zustände auftreten, und es gelingt ihm nicht, sie durch Chih zu beseitigen, dann soll er seinen subjektiven Geist betrachten, der sie wahrnimmt. Er wird finden, daß, weil ja der Geist keine Spuren hinterläßt [53], praktisch

53. Wörtlich «keine Heimstatt hat».

gar kein Dämon existiert, der ihn stören könnte. Durch solche Kuan-Praktik wird er seinen Geist ordnen und vermeiden, daß Furcht entsteht. Er muß, selbst unter Aufopferung seines Lebens, unerschütterlich im rechten Denken bleiben. Denn er muß wissen, daß die (Grund-)Situation der Soheit im Māra-Bereich die gleiche ist wie im Bereich der Buddhas. Da beiden Bedingungen die gleiche Absolutheit zugrunde liegt, sind sie letztlich identisch, d. h. nicht-dualistisch. Auf diese Weise wird der Übende einsehen, daß sowohl der Māra-Bereich nicht abgelehnt wie der Buddha-Bereich nicht gesucht werden darf. Erst dann wird sich als Ergebnis der Buddha-Dharma selbst in ihm manifestieren, und alle Māra-Zustände werden sich in sich selbst auflösen. Schwinden die Māra-Zustände nicht, dann soll er sich nicht sorgen, schwinden sie, dann soll er sich nicht freuen. Warum? Weil bis heute noch kein Meditierender wirklich durch einen Dämon in der Gestalt eines Tigers oder Wolfes bedroht wurde. Auch hat noch kein Meditierender einen Dämon wirklich die Gestalt einer Person des andern Geschlechts annehmen sehen, um mit ihm (oder ihr) als Frau oder Mann zusammenzuleben. Der Unwissende, der nicht einsieht, daß das alles nur Trugbilder sind, der wird verwirrt oder befangen, wobei sein Geist aufgeregt und (schlimmstenfalls) verwirrt wird. So schadet er sich selbst auf Grund von Unwissen. Dadurch, und nicht durch Dämonen, wird sein Leiden verursacht. Dauern diese Māra-Zustände Monate oder gar ein ganzes Jahr an, ohne daß ihr Verschwinden wahrscheinlich ist, dann muß der Meditierende seinen Geist ordnen und fest im rechten Denken beharren, selbst wenn es ihn Leib und Leben kostet, ohne der Sorge oder Angst Raum zu geben. Er soll die Mahāyāna- und Vaipulya-Sūtras rezitieren, die mārabannenden Mantras vor sich hin sprechen und seinen Geist auf die drei Juwelen richten. Nach der Meditation soll er die Schutz-Mantras rezitieren, er möge die Regeln der Reue und Wandlung beachten und im Pratimokṣa [54] lesen. Da das Böse dem Guten niemals ebenbürtig ist, werden die Māra-Zustände früher oder später von selbst schwinden. Sie sind zu zahlreich, um alle genannt zu werden, der Anfänger aber sollte sie bedenken und sich an einen wohlinformierten Meister halten. Eine solche schwierige Situation

54. Die 250 Mönchsgebote des Vinaya. Sie werden in der Mönchsversammlung verlesen.

beweist, daß Māras vom Geist des Übenden Besitz ergriffen haben, ihn zu täuschen, zu stören und zu veranlassen, entweder beglückt oder traurig zu sein, was ihrem Opfer (letztlich) nur Sorge und schließlich den Tod bringen wird. Mitunter führen sie ihn irre, sodaß er zu falschem Dhyāna und falschem Wissen gelangt, zu zweifelhaften spirituellen Kräften und üblen Dhāraṇīs (d. i. schwarze Magie), daß er Irrlehren verbreitet und andere auf falsche Wege führt. Dann glaubt er an sie, überläßt sich ihnen, und sie ermutigen ihn, die Ordensregeln zu brechen und den wahren Dharma zu zerstören. Solche Zustände gibt es mehr, als man schildern kann. Hier wurden nur die wichtigsten genannt, sodaß der Schüler, wenn er im Dhyāna sitzt, sie kennen und meiden lernt.

Zusammengefaßt: Das Meiden der Verworfenheit, um zum Rechten zurückzukehren, besteht darin, daß man in die allen Dingen (dharma) (zugrundeliegende) Wirklichkeit schaut, und zwar in der Chih- und der Kuan-Methode, die alle Übel vernichtet. So sagt Nāgārjuna in seinem Kommentar zum Mahāprajñāpāramitā Sūtra: ‚Es gibt nichts, was nicht Māra gehörte, außer der Wirklichkeit, die allen dharmas zugrundeliegt (nämlich die Bhūtatathatā).' Dies wird in folgenden Gāthās erklärt:

‚Unterscheidung, Denken, Erinnerung,
Das ist Māras Netz.
Unterscheidungslosigkeit und Unerschütterlichkeit,
Das ist des Dharmas Siegel.'

9. Heilung vom Leiden

Im Verlauf seiner Selbstgestaltungsübungen mag es dem Meditierenden widerfahren, daß ihn Krankheit befällt. Sei es auf Grund von (falscher) Betrachtung und dem Zählen der Atemzüge, wodurch Disharmonie in das Verhältnis zwischen den vier Elementen gebracht werden kann, oder sei es auf Grund von unzulänglicher Kontrolle über Körper, Atem und Geist, was die Gesundheit angreifen mag. Wird der Geist während der Meditation sorgfältig kontrolliert, dann können alle 404 Leiden [55] beseitigt werden. Bei

55. Jedes der vier Elemente (Erde, Wasser, Feuer, Luft) ist verantwortlich für 101 Krankheiten. Daher gibt es 404 Krankheiten.

falscher Regulierung jedoch entstehen sie. Aus diesem Grunde muß der Meditierende bei eigenem Üben, sowie bei der Unterweisung anderer, die Quellen der Leiden kennen, sowie ihre Heilmethoden durch Geist(-Kontrolle) während des Dhyāna. Denn nicht nur, daß Krankheiten die Selbstgestaltung behindern, sie können auch (im ungünstigsten Fall) das Leben bedrohen.
Leiden zu beheben erfordert Kenntnisse in Diagnose und Therapie.

a) Leidensdiagnose

Trotz der großen Zahl der Krankheiten beachtet die Diagnose nicht mehr als die beiden folgenden Gegebenheiten: ‚den Zustand der vier Elemente und den der fünf Innenorgane.'

(Chih I gibt nun im Detail der Reihe nach die Krankheiten, die durch den Überschuß der Elemente Erde, Wasser, Feuer und Luft im Körper entstehen, sowie jene, die durch Störungen in Herz, Leber, Lunge, Magen und Nieren verursacht werden. Dann fährt er fort:)

«Weiterhin gibt es drei verschiedene Leidensursachen: Übersteigerter oder mangelhafter Zustand der vier Elemente und der fünf Innenorgane, wie schon erklärt; schlechter Einfluß von Geistern und Dämonen und karmische Einflüsse.

Man kann Leiden leicht beheben, wenn sie von Anfang an behandelt werden. Erlaubt man ihnen, sich im Laufe der Zeit zu verschlimmern, sodaß sie den Körper angreifen und erschöpfen, dann ist es schwer, ihnen beizukommen.

b) Behandlung der Leiden

Sobald die Diagnose den Ursprung des Leidens bestimmt hat, soll man eine Methode anwenden, durch die Heilung gebracht wird. Es gibt viele Wege, Krankheiten zu heilen, doch am besten geeignet sind folgende zwei: Chih und Kuan.

1. Behandlung durch Chih: Wie wendet man Chih zur Heilung von Krankheiten an? Ein Meister sagt: ‚Konzentriere deinen Geist auf die betreffende Stelle, und das Leiden wird schwinden.' Warum? Weil besonders der Geist für Lohn und Strafe im Lebenslauf verantwortlich ist [56]. Er gleicht einem König, vor dem, sobald er auftaucht, die Räuber in alle Richtungen fliehen.

56. Wörtlich «ist der Hauptanlaß der Lebensvergeltung».

Ein anderer Meister sagt: ‚Ein Zoll unterhalb des Nabels wirkt Udāna, im Chinesischen Tan T'ien genannt [57]. Wird der Geist fest darauf gerichtet, können alle Leiden in Kürze geheilt werden.' Ein dritter Meister sagt: ‚Ist der Geist beim Gehen, Stehen, Sitzen, Liegen und Schlafen auf die Fußsohlen konzentriert, so kann man alle Leiden heilen.' Warum? Weil Krankheiten durch die Disharmonie zwischen den Elementen verursacht werden. Schuld daran ist der Geist, dessen Aktivität stets in Bewegung ist, um äußeren Ursachen zu folgen, und so die vier Elemente durcheinander bringt. Wird der Geist gezügelt, dann werden die vier Elemente nicht gestört und bleiben in geordnetem Verhältnis wirksam, um (ihrerseits) die Leiden zu beseitigen.

Ein (vierter) Meister sagt: ‚Wenn alle Dinge (dharma) als unwirklich und nichtexistent erkannt werden und man sich keines Leidens bewußt ist, dann wird (alle Gestörtheit) im Ruhezustand vergehen. Viele Leiden werden so entwurzelt.' Warum? Weil der aufgestörte Geist die vier Elemente weckt und dadurch Krankheiten entstehen. Befindet der Geist sich in Ruhe und Glücksempfinden, dann vergehen die Krankheiten. So sagt das Vimalakīrti Nirdeśa Sūtra: ‚Woher stammen die Leiden? Vom Anhaften an (äußerlichen) Ursachen. Wie wird das behoben? Durch die Einsicht, daß der Geist dadurch nichts gewinnt.' Dies sind verschiedene Methoden, Krankheiten durch Chih zu heilen. Daraus ersehen wir, daß durch rechte Chih-Übung alle Leiden behoben werden können.

2. Behandlung durch Kuan: Ein Meister sagt: ‚Betrachte nur deinen denkenden Geist als Heilmittel, (das) durch eine der sechs Atemarten (wirkt).' Das ist Kuan-Behandlung. Die sechs Atemarten sind: schnaubend [58], ausstoßend [59], blasend [60], seufzend [61],

57. Tan T'ien: Ein Hauptreservoir des vitalen Prinzips, das nach taoistischer Lehre in das Elixier verwandelt werden kann.

58. Schnaubender Atem: ein kurzer, schneller Ausstrom kalten Atems, um Leiden fortzublasen.

59. Ausstoßender Atem: hörbare Ausatmung, ausdrückliches Gefühl des Atem-Abgebens.

60. Blasender Atem: hörbare Ausatmung, Gefühl des Atem-Fortströmen-Lassens.

61. Seufzender Atem: hörbare Ausatmung des warmen Atems, Gefühl der Befreiung.

sänftigend[62] und ruhig[63], von denen man sich vorstellen soll, sie kämen vom Mund und würden alle Krankheiten fortatmen. Daher der Vers:

‚Alle Weisen wissen, daß ein Seufzer das Herz heilt,
Ein Schnauben die Nieren. Ausstoßen heilt den Magen,
Ruhevoller Atem die Lunge. Sanfter Atem kühlt Leberhitze.
Verdauungsmangel behebt blasender Atem.'»

(Chih I zitiert nun ausgiebig einen weitern Meister, der 12 zusätzliche Atemarten aufführt sowie die entsprechenden Leiden, die dadurch geheilt werden.)

«Ein (dritter) Meister sagt: ‚Gelingt die Verbildlichung, so kann sie alle Krankheiten heilen.' Wenn z. B. ein Mensch unter Schüttelfrost leidet, dann soll er sich (im Geiste) ein Feuer im Körper vorstellen. Das wird die Kälte vertreiben. Dies lehrt das Saṃyuktāgama Sūtra[64], das 72 geheime Methoden (der Verbildlichung) aufführt.

Ein (vierter) Meister sagt: ‚Bediene dich nur der Chih-Kuan-Methode, um alle durch die vier Elemente bedingten Krankheiten zu prüfen und zu durchschauen, (denn diese) Leiden finden sich weder im Körper noch im Geist. Dann bist du schon auf dem Wege der Gesundung.'

Dies sind einige Methoden, Krankheiten zu behandeln. Versteht man sie (und wendet sie richtig an), dann können sie alle Leiden beheben. Wir wissen, daß es durch wirksame Anwendung von Chih Kuan keine Krankheit gibt, die nicht geheilt werden könnte. Heutzutage jedoch sind die Wurzeln des Menschen nicht tief gewachsen, und darum übt er die Methoden nicht ordnungsgemäß. Darum gerieten sie in Vergessenheit. Da die Menschen die (taoistische) Methode der Entfaltung der Lebenskräfte (prāṇa)

62. Sänftigender Atem: langsames Ausatmen des warmen Atems, Gefühl der Besänftigung.

63. Ruhiger Atem: eine feine Atmung, um Körper und Geist zu harmonisieren und Gesundheit zu sichern.

64. Vermischte Abhandlungen über abstrakte Meditation. Eines der vier Āgamas.

und des Meidens von Getreide nicht mehr befolgen und lieber Ketzereien verfallen [65], darum bedienen sie sich der Heilpflanzen und Mineralien, die gleichfalls Krankheiten heilen können.

Wenn Krankheiten durch den bösen Einfluß von Dämonen verursacht sind, so sollte man seinen Geist bemühen, um sie durch Mantras zu besiegen. Sind sie auf karmische Einflüsse zurückzuführen; dann bedarf es der Reue, Wandlung und Pflege des eigenen Feldes der Verdienste (durch moralische Werke), wodurch sie entwurzelt werden. Verstehen wir nur eine der beiden Methoden, dann können wir sie auch zu eigenem Nutzen anwenden und sie auch andere lehren. Um wieviel mehr, wenn wir beide verstehen und befolgen! Kennen wir sie nicht, dann können wir auch unsere Krankheiten nicht heilen. Das kann uns dazu bringen, nicht nur den rechten Dharma aufzugeben, sondern uns auch in Lebensgefahr zu begeben. Wie aber könnten wir da den Dharma üben und ihn andere lehren? Aus diesem Grund müssen wir in unserer Chih Kuan-Übung die Methode der Krankheitsbehandlung durch unsern inneren Geist vollkommen verstehen. Dieser Methoden gibt es viele, und ihr Verständnis hängt ganz von der persönlichen (Verantwortlichkeit) ab. Wie könnte man sie da schriftlich vermitteln?

Weiterhin verlangt die geistige Heilung von Krankheiten durch Meditation zehn nützliche Hauptsachen: Glaube, Übung, Anspannung, Unabgelenktheit, Ergründung der Krankheitsursache, Nutzanwendung, Ausdauer, Fähigkeit zum Behalten und Vergessen, Vorsicht und Achtsamkeit bei Hindernissen.

Was ist Glaube? Das Glauben an die Heilkraft der Methode. Was ist Übung? Das Üben der Methode, wo es nötig ist. Was ist Anspannung? Die bis zur Heilung durchgehaltene Übungsspannung. Was ist Unabgelenktheit? Den Geist in engem Kontakt mit der Aufgabe zu halten, ohne auch nur einen Augenblick abgelenkt zu sein. Was ist Ergründung der Krankheitsursache? Ergründung, wie sie oben bei der Besprechung der Diagnose geschildert wurde. Was ist Nutzanwendung? Die nutzbringende Anwendung geordneten Atems und der Vergegenwärtigung der Heilkräfte. Was ist Ausdauer? Zeigt die Übung kein sofortiges Resultat, so soll sie doch ununterbrochen fortgesetzt werden, ohne daß man die Zahl

65. Die taoistischen Übungen, auf die Bezug genommen wird, sind nicht jene, die Lao Tse lehrte, sondern die vor ihm bekannt waren.

der Tage oder Monate, die man darauf verwendet, beachtet. Was ist Fähigkeit zum Behalten und Vergessen? Das heißt, daß im feineren Geistesbereich, der auf die Krankheitsheilung gerichtet ist, all das, was sich als heilsam erweist, behalten, und was sich als unheilsam erweist, vergessen werden muß. Was ist Vorsicht? Es ist das sorgfältige Sich-Lösen (und Vermeiden) von allen Mißhelligkeiten. Was ist Achtsamkeit bei Hindernissen? Was nützlich ist, soll nicht (leichtfertig) den andern enthüllt werden. Ehe sich (eine Methode) nicht als schädlich erwiesen hat, soll man ihr weder mißtrauen, noch sie kritisieren. Erfüllt man diese zehn Erfordernisse, dann ist Heilung von der Krankheit sicher.

10. Endgültige Verwirklichung

Übt der Meditierende die Chih Kuan-Methode auf diese Weise, so wird es ihm möglich, klar zu erkennen, daß alle Dinge vom (eigenen) Geist geschaffen und leer sind, da alle direkten und bedingten Ursachen ihres Entstehens keine (absolute) Realität besitzen. Da sie aber leer sind, so sind auch ihre Namen und Bezeichnungen unwirklich [66]. Das ist das Anhalten (Chih) aller aufkeimenden Ursachen der Wirklichkeitswahrnehmung [67]. Wer diese Stufe erreicht, wird weder die Buddha-Frucht, die verwirklicht werden kann, in der Höhe, noch die erlösungsbedürftigen Wesen hier in der Tiefe wahrnehmen. Dies ist Meditation des Unwirklichen, die zur Erkenntnis der Leerheit führt, auch Leerheitsmeditation genannt, Weisheitsauge oder Allwissen [68]. Bleibt man bei dieser Meditation stehen, dann fällt man in die Śrāvaka- und Pratyeka-Buddha-Stufen. Darum sagt das Sūtra:
‚Hören wir über die (Lehre von den) reinigenden Buddha-Ländern

66. Wörtlich «ihre Namen und Benennungen können nirgendwo gefunden werden», weil sie nichts aufweisen, was wirklich existiert. Wir leben in der Welt der Illusionen, weil wir an Namen und Begriffen hängen, die keine eigene Substanz besitzen.

67. S. auch S. 157 (3).

68. Die 1. der drei Weisheiten, welche da sind: 1. die Weisheit des Śrāvaka und des Pratyeka-Buddha, daß alle Dinge leer und unwirklich sind; 2. die Weisheit des Bodhisattva, die die Unterscheidung aller Dinge kennt; 3. die Weisheit des Vollkommenen Buddha, die jeden Aspekt aller Dinge und alle Bezogenheiten in Vergangenheit, Gegenwart und Zukunft kennt, die Allwissenheit.

und über das Belehren und Bekehren der Wesen, dann sind wir nicht glücklich. Warum? Weil alle Dinge im Nirvāṇa-Zustand sind, jenseits von Schöpfung und Auflösung, ein Zustand ohne räumliche Ausdehnung, jenseits der weltlichen Ebene, also transzendent (wu wei). Da wir das wissen, sind wir unglücklich.' Wisse, daß der, der den Wu-Wei-Zustand wahrnimmt und dabei die rechte Haltung erreicht, niemals den Saṃbodhi-Geist entwickeln kann [69]. Bei ihm nämlich überwiegt Dhyāna (d. h. bei ihm steht die Stille über der Weisheit), darum kann er die Buddha-Natur nicht verwirklichen.

Erreicht ein Bodhisattva die Buddha-Dharmas zum Heil aller Lebewesen, dann darf er den Wu-Wei-Zustand der Selbstverwirklichung des Nirvāṇa nicht ergreifen. Er muß die Betrachtung der Leerheit aufgeben zugunsten der Anschauung der Scheinbaren und dabei erkennen, daß, wiewohl die Natur seines Geistes [70] Leerheit ist, dieser, trifft er auf äußere Ursachen, alle Erscheinungen der Illusions- und Wandelwelt schafft und – wenn auch nie in bestimmtem und wirklichem Sein – die verschiedenen Funktionen des Sehens, Hörens, Fühlens und Wissens bewerkstelligt. In einer solchen Meditation kann er, wiewohl wissend, daß alle Dinge sich grundsätzlich im Nirvāṇa-Zustand befinden, in dieser Leerheit alles in Vollkommenheit tun. Gleichwie jemand in der Leerheit (des Raumes) Bäume pflanzt. Er erkennt die verschiedenen Wurzeln (Neigungen) der Wesen auf Grund ihrer zahllosen Wünsche, die ihrer Natur entspringen. Er wird (ihnen) die zahllosen Dharmas darlegen, und kann er die unbegrenzte Macht der Rede entfalten, so kann er sich um die Wohlfahrt der Wesen in den sechs Daseinsbereichen kümmern.

Dies ist die empfehlenswerte Methode in der Verfolgung äußerer Ursachen in der Praxis der Chih-Meditation, die darin besteht, die Betrachtung der Leerheit durch die des Scheinbaren zu ersetzen, universelle Meditation genannt, oder Dharma-Geist oder Weisheit des Tao-Samens [71]. In dieser Meditation verweilend erkennt der

69. Da er am Wu-Wei-Zustand hängt, behindert dies Anhaften seine Verwirklichung der Saṃbodhi, der universellen Erleuchtung, die ja frei von aller Unterscheidung ist. Die rechte Einstellung ist die Buddha-Stufe oder Buddhaschaft, die vom Verstand nicht erfaßbar ist.

70. Der selbstsichere, grundsätzlich reine Geist oder Tathāgata-garbha.

71. Oder Bodhisattva-Wissen, die 2. der drei Arten der Weisheit.

Bodhisattva, wegen eines Überschusses an Weisheit (gegenüber Dhyāna), zwar die Buddha-Natur, aber doch nicht klar genug.

Es mag der Übende diese beiden Meditationsarten gewinnen, und sie sind auch zweckmäßig, sie schaffen jedoch keine rechte Einsicht. Darum sagt das Sūtra, daß es zwei zweckdienliche Wege sind, und daß (erst) die Betrachtung von *beider* Leerheitscharakter zu der rechten Einsicht in die ‚Mitte' führt, die beiden immanent ist, und innerhalb derer der Geist in seinem nirvāṇischen Zustand von selbst in den Ozean der Sarvajña (Allwissenheit) strömt. Wenn ein Bodhisattva in einem Gedankenblitz die Ganzheit aller Buddha-Dharmas zu erreichen wünscht, so übe er das Ablegen (chih) der zwei Extreme, um die rechte Einsicht in die Mitte zu gewinnen. Was bedeutet die Übung der rechten Einsicht? Wird die Natur des Geistes als weder wirklich noch unwirklich erkannt, dann ist *der* Geist, der weder das Rechte noch das Falsche ergreift, der richtige. Einsicht in die Natur des Geistes, der weder leer noch falsch ist und frei von der Verneinung sowohl der Leerheit wie des Scheinbaren, garantiert das Erreichen der Mitte, die beides in sich schließt. Wird diese – die Leerheit wie das Scheinbare gleichzeitig einschließende – Mitte im Selbst-Geist wahrgenommen, dann nimmt man sie auch in allen Dingen (dharma) wahr. Und doch darf man sie nicht zu begreifen versuchen, weil ihre wahre Natur unerkennbar ist. Dies nennt man rechte Einsicht in die Mitte, wie es in den folgenden Gāthās des Mādhyamika Śāstra heißt:

«Alle ursächlichen Dinge,
Sage ich, sind leer,
Sind Namen nur,
Und doch Weiser der Mitte.»

Sinne über die tiefe Bedeutung dieser Gāthās nach, die nicht nur die Mitte gute definiert, sondern auch die Ziele der beiden zweckdienlichen Meditationen (der Leerheit und des Unwirklichen). Wisse, daß die rechte Betrachtung der Mitte das Buddha-Auge ist, das Allwissen (sarvajña). Wer in dieser Meditationsstufe weilt, der schafft gleichermaßen Dhyāna und Weisheit, der wird die Buddha-Natur klar erkennen, wird sich wohl im (Zustand des) Mahāyāna finden, den Pfad grade und ordnungsgemäß gehen und, fortschreitend wie der Wind, automatisch in den Sarvajña-Ozean fließen, (wo er) gleich dem Tathāgata wirkt, indem er das Reich des Tathāgata betritt, des Tathāgata Gewand trägt und auf dem Sitz des Thathāgata thront[72]. Er wird sich schmücken mit des Tathāgata Majestät, seine sechs Sinnesorgane reinigen, in den Buddha-Bereich eintreten und sich befreien von den Befleckungen inmitten aller Erscheinungsformen (dharma). Da er nun in allen Buddha-Dharmas wohl ausgebildet ist[73], erreicht er nun das Samādhi des Buddha-Gedenkens[74] und weilt für immer im Śūrangama-Samādhi. So wird er (fähig), in seiner körperlichen Erscheinungsform in den Buddha-Ländern der zehn Himmelsrichtungen (zu) erscheinen und die Wesen zu bekehren. Die Buddha-Reiche wird er schmücken, den Buddhas in den zehn Himmelsrichtungen opfern, empfangen und werthalten wird er die Lehren der Buddhas, wird aller Vollkommenheit (pāramitā) teilhaftig werden und so zur Bodhisattva-(Mahāsattva-)Stufe erwachen und in sie eingehen, in Gemeinschaft mit Samantabhadra und Mañjuśrī. Er wird vom Dharma-kāya nicht abfallen, wird das Hohe Lob der Buddhas empfangen, die ihm die Zukunft seines Weges künden, nämlich sein Eingehen in den Tuṣita-Himmel (mit seiner erlösenden Kraft), seine künftige Geburt im heiligen Schoß einer Mutter, seinen Auszug aus der Welt, sein Weilen am heiligen Ort (bodhimaṇḍala), seinen Sieg über alle Dämonen, seine Verwirklichung höchster Erleuchtung, sein In-Bewegung-Setzen des Dharma-Rades, sein Eintreten ins Nirvāṇa, sein Tun aller Buddhawerke in den Ländern aller zehn Himmelsrichtungen und sein Erringen des zweifachen Leibes[75]. Darum ist er ein Bodhisattva, dessen Geist nun eingeweiht ist (in die Mitte).

Das Avataṃsaka Sūtra sagt: ‚Zu der Zeit seiner geistigen Ein-

72. Zitat aus dem Lotus-Sūtra. Der Bereich des Tathāgata steht für das universelle Mitleid gegenüber den Wesen; das Gewand des Thatāgata für seine Nächstenliebe und Geduld, der Thron des Thatāgata für seine Unerschütterlichkeit inmitten der Leerheit aller Dinge.

73. Wörtlich: «Da alle Buddha-Dharmas nun vor ihm erscheinen.»

74. Ein Samādhi-Zustand, der durch die Betrachtung des Buddha und die Rezitation seines Namens entsteht (s. Drittes Kapitel: Die «Reine Land»-Schule).

75. Der wahre Körper umfaßt Dharma-kāya, Sambhoga-kāya und Nirmāṇa-kāya oder Wandlungskörper.

weihung (in die Mitte), gewinnt (der Bodhisattva) die rechte Bodhi, erkennt klar die wahre Natur aller Dinge und begreift, daß sein Weisheitskörper ungezeugt ist [76].' Auch heißt es: ‚Ein neu eingeweihter Bodhisattva, der einen Tathāgata-kāya [77] verwirklicht, kann diesen in unzähligen Nirmāṇa-kāyas verwandeln [78].' Weiterhin heißt es: ‚Ein neu eingeweihter Bodhisattva ist nichts anderes als Buddha.' Im Mahāparinirvāṇa Sūtra heißt es: ‚Der neu eingeweihte Geist und der absolute Geist unterscheiden sich nicht voneinander. Von den beiden ist der erstere schwer (zu gewinnen).' Im Sūtra des Langen Kapitels [79] heißt es: ‚Subhūti, es gibt Bodhisattvas und Mahāsattvas, die, von dem Augenblick an, da ihr Geist (in die Mitte) eingeweiht ist, im Bodhimaṇḍala sitzen und das Rad des Rechten Dharma drehen [80]. Wisse, daß sie wie der Buddha handeln.' Wie im Lotus-Sūtra erzählt wird, gab Nāgakanyā [81] dem Buddha ihren Edelstein, daß er Zeuge ihrer momentanen Verwirklichung werde. Diese Sūtras zeigen klar, daß ein neu eingeweihter Geist vollständig mit allen Buddha-Dharmas versehen ist. Dies ist gleich dem ersten Buchstaben Ā [82], wie es im Langen Kapitel heißt. Es ist die Eröffnung des Buddha-Wissens, das in allen Wesen ruht, wie es im Lotus-Sūtra heißt, und die Erkenntnis der Buddha-Natur als Voraussetzung für das Höchste Nirvāṇa, wie es im Mahāparinirvāṇa Sūtra heißt. Hier haben wir nun in Kürze die Verwirklichung der (Bodhi-)Frucht als Resultat der Chih Kuan-Übung jener Bodhisattvas geschildert, deren Geist neu eingeweiht wurde (in

76. Der 1. der fünf Arten des Dharma-kāya: 1. der spirituelle Körper seiender Weisheit; 2. aller verdienstlicher Erreichungen; 3. der Wiedergeburt; 4. der unbegrenzten Wandlungskraft; 5. des grenzenlosen Raumes. Die beiden ersten bilden den Sambhoga-kāya, der 3. und 4. den Nirmāṇa-kāya und der 5. den Dharma-kāya, der die andern in sich schließt.

77. Körper der Soheit, der absolute Körper.

78. Wandlungskörper.

79. Kumārajīva übersetzte zwei Kapitel des Mahāprajñāpāramitā Sūtra (600 chuan oder Rollen) ins Chinesische und gab sie getrennt voneinander heraus. Das längere heißt Ta Pin Ching oder Sūtra des Langen Kapitels (27 chuan) und das kürzere heißt Hsiao Pin Ching oder Sūtra des Kurzen Kapitels (10 chuan).

80. Im Gegensatz zu den Weltmenschen, die vom Rad der Geburt und des Todes auf den Kopf gestellt werden.

81. Nāgakanyā (s. Glossar).

82. Ā (s. Glossar).

das Prinzip der Mitte). Jetzt wollen wir von ihrer Verwirklichung des universellen Geistes handeln.

Die durch den Universellen Geist erlangte Stufe kann man nicht erkennen, kann aber aus der Lehre ableiten, daß sie von der Chih Kuan-Methode nicht verschieden ist. Warum? Weil das Lotus-Sūtra sagt: ‚Unablässige Verherrlichung der Weisheit aller Buddhas ist, was Kuan (vipaśyanā) bedeutet.' So ist Kuan ein Wort, das verwendet wird, die Frucht der Verwirklichung zu beschreiben. Das Mahāparinirvāṇā Sūtra macht ausgedehnten Gebrauch von Begriffen und Ausdrücken, die für die Erlösung stehen, um das Höchste Nirvāṇa zu erklären. Und Nirvāṇa [83], das ist Chih (śamatha), ein Begriff, mit dem die erlangte Frucht beschrieben wird. Darum sagt das Sūtra: ‚Mahāparinirvāṇa, so heißt das ewige, ruhevolle Samādhi.' Und Samādhi ist Chih.

Obgleich das Lotus-Sūtra das Wort Kuan verwendet, um die Frucht der Verwirklichung zu bezeichnen, schließt dieses Wort auch das Chih in sich. So sagt das Sūtra: ‚Auch die ewige Ruhe und die Aufhebung (der Leidenschaften) des Höchsten Nirvāṇa wandelt sich letztendlich zur Leerheit.' Obwohl das Mahāparinirvāṇa Sūtra das Wort Chih verwendet, um die Frucht der Erreichung zu bezeichnen, schließt dieses Wort auch das Kuan in sich. So definiert dieses Sūtra das Mahāparinirvāṇa als Träger aller dreier (verdienstvoller) Tugenden [84]. Wenn auch die Erklärungen der beiden großen Sūtras voneinander abweichen, verwenden doch beide die Chih Kuan-Methode, um das Höchste zu erörtern, und beide beziehen sich auf Ting (Dhyāna-Samādhi) und Hui (prajñā) als Bezeichnung der Höchsten Frucht. Wisse, daß die einleitende, mittlere und letzte Erreichung unwahrnehmbar sind. So sagt das Suvarṇa-prabhāsa-uttamarāja Sūtra [85]: ‚Der Tathāgata der Vergangenheit war unerkennbar, der Tathāgata der Gegenwart ist geschmückt mit allen Zeichen der Hoheit, und der Tathāgata der Zu-

83. Der nirvāṇische Zustand der Ruhe und Gestilltheit aller Leidenschaften.

84. Die Tugend 1. des Buddha-Dharma-kāya, 2. seiner Weisheit und 3. seiner Befreitheit von allen Banden, d. h. seine Souveränität.

85. Genannt Chin Kuang Ming Ching oder Sūtra des Goldenen Lichtes. Im 6. Jahrhundert übersetzt und später noch zweimal. Es wurde vom Begründer der T'ien T'ai-Schule verwendet.

kunft wird ewig sein, frei von (den Merkmalen des) Verfalls.' So sind die beiden Zustände des Geistes, Chih und Kuan, Unterscheidungsmerkmale der (Höchsten) Frucht. Ein Gāthā des Pratyutpanna-Samādhi Sūtra sagt [86]:

«*Alle Buddhas gewannen ihre Freiheit im Geist,*
Der, wenn rein und hell, auch fleckenlos ist [87].
Die fünf Welten [88], *wenn fleckenlos, sind leer an Form:*
Wer dies gelernt, der hat das Tao verwirklicht.»

Wer da gelobt hat, den Pfad zu gehen, der muß die drei Hindernisse [89] überwinden, sowie die fünf Hemmnisse [90]. Wer dies verfehlt, all sein Bemühen ist vergeblich.»

Beim Studium dieses umfassenden Textes dürfen wir uns nicht von der Titel-Bezeichnung «Für Anfänger» irritieren lassen und vermuten, es sei dies alles recht allgemein und einfach. Die Praxis dieser Lehre ist alles andere als einfach für den Anfänger. Meister Chih I warnte seine Schüler, «die scheinbare Flachheit des Textes zu leicht zu nehmen», «denn», so sagt er, «sie würden sich dann schämen müssen, wenn sie plötzlich entdecken, daß die Praxis des Textes sich als ausgesprochen schwer erweist.»

Um den Text übersichtlicher zu gestalten, haben wir die Kapitel in Abschnitte und Unterabschnitte geteilt, mit Zahlen und Buchstaben versehen. Dieser wichtige Text der T'ien T'ai-Schule sollte mit größter Sorgfalt und Aufmerksamkeit

86. Ein Sūtra, das jenen Samādhi-Zustand lehrt, in dem man alle Buddhas der zehn Himmelsrichtungen so deutlich sieht wie die Sterne in der Nacht. Seine Übung erfordert 90 Tage, während denen der Übende nicht ruht, sondern unablässig an Buddha Amitābha denkt und seinen Namen ruft.

87. Die Stufe der Fleckenlosigkeit ist die letzte vor der Buddhaschaft.

88. Die fünf Daseinswelten sind: 1. die Hölle, 2. die der hungrigen Geister, 3. die der Tiere, 4. die der Menschen, 5. die der Asuras und Devas (In vielen Darstellungen bilden Asuras und Devas zwei gesonderte Stufen – allerdings durch den Lebensbaum zu funktioneller Einheit verbunden – was dann sechs Daseinswelten ergibt, d. Ü.).

89. Ich-Bewußtsein, Neid, Begierde.

90. S. S. 142 «Das Entfernen der Hindernisse».

studiert werden, so daß man ihn völlig versteht, bevor man ihn zur Grundlage eigenen Übens macht.

Als ich jung war, übte ich diese T'ien T'ai-Meditation, versagte aber völlig dabei, weil ich ungeduldig auf schnellen Erfolg bedacht war, was immer schon meine große Schwäche gewesen ist. Ungeduld ist ein besonders großes Hindernis bei unsern geistigen Übungen und sollte um jeden Preis besiegt werden, um welche Art Übung zum Dharma-Tor es sich auch handelt. Ist dieses Hindernis erst einmal besiegt und der Geist frei von allen Belastungen, dann werden die im Text beschriebenen vielfachen Zustände sich entfalten, wobei der Meditierende dann nur unbetroffener Zuschauer ist. Erst dann kann die Übung zu Erfolgen führen.

Sobald wir uns von allen weltlichen Gefühlen und Leidenschaften abgelöst haben, treten jene hervorragenden Wurzeln oder Eigenschaften, die in uns schlummern, zutage. Die unwillkürlichen Bewegungen, durch die jene acht physischen Empfindungen entstehen, werden bis ins einzelne im Sechsten Kapitel geschildert werden. Sie zeigen, daß der Übende dieser Stufe sich auf dem richtigen Weg befindet. Solche Vorgänge kommen automatisch und unerwartet über den Übenden, der niemals bewußt auf Resultate seines Übens warten darf, denn der Geist muß in der Ruhe bleiben. Es ist wie bei fließendem Wasser, das sich auch ohne Hilfe von außen sein Bett gräbt. Dies meinten die Alten, wenn sie immer wieder warnten, sich «einen zweiten Kopf aufzusetzen». Denn ist der Geist auf Resultate ausgerichtet, dann ist die Übung behindert und führt zu nichts.

Zum Nutzen des Übenden der T'ien T'ai-Meditation geben wir nun einige Passagen aus dem Buch Yin Shih Tse's «Experimentelle Meditation zur Erhaltung der Gesundheit» (Yin Shih Tse Ching Tso Wei Sheng Shih Yen T'an) von dem verstorbenen Upāsaka Chiang Wei Ch'iao, bekannt durch seine drei Bücher, die er nach erfolgreicher Meditation nach der Taoistischen, der T'ien T'ai- und der Tibetischen Schule geschrieben hat. Das hier angeführte Buch ist sein drittes, das er unter dem Pseudonym Yin Shih Tse geschrieben hat, und das in Taiwan und Hong Kong nach seinem Tode veröffentlicht wurde.

Chih Kuan – das Tor zum Dharma

«Wenn ein Übender in Meditation sitzt, so soll er Körper und Gliedmaßen in angemessener Position halten, sowie seinen Atem regulieren, denn es ist schwer, den Geist zu zügeln. Da der menschliche Geist gewohnt ist, auf der Suche nach Äußerlichkeiten umherzuwandern, ist es wirklich nicht leicht, ihn zu sammeln und festzuhalten. Darum bedarf es größter Geduld in der Übung des Chih Kuan-Dharma-Tores. Ist in der Körper-Regulierung, der Ordnung von Atmung und Geist einiger Fortschritt erzielt, dann soll die Übung der Chih Kuan-Methode angepaßt werden. Und selbst wenn es mißlingt, Körper, Atem und Geist zu regulieren, kann er doch unablässig Chih Kuan üben.

Chih bedeutet ‚anhalten', und zwar den falschen (und irreführenden) Geist. Der Geist ist wie ein Affe und verweilt nicht einen Augenblick. Was ist da zu tun? Wir müssen diesen Affen dadurch an seiner Unrast hindern, daß wir ihn an einen Pfahl festbinden. Dann wird sein zielloses Herumhüpfen aufhören. In der Chih-Praxis ist der erste Schritt, den Geist an ein Objekt zu binden (hsi yüan chih). Regt sich der falsche Geist, dann ist es, weil er Ausschau hält nach dem, was er sein Objekt nennt. Denkt er plötzlich an ein Objekt, dann an ein zweites, dann an ein drittes und ein viertes, das ist seine Objektverhaftung. Die Absicht der Chih-Methode ist, den wandernden Geist an einen Pfosten zu binden, so wie ein Affe angeschirrt wird. Das hält ihn vom Abirren zurück. Den Geist zu stoppen (chih), gibt es verschiedene Wege. Die beiden gebräuchlichsten sind:

1. durch Konzentration auf die Nasenspitze, dorthin, wo der Meditierende seinen Atem nicht ein- und ausströmen, noch sein Wohin und Woher sehen kann. So gelangt der Geist nach und nach unter Kontrolle.

2. durch Konzentration auf den Punkt dicht unterhalb des Nabels. Da der Schwerpunkt des Körpers im Bauch liegt, ist dies der geeignetste Ort, den Geist darauf zu richten. Danach soll sich der Übende jeden Atemzug als eine vertikale Bahn von der Nase

zum Bauch und zurück vorstellen. Im Laufe der Zeit wird sein wandernder Geist automatisch zur Ruhe kommer Diese Übung schafft auch gleichzeitig Atemregulierung.

Ist der Meditierende mit einer dieser beiden Übungen, den Geist zu binden, vertraut, dann soll er die (Chih-)Methode des Versiegenlassens (chih hsin chih) üben. Welches ist die Methode des Versiegenlassens? Wir sprachen von der Methode, den Geist an ein (äußeres) Objekt zu binden. Nun geht es darum, den Geist selbst zu packen. Das erfordert, daß wir in ihn selbst schauen, um herauszufinden, wo ein Gedanke entsteht, diesen dabei anhalten und am Aufgreifen äußerer Objekte hindern. Diese Methode ist subtiler als die vorige, wo der Geist an ein Objekt gebunden wurde. Es ist der Schritt von der gröberen zur feineren Übung.

Wiederum ein weiterer Schritt ist, wenn der Übende die (Chih-) Methode des Erfassens der Wirklichkeit (t'ien chen chih) versucht, die fortgeschrittener ist als die des geistigen Versiegenlassens. Die beiden ersten Methoden sind von einleitender Art, die dritte ist die eigentliche Methode des ‚Anhaltens' (chih). Worin besteht die Methode des Erfassens der Wirklichkeit? ‚Erfassen' heißt Verstehen oder Verwirklichen, und ‚die Wirklichkeit' ist das, was wahrhaft ist. Es bedeutet unmittelbares Verstehen, daß alle durchlaufenden Gedanken schon zur Vergangenheit gehören, sobald sie im Geist auftauchen, und daß sie deshalb unwirklich und leer von aller Wirklichkeit sind. Hängt man sich nicht an sie, dann wird der Geist leer, und dann braucht nichts Falsches beseitigt zu werden, denn es verschwindet von selbst. Wo aber das Falsche vergeht, da bleibt die Wirklichkeit. Ist der Geist in solchem Zustand, dann ist das das ‚Erfassen der Wirklichkeit'.

Die Übung nach der Methode des Erfassens der Wirklichkeit besteht, während man in Meditation sitzt, darin, daß man die Augen schließt und die Betrachtung (gewissermaßen) rückwärts kehrt, um über den eigenen Körper zu sinnen, wie er von Kindlichkeit zum Erwachsensein reifte, wie das Alter kommt und schließlich der Tod, wie die Zellen sich verändern und in jedem Augenblick durch neue ersetzt werden, unablässig, und wie das alles ohne (beharrende) Wirklichkeit ist. Dabei zeigt sich, daß es keine (beharrende) Wirklichkeit eines existierenden Ich gibt, die man wahrnehmen könnte. Dann soll der Übende die Betrachtung nach innen wenden, um die Gedanken zu beobachten, wie sie im Geist entstehen und ohne Unterbrechung dahinfließen. Er wird erkennen, daß die Gedanken der Vergangenheit dahin sind, die der Gegenwart nicht verweilen und die der Zukunft noch nicht da sind. Dann soll er sich fragen: ‚Welcher dieser Gedanken *ist* mein Geist?' Darauf wird er erkennen, daß sein irrender Geist, der auf diese Weise wirkt und verweht, gleicherweise unwirklich ist und keinen Bestand hat. So wird er nach und nach vertraut (mit der Unwirklichkeit), und sein irrender Geist wird von selbst versiegen. Wo der irrende Geist vergeht, da erscheint die Wirklichkeit.

Zu Beginn seiner Meditation ist sein Geist ruhelos und schwer zu ordnen; es ist dies jener ruhelose Geist, der beständig zum Davonschweben neigt. Die Methode, ihn zur Ruhe zu bringen, ist die des Anhaltens (chih). Wird er (auf diese Weise) wieder und wieder angehalten, dann kommt der Prozeß des Denkens nach und nach zur Ruhe. Ein wenig später wird er unmerklich der Schläfrigkeit verfallen. Das ist der sinkende Geist. Ihn wecken geschieht durch Betrachtung (kuan). Betrachtung heißt nicht nach außen blicken. Es heißt, die Augen zu schließen und sich nach innen zu wenden, den Selbst-Geist zu betrachten. Es gibt drei Arten der Betrachtung (kuan):

1. Betrachtung der Leerheit, die darin besteht, alle Dinge des Universums zu durchschauen. Vom größten, einschließlich der Erde, der Berge und Flüsse, bis zum kleinsten, einschließlich des eigenen Körpers und Geistes. Er wird erleben, daß sie sich alle in jedem Augenblick verändern und deshalb leer und ohne beharrendes Sein sind. Schaut sein Geist so in die Leerheit, dann heißt das Leerheitsbetrachtung.

2. Ist er mit der Betrachtung der Leerheit vertraut, dann soll er in seinen eigenen Geist schauen, aus dem die Gedanken entspringen. Er wird erkennen, daß jeder Gedanke ein Objekt hat, das einmal dieses, einmal jenes Ding ist. So erkennt er, daß alle Erscheinungsformen ihr Dasein dem Zusammentreffen direkter innerer Ursachen mit den entsprechenden äußeren Umständen verdanken.

Ein Reiskorn z. B. keimt auf Grund des Zusammentreffens direkter innerer Ursachen, das ist (sein Charakter) als Samenkorn, mit den entsprechenden äußeren Umständen in Form von Wasser und Schlamm, also der Befeuchtung und Düngung. Wird das Korn nicht gesät, sondern im Lagerhaus belassen, dann kann es nicht sprossen, weil wohl eine direkte innere Ursache vorhanden ist, dagegen aber keine entsprechenden äußeren Umstände, sowie kein Zusammentreffen von beiden. Ist da nur Wasser und Schlamm, aber kein ausgesäter Same, dann kann auch kein Keim erwachsen, weil nur die äußeren Umstände ohne innere Ursachen da sind, und auch kein Zusammentreffen beider stattfindet. Alle Erscheinungsformen der Welt entstehen aus dem Zusammentreffen von direkten und bedingenden Umständen, und sie vergehen, sobald sich beide wieder voneinander trennen. Genau so kann man die Gedanken, die im Geist entstehen und vergehen, nicht festhalten. Eine derartige Betrachtung heißt: Blick in die Unwirklichkeit.

3. Umgekehrt gesehen ist die Betrachtung der Leerheit die eine Seite, die der Unwirklichkeit die andere. Ist diese Stufe erreicht, dann ist der Gewinn noch unvollkommen, und der Meditierende muß den nächsten Schritt mit Eifer und Sorgfalt unternehmen. Gelingt ihm die Betrachtung der Leerheit, dann darf er sich nicht an die Leerheit halten, gelingt ihm die Betrachtung der Unwirklichkeit, dann darf er das Unwirkliche nicht festhalten. Kann er sich von beiden Extremen fernhalten, von der Leerheit und der Unwirklichkeit, dann wird sein ungefesselter und frei beweglicher Geist wahrhaft erhellt sein. Das ist die Betrachtung der ‚Mitte'.

Auf den ersten Blick hin scheint dies Chih Kuan-Dharma-Tor verschiedene aufeinanderfolgende Stufen in sich zu schließen. Praktisch jedoch hängt die Anwendung von Chih oder Kuan nur von der geistigen Anlage während der Meditation ab. Tatsächlich ist der Zweck von Chih, alle Gedanken auf das Eine (Geistige) zurückzuführen, und der Zweck von Kuan ist klare Einsicht (in die Wahrheit, zur Befreiung von Täuschungen). Wird das Anhalten (chih) geübt, dann soll das nicht von der Betrachtung (kuan) fortführen, und wird Betrachtung geübt, dann soll das nicht von Chih fortführen. Der Leser darf sich nicht an das gedruckte Wort klammern, sondern muß die Methode klug nach den Umständen verwenden.»

II. DIE SECHS TIEFGRÜNDIGEN DHARMA-TORE
(Lu Miao Fa Meng)
(nach den Lehren des Meisters Chih I oder Chih Che vom Wa Kuan-Kloster)

(Statt einer Übersetzung dieser Abhandlung, die voll ist von Buddhistischen Fachausdrücken, die dem mit dem Mahāyāna nicht vertrauten Leser unklar sein mögen, geben wir hier das 6. Kapitel von Yin Shih Tse's «Experimentelle Meditation zur Förderung der Gesundheit» (Yin Shih Tse Ching Tsu Wei Sheng Shih Yen Y'an), worin die sechs Dharma-Tore nach den Lehren des Meisters Chih I sorgfältig erklärt werden.)

«Atem ist die Quelle des Lebens. Endet der Atem, dann ist der Körper nur noch eine (leblose) Leiche, und da dann das Nervensystem nicht mehr arbeitet, schwindet der Geist, und das Leben endet. (Darum) ist der Atem der Erhalter des Lebens und die verbindende Kraft zwischen Körper und Geist, sowie die Sicherung ihrer Existenz.

Wenngleich den Augen nicht erkennbar, wird die Luft bei der Atemfunktion durch die Nasenlöcher ein- und ausgeatmet. So wissen wir, daß der Mensch aus Körper, Atem und Geist besteht und daß der Atem die wichtige Rolle der verbindenden Kraft zwischen den beiden andern Komponenten spielt.

Die sechs tiefgründigen Dharma-Tore sind auf den Atem ausgerichtet und bilden eine gründliche Meditations-Methode. Man kann sie im Anschluß an die Chih Kuan-Methode, wie im T'ung Meng Chih Kuan (s. S. 132) gelehrt, üben, oder auch ohne vorherige Chih Kuan-Meditation.

Diese Methode besteht aus: 1. Zählen, 2. Verfolgen, 3. Anhalten (chih), 4. Betrachten, 5. Umkehren und 6. Reinigen.

1. Was ist Zählen? Es ist das Zählen der Atemzüge, für das es zwei Phasen gibt:

a) Übung des Zählens. Nachdem der Meditierende seinen Atem reguliert hat, so daß er weder zu fest noch zu locker ist, soll er langsam mitzählen – von eins bis zehn, entweder (nur) die Einatmungen oder nur die Ausatmungen, welches davon er mag, keinesfalls aber beides. Er soll seine Aufmerksamkeit auf das Zählen richten, so daß sein Geist nicht abwandern kann. Wenn sein Geist, bevor er bei der zehn angekommen ist, abschweift, soll er sofort wieder zurückkehren und von vorn beginnen. Das ist die Übung des Zählens.

b) Verwirklichung durch Zählen. Im Laufe der Zeit wird der Übende mit dem Zählen von eins bis zehn vertraut, und er lernt es zu beherrschen, bis der Atem so fein wird, daß er nicht mehr gezählt werden kann. Das ist die Verwirklichung durch Zählen.

2. Nun gibt er das Atemzählen auf und übt das Verfolgen (des Atems), wovon es zwei Phasen gibt:

a) Übung der (Atem-)Verfolgung. Verläßt er das Atemzählen, dann soll er seinen Geist auf das Verfolgen jedes ein- und ausgehenden Atemzuges konzentrieren. Dabei wird der Geist die Atmung begleiten, so wie die Atmung den Geist begleiten wird, bis beide, Geist und Atem, ganz und fortlaufend voneinander abhängig sind. Das ist das Verfolgen der Atmung.

b) Verwirklichung der (Atem-)Verfolgung. Wie der Geist immer feiner und subtiler wird, bemerkt der Übende die Länge der Atemzüge bzw. ihre Kürze, wobei er das Gefühl hat, als ströme der Atem aus allen Poren seines Körpers. Sein Intellekt (das sechste Bewußtsein) ist nun ‚eingefroren', still und voller Ruhe. Das ist die Verwirklichung der Atemverfolgung.

3. Im Lauf der Zeit wird der Meditierende feststellen, daß diese Methode der Atemverfolgung noch grob ist und aufgegeben werden sollte zugunsten der Chih-Übung (des Anhaltens), von der es zwei Phasen gibt:

a) Übung des Chih. Hat er die Atemverfolgung aufgegeben, soll der Meditierende, scheinbar absichtlich und in Wirklichkeit doch ohne Absicht, seinen Geist auf die Nasenspitze richten. Das ist die Übung des Chih (Anhalten).

b) Im Laufe dieser Übung wird der Meditierende plötzlich erkennen, daß ihm Körper und Geist scheinbar völlig dahinschwinden, und er wird so in den Zustand der Ruhe (dhyāna) eintreten. Das ist Verwirklichung durch Chih-Übung.

4. Auf dieser Stufe muß der Meditierende wissen daß er, obgleich der Zustand des Dhyāna gut ist, doch das Licht seines Geistes auf sich selbst zurück richten sollte, so daß er sich dessen voll bewußt wird und nicht von der Stille gefangengenommen wird. Derart soll er jene Betrachtung üben, von der es zwei Phasen gibt:

a) Übung durch Betrachtung (kuan). In diesem ruhigen Zustand soll er aufmerksam die subtile und verfeinerte Ein- und Ausatmung betrachten, die wie ein Wind in der Leerheit weht und keine eigenständige Wirklichkeit besitzt. Das ist die Betrachtungsübung.

b) Im Laufe der Zeit wird sich ganz langsam das Auge seines Geistes öffnen, und deutlich wird er das Gefühl haben, daß sein Atem durch alle Poren seines Körpers komme und gehe. Das ist Verwirklichung durch Betrachtung (kuan).

Obwohl hier die beiden Begriffe Chih und Kuan das gleiche bedeuten wie im ‚Śamatha-Vipaśyanā für Anfänger', ist da doch ein geringfügiger Unterschied, weil in jenem Text damit die Geisteskontrolle, hier aber die Atemkontrolle gemeint ist.

5. Der ausdauernden Betrachtungspraxis soll nun die Methode der Rückwendung folgen, die aus zwei Phasen besteht:

a) Die Übung der Rückwendungsmethode. Wenn der Geist bei der Atembetrachtung ist, dann ist da der subjektive betrachtende Geist und der objektive betrachtete Atem. Dies sind die beiden Pole der Dualität, wobei es sich also nicht um einen absoluten Zustand handelt. Daher sollen beide auf den ursprünglichen Geist zurückgerichtet werden. Das ist die Methode der Rückwendung.

b) Da das Ich, das (den Atem) betrachtet, dem Geist entstammt, wird es auch mit diesem Geist vergehen. Da dies Entstehen und Vergehen grundsätzlich illusorisch und unwirklich ist, darum ist der entstehende und vergehende Geist wie das Wasser, das sich zur Welle erhebt. Wellen aber sind nicht jenes Wasser, dessen ursprüngliche Natur erst dann erkennbar wird, nachdem die Wellen sich gelegt haben.

So ist der wie eine Welle steigende und fallende Geist nicht unser wahrer Selbst-Geist. In den wahren Selbst-Geist aber, den ungeschaffenen, müssen wir schauen. Da er ungeschaffen ist, ist er ohne ‚Sein' und mithin leer. Da er leer ist, gibt es auch keinen subjektiven Geist, der da betrachtet. Da es keinen betrachtenden Geist gibt, existiert auch kein Betrachtungsobjekt. Da das Erkennen und sein Objekt schwindet, ist dies die Verwirklichung der Rückwendungsmethode.

6. Nach dieser Verwirklichung verbleibt noch die Idee von der Rückwendung, die gleichfalls durch die Meditation der Reinigung ausgelöscht werden muß. Davon gibt es zwei Phasen:

a) Übung der Reinigungsmethode. Ist der Geist gereinigt und klar, und sind alle Unterscheidungen geschwunden, dann ist dies die Praktik.

b) Verwirklichung des Reinigungszustandes. Ist der Geist ruhig wie ein stilles Wasser, fern allem falschen Denken, gefolgt von der Erscheinung des wahren Geistes, der aber dem falschen Denken immanent ist, so ist die Wendung vom falschen zum richtigen Denken wie das Besänftigen der Wellen zu ruhigem Wasser. Dies ist die Verwirklichung des Reinheitszustandes.

Von diesen sechs tiefgründigen Dharma-Toren ist das Zählen und Verfolgen die Einleitungsübung, das Anhalten (chih) und Betrachten (kuan) die Hauptübung und das Rückwenden und Reinigen die Abschlußübung. Anhalten (chih) ist die Hauptmeditation mit Betrachtung (kuan) als Unterstützung, bis klare Erkenntnis gewonnen ist. Erst dann kann Rückwendung und Reinigung das Höchste Ziel (des Weges) schaffen.»

V.

SELBSTVERWIRKLICHUNG NACH DEN LEHREN DER TAOISTISCHEN SCHULE

Von diesem Thema können wir nicht sprechen, ohne Lao Tse's *Tao Teh Ching* zu erwähnen, jenes Werk, das als das wichtigste Buch der Taoistischen Schule gilt, das aber aus Raumgründen hier nicht wiedergegeben werden kann. Wer jedoch den 1. Paragraphen des *Tao Teh Ching* versteht, der hat schon einen allgemeinen Eindruck von der Gesamtlehre des Buches, das aus etwa 5000 chinesischen Schriftzeichen besteht. Dieser 1. Paragraph lautet:

«Das Tao, das in Worten ausgedrückt werden kann, ist nicht das ewige Tao (und) der Name (den man ihm gibt) ist nicht (der Name) des Ewigen. Dies Unbenennbare ist der Anfang von Himmel und Erde. Was man benennen kann, ist die Mutter aller Dinge. Beständig schaue ich in (die Tiefe) dessen, was «nicht ist» (das Immaterielle), zu betrachten die Wunder (des Tao), und in das, was ‚ist' (das Materielle), seine Grenzen zu erfahren. Beide, ‚Nicht-Ist' und ‚Ist', sind ein und dasselbe, aus dem alle Dinge, in der Unterschiedlichkeit ihrer Namen, entstehen. Diese Gleichheit ist wunderbar, mehr als wunderbar – sie ist das Tor zu allen Wundern.»

Lao Tse wurde im Jahre 604 v. Chr. geboren. Mit Namen Li Örh, auch Li Po Yang genannt, entstammte er dem Distrikt K'u im Staate Ch'u (heute die Provinz Hupeh). Lange Zeit war er unter der Chou-Dynastie als Zensor tätig; als er aber deren Verfall voraussah, verließ er das Land mit unbekanntem Ziel. Auf die Bitte eines Grenzbeamten schrieb er den *Tao Teh Ching*. Nach der Legende war er schon bei seiner Geburt ein Greis, darum nannte man ihn Lao Tse, den «Alten Sohn».

Die tiefere Bedeutung des 1. Paragraphen des *Tao Teh Ching* ist folgende:

Das ewige Tao ist unausdrückbar. Es hat weder Form noch Gestalt, deshalb kann man es nicht kennzeichnen. Gibt man dem ewigen Tao einen behelfsmäßigen Namen, dann führt dies in die Irre, denn das Ewige ist unbeschreibbar. *Das ist die Substanz des immateriellen Tao.*

Obgleich dies ewige Tao immateriell ist, entstehen doch Himmel und Erde, das materielle Universum, aus ihm durch die Wandlung, und damit die Schöpfung aller Erscheinungsformen mit ihren verschiedenen Namen. *Das ist die Funktion des immateriellen Tao.* So behandelt Lao Tse die beiden Aspekte des ewigen Tao: Substanz und Funktion. Sodann lehrt er die Übungsmethode für die Verwirklichung des Tao, indem er fortfährt: «Übend schaue ich beständig in die Tiefe des immateriellen Aspektes des Tao, seine Tiefgründigkeit und Wunderbarkeit zu betrachten, und in der Tiefe der Erscheinungsformen, ihre Grenzen oder Manifestationen zu betrachten. Mit andern Worten: Ich schaue gleicherweise sowohl in Substanz wie in Funktion des ewigen Tao. Da die immaterielle Substanz des Tao alle Erscheinungsformen schafft, die da vom Wesen der Materie sind und Namen tragen, darum sind diese alle in seiner Substanz enthalten.» Wer also in die Aktivität der immateriellen Substanz des Tao zu schauen vermag, der kann alle Dinge zu ihrem Ursprung zurückverfolgen, bis auf ihre Ursubstanz. So ist Tao allumfassend und allgegenwärtig. Darum sagt Chuang Tse: «Das Tao ist im Gras zu finden, es ist auch in den Ausscheidungen.» Übt man dergestalt Betrachtung, dann wird das wunderträchtige Tao erkennbar.

Da Lao Tse befürchtet, daß der Schüler seiner Lehre an den beiden Extremen «Immateriell» und «Materiell» haften mag, warnt er: «Das Immaterielle und das Materielle sind ein und dasselbe.» Damit meint er: «Wenn ich mich in die Immaterialität vertiefe, dann betrachte ich nicht nur die Nichtwahrnehmbarkeit seiner Substanz, sondern auch alle dadurch entstandenen und darin enthaltenen Erscheinungsformen. Wenn ich mich in die Materialität vertiefe, dann betrachte ich nicht nur die wahrnehmbaren Formen, sondern auch die immaterielle Form, die alle Erscheinungen hervorbringt.» Mit andern Worten: eine gleichzeitige Betrachtung beider, des Immateriellen und des Materiellen, die beide von gleichem Wesen sind.

Erneut besorgt, daß man fragen könnte, warum man dort Namen gibt, wenn das Immaterielle und das Materielle letztlich gleich sind, erklärt er, daß die dem Tao entspringenden Erscheinungsformen ausdrucksmäßig voneinander verschieden sind, und deshalb, um dieser Unterschiedlichkeit willen, ihre verschiedenen Namen tragen.

Auch ist er besorgt, daß man meinen könnte, wenn wirklich das Immaterielle und das Materielle existierte, wodurch die Existenz von Relativität und Gegensätzlichkeit bewiesen wäre, niemals Einheit und Gleichheit bestünde. Wäre das aber so, wo blieben die Wunder des Tao? Er erklärt, daß wenn Himmel, Erde und alle Dinge als dem gleichen Tao entstammend erkannt werden, ihre Gleichheit wahrhaft wunderbar ist. Und um den Gedanken an das Wunderbare gleich wieder auszulöschen, sagt er: «Mehr als wunderbar.» Wenn alle Anhaftungen entwurzelt sind, dann ist dieses wunderbare Tao «das Tor zu allen Wundern.»

Wenn wir den 1. Paragraphen des *Tao Teh Ching* verstehen, dann können wir ohne Schwierigkeit das Ziel von Lao Tse's tiefgründiger Lehre innerhalb des übrigen Werkes verstehen. Den Tao Teh Ching kommentierend, schreibt der Ch'an-Meister Han Shan (1546–1623):

«Lao Tse lehrt das immaterielle, selbst-seiende Tao, das das Śūrangama Sūtra als das Unterscheidungslose außerhalb von Form und Leerheit, die Substanz des 8. Bewußtseins (ālaya-vijñāna) beschreibt. Dies unterscheidungslose Bewußtsein ist überaus subtil, wunderbar und unergründlich und kann nur von einem Buddha, der es in die Große Spiegelgleiche Weisheit umwandelt, durchschaut werden ... Dies Tao ist ohne Form, denn es ist unbegrenzt, und es ist nicht Leerheit, denn es schafft alle Dinge ... Wer die Werke des Lao Tse und Chuang Tse studiert, sollte zuerst das Śūrangama Sūtra verstehen, in dem der Erleuchtete alle weltlichen Anhaftungen auflöst, und sodann soll er sorgfältig rechtes Dhyāna üben, bevor er sich über Lao Tse's großes Werk klar werden kann.»

Weiter sagt der erleuchtete Meister: *«Die Bedeutung des Tao Teh Ching kann man erst dann ganz erfassen, wenn man persönliche Erfahrung damit gewonnen hat ... Will ich einen Kommentar zu einem Sūtra schreiben, dann muß ich meinen Geist sammeln, um in seine Tiefe zu schauen und mich in Gleichklang mit dem Buddha-Geist zu setzen. Dabei springt mir der Kern der Bedeutung augenblicklich entgegen, und ich bringe ihn zu Papier. Wäre der Denkprozeß daran beteiligt, so wäre der Sache nicht gedient.»*

Lao Tse erlangte nur den Zustand des ālaya-vijñāna oder Schatzkammer-Bewußtseins, einen Aspekt des Selbst-Geistes, der noch mit der Illusion der Leerheit belastet und frei von Unterscheidung ist. Leider traf er nicht mit dem Buddha zusammen und konnte diesen seinen Bewußtseinszustand nicht zur Großen Spiegelgleichen Weisheit wandeln. Nach Han Shan war Lao Tse bestimmt, die alte Tradition aus der Zeit des Kaisers Huang Ti (2698–2597 v. Chr.) wiederaufleben zu lassen. Als die Dynastie verfiel, verließ er das Land. Da Huang Ti der Begründer des Taoismus war, den Lao Tse wiederbelebte, spricht man auch von der «Lehre des Huang Lao». So war die Taoistische Meditationsmethode in China lange vor Lao Tse bekannt, und ihr ist die hohe Geistigkeit der Anhänger dieser Schule zu verdanken. Die großen indischen Meister, die den Verfall des Buddha-Dharma in ihrem eigenen Lande voraussahen, kamen in den Osten, um ihn in diesem verheißenen Land zu verbreiten, in dem der Taoismus schon in Blüte stand, und dessen Anhänger reif genug schienen, die Mahāyāna- und Ch'an-Überlieferungen zu verwirklichen. Es ist bedauerlich, daß selbst heute noch einige Leute glauben, daß der Taoismus eine Irrlehre sei, und, wenn man den Buddha-Dharma studierte, verworfen werden müsse. Sie vergessen, daß in der Dharma-Praxis zuerst das 8. Bewußtsein verwirklicht sein muß, bevor es in die Große Spiegelgleiche Weisheit verwandelt werden kann. Die Stufe des ālaya-vijñāna ist also jene, die auf dem Weg zur Höchsten Erleuchtung erst durchlaufen werden muß. Die Frage ist nur, ob man auf dieser Stufe stehen bleibt und sich mit ihr begnügt, oder weiter strebt, um Bodhi zu erlangen.

Wir geben nun die Methode der Taoistischen Meditation, wie sie von Yin Shih Tse geübt und in seinem 1. Band 1914 veröffentlicht wurde.

TAOISTISCHE MEDITATION

aus «Yin Shih Tse's Meditationsmethode»
(Yin Shih Tse Ching Tso Fa)

Am Anfang der Taoistischen Meditationspraxis stehen zwei wichtige Voraussetzungen: die Regulierung der Körperhaltung und die des Atems.

A. Regulierung der Körperhaltung

1. Vor und nach der Meditation

a) Meditation übe man an einem ruhigen Ort oder im Schlafzimmer. Die Türen bleiben geschlossen, um Störungen von außen abzuhalten, die Fenster aber offen (um frische Luft einzulassen).

b) Das Sitzkissen soll weich und dick sein, damit man lange darauf sitzen kann.

c) Der Meditierende soll die Kleidung lockern und den Gürtel lösen, um alles Behindernde zu vermeiden.

d) Der Körper soll gerade, die Wirbelsäule aufgerichtet sein.

e) Nach der Meditation werden die Augen langsam geöffnet und die Gliedmaßen entspannt.

2. Die Haltung der Beine

a) Die ‚volle Lotus-Haltung' besteht darin, daß man das linke Bein auf das rechte, und dann das rechte Bein auf das linke legt. Dies ist die beste Haltung, denn sie drückt die (Seiten der) Knie auf das Kissen und gewährleistet dabei einen fest und gerade aufgerichteten Körper, der nicht seitwärts, vorwärts oder rückwärts absinkt. Dieser Sitz ist jedoch für den Anfänger nicht leicht und für alte Leute sehr schwer.

b) Der Meditierende kann jedoch die ‚halbe Lotus-Haltung' einnehmen, indem er entweder das linke Bein auf das rechte, oder das rechte Bein auf das linke legt, wie es ihm leichter fällt. Diese Haltung hat jedoch einen Nachteil, denn wenn das linke Bein auf das rechte gelegt wird, dann kann das linke Knie nicht auf dem Kissen ruhen, und dann mag der Körper leicht sich nach rechts neigen. Ist das rechte Bein auf das linke gelegt, dann kann das rechte Knie nicht aufliegen, und der Körper neigt sich leicht nach links. Kann der Anfänger die volle Lotus-Haltung aber nicht einnehmen, dann erfüllt die halbe Lotus-Haltung den gleichen Zweck, vorausgesetzt der Körper wird gerade gehalten und die Auswirkung ist die gleiche, wie bei der vollen Lotus-Haltung.

c) Auf diese Weise sind die beiden Schenkel wie die (verbindenden) Seiten eines Dreiecks, und wenn sie bequem auf dem Kissen ruhen, dann liegt der Schwerpunkt des Körpers automatisch unterhalb des Nabels.

d) Beim Anfänger schlafen gewöhnlich die Beine ein. Erträgt man das aber geduldig, so legt es sich mit der Zeit.

e) Kann man es nicht ertragen, so ändere man die Beinhaltung. Im Falle völliger Unerträglichkeit stehe man vorübergehend auf und setze sich erneut, wenn die Beschwerde verschwunden ist.

f) Wer aber hartnäckig selbst der unerträglichen Beschwerde in den Beinen widersteht, der wird sie sehr bald überwinden. Wer diese Leidenszeit hinter sich gebracht hat, dessen Beine schlafen nie mehr ein.

3. Brust, Gesäß und Bauch

a) Der Brustkorb soll leicht vorgeneigt werden, damit die Magengrube gesenkt und so das Zwerchfell entspannt wird. Gewöhnlich, wenn der Schwerpunkt des Körpers unstabil ist, sammelt sich der Lebensstrom (prāṇa) in der Magengrube, die der Anfänger dann blockiert, nicht aber gelöst fühlt. Daran kann man erkennen, daß die Magengrube nicht gesenkt wurde. In diesem Fall soll der Meditierende seinen Geist auf den Unterbauch konzentrieren, um das Zwerchfell zu entspannen. Im Lauf der Zeit senkt sich die Magengrube automatisch, ohne besondere Bemühung. Dadurch wird der Schwerpunkt stabilisiert.

b) Das Gesäß soll leicht zurückgedrückt werden, damit die Wirbelsäule gestrafft wird. Die Wirbelsäule ist geschwungen, wie der Bogen eines Schützen, und neigt sich im Bereich des Gesäßes nach außen. Während der Meditation soll ihre natürliche Form erhalten bleiben, Gewalt aber darf keineswegs dabei mitwirken.

c) Der Unterbauch soll stabil sein, damit der Schwerpunkt des Körpers stabil ist. Dies erreicht man durch Konzentration auf den Unterbauch, was jedoch ohne Anstrengung geschehen soll. Um zu dem gewünschten Resultat zu gelangen, soll der Meditierende jeden Gedanken aus seinem Geist verbannen und sich so auf den Punkt etwa viereinhalb Zentimeter unterhalb des Nabels konzentrieren. So fixiert sich der Schwerpunkt von allein.

4. Die beiden Hände

a) Die Hände lege man aufeinander, nahe an den Unterbauch gezogen und auf die Unterschenkel plaziert.

b) Die oben liegende Hand soll von der unteren leicht gehalten werden. Die Daumen sind gekreuzt.

c) Entweder hält die linke Hand leicht die rechte oder umgekehrt, wie es der Übende mag.

d) Die Hände können entweder am Unterbauch oder mehr auf den Beinen liegen, nach Belieben des Übenden.

e) Anstrengung soll vermieden werden, so daß Hände und Finger entspannt und bequem ruhen.

5. Gesicht, Ohren, Augen, Mund und Atem

a) Kopf und Nacken sollen aufgerichtet, das Gesicht nach vorn gewandt sein.

b) Die Ohren sollen weder Stimmen noch Laute hören.

c) Die Augen sollen leicht geschlossen sein. Einige meinen, man solle die Augen etwas geöffnet halten, vermutlich um Schläfrigkeit zu vermeiden. Aber wenn der Meditierende nicht müde ist, dann soll er sie besser schließen, um dem Geist Ruhe zu verschaffen.

d) Der Mund wird geschlossen, die Zunge berührt den Gaumen, um eine Brücke zu bilden (über die der Prāṇa-Strom von der Nase zur Kehle gelangt).

e) Der Meditierende soll durch die Nase atmen und es vermeiden, den Mund beim Atmen zu öffnen.

6. Der Zustand des Geistes in der Meditation

a) Der Meditierende muß alles ablegen und sich hüten, Gedanken zu entwickeln. Das Feld unseres Intellektes ist wie ein Theaterstück und jeder Gedanke ein Schauspieler. Unsere Gedanken kommen und gehen unablässig, so wie Schauspieler unablässig auftreten und abtreten. Darum ist es sehr schwer, diesem Prozeß ein Ende zu bereiten. Gelingt es aber, die Aufmerksamkeit fest bei einem Punkt (im Körper) zu halten, dann kann Kontrolle über den Denkprozeß ausgeübt werden. Und sofern die Konzentration fest auf das Schwerpunktzentrum im Körper gerichtet ist, wird alles Denken nach und nach ein Ende finden.

b) Der Meditierende muß sich nach innen wenden, damit alle falschen Gedanken von allein vergehen.

Wir sprachen über das Abstehen von der Gedankenentwicklung. Jedoch ist diese Absicht des Nicht-denken-Wollens auch ein Gedanke. Aus diesem Grunde ist es weitaus besser, die Methode des Nach-innen-Wendens zu üben, oder wie man sie auch nennt: ‚Die Schau in das Innerste'. Schaut ein Mensch etwas an, dann sind seine Augen üblicherweise auf das äußere Objekt gerichtet. Um jedoch innere Objekte zu betrachten, kann man sie nicht nach innen kehren. Unsere Methode besteht darin, die Augen zu schließen, um die Aufmerksamkeit nach innen zu wenden und den Intellekt zu überwachen. Zuerst müssen wir uns über das Entstehen und Vergehen der Gedanken klar werden. Entsteht ein Gedanke, so betrachte man ihn, um ihn daran zu hindern, sich an Objekte zu verlieren. Auf diese Weise vergeht er. Entsteht ein zweiter Gedanke, so soll auch er betrachtet werden, damit er sich nicht verbeißt. Dann schwindet auch der zweite. Ist so der Ursprung sorgfältig gereinigt, gehen die Gedanken langsam zu Ende.

Der Anfänger meint oft fälschlich, daß er, bevor er mit der Meditation begann, nur wenige Gedanken hatte, und daß er seitdem gegen viel mehr Gedanken zu kämpfen habe. Das ist ein Irrtum, denn Gedanken kommen und gehen unablässig in seinem Geist. Er hat sie vorher nur nicht zur Kenntnis genommen. Jetzt, während der Meditation, wird ihm das erst bewußt. Erkenntnis, daß da Gedanken sind, ist der erste Schritt zur Selbsterkenntnis. Durch die wiederholte Übung des Nach-innen-Wendens werden unsere Gedanken immer spärlicher, statt, wie man fälschlich meint, daß sie mehr werden.

c) Obwohl durch Meditation Krankheiten geheilt und die Gesundheit verbessert werden kann, soll der Übende einem Wunsch danach niemals Raum geben. (Das würde seine geistige Ruhe stören).

d) Auch soll er die Ungeduld nach baldigen Ergebnissen vermeiden und sich so fühlen wie ein Boot, das, ohne Segel und Ruder, nur bedächtig vom Lauf des Stromes getrieben wird.

e) Obwohl während der Meditation die Augen geschlossen sind und Objekte nicht gesehen werden können, ist es doch nicht leicht, das Hören von störenden Geräuschen zu verhindern. Deshalb soll er sowohl das Hören wie das Sehen nach innen wenden und auf Laute und Stimmen keine Aufmerksamkeit verschwenden. Übt er so, dann wird er im Lauf der Zeit fähig werden, unerschütterlich zu bleiben, selbst wenn vor ihm Berge einstürzen.

f) Er braucht grenzenlosen Glauben an die Meditation, so wie ein gläubiger Mensch an seine Religion. Anfangs wird er sich beim Dasitzen nicht sehr bequem fühlen. Doch soll er zur Übung entschlossen bleiben und ohne Unterbrechung damit fortfahren. Im Lauf der Zeit wird die Meditation ihre Erfolge zeigen. Sein Erfolg wird daher allein seinem Glauben entsprechen.

7. Meditationsdauer

a) Wenn der Wirkungsgrad der Meditation seine höchste Stufe erreicht hat, dann soll er zu jeder Zeit bewahrt werden, im Gehen, Stehen, Sitzen und Liegen. Anfänger jedoch sollen eine bestimmte Zeit festlegen. Die besten Zeiten sind die nach dem Aufstehen am

Morgen und die vor dem Schlafengehen am Abend. Die Mindestforderung ist eine Meditation am Tag.

b) (Grundsätzlich:) Je länger eine Meditation andauert, desto besser die Ergebnisse; doch soll sie sich den natürlichen Möglichkeiten anpassen, d. h. der Übende soll jede Anstrengung, die Übungszeit auszudehnen, vermeiden. Kann er 30 Minuten durchhalten und dies ohne Unterbrechung fortführen, dann wird er zur gegebenen Zeit gute Ergebnisse erringen.

c) Wer viel beschäftigt ist, für den sind 40 Minuten ratsam. Gelingt es für eine Stunde, so sind die Resultate besser.

d) Der Morgen und der Abend sind die besten Zeiten. Kann der Übende jedoch (aus äußeren Gründen) nur einmal am Tage meditieren, dann ist es ratsam, dies auf die Zeit nach dem Aufstehen am Morgen zu legen.

e) Kann er allabendlich vor dem Zubettgehen noch eine kurze Meditation von 15–20 Minuten einlegen, so wird er schneller vorankommen. Auf diese Weise ist seine Hauptübung am Morgen durch eine abendliche Stützübung gefördert.

f) Jeden Morgen, wenn der Übende erwacht, soll er, bevor er sein Bett verläßt, den Ober- und Unterbauch massieren und den Atem regulieren, bevor er zur Toilette geht. Dann folgt die Morgen-Meditation. Zwar ist es ratsam, sich vor der Übung zu entleeren, da aber jeder seine Gewohnheiten hat, bildet das keine zwingende Regel.

B. Atemregulierung

Atmen ist Lebensfunktion und von besonderer Wichtigkeit. Der Mensch weiß nur, daß Essen und Trinken das Leben erhält und daß ihr Fehlen zum Tode führt, er macht sich jedoch zumeist nicht klar, daß der Atem wichtiger ist als Essen und Trinken. Er meint, daß Essen und Trinken deshalb von besonderem Wert seien, weil er dafür Geld aufwenden muß, für das er schwer arbeitet. Atemluft aber ist überall erhältlich, ist unerschöpflich und kostenlos. Darum betrachtet man sie als wertlos. Ißt man nicht mehr, dann lebt man noch mindestens sieben Tage; werden aber Nase (und Mund) verschlossen, sodaß die Zufuhr an Luft abgeschnitten wird, so stirbt der Mensch augenblicklich. Darum ist Atmen wichtiger als Essen und Trinken.

Es gibt zwei Arten der Atmung: die natürliche und die geordnete, die nun beschrieben werden sollen.

1. Die natürliche Atmung

Ein Atemzug besteht aus einer Einatmung und einer Ausatmung. Die Atemorgane bestehen aus der Nase außen und den Lungen innen. Die Lungen liegen im Brustkasten, und so wie der Atem verläuft, dehnen sie sich oder ziehen sie sich zusammen. Der Atem expandiert und kontraktiert die Lungen jedoch nicht völlig; nur der obere Teil dehnt sich und schrumpft, während der untere Teil bewegungslos bleibt. Da keine volle Sauerstoffsättigung durch die Einatmung gewonnen, und nicht alle Kohlensäure bei der Ausatmung abgegeben wird, kann das Blut nicht völlig gereinigt werden, woraus sich alle Arten von Krankheiten ergeben können. Das ist die negative Auswirkung der natürlichen Atmung.

Natürliche Atmung, auch Bauchatmung genannt, umfaßt eine Einatmung, die bis zum Unterbauch geht, und eine Ausatmung, die vom Unterbauch (her kommt). Atmet man ein, so füllt die Luft alle Teile der Lunge, dehnt sie nach unten und drückt das Zwerchfell abwärts. Dabei entspannt sich der Brustkorb, und der Bauch dehnt sich. Beim Ausatmen zieht sich der Bauch zusammen und drückt das Zwerchfell aufwärts gegen die Lungen, aus denen so die unreine Luft gepreßt wird. Daher ist es wichtig, daß die Atemfunktion, durch die die Lunge expandiert und kontraktiert wird, mit den Bewegungen des Bauches und des Zwerchfells harmoniert, um so dem Naturgesetz zu entsprechen und die freie Blutzirkulation zu gewährleisten. Dieser Methode des Atmens soll man nicht nur bei der Meditation folgen, sondern beständig im Gehen, Stehen, Sitzen und Liegen.

So reguliert man den Atem:

a) Atmet man aus, dann zieht sich der Unterbauch unterhalb des Nabels zusammen, hebt das Zwerchfell, und der Brustkorb wird gepreßt, so daß sich alle unreine Luft aus den Lungen entleert.

b) Atmet man ein, so gelangt frische Luft durch die Nasenlöcher, füllt langsam die Lungen und preßt das Zwerchfell herab. Der Unterbauch dehnt sich dabei.

c) Ein- und Ausatmung sollen nach und nach tiefer und zügiger werden, den Unterbauch erreichen, der sich füllt und strafft. Es gibt Leute, die raten, man solle den Atem für einige Sekunden im Bauch anhalten; aber meiner Erfahrung nach sollte der Anfänger das nicht tun.

d) Die Ein- und Ausatmung sollte langsam, zügig und fein verlaufen. Dies übe man, bis der Atem unmerklich wird.

e) Ist dieses Resultat erzielt, dann scheint der Atem geschwunden zu sein, trotz des Vorhandenseins der Atemorgane, die nun überflüssig erscheinen. Der Übende hat das Gefühl, als ob der Atem durch die Poren des Körpers ein- und ausströme. Dies ist die höchste Erreichung in der Atemkunst. Der Anfänger jedoch soll Übertreibungen vermeiden und dem Atem seine Natur belassen.

2. Die geordnete Atmung

Die geordnete Atmung, auch umgekehrte Atmung genannt, ist tief und fein, geht auch bis zum Bauch wie die natürliche Atmung, jedoch mit entgegengesetzten Expansions- und Kontraktionsbewegungen des Unterbauchs und den entsprechenden Aufwärts- und Abwärtsbewegungen des Zwerchfells. Sie heißt umgekehrte Atmung, weil sie einen gegenüber der natürlichen Atmung umgekehrten Ablauf in folgender Weise darstellt:

a) Die Ausatmung ist langsam und zügig, wobei sich der Unterbauch dehnt. Dadurch wird dieser fest und voll.

b) Der Bereich unterhalb des Nabels füllt sich mit Prāṇa, der Brustkorb wird hohl und entspannt, das Zwerchfell locker.

c) Die Einatmung ist tief und zügig und füllt die sich dehnende Brust völlig, wobei sich der Unterbauch zusammenzieht.

d) Durch die Luft, die die Lungen füllt, wird das Zwerchfell abwärts, durch das Zusammenziehen des Bauches aufwärts gepreßt. Dieser Vorgang aktiviert das Zwerchfell.

e) Während sich der Brustkorb dehnt, wird der Bauch, obwohl eingezogen, nicht hohl.

Während des Ein- und Ausatmens soll der Schwerpunkt im Bauch unterhalb des Nabels bleiben und sich nicht verschieben.

f) Der Atem soll ruhig, fein und selbst für den Meditierenden unhörbar bleiben.

Während die Alten eine längere Ein- als Ausatmung empfahlen, empfehlen die Modernen das Umgekehrte. Meiner Erfahrung nach jedoch ist für beide die gleiche Länge zu empfehlen.

Aus Obigem wird ersichtlich, daß sowohl die natürliche wie die geordnete Atmung den Zweck haben, das Zwerchfell zu aktivieren. Die geordnete Atmung dient dazu, den Bauch auf künstliche Weise zu kontraktieren und zu expandieren, so daß das Zwerchfell sich strafft und so müheloser betätigt.

Als ich mit meinen Übungen begann, empfand ich die geordnete Atmung als überaus hilfreich. Darum habe ich sie in der ersten Ausgabe dieses Buches empfohlen. Seitdem haben mir einige Leser geschrieben, daß sie nicht in der Lage seien, so zu üben. Ist also die geordnete Atmung nicht übbar, dann empfehle ich dem Leser, die natürliche Atmung zu üben. Sie ist frei von allen Belastungen.

3. Die Atemübung

Gleichgültig, ob die natürliche oder die geordnete Atmung angewandt wird, die Hauptpunkte der Atemübung bleiben die gleichen:

a) Die Lotushaltung sei die gleiche wie in der Meditation.

b) Der Atem sei zu Beginn kurz und soll sich im Lauf der Übung verlängern.

c) Er soll langsam, fein, unhörbar und tief sein und dabei behutsam bis zum Unterbauch geführt werden.

d) Er soll durch die Nase, nie durch den Mund gehen.

e) Sobald der Übende mit der Aufgabe vertraut ist, wird es ihm gelingen, den Atem ohne Anstrengung nach und nach zu verlängern, bis jeder Atemzug – ein und aus zusammen – eine ganze Minute ausfüllt.

f) Täglich soll ohne Unterbrechung die feine, unhörbare Atmung geübt werden.

g) Während der Meditation sollen alle Gedanken ausgeschaltet sein, denn wenn die Aufmerksamkeit auf den Atem gerichtet ist, kann der Geist nicht zur Stille gelangen. Aus diesem Grund ist es ratsam, Atemübungen vor und nach jeder Meditation zu praktizieren.

h) Diese Atemübungen vor und nach jeder Meditation sollen nur bei frischer Luft stattfinden und etwa fünf bis zehn Minuten dauern.

4. Das Senken der Magengrube in Beziehung zur Atmung

Wir haben oben von der Meditationshaltung gesprochen, bei der die Magengrube gesenkt wird. Bei der Atemübung ist das Senken der Magengrube für die Atemregulierung wichtig, wodurch die Wirkung der Meditation selbst erhöht wird. Der Leser achte auf folgende Punkte:

a) Zu Beginn seiner Atemübungen hat der Anfänger gewöhnlich das Gefühl, daß die Magengrube fest ist und den Atem behindert, so daß es zu keiner Regulierung kommt. Das geschieht deshalb, weil das Zwerchfell sich nicht frei auf und ab bewegen kann. Diese Schwierigkeit muß entschlossen beseitigt werden.

b) Ist der Atem derart behindert, dann muß jede Anstrengung vermieden und dem Atem sein natürlicher Verlauf belassen werden, indem man die Aufmerksamkeit ruhig auf den Unterbauch richtet.

c) Man entspanne den Brustkorb, damit der Kreislauf keinen Druck auf das Herz ausübt. So senkt sich die Magengrube automatisch.

d) Im Laufe der Zeit entspannt sich das Zwerchfell, und der Atem wird fein und zügig, wobei jede Einatmung zum Schwerpunkt unterhalb des Nabels, und jede Ausatmung von dort her geht. Dies ist dann der Beweis, daß die Magengrube gesenkt wurde.

C. Vibration im Bauch

a) Eine lange Meditationspraxis führt gewöhnlich zu einer (Art) Vibration, die im Unterbauch, unterhalb des Nabels, gefühlt wird. Sie beweist, daß sich im Bauch (psychische) Energie gesammelt hat.

b) Etwa zehn Tage, bevor diese Vibration in Erscheinung tritt, empfindet der Meditierende eine gewisse Erhitzung im Bauch, unterhalb des Nabels.

c) Ist diese Hitze einige Zeit hindurch fühlbar, vibriert plötzlich der Unterbauch, und der ganze Körper wird geschüttelt. Das braucht den Meditierenden nicht zu erschrecken. Er soll den natürlichen Ablauf dieser Vorgänge nicht stören.

d) Die Schnelligkeit und Dauer des Vibrationsvorgangs ist individuell verschieden. Er geschieht, ohne daß man ihn suchen oder behindern soll.

e) Wird die Vibration gefühlt, so soll sich der Meditierende (aber ohne Nachdruck) vorstellen, daß die heiße Energie (abwärts geht und) durch das untere Wirbelsäulenende die Wirbelsäule, aufwärtsströmend, geht, bis sie den höchsten Punkt des Kopfes erreicht und durchläuft, sich dann über das Gesicht hin abwärts wendet, über (Brust und) die Magengrube zum Bauch, unterhalb des Nabels, zurückkehrt. (Der Kanal vom Wirbelsäulenende zur Magengrube öffnet sich nicht sofort; das kann von der ersten Vibration an ein paar Monate oder selbst ein Jahr dauern. Der Leser muß sich darüber klar sein).

Im Lauf der Zeit wird die kreisende Hitze von allein aufwärts und abwärts steigen und kann durch Imagination zu jedem Körperteil gelenkt werden, selbst zu den Fingernägeln und Haarspitzen. Das Ergebnis ist dann, daß sich der ganze Körper erwärmt und von ungewöhnlichem Wohlbefinden erfüllt wird.

Der Ursprung dieser Vibration ist sehr dunkel und schwer zu erklären. Höchstwahrscheinlich ist es der Blutkreislauf und eine Ballung (psychischer) Kräfte im Bauch, unterhalb des Nabels. Diese Konzentration von Kräften verursacht die Bewegungen, die wiederum die Hitze hervorruft. Es ist jedoch schwer erklärlich, warum diese Kräfte die Wirbelsäule aufwärts bis zum Kopf steigen und dann, absteigend, zum Nabel zurückkehren. Tatsächlich habe ich selbst diese Phänomene kennengelernt und kann sie bestätigen. (Dies ist es, was die Alten ‚freien Durchgang durch die drei Tore' nannten. Das erste Tor ist das Wirbelsäulenende, das zweite in der Wirbelsäule bei den Nieren und das dritte im Hinterkopf).

Es gibt mehrere alte Erklärungen dafür. Die vernünftigste, wenn auch nicht gerade wissenschaftlichste ist: ‚Der Fötus im Mutterleib atmet nicht durch die Nase. Bei ihm kreist die Vitalkraft durch die Wirbelsäule zum Kopf, und dann absteigend zum Nabel. Das nennt man die fötale Atmung. Nach der Geburt (nachdem die Nabelschnur durchtrennt wurde), hört dieser Kreislauf auf und wird durch die Atmung mit Hilfe der Atemorgane ersetzt. Nach langer Meditation kann der Übende sich wieder dieses Kreislaufs bedienen und den fötalen Atem wiederherstellen'.

D. Meine persönlichen Erfahrungen

1. Meine Kindheit

Als Kind war ich immer krank, ausgezehrt und knochig. Mit 12 Jahren, noch unerfahren, ergab ich mich der Selbstbefleckung, was später zu unbeabsichtigten Ergüssen, Kopfschmerzen, Ischias,

Schwindel, Ohrensausen und Nachtschweiß führte, woraus sich später wiederum neue Beschwerden ergaben. In meiner Unwissenheit erkannte ich nicht, woher das alles kam. Mit 13 und 14 begann ich es zu ahnen, gewann aber keine Klarheit. Zeitweilig enthielt ich mich, wurde aber wieder rückfällig, sprach mit niemandem darüber und blieb krank. Wir lebten nur zwei oder drei Meilen von der Stadt entfernt; wenn ich aber meine Brüder dorthin begleitete, wurden mir die Knie schwach, und ich konnte nicht weiter. Wieder daheim, brach mir in der Nacht sechs oder sieben mal der Schweiß aus. Das war mein gestörter Gesundheitszustand in der Kindheit.

2. Meine Jugend

Als ich 17 war, wurden die Fälle von Erkrankung häufiger, auch plagten mich Nervosität und Gliederzittern. Ich weiß noch, wie ich mich im Frühling an jedem Nachmittag mit Fieber hinlegen mußte, das am nächsten Morgen wieder fort war. Ich war unablässig krank und niedergeschlagen. Trotzalledem aber war ich ein fleißiger Schüler, studierte in meinen Büchern bis spät in die Nacht, als ob alles in Ordnung wäre. Das führte dazu, daß ich noch schwächer und kränker wurde.

3. Mein Beweggrund zur Meditation

Als meine Erkrankung ernst wurde, suchte ich Heilung um jeden Preis. Da wir aber auf dem Lande lebten, standen uns nur Kräuterdoktoren zur Verfügung, deren Mittel mir nicht halfen und die ich ablehnte. Obwohl ich zu niemandem über meine Krankheit sprach, entdeckte mein Vater doch ihre Herkunft und veranlaßte mich, Bücher über geistige Selbstgestaltung zu lesen.

(Eines Tages) zeigte er mir das Buch ‚I Fang Chi Chiai' (‚Rezepte der alten Medizin und ihre Erklärung'), dessen letzter Abschnitt von der Taoistischen Technik handelt, die genannt wird ‚Planetenbahn des Mikrokosmos' [1]. (Nachdem ich das gelesen hatte), war ich unerwarteterweise von den Lehren überzeugt, versuchte sie zu üben, besserte mich zusehends, hatte aber keine Ausdauer. Als ich erneut krank wurde, schrak ich auf, bekam Furcht und begann wieder zu üben. Kaum jedoch genesen, wurde ich träge, und wieder kam ich davon ab. Jetzt aber hatte ich gelernt, auf

1. Wird umfassend im Siebenten Kapitel erklärt.

mich acht zu geben, und von nun an tat ich nichts mehr, was mir Schaden bringen konnte. Seit meinem 19. Lebensjahr, wiewohl noch nicht völlig gesund, fühlte ich mich bedeutend kräftiger als während meiner Kindheit.

4. Wiederaufnahme meiner Meditations-Praxis

Mit 22 heiratete ich, und da ich meine Gesundheit gebessert fühlte, hörte ich auf zu meditieren. Da ich aber meine sexuellen Gelüste nicht zügelte, kehrten all meine früheren Beschwerden zurück und plagten mich. Hinzu kam, daß meine maßlosen Eß- und Trinkgewohnheiten mir eine Magenerweiterung und eine Entzündung der Speiseröhre verschafften. Das regte mich auf und veranlaßte mich, beständig an Essen zu denken; was ich aber auch zu mir nahm, es ekelte mich, und ich mußte es wieder von mir geben. Mein Freunde rieten zu Ruhe und Rücksichtnahme auf meine Gesundheit. Aber ich ertrug meine Beschwerden und unternahm nichts.

Im Frühling des Jahres 1899 starb mein zweiter Bruder an der Schwindsucht. Im folgenden Jahr litt ich unter starkem Husten und spie bald darauf Blut. Ich nahm chinesische Medikamente, aber die Krankheit verschlimmerte sich und währte drei Monate. Ich bekam Angst, daß ich meinem Bruder bald folgen müßte. Dann warf ich alle Medikamente fort, trennte mich von meiner Familie, zog mich in ein stilles Zimmer zurück, schloß mich von der Welt ab, verhielt mich gleichgültig gegenüber allem und nahm meine Meditationsübungen wieder auf. Ich war zu der Zeit 28 Jahre alt.

5. Der Zeitplan meiner Meditation

Für meine tägliche Meditation hatte ich mir einen Zeitplan aufgestellt. Am frühen Morgen zwischen drei und vier Uhr stand ich auf und setzte mich auf mein Bett zur Meditation für ein bis zwei Stunden. Dann stand ich auf, wusch mich, spülte mir den Mund, nahm etwas Essen zu mir und ging dann, auf einem kurzen Spaziergang, der aufgehenden Sonne entgegen. Bei einem freien Platz vor der Stadt hielt ich an, um die frische Luft dort zu atmen. Zwischen sieben und acht Uhr kehrte ich in mein Zimmer zurück, frühstückte und ruhte dann für ein bis zwei Stunden. Dabei las ich in den Werken von Lao Tse, Chuang Tse und in den Buddha-Sūtras.

Nach zehn Uhr saß ich wieder in Meditation. Nach dem Mittagessen ging ich in meinem Zimmer auf und ab. Gegen drei Uhr am Nachmittag spielte ich auf einer Laute, um mir etwas Abwechslung zu verschaffen oder ging spazieren. Um sechs Uhr setzte ich mich wieder zur Meditation und aß um sieben zu Nacht. Nach acht ging ich wieder im Zimmer auf und ab, setzte mich um neun zur Meditation und ging um zehn zu Bett. Diesen Zeitplan hielt ich strikt ein.

6. Schwierigkeiten zu Beginn meines Übens

Da ich voll Ungeduld war, gut voranzukommen, machte ich meine Übungen zu einer schweren Arbeit. Immer wenn ich in Meditation saß, entstanden die mannigfaltigsten Gedanken in meinem Geist. Und je mehr ich mich bemühte, ihrer Herr zu werden, desto zahlreicher wurden sie. Darauf versuchte ich, meinen Atem zu regulieren, doch bald hatte ich das Gefühl, daß das mühsamer wurde, so als befände sich ein Hindernis in meiner Brust. Trotz allem aber behielt ich den festen Glauben, daß Meditation von großem Wert ist und daß es meine Aufgabe sei, unermüdlich weiter zu üben. Schließlich wurde ich sehr müde und war nun auf dem Punkt, alles aufzugeben. Einige meiner Nachbarn aber waren älter und beherrschten die Kunst der Meditation, darum erzählte ich ihnen von meinen Schwierigkeiten. Sie alle sagten: ‚Was du machst, ist falsch. Dein Üben muß sich der Natur anpassen. Ob du gehst, stehst, sitzt oder liegst – es muß der Natur angepaßt sein. Es ist nutzlos, dazusitzen wie ein Holzklotz.' Diese Worte sprachen mich an, und wenn ich von nun an in der Meditation saß, lauschte ich auf die natürliche Einstellung. Fühlte ich mich unbequem, so stand ich langsam auf von meinem Sitz, ging im Zimmer auf und ab, und wenn Körper und Geist sich geordnet fühlten, setzte ich mich wieder. Auf diese Weise geschah es, daß all meine Schwierigkeiten im Laufe von drei Monaten nach und nach schwanden und durch verbesserte (geistige) Zustände ersetzt wurden.

7. Die erste Vibration

Seit dem 4. April 1900, wo ich mit meiner Meditation begann, übte ich, trotz aller Schwierigkeiten, ohne Unterbrechung täglich, bis es mir nach und nach zur Natur wurde. Zur gleichen Zeit besserte sich meine Gesundheit von Tag zu Tag. Wenn ich früher zu einem Spaziergang ausging, wurden meine Beine nach einer oder zwei Chinesischen Meilen so schwach, daß ich nicht weiter gehen konnte. Nun aber schaffte ich mühelos zehn Meilen, ohne müde zu werden.

Jedesmal, wenn ich in Meditation saß, fühlte ich eine Art heißer Vibration im Unterbauch, unterhalb des Nabels. Diese unerwartete Erfahrung setzte mich in Erstaunen. Am Abend des 25. Juni des gleichen Jahres vibrierte mein Unterbauch plötzlich, und obwohl ich wie üblich mit gekreuzten Beinen saß, konnte ich diese Haltung kaum bewahren, weil mein ganzer Körper heftig geschüttelt wurde. Ich fühlte diese heiße Energie das Wirbelsäulenende durchstoßen und die Wirbelsäule aufwärts gehen, bis sie den höchsten Punkt des Kopfes erreichte.

Dies begann 85 Tage nach meinem ersten Erlebnis am 4. April und dauerte sechs Tage, nach denen die Vibration langsam nachließ. Dies alles setzte mich sehr in Erstaunen.

Danach fühlte ich jedesmal, wenn ich in Meditation saß, diese Hitze zur Schädeldecke steigen, stets auf dem gleichen Weg verlaufend, jedoch ohne die früher erlebte Vibration. Zu dieser Zeit war ich von all den früheren Leiden befreit, von der Nervosität, dem Herzklopfen, Ischias, Kopfschmerzen, Ohrensausen, Schwindel, Husten und Blutspeien. Mein Magen war noch immer erweitert, jedoch verschlimmerte sich dieses Leiden nicht.

8. Die zweite und dritte Vibration

Während des ganzen Jahres 1900 blieb ich von der Welt zurückgezogen, übte Meditation und hielt mich an drei Regeln: Enthaltsamkeit von (sexuellen) Wünschen und Stärkung der Vitalität; Enthaltsamkeit im Reden, um die Atemkraft zu stärken, und Enthaltsamkeit beim Umherschauen, um den Geist zu sammeln. Ich führte Buch über meine täglichen Fortschritte: Die Einleitungszeit von April bis Juni war voller Schwierigkeiten und Versager. Juni und Juli wurden als die Monate beginnender Heilung notiert, während von August an der Erfolg in der Meditation größer wurde. Nun konnte ich in einem Zuge drei Stunden lang sitzen, während an die Stelle von Körper und Geist eine große Leerheit von absoluter Fleckenlosigkeit trat und in der ich mir noch nicht einmal meiner eigenen Gegenwart bewußt war. Dies verschaffte mir ein großes Wohlbefinden.

Im darauffolgenden Jahr mußte ich für meinen Lebensunterhalt arbeiten, und da ich nun nicht mehr die ganze Zeit der Meditation widmen konnte, übte ich zweimal am Tage, morgens und abends, ohne Unterbrechung.

Am 5. Mai des Jahres 1902, es war während der Morgenmeditation, fühlte ich wiederum, wie die Hitze im Unterbauch vibrierte, genau wie damals im Juni 1900, nur daß sie diesmal nicht das Wirbelsäulenende durchstieß, sondern das ‚Obere Tor' im Hinterkopf. Dies währte drei Tage und verursachte mir Kopfschmerzen. Ich war nicht erschrocken, aber plötzlich schien mein Schädel zerspringen zu wollen, während ein Hitzestrom um diesen Punkt herum kreiste. Von nun an hatte ich in jeder weiteren Meditation das gleiche Erlebnis, die Vibration aber verging völlig. Dies war meine Erfahrung mit der zweiten Vibration.

Am 4. November des gleichen Jahres, während der Abendmeditation, fühlte ich wiederum Vibration im Unterbauch, und die Hitze, nachdem sie im Schädel gekreist war, ging nun abwärts über mein Gesicht und die Brust, um zum Unterbauch, unterhalb des Nabels, zurückzukehren. Daraufhin versiegte die Vibration. Dies war meine Erfahrung mit der dritten Vibration.

Nach dieser Zeit hob sich die Hitze, jedesmal wenn ich in Meditation saß, die Wirbelsäule aufwärts bis zur Schädeldecke und ging danach über das Gesicht und die Brust zurück zur Nabelgegend, um den Kreislauf dann zu wiederholen.

Wenn ich mich erkältet oder unwohl fühlte, schickte ich nur diese Hitze durch den Körper, bis sie die Fingerspitzen und die Haare erreichte und starke Schweißbildung hervorrief, woraufhin die Erkältung verging. Danach verschwanden all meine früheren Leiden für immer. Wenn ich mit Freunden in die Berge ging, war ich selbst nach mehr als zehn Chinesischen Meilen Fußwegs auf Bergpfaden frisch.

Von besonderem Interesse wurde für mich ein Wander-Wettstreit mit einem Freund im Sommer des gleichen Jahres. Wir legten eine Strecke von 90 Chinesischen Meilen zurück, von Chiang Yin, wo wir am frühen Morgen aufbrachen, bis Wu Chin, wo wir gegen vier Uhr nachmittags ankamen. Ich war nicht müde geworden, wiewohl wir die ganze Zeit unter glühender Sonne marschiert waren.

9. Mehr als zwanzigjährige Erfahrung

Als ich im Alter von 17 Jahren mit der Meditation begann, glaubte ich nicht sehr stark an ihre Wirkungskraft. Daß ich überhaupt übte, war nur der Sorge um meine Krankheit zuzuschreiben. Wenn ich Taoistische Bücher las, dann fand ich sie voll (solcher technischer Begriffe wie) Yin und Yang (das weiblich negative und das männlich positive Prinzip), die fünf Elemente (Metall, Holz, Feuer, Wasser, Erde), die K'an- und Li-Diagramme (des Buchs der Wandlungen) und das Elixier der Unsterblichkeit, was alles jenseits meiner Fassungskraft lag. Aus diesem Grunde nahm ich die Meditation nicht so wichtig und übte sie nur gelegentlich.

Als ich 28 war, wurden die Übungen regelmäßig, meines Lungenleidens wegen. Als praktischer Mensch dachte ich, daß diese Übung helfen müsse, die Vitalität durch Beseitigung der Zerstreutheit zu erhalten und dadurch den Ursprung der Krankheit zu entwurzeln. Ich kümmerte mich nicht um die alte (Methode der) Stärkung des Feldes der Unsterblichkeit (tan t'ien) [2] und glaubte ebensowenig an die ‚freien Durchgänge durch die drei Tore'. Als ich jedoch dreimal erfahren hatte, daß die Körpervibrationen eine Tatsache waren, da erkannte ich, daß das Tao unerschöpflich ist, und daß es viele Dinge gibt, die unser (begrenzter) Verstand nicht ergründen kann. So kam ich zu dem Schluß, daß die alten Lehren keineswegs als wenig verläßlich verworfen werden dürfen. Die Alten sprachen von ‚innerer Wirkkraft' (nei kung) als der ersten Methode, die Gesundheit zu verbessern [3]. Die ersten Schritte dazu aber wurden nicht offen weitergegeben (außer mündlich vom Lehrer an den Schüler). Nach der Ch'in- (897–295 v. Chr.) und Han- (205 v. Chr. bis 220 n. Chr.) Dynastie schufen die Taoisten ihre Theorie von der Unsterblichkeit und bildeten Sekten, je nach ihren Übungsmethoden. Ihr Ziel jedoch war ähnlich Lao Tse's Erlangung der Stille und Buddhas Dhyāna-Samādhi. Leider sind ihre Übungsmethoden (heute) unbekannt und werden als geheimnisvoll betrachtet.

2. Im Unterbauch, unterhalb des Nabels.

3. S. Siebentes Kapitel.

Von 1903 an, als ich nach Shanghai kam, bis zur Veröffentlichung (der ersten Ausgabe) dieses Buches (1914), als ich 42 Jahre alt war, übte ich regelmäßig zweimal am Tag, morgens und abends, Meditation. Mehr als zehn Jahre hindurch, mit seltenen Ausnahmen, etwa wenn ich unter Hämorrhoiden litt oder eine äußere Beschwerde hatte, verlebte ich die Jahre, ohne an einer Krankheit zu leiden. Meine jüngsten Studien in Büchern über Philosophie, Psychologie, Physiologie und Hygiene haben neues Licht auf die Meditationspraxis geworfen. So fand ich, daß es der Hauptzweck der Meditation ist, die Kraft des Geistes zu nutzen, um den Körper derart zu führen, daß eine ungehinderte Blutzirkulation gesichert ist.

Wie in meinem oben angegebenen Zeitplan gezeigt ist, wanderte ich jeden Morgen in Richtung Osten, der aufgehenden Sonne entgegen, frische Luft zu atmen und Sonnenenergie aufzunehmen. Dies entspricht durchaus der modernen Hygiene, die Sonnenbäder und frische Luft empfiehlt. Außerdem tötet das Sonnenlicht Bakterien und ist wirkungsvoll bei Lungenkrankheiten. Meine täglichen Spaziergänge sollten meine Beine entspannen, die bei der Meditation eingeschlafen waren. Auch dies entspricht der modernen Hygiene, die Freiluftübungen und Sport empfiehlt. Es ist also nichts seltsam und geheimnisvoll an den Übungen der Meditation.

Es gibt authentische historische Berichte von Ch'en T'uan (einem Taoisten), der sich zum Shan Hau-Gebirge zurückzog, wo er zeitweilig für über 100 aufeinanderfolgende Tage jede geistige Aktivität aufgab, ohne seinen (Meditations-)Platz zu verlassen, oder von Bodhidharma, der neun Jahre lang eine Wand anblickte. Da gab es in meiner Nachbarschaft alte Leute, die Meditation übten, und die trotz ihrer Jahre gesund und kraftvoll waren. Taoistische Berichte beweisen klar, daß alle Unsterblichen ihren Weg mit Meditation begannen und danach die geistige ‚Metamorphose' gewannen.

So ist die Kunst der Meditation nur ein erster Schritt (auf dem Übungsweg), und weil sie mich in den Stand versetzte, mich so wunderbar von allen Leiden zu befreien, können wir schließen, daß die Erlangung der Unsterblichkeit, wie sie von den Taoisten vertreten wird, im Bereich der Möglichkeiten liegt. Ich jedoch habe diesen (Unsterblichkeits-)Zustand nicht erreicht, und da ich ein praktischer Mensch bin, der nichts behandelt, was er nicht ausprobiert hat, habe ich in diesem Buch nur das erwähnt, was durch tatsächliches Erleben erfahren wurde.

10. Das Geheimnis der ‚Vergeßlichkeit'

Als ich mit Meditation begann, strebte ich nach schnellen Erfolgen, und dadurch kam mein Zeitplan ziemlich durcheinander. Ich würde dem Leser vorschlagen, ihn nicht zu kopieren, sondern zweimal am Tag zu üben, am Morgen und am Abend, um unnötige Schwierigkeiten zu vermeiden. Bezüglich dessen, daß die Meditation ‚natürlich' sein soll, einer sehr wichtigen Forderung, muß ich noch folgendes sagen:

Um die Meditation natürlich werden zu lassen, ist nichts wichtiger als das Geheimnis des Wortes ‚Vergeßlichkeit'. Wenn z. B. das Ziel der Meditation das Heilen einer Krankheit ist, muß der Übende den ganzen Gedankenkomplex um das Heilen vergessen. Will er gesünder werden, so muß er die Idee der Gesundung vergessen. Denn wenn der Geist und sein Objekt vergessen sind, dann wird alles leer, und das dabei eintretende Übungsresultat ist das richtige. Denn die Wirkungskraft der Meditation liegt in der allmählichen Wandlung von Körper und Geist. Hängt man jedoch am Gedanken der Heilung einer Krankheit oder Besserung der Gesundheit, dann wird der Geist aufgestört, und kein Ergebnis kann eintreten. Ich hatte diesen Fehler zu Beginn meines Übens begangen, aber ich rate meinem Leser, ihn zu vermeiden.

11. Das Vermeiden ungeduldiger Erwartung eines Erfolges

Als meine Freunde erfuhren, daß ich mit Hilfe der Meditation Erfolg bei der Heilung meiner Krankheit gehabt hatte, bekam ich häufig Besuch von Menschen, die mich baten, sie zu lehren. Aber von Hunderten und Tausenden von ihnen erzielten nur einer oder zwei wirkliche Ergebnisse. Ihre Fehlschläge resultierten aus der ungeduldigen Sehnsucht nach schnellen Resultaten. Sie sahen nur, daß ich gute Ergebnisse erreicht hatte, bedachten aber nicht, daß mein Erfolg meiner Ausdauer zuzuschreiben war, nicht aber der Ungeduld, schnell zum Ziel zu gelangen. Die meisten Schüler waren zu Anfang ihrer Übungen durchaus ernsthaft, hörten aber (sehr plötzlich) wieder auf, als sie merkten, daß sie nicht so schnell wie erwartet wirkten. Einige meinten sogar, ich hielte ein Geheimnis verborgen, das ich ihnen nicht verraten wollte. Gewöhnlich führt Ungeduld zu negativen Resultaten. Sie wußten nicht, daß Meditation dazu dient, Körper und Geist zu pflegen und zu nähren. Dies Ernähren gleicht durchaus dem des Körpers durch Nahrungsmittel. So weiß z. B. jeder, daß Nahrung den Körper stärkt. Wünscht jemand jedoch ein schnelles Ergebnis, ißt mehr, als er verdauen kann und schädigt so den Magen, wird er dann ganz mit Essen aufhören?

Das Üben ist wie eine lange Fußreise: der Wanderer schreitet Schritt für Schritt voran, bis er schließlich sein Ziel erreicht.

12. Vibration ist kein Zeichen für die Wirksamkeit der Meditation.

Wir haben von jenen Vibrationen im Körper gesprochen, die erst längere Zeit, nachdem der Meditierende mit seinem täglichen Üben begonnen hat, in Erscheinung treten. Ob sie auftreten oder nicht, ob sie schnell oder langsam verlaufen, hängt von der physischen Konstitution des jeweiligen Übenden ab. Es wäre falsch, mit der Meditation aufzuhören, weil man sie, nur wegen fehlender Vibrationen, nicht für wirkungsvoll hält. Auch wäre es falsch, enttäuscht zu sein, weil andere Vibrationen haben, die man selbst vermissen muß. Es ist auf Unterschiedlichkeit der körperlichen Konstitution zurückzuführen, daß einige schon nach wenigen Monaten des Übens, andere erst nach Jahren diese Vibration fühlen, während wieder andere selbst nach vielen Jahren der Meditation, während deren ihr Körper und Geist völlig gewandelt wurden, nichts von diesen Vibrationen empfinden. Aus diesem Grund wissen wir, daß Vibrationen und erfolgreiche Meditation keineswegs in logischer Beziehung zueinander stehen.

13. Beziehung zwischen Meditation und Schlaf

Die Ärzte sagen, der Mensch brauche acht Stunden Schlaf. Auch meinen sie, daß es nicht gut sei, wenn Eheleute im gleichen Bett schliefen, weil jeder von ihnen Kohlensäure ausatme und die Atemluft dadurch verunreinigt würde. Es sei dies die Ursache von Ansteckung, wenn einer von beiden krank sei. Das gleiche gilt auch für die Meditation, die allabendlich zwischen neun und zehn geübt werden soll. Der Übende sollte gegen zehn Uhr zu Bett gehen und am Morgen um sechs Uhr aufstehen. Er sollte im eigenen Bett schlafen. Als ich 1900 mit meinen Meditationsübungen begann, erzielte ich bald gute Resultate, weil ich mich das ganze Jahr hindurch sexueller Betätigung enthielt. Seit dieser Zeit pflegte ich allein zu schlafen, obgleich ich sexuelle Begierden nicht völlig vermeiden konnte.

14. Beziehung zwischen Meditation und Ernährung

Die Ärzte sagen zu Recht, daß das Zuvielessen vermieden werden sollte, daß man seine Mahlzeiten zu festen Zeiten einnehmen und das Essen gut kauen und langsam verzehren müsse. Wir Chinesen sind gute Esser, und ein alter Spruch sagt: ‚Versuche mehr zu essen . . .' Heutzutage ist das so: Wenn man einen Freund trifft und sich nach seinem Befinden erkundigt, dann fragt man: ‚Wieviel Schalen Reis ißt du?' Der Grundgedanke ist, daß einer umso gesünder ist, je mehr er essen kann. Dabei wird übersehen, daß das Überfüttern Verdauungsbeschwerden schafft, woraus andere Krankheiten entstehen können. Eltern pflegen ihre Kinder anzuspornen, so schnell wie möglich zu essen, aber sie bedenken nicht, daß bei schnellem Essen die Nahrung nicht hinlänglich durchgekaut werden kann. Dabei wird die Aufgabe des Kauens, die ja bei den Zähnen liegt, dem Magen und den Eingeweiden zugewiesen, die dabei überfordert und letzten Endes krank werden. Und die Zähne, die sich ihre Arbeit abgewöhnen, zerfallen. Ißt der Mensch nicht zu festgesetzten Stunden, dann nascht er zwischendurch Kuchen und Süßigkeiten und verschwendet seine Verdauungssäfte, was wiederum zu Magenbeschwerden führt. Als ich jung war, pflegte ich zu viel zu essen, zu rasch und zu unregelmäßig. Das führte zu Magenerweiterung. Als ich aber mit der Meditation begann, erkannte ich nach und nach meine Fehler. Was ich heute esse, stellt nur den dritten Teil von dem dar, was ich früher aß. Am Morgen trinke ich ein Glas Milch an Stelle eines ganzen Frühstücks. Früher fühlte ich mich, trotz des übermäßigen Essens, beständig hungrig; jetzt, da ich weniger esse, bin ich damit völlig zufrieden und fühle mich stärker. Heute weiß ich, daß ich damals nicht eigentlichen Hunger hatte, sondern nur eine anormale Magenreaktion besaß, weil ich daran gewöhnt war, mich voll zu fühlen. So ist es also ratsam, das Essen in Grenzen zu halten, die Nahrung gut zu kauen und langsam zu schlucken, um der Verdauung zu dienen. Diese Regel erlaubt keine Ausnahme.»

(Nach der Veröffentlichung seines Buches erhielt Yin Shih Tse zahlreiche Briefe von Menschen, die seine Meditationsmethode befolgten und übten. Wir lassen nun einige ihrer Fragen folgen und die Antworten, die der Autor gab, weil sie *Meditierenden* im Westen auch von Interesse sein können.)

Frage: Obgleich ich seit geraumer Zeit Meditation übe, habe ich noch keine innere Hitze und keine Vibration im Bauch erlebt. Dagegen habe ich festgestellt, daß mein Körper nach rechts und links schwankt. Dies begann schon wenige Tage, nachdem ich mit dem Üben begann. Was hat das zu bedeuten?

Antwort: Dies Schwingen des Körpers zeigt, daß ihre Meditation wirksam ist. Die Wirksamkeit der Meditation hängt nicht notwendigerweise von der inneren Hitze und der Vibration im Bauch ab. Wenn Ihre Meditation echte Erfolge zeitigt, dann kommt das alles von ganz allein, jedoch noch nicht nach nur kurzer Übungszeit.

Frage: Stimmt es, daß Sie in jeder Meditation Hitze fühlen, die rechtsläufig im Körper kreist?

Antwort: Ja.

Frage: Darf man vor oder nach der Meditation schwer arbeiten?

Antwort: Ja, aber nicht sofort. Nach schwerer Arbeit sollte man etwas umhergehen, um sich zu entspannen, bevor man sich zur Meditation setzt. Und am Ende soll man langsam die Augen öffnen und die Glieder entspannen.

Frage: Soll man bei der Meditation die Augen geschlossen halten?

Antwort: Die Augen schließen heißt im Geist Ruhe herstellen. Fühlt man sich nach des Tages Arbeit müde, mag man sie etwas geöffnet halten, um das Eintreten von Schläfrigkeit zu verhindern. Aber an sich ist es ratsam, die Augen zu schließen und einwärts zu richten, um das innere Selbst zu schauen.

Frage: Was kann ich tun, um die Lendenschmerzen zu verhindern, die sich mir beim Sitzen in Meditation ergeben und die mich daran hindern, weiter zu üben?

Antwort: Das liegt nur daran, daß Sie an den Meditationssitz noch nicht gewöhnt sind, oder es geht auf Ischias zurück. Wenn Sie sich nicht zwingen und eine natürliche Haltung einnehmen, dann werden die Schmerzen verschwinden.

Frage: Was kann ich gegen die aufsteigenden Gedanken tun, die mich bei der Meditation behindern?
Antwort: Zählen Sie die Atemzüge, um den Denkprozeß unter Kontrolle zu bringen.

Frage: Ist es nötig, sich auf den Unterbauch zu konzentrieren?
Antwort: Zu Anfang ist diese Konzentration nicht leicht. Darum muß (der Geist) nach und nach heruntergeführt werden, bis er den Unterbauch erreicht.

Frage: Am Morgen habe ich wenig Zeit; kann ich am Abend meditieren?
Antwort: Ja, aber nach einem arbeitsreichen Tag könnten Sie sich müde fühlen und von abendlicher Schläfrigkeit. Wenn das der Fall ist, dann üben Sie besser am Morgen.

Frage: Was verstehen Sie unter ‚die Magengrube senken'? Wie sieht das aus?
Antwort: Wenn Sie sich auf den Unterbauch konzentrieren, wird Ihr Brustkorb leer und entspannt. Dies zeigt an, daß die Magengrube gesenkt ist. Von außen betrachtet ist der Bereich unmittelbar unterhalb des Brustkorbes hohl, während sich der Bauch wölbt.

Frage: Ich begann mit der Meditation im März, und alle meine Beschwerden verschwanden nach und nach im Mai, so daß meine Gesundheit besser wurde und ich dachte, ich wäre von allen Beschwerden geheilt. Mitte Juni aber hatte ich eine unwillkürliche Emission, was mir völlig neu war. Woran kann das liegen? Beweist das eine mangelhafte Gesundheit, oder geht das auf frühere Krankheit zurück, die sich während der Meditation wieder eingestellt hat?
Antwort: Es wäre unlogisch, unwillkürliche Emissionen mit Meditationsübungen in Verbindung zu bringen. Wahrscheinlich

war Ihre Gesundheit vorher schwach, so daß diese Emissionen fehlten, während mit ihrer Verbesserung ein Überschuß an Samen entstand, der zur Emission führte. Ich kann Ihnen versichern, daß das mit Ihren Meditationsübungen nichts zu tun hat. Sie müssen vermeiden, Ihren Geist zu beunruhigen, und müssen alle sexuellen Wunschgedanken meiden. Dann wird sich das Problem von allein lösen. Wenn die unwillkürlichen Emissionen nicht auf Selbstbefleckung zurückzuführen sind, dann haben sie nichts zu bedeuten.

Frage: Als ich im Februar mit meinen Übungen begann, plagten mich zahlreiche Gedanken. Einige Monate später machte ich schon Fortschritte und war mitunter bereits für eine ganze Minute völlig frei von ihnen, so daß ich das Gefühl hatte, in eine große Leerheit eingetreten zu sein. Plötzlich aber ist es aus mit der Selbstkontrolle, und die Gedanken überfallen mich. Ich fühle mich gar nicht wohl und bin nahezu auf dem Punkt, mit den Übungen aufzuhören. Was soll ich tun?

Antwort: Wenn Sie in der Lage sind, sich während der Meditation für eine ganze Minute gedankenfrei zu halten, so ist das ein sehr gutes Ergebnis, das Sie sich zu erhalten suchen sollten. Sind Sie beim Üben von Ausdauer, dann wird es auch gelingen, sich von den Gedanken zu befreien. Der beste Weg, dies zu erreichen, ist, die Meditation nach innen zu wenden, um den Ursprung dieser Gedanken zu betrachten. Haben Sie erkannt, daß es keinen festen Ort für ihr Entstehen gibt, dann wird der Zustand der Gedankenfreiheit eintreten.

Frage: Wenn ich eine halbe Stunde in Meditation sitze, dann schlafen mir die Beine ein. Ich kann dieses Übel nicht los werden, das mir heute noch lästiger scheint als früher. Was kann ich tun, um davon frei zu werden?

Antwort: Diese Taubheit in den Beinen ist unvermeidlich. So unvermeidlich wie die Gliederschmerzen zu Beginn körperlicher Übungen. Man kann sich auf zwei Wegen davon befreien: 1. Wird sie unerträglich, dann bewegen und strecken Sie die Beine, sie zu entspannen; 2. Versuchen Sie, sie zu ertragen, bis sie nicht mehr zu merken ist, dann verschwindet sie von allein. Können Sie sie einige Übungen hindurch ertragen, dann werden die Beine nicht mehr einschlafen, und Sie werden für ein oder zwei Stunden ohne weitere Beschwerde sitzen können.

Frage: Wenn während der Meditation Speichel fließt, soll ich ihn ausspeien oder schlucken?

Antwort: Ein sehr gutes Zeichen! Schlucken Sie! Nach der alten (taoistischen) Methode soll man die Zunge im Munde herumrollen, um den Speichelfluß anzuregen und dann geräuschvoll zu schlucken [4].

Frage: Ist es von Übel, wenn man man die Zeitdauer der Meditation verlängert?

Antwort: Sie dürfen nach Belieben verlängern, jedoch ohne Anstrengung.

Frage: Während der Meditation geht die innere Hitze mitunter auf und ab. Was hat das zu bedeuten?

Antwort: Ein sehr gutes Zeichen. Es beweist den freien Kreislauf der vitalen Kräfte.

Frage: In der Meditation soll man sich auf den Unterbauch konzentrieren. Ist es gut, sich anschließend auf die Fußsohlen zu konzentrieren?

Antwort: Ob in der Meditation oder nicht, die Konzentration sei auf den Unterbauch gerichtet.

Frage: Wenn man krank ist, soll man sich auf den erkrankten Teil des Körpers konzentrieren?

Antwort: Das beste ist, die ganze Krankheit zu vergessen.

Frage: Ist es ratsam, nach dem Essen zu meditieren?

Antwort: Meditation ist 20–30 Minuten nach dem Essen ratsam.

Frage: Wenn ich in Meditation sitze, fühle ich leichte Wärme im Unterbauch. Was hat das zu bedeuten?

4. S. Siebentes Kapitel.

Antwort: Das beweist, daß Ihre Meditation noch keine ausreichende Wirkung hat. Im Lauf der Zeit wird die Wärme an Intensität zunehmen.

Frage: Jedesmal wenn ich in Meditation sitze, fühle ich starke Ungeduld. Und je mehr ich sie zu unterdrücken suche, desto unerträglicher wird sie. Was kann ich tun?

Antwort: Versuchen Sie, sie nicht zu unterdrücken. Sie sollten alles ablegen, indem Sie sich vorstellen, Ihr Körper wäre tot. Das ist, als hätten Sie Ihren Körper getötet, um ihn wiederauferstehen zu lassen.

Frage: Wenn die beiden Schenkel nicht bequem auf dem Kissen aufliegen, ist es da ratsam, mehr Polster unter das Gesäß zu legen?

Antwort: Das Gesäß sollte zwei bis drei Zoll höher plaziert sein als die Knie, so daß die Schenkel etwas abwärts geneigt sind und auf dem Sitzkissen aufliegen. Auf diese Weise schützt man die Beine vor dem Einschlafen.

Frage: Nach den (taoistischen) Büchern bedeutet die Methode, die Betrachtung nach innen zu wenden, nicht, die Gedanken gewaltsam zu unterdrücken, sondern sie durch das Beobachten ihres Kommens und Gehens versiegen zu lassen, also den ersten Gedanken auf sich selbst zurückzuführen, den zweiten auch usw. Was bedeutet «zurückführen»?

Antwort: Alle falschen Gedanken sind geistige Anhaftungen, die einander in unendlicher Reihe folgen. Wird die Betrachtung nach innen gewandt, um dies Kommen und Gehen zu beobachten, dann ist der Zweck, diese Gedanken zu isolieren und dabei ihre Zwischenglieder und Verbindungen zu zertrennen. Dadurch kann der erste Gedanke den zweiten nicht erreichen, und das ist das «Zurückführen» (des ersten Gedankens auf sich selbst, ohne daß ihm gestattet wird, sich mit dem zweiten zu verbinden). Das aber ist nur möglich, wenn der Entstehungsprozeß eines jeden einzelnen Gedankens betrachtet wird.

Frage: Warum kann ich, wenn mir irgend etwas Belangloses einfällt, mich dessen nicht entledigen?

Antwort: Weil Sie daran hängen. Wenn Sie die Unwirklichkeit Ihres Körpers betrachten, der eine Verbindung illusorischer Elemente ist, dann werden Sie feststellen, daß es da nichts gibt, was Wert wäre, daran zu hängen. Auf diese Weise werden Sie fähig, alles abzulegen (und den Geist so zur Ruhe kommen zu lassen).

Frage: Obgleich ich die Methode des Zählens übe, wandert mein Geist während der Meditation draußen herum. Soll ich mich darum nicht kümmern?

Antwort: Wenn Ihr Geist trotz Ihrer Übung der Zählmethode wandert, sollten Sie ihn, jedesmal wenn Sie ihn dabei ertappen, zurückholen, ihn kontrollieren und ihn damit «einfrieren». Wenn Sie sich das angewöhnen, werden Sie ihn zu beherrschen lernen.

Frage: Mitunter fühle ich die Vitalkraft abwärts gehen bis zum Anus. Ist das ein gutes oder ein schlechtes Zeichen?

Antwort: Das ist ein gutes Zeichen, aber kein Anlaß zur Freude. Lassen Sie den Strom seinen eigenen Weg nehmen. Haben Sie genügend Vitalkraft geschaffen, dann führen Sie sie (ohne Anstrengung) die Wirbelsäule aufwärts.

Frage: Sie raten uns, den Atem durch Imagination von der Nasenspitze hinab zum Unterbauch zu führen. Ist das das gleiche, wie die Konzentration auf den Unterbauch?

Antwort: Mein Rat gilt für den Anfänger, der am Beginn seines Übens nicht in der Lage ist, den Atem zum Unterbauch zu schicken. Können Sie sich auf den Unterbauch konzentrieren – umso besser.

Frage: Es heißt, daß, wenn man krank ist und in Meditation sitzt, man sich aller Gedanken an die Heilung enthalten soll; es heißt aber auch, daß man den Gedanken einer vollkommenen Gesundheit entwickeln soll. Ist das ein Widerspruch?

Antwort: Es ist kein Widerspruch. Grundsätzlich gibt es keine Krankheit. Es handelt sich um eine Täuschung und ist darum unwirklich. Pflegen Sie jedoch den Gedanken an eine Heilung, dann geben Sie ja zu, daß Krankheit eine Realität ist. Darum bedarf es des Gedankens einer vollkommenen Gesundheit, zum Zweck der Heilung von (dem Irrtum) der Krankheit. Damit schwindet die Krankheit von allein.

Frage: Während meiner Meditation fühle ich Vibration im Bauch, begleitet von Schluckauf und abgehenden Winden. Was bedeutet das alles? Außerdem, wenn mein Geist ruhig ist, werden meine kalten Hände und Füße warm und feucht von Schweiß. Ist das ein Zeichen von Krankheit oder von erfolgreicher Meditation?

Antwort: Vibration im Bauch, Aufstoßen und abgehende Winde beweisen den ungehemmten Strom der Vitalkraft, durch die Ihr Körper und Ihre Gliedmaßen sich erhitzen und transpirieren. All das sind gute Anzeichen einer wirkungsvollen Meditation.

Frage: Letzte Nacht, während meiner Meditation, fühlte ich etwas höchst Ungewöhnliches. Es schien, als befände ich mich in einem Zustand des Fließens, was aber nur eine gewisse Zeit dauerte. Sobald ich das fühlte, kamen meine Gedanken wieder, es gelang mir jedoch, sie zu zügeln, wonach das Fließen wiederkam. So wechselte mein Denken mit diesem Zustand mehrfach ab. Schließlich kam die innere Hitze plötzlich während dieses Zustandes von der Nase herab zum Mund, zur Kehle und Brust, und alle Poren meines Körpers schienen sich zu öffnen. Ich war so erstaunt, daß ich nicht merkte, wo diese Hitze anhielt. Darauf beruhigte ich mich und fühlte eine andere innere Hitze in der Wirbelsäule zwischen den Nieren, die aufwärts ging bis zur Schädeldecke. Mein ganzer Körper war heiß und naß von Schweiß. Mein Erschrecken ging in Furcht über und dann in Angst, und ich konnte mich nicht beruhigen. Da verschwand die Hitze, und die Transpiration versiegte. Mein Kopf war naß von Schweiß, und Schweißperlen liefen mir die Wangen herab. Das schien mir ein seltsames Erlebnis. Was hat es zu bedeuten?

Antwort: Es waren die besten Anzeichen erfolgreicher Meditation. Die Transpiration entfernt Unreinheiten, die sich im Körper angesammelt haben. Haben sie keine Furcht! Lassen Sie den Zustand wirken! Ist die Hitze stark, dann führen Sie sie durch die Vorstellungskraft die Wirbelsäule aufwärts zur Schädeldecke und dann herab zum Unterbauch. Das garantiert einen kontinuierlichen Strom.

Frage: Jeden Morgen, wenn ich in Meditation sitze, fühle ich die Vibration im Bauch, zuerst im oberen Teil, dann unterhalb des

Nabels. Je mehr es vibriert, desto stärker strömt die Vitalkraft, und desto angenehmer fühle ich mich. In meiner Nachmittagsmeditation und am Abend, bevor ich zu Bett gehe, fühle ich dagegen keine Vibration im Bauch. Mir scheint, daß die strömende Vitalkraft den Unterbauch leichter erreicht, wenn er leer als wenn er voll ist. Werden die Vibrationen durch den Strom im Unterbauch verursacht, oder sind sie nur zufällig? Was verstehen Sie unter «Festigen des Unterbauchs»? Heißt das, ihn sich ausdehnen zu lassen, ohne ihm das Zusammenziehen zu erlauben?

Antwort: Vibrationen resultieren aus dem freien Strom der Vitalkraft. Wenn er den Magen und die Eingeweide durchläuft, dann entsteht die Vibration, sofern der Bauch leer ist. Ist er voll, dann hört die Vibration auf. Der Atem erreicht den Unterbauch leichter, wenn er voll ist. Vibrationen sind nicht zufällig, sondern entstammen der im Bauch kreisenden Vitalkraft. Im Laufe der Zeit, wenn Ihre Meditation noch erfolgreicher ist und die Vitalkraft frei fließt, dann werden die Vibrationen aufhören. Den Unterbauch festigen heißt, ihn sich beständig dehnen zu lassen, ohne das Zusammenziehen zu erlauben. Das gelingt aber nur nach langer Übung. Ein Anfänger kann das noch nicht.

Frage: Ich begann mit der Meditation im November letzten Jahres. Jetzt übe ich das Atemzählen jeden Abend, bevor ich zu Bett gehe. Jedesmal, wenn ich zur 50. Runde komme, ist die Atmung reguliert, und ich fühle einen unbeschreiblich angenehmen Zustand, obgleich im Bauch nichts Ungewöhnliches geschieht.

Antwort: Sie werden später noch bessere Zustände erleben.

Frage: Wenn ich zur 50. Runde (im Atemzählen) komme, sind mir Kopf, Schultern und Rücken naß von Schweiß. Höre ich mit Zählen auf, versiegt die Transpiration. Was bedeutet das?

Antwort: Am besten ist, sie fahren fort mit Zählen und hören erst damit auf, wenn die Transpiration von allein versiegt.

Frage: Als ich zwei Jahre alt war, hatte ich eine labile Gesundheit und litt an einem Bruch. Der Arzt verschrieb mir Medizin, meine inneren Kräfte zu stärken. Seit ich nun Meditation übe, habe ich das Gefühl, als ob diese Energie sich abwärts wende, bis sie den schwachen Punkt in meinem Körper erreicht, ganz im Gegensatz zu dem Ziel der (Chinesischen) Medizin. Meinen Sie, daß Meditation in meinem Fall schädlich ist?

Antwort: Wenn Sie sich auf den Unterbauch konzentrieren, dann schicken Sie die innere Kraft nicht bewußt nach unten, sondern überlassen Sie es ihr, den Weg selbst zu bestimmen, so daß sie ihren natürlichen Ablauf beibehält. Dann werden Sie keine Beschwerden haben. Vor 20 Jahren hatte auch ich einen Bruch und verlor ihn durch Meditation.

Frage: Gestern abend fühlte ich während der Meditation, daß mein Unterbauch ungewöhnlich leer erschien und daß der Schwerpunkt wie ein roter Klumpen war, den man erkennen konnte. Er war heiß und vibrierend, und die Atemluft ging weiter abwärts (als gewöhnlich). Dann schienen sich alle Poren des Körpers zu öffnen, und ich brach in Schweiß aus. Dieses ungewöhnliche Erlebnis, das drei Minuten andauerte, erschreckte mich so, daß ich die Meditation abbrechen mußte. Dann legte ich mich hin und fiel in einen tiefen Schlaf. Was hat das alles zu bedeuten?

Antwort: Es ist ein gutes Ergebnis Ihrer scharfgerichteten Konzentration. Sie brauchen nicht zu erschrecken. Lassen Sie es geschehen! Und wenn Sie Vibrationen im Bauch fühlen, dann stellen Sie sich die Vitalkraft vor, wie sie die Wirbelsäule aufwärts geht, und meiden Sie Übertreibung.

Frage: Zu Beginn meines Übens ging mein Atem nicht nach unten, und ich hatte das Gefühl, daß mein Brustkasten sich verkrampfte. Jetzt, da mein Atem frei von der Brust zum Bauch geht, dehnt letzterer sich wie eine Trommel, mit etwas (leichter) Vibration darin. Höre ich aber eine Stimme oder fühle eine Bewegung, dann entsteht ein leichter Schmerz in der Brust. Was ist die Ursache davon?

Antwort: Eine Stimme oder eine Bewegung, das sind nicht die eigentlichen Ursachen dieser Schmerzen in der Brust, die höchstwahrscheinlich auf Anstrengungen beim Atmen zurückzuführen sind. Obwohl Ihr Atem abwärts geht, ist Ihr Brustkorb noch nicht leer und entspannt, und der Schmerz ist die Reaktion der Nerven auf äußere Einflüsse. Sie müssen bei der Meditation jede Anstrengung vermeiden und eine natürliche Haltung einnehmen.

Frage: Während meiner morgendlichen Meditation vibriert mein Bauch. Kürzlich hatte ich ein ungewöhnliches Erlebnis: Eine innere Hitze entwickelte sich zwischen meinen Augenbrauen, ging zu den Augen, und plötzlich erschien vor mir ein helles Licht, so wie das Licht der Dämmerung. Dann ging die Hitze zur Nasenspitze. Seitdem werden mir bei der Morgen-Meditation jedesmal Genick und Rücken sehr heiß, mit gelegentlicher Vibration in Stirn und Bauch. Ich transpiriere noch leicht, das helle Licht jedoch kommt nicht mehr. Ist das alles ein gutes Zeichen, und was soll ich tun?

Antwort: Die innere Hitze und das helle Licht sind günstige Anzeichen, denn sie zeigen, daß der Lebensstrom durch die beiden psychischen (Haupt-)Kanäle des Körpers strömt. Wenn die Konzentration auf irgendeinen Körperteil wirksam ist, dann entsteht dort Hitze und Vibration. Diese Hitze ist hell und leicht wahrnehmbar, wenn sie das Gesicht erreicht. Aber ob diese Helligkeit nun wahrgenommen wird oder nicht, Sie dürfen nicht daran haften, sondern müssen eine natürliche (d. h. indifferente) Einstellung bewahren. Es ist von großer Wichtigkeit für Sie, sich weiterhin auf den Unterbauch zu konzentrieren.

Frage: Ist bei längerem Sitzen in der Meditation eine leichte Abweichung von der korrekten Haltung von Übel?

Antwort: Wenn Ihre Meditation wirkungsvoll ist und der Lebensstrom frei durch die psychischen Kanäle fließt, dann macht es nichts aus, wenn Ihre Haltung sich ändert.

Frage: Die Vibration im Bauch empfinde ich nun seit mehr als einem Monat; aber wenn ich versuche, den Strom abwärts zu lenken, dann wird die Vibration stärker. Soll ich mich bemühen, die Vibration zu verstärken, oder soll ich es ihr selbst überlassen, wie sie sich entwickeln will?

Antwort: Vibration ist ein günstiges Zeichen und soll sich selbst überlassen bleiben, ohne daß man sich bemühen darf, etwas mit ihr zu unternehmen.

Frage: Nach längerer Vibration hört diese plötzlich auf, und obgleich ich mich auf den Unterbauch konzentriere, gelingt es mir nicht, sie wieder in Gang zu setzen. Nach einigen Minuten aber beginnt sie erneut. Was bedeutet diese kurze Unterbrechung?

Antwort: Das ist eine natürliche Folge des freien Flusses der Vitalkraft, denn alle Bewegungen enden einmal. Dabei ist nichts Ungewöhnliches.

Frage: Was verstehen Sie darunter, einen einzelnen Gedanken zu verwenden, um die zahlreichen Gedanken zu beseitigen?

Antwort: Wenn es Ihnen gelingt, sich auf einen einzigen Gedanken zu konzentrieren, ohne daß Sie den Griff lockern, dann wird es Ihnen früher oder später gelingen, alle andern Gedanken auch zu beherrschen.

Frage: Was verstehen Sie unter dem Nach-innen-Wenden der Betrachtung und dem Zurückführen eines jeden Gedankens auf sich selbst?

Antwort: Unter dem Nach-innen-Wenden der Betrachtung wird verstanden, die Augen zu schließen und in das eigene Innere zu blicken. Dies kann helfen, die Kette falscher Gedanken zu zerreißen, weil diese Gedanken so voneinander gelöst werden. Das ist das Zurückführen eines jeden Gedankens auf seinen Ursprung, so daß er sich nicht mit dem nächsten Gedanken verbinden kann. Tatsächlich jedoch gibt es kein Zurückführen auf irgend etwas.

Frage: Während meiner Morgenmeditation habe ich das Gefühl, daß Brust und Bauch leer sind und entspannt, mit freiem Durchstrom des Atems. Das ist ein angenehmer Zustand. Warum aber habe ich nicht die gleiche Empfindung in der Abendmeditation?

Antwort: Nach der Ruhe des Nachtschlafs ist Ihr Geist am nächsten Morgen gesammelt. Darum ist dies auch die beste Meditationszeit und darum auch das unterschiedliche Resultat.

Frage: Nach meinen Meditationsübungen, sowohl am Morgen, nach dem Aufstehen, wie am Abend, vor dem Schlafengehen, fühlte ich nichts Ungewöhnliches für die Dauer eines ganzen Monats. Plötzlich eines Nachts trat die Wirkung ein, und ich fühlte die innere Hitze und die Vibration im Unterbauch. Auch Kopf und Glieder waren sehr heiß. Nach einer Weile ging die Hitze zum Wirbelsäulenende, und von dort aus die Wirbelsäule hinauf. Das geschah dreimal, jedes Mal nach kurzer Unterbrechung. Die Hitze erreichte jedoch nie den Nacken. Am nächsten Morgen setzte ich mich wieder (zur Meditation), hatte aber dies Erlebnis nicht mehr, und auch an den drei folgenden Tagen geschah nichts. Seitdem kam die innere Hitze nicht mehr zum Unterbauch zurück, obwohl ich jedesmal vor dem Zubettgehen Meditation übe. Was ist der Grund?

Antwort: Wenn die innere Hitze in der Nacht Vibration erzeugt, dann gewöhnlich deshalb, weil der Übende nach ruhevollem Schlaf von gesammeltem Geist ist. Sie geht die Wirbelsäule entlang, hält an und fließt erneut, weil sie noch nicht machtvoll genug ist. Sie sollten dies Geschehen sich selbst überlassen, und wenn genug (Vitalkraft) da ist und sie stark genug ist, dann fließt sie von allein weiter. Nicht ungeduldig sein!

Frage: Wenn ich innere Hitze habe, dann werde ich nicht müde. Fehlt sie jedoch, dann wird die Meditation ermüdend. Was ist der Grund?

Antwort: Sie werden nicht müde, wenn Sie innere Hitze im Bauch haben, weil der Lebensstrom dem Blutkreislauf entspricht.

Frage: Stimmt es, daß mancher Übende Visionen von Dämonen in seiner Meditation hat?

Antwort: Ich selbst habe nie Visionen von Dämonen in meiner Meditation gehabt, aber einer meiner Schüler hatte sie. Nach einigen Jahren des Übens machte er sehr gute Fortschritte, eines Abends jedoch hatte er in seinem ruhigen Zustand (die Vision von) einer Gruppe nackter Mädchen, die ihn verlockend umringten. Er erschrak und nahm seinen Geist sofort unter Kontrolle, das Bild aber verschwand nicht. Er war irritiert und sprach eiligst im Geist den Namen Buddhas aus. Daraufhin verschwanden die Mädchen. Zwar war er kein Buddhist, doch die Methode wirkte. Das ist der beste Weg, mit Dämonen zu verfahren, und entspricht den Lehren der Buddhistischen Sūtras [5].

5. Der Meditierende war spirituell nicht stark genug, die Visionen, die sein eigenes Bewußtsein schuf, aufzuheben. So mußte er sich auf die Kraft des Buddha-Samādhi verlassen, das in solchen und ähnlichen Fällen wirksam wird. Denn die gleiche Kraft ist auch der eigenen Selbst-Natur immanent.

VI.

VERBÜRGTE EXPERIMENTE MIT BUDDHISTISCHEN UND TAOISTISCHEN METHODEN DER SELBSTGESTALTUNG

Im Vierten Kapitel, dem Kapitel über die Meditation nach den Lehren der T'ien T'ai-Schule, sprachen wir von den acht physischen Empfindungen, die der Übende erfährt, wenn seine hervorragenden inneren Eigenschaften, die bis dahin brach lagen, in Erscheinung treten, nachdem er die Ruhe des Geistes gewonnen hat, während er sich aber noch in der Wunschwelt befindet und die Stufen der Bodhisattva-Entwicklung noch nicht erreichte [1]. Als Ergebnis dieser geistigen Ruhe bricht der Lebensstrom (prāṇa), nun hinlänglich im Unterbauch angesammelt, aus und fließt in die «mikrokosmische Planetenbahn» [2], bzw. in den psychischen Hauptkanal im Körper, und verursacht unwillkürliche Bewegungen sowohl innen wie außen. Dadurch entstehen acht physische Empfindungen: Schmerz, Jucken, Kälte, Wärme, Leichtigkeitsgefühl, Schweregefühl, heftige Bewegung und Geschmeidigkeit. Außer dem Hauptkreislauf gibt es ergänzende (Kreisläufe), die die verschiedenen psychischen Zentren im Körper miteinander verbinden und sich im Einklang mit den Hauptzentren bewegen. Daher stammen die unwillkürlichen Bewegungen des Körpers und der Glieder und jene acht begleitenden Empfindungen.

1. S. Viertes Kapitel, S. 170 f.
2. S. Siebentes Kapitel.

Der Lebensstrom gehört zum Feuerelement und ist darum heiß. Wenn sich genügend davon angesammelt hat, dann fühlt der Meditierende, wie der Strom in den Hauptkreislauf tritt, seine Wärme im ganzen Körper verbreitet und ihn so beim Meditieren zum Schwitzen bringt. Gelingt es ihm, völlige Geistesruhe zu erlangen, indem er sich von allen äußeren Störungen befreit, dann wird der Prāṇastrom hell, und er kann ihn (als Licht) wahrnehmen. Diese Helligkeit nimmt mit der Intensität der Meditation zu und wird zu einem weißen Licht, das aber nur erfahrene Übende gewinnen können, und das sogar alle Dinge in einem dunklen Raum wie in hellem Tageslicht erscheinen läßt.

Wenn der Lebensstrom in den wichtigsten Nebenkreisläufen zirkuliert, dann beseitigt er alle Hemmnisse auf seinem Weg, und der Meditierende fühlt Sinnesempfindungen wie heftige Bewegungen, Jucken und Schmerzen, die mitunter recht unangenehm sein können. Bahnt sich z. B. der Strom seinen Weg in einem bestimmten kleinen Kreislauf unter der Kopfhaut, dann fühlt sich das an, als wenn dort die Haare ausgerissen würden. Heftige Bewegungen und Jucken fühlt man, wenn er durch die Nebenkreisläufe vorn, hinten und an den beiden Seiten des Körpers fließt und sich dabei den Weg durch die bisher behinderten Bewußtseinszentren und Muskeln bahnt. Mitunter fühlt sich der Übende, auf Grund der Kontraktion und Expansion der Muskeln und der Bewußtseinszentren im Körper, schwer wie Blei. Fließt der Prāṇa-Strom unbehindert, dann fühlt er eine Geschmeidigkeit im Körper und auf der Haut.

Erzielt er Einspitzigkeit der Konzentration, d. h. die Einheit des Geistes, dann wird er intensive Kälte spüren, die entweder vom Kopf die Wirbelsäule herabsteigt und sich dann über den ganzen Körper verbreitet, oder vom Ende der Wirbelsäule aufsteigt zum Kopf, und die den ganzen Körper durchdringt. Kommt diese Kälte vom Kopf herab, dann ist der sich daraus ergebende Dhyāna-Zustand nur zeitweilig und kann nicht beliebig wiederhergestellt werden. Steigt sie aber vom Wirbelsäulenende her auf, dann ist der Dhyāna-Zustand verläßlich und kann in den folgenden Meditationen jedesmal wiederhergestellt werden.

Diese Kälte wird mitunter gefühlt, bevor der Meditierende in den «heiligen Strom» eintritt, in dem er sich schwerelos fühlt wie ein Astronaut. Der Unterschied ist nur, daß ihm Körper und Geist völlig verlorengehen, an ihrer Stelle eine große Helligkeit erscheint, während er, von Glücksgefühl erfüllt, sich frei fühlt von allen weltlichen Belangen und Sorgen, während der Raumpilot sich ja immer noch um seine sichere Landung auf der Erde sorgt. Der Meditierende wird eins mit dieser Helligkeit, während sein Geist allein die Funktion der Wahrnehmung ausübt.

Nachdem Yin Shih Tse erfolgreich die taoistische Meditation praktiziert hatte, die ihm half, all seine Krankheiten zu besiegen und seine Gesundheit zu verbessern, übernahm er die Chih Kuan-Methode der T'ien T'ai-Schule und schrieb sein zweites Buch: *«Ergänzung zu Yin Shih Tse's Meditationsmethode»* (Yin Shih Tse Ching Tso Fa Hsü Pien), worin er von der Buddhistischen Meditation in der T'ien T'ai-Sekte spricht.

Im Alter von 82 Jahren faßte er seine persönlichen Erfahrungen in einem dritten Buch zusammen *«Yin Shih Tse's experimentelle Meditation zur Förderung der Gesundheit»* [3], dem wir die folgenden Stellen entnehmen:

«Mit 43 Jahren ging ich nach Peking, nachdem ich den Buddhistischen Dharma studiert hatte. Meine Freunde dort in der Stadt meinten, mein erstes Buch müsse geändert werden, weil die darin geschilderte Meditationsmethode taoistisch sei und darum von der wahren Lehre abwiche. Da geschah es, daß der große Meister Ti Hsin [4] in Peking das Sūtra der Vollkommenen Erleuchtung dar-

3. S. S. 194 und 198.
4. Ein bekannter Meister der T'ien T'ai-Schule, der vor einigen Jahren in China starb.

legte. Ich suchte ihn auf, um Unterweisung zu erhalten in der Chih Kuan-Methode, die ich zu jener Zeit übte. Da mich meine Freunde drängten, über die T'ien T'ai-Meditation zu schreiben, verfaßte und veröffentlichte ich die *,Ergänzung zu Yin Shih Tse's Meditationsmethode'*, die auf den Lehren des *,T'ung Meng Chih Kuan'* [5] basierte, sowie auf dem Buch *,Erläuterung zu den aufsteigenden Stufen der Dhyāna-Pāramitās'* (Shih Ch'an Po Lo Mi Tz'u Ti Fa Men). Seit jener Zeit übte ich die Chih Kuan-Meditation. Mit 54 Jahren war ich in Shanghai, wo sich über zehn meiner Freunde dazu entschieden hatten, in die japanische Shingon-Sekte eingeweiht zu werden. Ich war daran nicht interessiert, da sie mich aber so dringend baten, sie zu begleiten, ging ich, mehr aus Neugier, zu der Zeremonie, um zu sehen, wie sie abliefe. Ich empfand die Rituale als zu kompliziert, und da ich ohnehin mit meinem Lehramt an der Kuan Hua-Universität voll ausgefüllt war, hatte ich keine Zeit für die Shingon-Meditation. Mit meiner Chih Kuan-Meditation jedoch fuhr ich ohne Unterbrechung fort.

Nach dem ,T'ung Meng Chih Kuan' erlebt der Meditierende, wenn sich seine hervorragenden inneren Eigenschaften im Dhyāna manifestieren, acht physische Empfindungen wie Schwerelosigkeit, Wärme, Kälte und Schweregefühl, was den Körper betrifft, und Vibration, Jucken, heftige Bewegungen und Geschmeidigkeit, die der Aktivität zugehören. Ich habe die Erfahrung gemacht, daß man diese Empfindungen nicht alle zur gleichen Zeit erlebt, sondern eine nach der andern. Als ich 28 bzw. 29 Jahre alt war, erlebte ich nur drei davon: Schwerelosigkeit, Wärme und Vibration. Nachdem ich längere Zeit gesessen hatte, war mein erstes Empfinden, als wäre der Körper leicht wie eine Feder. Später fühlte ich Hitze im Unterbauch, worauf Vibration folgte, die die Wirbelsäule aufwärts lief, bis sie die Schädeldecke erreichte, dann über das Gesicht (und die Brust) abwärts ging, bis sie zum Unterbauch zurück gelangte, um wieder und wieder auf die gleiche Weise zu kreisen. So ist der Strom (der Vitalkraft), wie er die beiden psychischen Bahnen Jen Mo und Tu Mo [6] betritt. Nach der alten (Chinesischen) Medizinwissenschaft gibt es acht psychische Bahnen [7]: neben den beiden

5. S. S. 132.

6. Jen Mo und Tu Mo (s. Glossar).

7. Im Gegensatz zu den 24 Organ-Meridianen, wie sie die Alt-Chinesische Medizin lehrt.

genannten Jen Mo und Tu Mo weitere sechs: Ch'ung Mo [8], Tai Mo [9], Yang Ch'iao [10], Yin Ch'iao [11], Yang Wei [12] und Yin Wei [13].

Ich übte Chih Kuan für mehr als zehn Jahre, während deren ich mich auf den Unterbauch konzentrierte. Eines Tages verlegte ich die Konzentration zum ‚Zentralen Punkt' (zwischen Nabel und Magengrube gelegen), und schon wenige Tage später bemerkte ich eine gründliche Veränderung im Körper, die von dem freien Strom (des Prāṇa) durch die übrigen sechs psychischen Bahnen, die ich unten beschreiben werde, herrührte.

Wie ich nun meine Konzentration auf den ‚Zentralen Punkt' richtete, fühlte ich eines Abends, gegen Ende meiner mitternächtlichen Meditation, eine Vibration unter der Brust, und der Speichelfluß wurde stärker [14]. Dies geschah während mehrerer aufeinanderfolgender Abende. Dann wurde die Vibration stärker, um gradeswegs zu dem Punkt zwischen den Augenbrauen aufwärts zu stoßen, wobei ich eine rote Helligkeit erlebte. Weiter aufstrebend erreichte sie die Schädeldecke, wo sie für eine ganze Weile kreiste. Ich hatte das Gefühl, als ob ein elektrischer Schlag in meinem Körper kreiste, bis dies Gefühl die Hände und Füße erreichte, nachdem es (die Gliedmaßen) durchstoßen hatte. Das dauerte eine Minute, um dann abrupt zwischen den Augenbrauen aufzuhören.

Seit dies geschah, erlebte ich jeden Abend die gleiche Vibration. Es schien, als ob ein Mechanismus im ‚Zentralen Punkt' kreiste, sich langsam erhob, bis die Schädeldecke erreicht war, wo er in ein beständiges Kreisen überging. Sobald die Vibration stärker wurde, stoppte sie abrupt zwischen den Augenbrauen. Dann begann erneut die Vibration im ‚Zentralen Punkt', und so etwas wie ein elektrischer Schlag trat auf, der in einem schräg-ovalen Kreislauf von der linken Schulter zum linken Bein zirkulierte. Das war so gewaltig, daß mein Bett und das Moskitonetz heftig geschüttelt wurden.

8. Ch'ung Mo (s. Glossar).
9. Tai Mo (s. Glossar).
10. Yang Ch'iao (s. Glossar).
11. Yin Ch'iao (s. Glossar).
12. Yang Wei (s. Glossar).
13. Yin Wei (s. Glossar).
14. Dies ist ein gutes Zeichen, denn der Speichel vermindert den ausdörrenden Effekt der Hitze des Prāṇa, die leicht zu einer ausgetrockneten Kehle führt.

Sobald aber die Vibration noch stärker wurde, stoppte sie schlagartig.

Darauf fühlte ich eine weitere Vibration hinter dem Gehirn, die Wirbelsäule absteigend, um plötzlich am Wirbelsäulenende aufzuhören. Danach folgte wiederum so etwas wie ein elektrischer Schlag, absteigend von der rechten Schulter zum rechten Bein, in einem schräg-ovalen Kreislauf zirkulierend. Die Vibration wurde wieder stärker und stoppte augenblicklich.

Diese beiden schräg-ovalen Kreisläufe rechts und links am Körper zeigten, daß die vier psychischen Bahnen Yin Ch'iao und Yang Ch'iao, Yin Wei und Yang Wei ‚aufgeladen' waren. So lernte ich zum ersten Mal die Beziehung zwischen den acht psychischen Bahnen und dem Nervensystem kennen und erlebte, daß an alldem nichts Fiktives und Unerklärliches ist.

Bis jetzt war es so gewesen, daß jede innere Vibration mit (einer Art von) Veränderung im ‚Zentralen Punkt' einherging. Eines Abends jedoch begann sie in den Ohren und bildete eine gerade Linie quer über das Gesicht, von rechts nach links und wieder zurück, mehrere Male, um schließlich abrupt zwischen den Augenbrauen zu enden. (Gleichzeitig) ging eine andere Vibration von der Stirn zum Kinn in gerader senkrechter Linie und bildete mit der horizontalen Linie ein Kreuz, das mehrfach auf und nieder pulsierte, bevor es plötzlich zwischen den Augenbrauen endete. Eine weitere Vibration stieg in einem Bogen von der Schädeldecke (über das Gesicht), Brust und Bauch zum Penis. Sie pulsierte auf und ab und verursachte eine Erektion. Dies bewies, daß die beiden Bahnen Jen Mo und Ch'ung Mo ‚aufgeladen' waren.

Eines Nachts vibrierte die Hitze im ‚Zentralen Punkt', so daß mein Körper nach vorwärts und rückwärts, nach links und rechts gebogen wurde. Dies Gebogenwerden verlief regelmäßig und trat jedesmal gleich oft ein, ohne im geringsten durcheinander zu geraten. Dann bewirkte die Vibration, daß meine Arme sich wie ein Rad heftig rückwärts und vorwärts drehten, in jeder Richtung die gleiche Anzahl von Malen. Dann ging sie zu den Beinen, und das linke beugte sich, während sich das rechte streckte und umgekehrt.

Diese Bewegungen können mit wissenschaftlichen Mitteln nicht erklärt werden und geschahen ohne Teilnahme meines Willens.

Dann (schien) mein Kopf anzuschwellen, und der Oberkörper

streckte sich, so daß (es mir vorkam, als wäre) ich mehr als zehn Fuß groß. (Die Buddhistischen Texte nennen das die Erscheinung des großen Körpers). Plötzlich bog sich mein Kopf zurück, und mein Brustkorb (schien so weit) wie die große Leere. Daraufhin fühlte ich (mich, als besäße ich) nur einen Unterkörper. Mit diesem Schwinden von Körper und Geist erlebte ich ein ungewöhnliches Glücksgefühl.

An einem anderen Abend kreiste die Vibration des ‚Zentralen Punktes' um die Wirbelsäule, dann um den (Brustkorb) unter der Haut, um den Bauch im Jen Mo-Kanal und schließlich um die Taille. In jedem der Fälle erst nach links und dann nach rechts, einige zehn mal in jeder Richtung. Dieser letztere Kreislauf um die Taille zeigte, daß der Mai Mo-Kanal frei war. Dann stieg die Vibration in Spiralen von der Schädeldecke zum Tai Mo-Meridian, die Wirbelsäule zu deren Ende hinab und wieder hinauf, einige zehn mal auch hier. Dann stieg sie vom Unterbauch wieder den Jen Mo-Meridian hinauf zur Schädeldecke und stieg über den Hinterkopf die Wirbelsäule bis zum Ende hinab, und wieder mehrfach hinauf und hinab. (Der Strom der Lebenskraft) hatte den Jen Mo und den Tai Mo durchstoßen, war vom Wirbelsäulenende das Rückgrat zur Schädeldecke hinaufgestiegen und dann über das Gesicht, (die Kehle), die Brust wieder zum Bauch hinab geströmt. Nun aber lief er umgekehrt, höchstwahrscheinlich weil die Kanäle nun frei waren, so daß dem Strom alle Wege offen waren. Dadurch waren Ch'ung Mo und Tai Mo miteinander verbunden.

Wieder an einem anderen Abend nahm die Vibration vom ‚Zentralen Punkt' aus unter der Haut die Form einer zwei Zoll breiten Spirale an, die den Körper in jeder Richtung 36 mal umkreiste. Danach kreiste sie um den Bauch und die (Mitte der) Brust, all dies ganz planvoll und systematisch. Dann stieg sie zum Kopf und lief kreisend die Wirbelsäule hinab bis zum Steißbein, das Rückgrat wieder aufwärts zur Schädeldecke, jeden dieser Wege zweimal zurücklegend. Darauf erhob sie sich den Unterbauch entlang, erst den linken, dann den rechten Ch'ung Mo-Meridian nehmend, zum Kopf und zum Rücken, zweimal jede der Bahnen aufsteigend. Danach kreiste sie im Jen Mo-Kanal des Kopfes, stieg herab über den Unterbauch und wieder zum Kopf zurück. Mitunter kreiste sie um den Kopf, erst von links nach rechts, dann von rechts nach links, um in der Stirn zu versiegen. Ein anderes Mal wieder kreiste sie in der linken und rechten Schulter, jedesmal die gleiche Zahl von Drehungen vollführend. Plötzlich aber kam sie zu den Fingerspitzen, die sich von allein zu bewegen begannen, und schließlich zuckte sie von der Schädeldecke zu den Beinen, schüttelte sie und bewegte die Zehen, mit der gleichen Geschwindigkeit wie die Finger.

Eines Abends begann die Vibration mitten im Rücken und kreiste unter der Haut 36 mal, zuerst links herum, dann rechts herum. Das wiederholte sich nochmals, begann aber zwischen den Schenkeln, und beim dritten Mal fing es zwischen den Schulterblättern an. All diese Kreisläufe traten geregelt und ganz systematisch auf.

Anfangs verliefen die Bewegungen links herum und rechts herum in drei Windungen, ausgehend vom ‚Zentralen Punkt', dem Mittelbauch und der Brustmitte. Jetzt aber begannen sie in der Mitte des Rückens, zwischen den Schenkeln und den Schulterblättern, d. h. bei jenen drei Punken, die den vorderen genau gegenüber liegen. Diese selbsttätigen kreisenden Bewegungen waren wirklich wunderbar und unbegreiflich. Wenn es in die Finger und Zehen strömte, streckten und bewegten sich diese, während sich die Beine abwechselnd beugten und streckten und die Kiefer aufeinanderschlugen, alles in schneller Bewegung. Sobald es in die Nase stieg, bewegten sich die Nasenflügel. Ging es in die Augen, dann flatterten die Augenlider, und die Iris bewegte sich in gleichen Weise. Schließlich bewegte es sogar die Ohrläppchen langsam. All diese Bewegungen nach links und rechts liefen ganz geordnet in gleicher Anzahl von Drehungen in jeder Richtung.

Eines Nachts verursachte die Vibration des ‚Zentralen Punktes' eine weitere Serie systematischer Kreisläufe von 36 Umdrehungen nach links und dann nach rechts: Zuerst von zwischen den Schenkeln her, den Tai Mo (Gürtel-)Meridian entlang, dann von der (Mitte der) Brust und dann von der Mitte des Bauches her. Sie folgten einander in systematischer Reihenfolge. Danach bildete die Vibration zwei große Ovale, indem sie auf der linken und rechten Seite der Brust auf und ab kreiste, ein zweites Paar (Kreisläufe), indem sie zum Kopf hinauf und dann erst an der linken, dann an der rechten Seite des Rückens hinabging. Jedes Paar dieser ovalen (Kreisläufe) kreuzte einander mehrfach.

Danach ging es zu den Gliedmaßen, so daß die Arme sich in schnellen Kreisen nach links und rechts drehten, während sich die Beine bewegten und streckten und zuerst die Zehen, dann die Hacken des einen Fußes die des andern schlugen. Plötzlich begannen die Knie gegeneinander zu schlagen. Dann beugten sie sich, rißen mein Gesäß vom Boden hoch, wobei es nach rechts und links geschüttelt wurde. Das geschah dreimal, wobei Kiefer, Lippen, Nase und Augen sich heftiger als bisher bewegten.

Ein andermal verlief die Vibration im ‚Zentralen Punkt' in einem weiten Kreis rund um den Körper. 60 mal nach links und dann nach rechts, gefolgt von ähnlichen Kreisläufen um Brust und Bauch. Plötzlich dehnte sich ein jeder dieser Kreisläufe sechs mal aus, wobei in jedem von ihnen eine Leerheit von jedesmal fünf bis sechs Minuten Dauer entstand.

Dann hob sich die Vibration vom ‚Zentralen Punkt' zum Kopf und bildete vier schräge Ovale nacheinander, durch die sie 36 mal vom Kopf zur linken und rechten Gesäßseite und zurück lief, durch den Hinterkopf die Wirbelsäule entlang ging bis hin zum Steißbein, dann zum linken Bein und zurück, dann schließlich zum rechten Bein und zurück.

An einem anderen Abend ... als die Vibration sich das Gesicht entlang herabzog, bewegten sich meine Arme und Schultern, die Beine beugten und streckten sich, spreizten und schlossen sich, und dann, die Füße am Boden, die Knie gebeugt, bog sich der Rücken, bis die Schultern die Erde berührten. Gesäß und Hüften bogen sich hin und her, wobei der Körper geschüttelt wurde. Dann wurde ich zu Boden geworfen. Danach rieben sich die Sohlen aneinander, ein Bein massierte das andere, die gleiche Anzahl von Malen. Als die Vibration zu den Schultern ging, massierten die Hände einander, massierten den Kopf, den Nacken, Schultern und Arme. Dann gingen die Massage-Bewegungen vom Unterbauch zu den Schultern, dann den ganzen Körper hinab bis zu den Zehen. Dann ballten sich die Fäuste und drückten, kneteten und rieben den ganzen Körper. All dies geschah systematisch und in geordnetem Ablauf, war unwillentlich und ganz wunderbar [15].

15. Die nähere Beschreibung des Knetens, Massierens und Reibens ist ausgelassen worden.

... Diese unwillkürlichen Bewegungen erstreckten sich über einen Zeitraum von mehr als sechs Monaten, bevor sie nach und nach verschwanden – dies vermutlich, weil alle psychischen Bahnen nun geöffnet und gereinigt waren.

Im späteren Verlauf meines Lebens übte ich Pho-wa [16], eine esoterische tibetische Technik für die Wiedergeburt im Reinen Land, eine Technik, die bis dahin noch nicht in China eingeführt war. Diese Lehre basiert auf dem Prinzip, daß, wenn jemand stirbt, der im Westlichen Paradies wiedergeboren werden soll, sein Bewußtsein ihn durch die Brahma-Öffnung (in der Schädeldecke) verläßt. Man wird nun gelehrt, Mantras zu verwenden, um diese Pforte zu öffnen und planmäßig so zu üben, daß man im Augenblick des Todes den gleichen Weg gehen kann.

Im Jahre 1933, als ich 61 war, hatte ich diesen Dharma von dem Tibetischen Guru No Na [17] empfangen. Ich sollte zu Hause üben (und ich tat es) ohne Erfolg. Im Frühjahr 1937, als ich 65 war, hörte ich, daß der Guru Sheng Lu [17] diesen Dharma in Nanking lehrte und daß alle, die an den vier vorausgegangenen Versammlungen teilgenommen hatten, bei der Öffnung der Brahma-Pforte erfolgreich waren. Da die fünfte und damit letzte Versammlung in Kürze im Vairochana-Tempel stattfinden sollte, fuhr ich nach Nanking und trug mich als Teilnehmer ein.

Ich kam am 1. April dort an und empfing die Einweihung, die bedeutend komplizierter war als jene, die mir der Guru No Na vorher gegeben hatte.

Als ersten Übungsschritt empfing ich ein Vajra-Mantra. Es war nicht lang, die Methode der Visualisierung jedoch war sehr umständlich. Es mußte hunderttausend Mal wiederholt werden; da ich aber nur wenige Tage zur Verfügung hatte, tat ich es sooft ich nur konnte.

16. Eine tantrische Übung zur Öffnung der Brahma-Pforte auf der Schädeldecke, durch die das Bewußtsein den Körper verläßt, für die Wiedergeburt im Reinen Land. Die Taoisten verwenden eine andere Technik, die darin besteht, das verstärkte Vitalprinzip in den Mikrokosmischen Umlauf zu versetzen, so daß das Bewußtsein den Körper durch die gleiche Kopföffnung verlassen kann.

17. No Na und Sheng Lu sind chinesische Umschreibungen tibetischer Namen. Der Guru No Na war der Groß-Hutuktu von Singkiang und mein erster Meister.

Nach dem ersten Tag blieb ich in meinem Logis und verschloß die Tür meines Zimmers, um mich auf die Mantrarezitation zu konzentrieren. Am Vormittag des 9. hatte ich es 62 000 Mal gesprochen, und am Nachmittag ging ich wieder zum Vairochana-Tempel, wo sich 39 von uns versammelt hatten. Man sagte mir, daß diesmal bedeutend mehr gekommen seien als zu den vorangehenden vier Versammlungen.

Der Guru rasierte eine kleine ‚Tonsur' auf meinem Kopf, um später erkennen zu können, ob sich das Brahma-Tor geöffnet hat, und dann den glückverheißenden Strohhalm dort einzusetzen.

Am 10. begannen wir, uns zur Meditation zurückzuziehen. In der Haupthalle war ein Altar mit all seiner Pracht aufgebaut, vor den uns der Guru führte, um dort den Dharma zu üben. Jeden Tag gab es vier Sitzungen, deren jede zwei Stunden dauerte [18]. Die Übung bestand darin, sich den Buddha Amitāyus auf unserem Kopf sitzend vorzustellen und gleichzeitig, daß ein blauer psychischer Kanal durch den eigenen Körper ginge, der innen von roter Farbe war und der von der Schädeldecke bis zum Damm hinab verlief. Innerhalb dieses Kanals, im Unterbauch unterhalb des Nabels, war eine lichte Perle (vorzustellen), die (den Kanal) aufwärts stieg bis zum Herz(-Zentrum). (Sobald die Perle im Zentrum vorgestellt war), rief ich die mantrische Silbe HIK, wodurch die Perle, dem Laut folgend und das Brahma-Tor durchstoßend, bis zum Herzen des Amitāyus gehoben wurde. Dann flüsterte ich die Silbe GA, wodurch die Perle wieder abwärts aus dem Herzen des Buddha durch die Öffnung in meinen Unterbauch zurückgeführt wurde. Bei jeder Sitzung schrien wir (die Silbe) mit solcher Kraft, daß wir heiser und erschöpft wurden und von Schweiß trieften, obgleich es noch sehr kalt war. Als der Guru sah, daß wir müde waren, begann er in Sanskrit zu rezitieren und ermunterte uns, seinem Beispiel zu folgen und uns zu entspannen. Dies geschah vier bis fünf Mal innerhalb jeder der zweistündigen Sitzungen.

Nun war ich ja in der (Kunst der) Meditation schon erfahren und hatte den zentralen psychischen Weg (in der Wirbelsäule) schon gereinigt, so daß ich am 11. bemerkenswerte Fortschritte machte. Während der 1. Sitzung strahlte ein rotes Licht von meiner

18. Von sieben bis neun am Morgen, dann von zehn bis zwölf, von drei bis fünf am Nachmittag und sieben bis neun am Abend.

Schädeldecke, und (ich schien) größer zu werden. In der 4. Sitzung hatte ich das Gefühl, (als ob) das Brahma-Tor von einem scharfen Bohrer durchbohrt würde. Als ich zu Bett ging, strahlte ein großes weißes Licht von meinem Kopf.

Am 12. übte ich wie am Vortag. In der 2. Sitzung hatte ich das Gefühl, (als ob) mein Schädel anschwelle und breche und als ob die Backenknochen auseinandergerissen würden. In der 3. Sitzung (schien sich) mein Kopf zu strecken, Schicht um Schicht, jedes(mal) als wolle er zerbrechen.

Am 13. bei der 1. Sitzung hatte ich das Gefühl, (als ob) mein Gehirn von allen Seiten von spitzen Werkzeugen durchbohrt würde. Zuerst war es, als ob mein Schädel sehr dick sei, durch das ständige Bohren aber immer dünner werde. Bei der 3. Sitzung schien mir plötzlich, (als ob) der obere Teil meines Körpers völlig leer wäre, wobei ein großes Licht von meinem Kopf strahlte.

Am 14. bei der 1. und 2. Sitzung schoß die helle Perle aufwärts durch den frei gewordenen Weg in dem zentralen Kanal bis zu den Füßen des Buddha auf meinem Kopf. Dies unterschied sich von meinen vorangegangenen Erfahrungen mit dem Gefühl des Anschwellens und Brechens (meines Kopfes), als der Kanal noch nicht durch den Schädel ging. In der 4. Sitzung hatte ich das Gefühl, (als ob) mein Genick zerspränge, um den Weg frei zu geben für eine Säule, die geradeswegs zum Magen und in die Eingeweide hinabging. Dies war eine tatsächliche Anschwellung des zentralen Kanals, der bis dahin nur vorgestellt worden war.

Am 15. in der 1. Sitzung fühlte ich, daß in meiner Schädeldecke ein Loch war. In der 2. Sitzung rückte der Guru seinen Sitz ans Fenster, wo genügend Sonnenlicht war. Er rief uns nun einen nach dem andern zu sich, so daß er (prüfen konnte, ob) die Brahma-Pforte auf unseren Köpfen sich geöffnet hatte, und um (gegebenenfalls) den glückverheißenden Strohhalm als Beweis in die Öffnung einzuführen. War da tatsächlich eine Öffnung, so wurde der Halm hineingezogen, ohne die Haut zu zerreißen.

Ich war unter den ersten 28 Personen, deren Schädeldecke sich an jenem Tage geöffnet hatte. Bei den andern elf konnte der Strohhalm noch nicht eingeführt werden. Sie mußten ihre Übungen noch einige Sitzungen hindurch fortsetzen. Diejenigen, die die Öffnung erlangt hatten, brauchten nicht weiter zu üben, wurden aber gebeten, in die Halle zu kommen, um die Kraft der Visualisierung zu verwenden und damit den erfolglosen Eingeweihten (spirituelle) Hilfe zu geben, damit auch sie in Kürze zu den gleichen Resultaten gelangen könnten.

Am 16. in der 1. Sitzung gelang es weiteren neun, ihre Brahma-Pforte zu öffnen. Es blieben nur noch eine Nonne und eine Laien-Anhängerin, deren Schädeldecken noch geschlossen waren. Die Nonne war in Japan gewesen, wo sie Erlösungs- (Shingon-)Meditation geübt hatte und zu guten Ergebnissen gekommen war. Trotzdem hatte sie Schwierigkeiten beim Öffnen der (Brahma-)Pforte. Dies zeigt, daß beim Studium des Dharma Stolz und Vorurteil beiseite bleiben müssen, weil sie die Verwirklichung behindern. Was die Laienanhängerin betrifft, so war sie ihres vorgeschrittenen Alters wegen von nur begrenzten Möglichkeiten.

Der Guru gebot ihnen, sich vor ihn zu setzen, und bot seine spirituelle Kraft auf, ihnen zu helfen. In der folgenden Sitzung gelang es ihnen schließlich, wenn auch nicht ohne Schwierigkeiten, die Pforte Brahmas zu öffnen.

Nach dieser Zeit übte ich die Chih Kuan-Meditation als meine Haupt-Methode, mit Pho-wa nebenbei. Am 24. Mai, während einer Meditation, nachdem ich die Geistesruhe erlangt hatte, strahlte von meiner Brust ein Licht aus, das sich nach und nach ausdehnte und den ganzen Körper einhüllte, wie wenn ich in einer Lichtkugel säße. Vordem hatte entweder nur mein Kopf oder meine Brust gestrahlt, die Strahlung aber hatte nie den ganzen Körper umfaßt. In diesem Vorgang (totaler Erhelltheit) fühlte ich (aber) noch die Gegenwart eines Ego.

Am 26. des gleichen Monats, nach Erlangung der Geistesruhe, strahlte nun mein Rücken ein Licht aus, das bald den ganzen Körper umfloß. Ich erlebte ein ungewöhnliches Glücksgefühl, empfand aber meinen Körper noch als vorhanden, weil noch nicht die absolute Leerheit erreicht war.

Am 27., nach Erlangung der Geistesruhe, strahlte ich ein Licht aus, das bis zu großer Höhe reichte und die Wolken am Himmel zu treffen schien. Zusammen mit diesem Licht dehnte sich mein Bewußtsein aus und kehrte dann nach und nach (zu meinem Körper) durch die Brahma-Öffnung zurück.

Am 31., nach Beruhigung des Geistes, strahlte die obere Hälfte meines Körpers ein Licht wie am vergangenen Tag aus. Dann fühlte ich im Unterbauch eine Hitze, so stark wie kochendes Wasser. Von dort kam Licht, und die untere Körperhälfte wurde leer. Dieser Zustand war von den vorigen verschieden.

Am 10. Juni, nach Beruhigung des Geistes, strahlte mein ganzer Körper. Das Licht war heller als zuvor. Ich hatte das Gefühl, (als ob) ich keinen Kopf hätte. An seiner Stelle war eine durchdringende Helle.

Am 14. strahlte mein ganzer Körper. Beide Hälften, die obere und die untere, waren erhellt.

Am 17., nach Eintritt der Stille, strahlte mein Körper, und ich hatte das Gefühl, (als ob) das Licht mein geistiges Auge erleuchtete und von weißem Glanz wäre, meine ganze Umgebung verschlinge und eine große Kugel bilde.

Am 18., nachdem der Ruhezustand eingetreten war, strahlte mein ganzer Körper, und das Licht war noch weißer. Alles um mich war durchsichtige Helligkeit, wie wenn ein Scheinwerfer in die vier Himmelsrichtungen leuchtete, während mein Bewußtsein die große Leerheit durchflog. Dann schrumpfte die Helligkeit und trat in meinen Unterbauch ein. Nachdem ich sie strenger Kontrolle unterworfen hatte, strömte sie mir in die Arme und Beine, um schließlich in den Kopf zurückzukehren.»

Diese unwillkürlichen Bewegungen und deren Anzahl sind nicht bei allen Meditierenden gleich und differieren entsprechend der Konstitution des einzelnen. Meine eigene Erfahrung zum Beispiel: als der Lebensstrom zum erstenmal in meinem Körper kreiste, wurde ich von äußeren Bewegungen nach links und rechts geschüttelt. Diese äußeren Bewegungen entsprachen dem inneren Stromverlauf. Mit andern Worten: der innere Prāṇa-Kreislauf manifestiert sich durch äußere Bewegungen des Körpers und der Gliedmaßen. Die Zahl der Bewegungen in jeder Richtung war anfangs sechs, dann 16 und später 36 in den ersten Wochen. Später stieg die Zahl bis 100 an. Jeden Tag in allen drei Meditationen ergab die Gesamtzahl dieser heftigen Bewegungen mehr als 9000. Niemals fühlte ich mich müde danach.

Obgleich der Text von Chih I und auch andere taoistische Bücher die unwillkürlichen Körper- und Gliederbewegungen erwähnen, geben sie doch keine detaillierten Beschreibungen davon. Ich hatte von ihnen nur eine vage Idee, bis ich in meinem eigenen Fall feststellen konnte, daß sie planmäßig, systematisch und ohne das mindeste Durcheinander verlaufen. Zu Anfang war ich recht verwirrt und befürchtete, daß ich von Irrlehren verführt worden wäre. Eines Tages hörte ich von Yin Shih Tse's Buch und kaufte es, um seine Erfahrungen mit den meinen zu vergleichen. Nachdem ich es gelesen hatte, schwand meine Verwirrung, und ich sah keinen Fehler in meinen unerwarteten Erfahrungen.

Wir können den Alten, die nur einige auserwählte Schüler mündlich belehrten, keine Vorwürfe machen, weil sie für die Nachwelt keine schriftlichen Anweisungen hinterließen. Sie handelten so, um der billigen Kritik der Skeptiker und Lästerer, die die heiligen Lehren niemals verstehen werden, zu entgehen. Selbst heutzutage weigern sich ernsthafte Taoisten, Außenstehenden die handschriftlichen Anweisungen der früheren Meister zu zeigen. Sie wollen ganz einfach nicht in unnütze Diskussionen und Kontroversen gezogen werden. Aus dem gleichen Grunde verbot auch mein tibetischer Guru seinen Schülern, die Pho-wa-Technik jenen zu enthüllen, die nicht die Einweihung in diese Sekte erhalten hatten. Das ist auch der Grund, warum ich nicht in der Lage bin, die Übersetzung seiner Lehren in diesem Buch zu bieten.

Es wäre absolut falsch, den Lebensstrom im Unterbauch festzuhalten, oder ihn daran zu hindern, frei in den acht psychischen Kanälen zu fließen. Hat er sich im Bauch gesammelt, dann ist es ratsam, die Konzentration auf den «Zentralen Punkt» zu verlegen, so daß der Strom in den Hauptkreislauf eintreten kann. Aus diesem Grunde haben wir im 1. Band unserer «*Ch'an and Zen Teaching*»-Serie (S. 56, Anmerkung 4) empfohlen, die Konzentration auf den Punkt zwischen Nabel und Magengrube zu richten, konnten aber aus Raumgründen dort auf die Aufgabe nicht näher eingehen.

Es heißt, daß der Lebensstrom, wenn er frei in allen psychischen Bahnen fließt, zuerst Mark und Knochen durchdringt, dann das Nervensystem, das Fleisch und die inneren Organe und schließlich die Haut. So wird der ganze Körper sublimiert. Dies erklärt möglicherweise den gut erhaltenen Zustand der Körper großer Meister durch die Jahrhunderte hindurch. Diese Körper wurden nur mit einer dünnen Schicht Harz, gemischt mit Goldpulver und Sandelstaub, bestrichen. Es erklärt vielleicht auch das Vorhandensein von Reliquien in der Asche verbrannter Leiber erleuchteter Meister.

Der ungehinderte Fluß des Lebensstroms in den acht psychischen Kanälen, so wie er in Yin Shih Tse's Buch geschildert wird, war allen Taoisten bekannt, deren erste Absicht es war, dies in ihren Übungen zu verwirklichen, mit dem Ziel, Unsterblichkeit zu erreichen. Bodhidharma erblickte in China ein gelobtes Land, um in ihm seine Geistige Übertragung zu lehren, denn der Taoismus blühte dort bereits, und außerdem ist es leichter für jemanden, der sein ālaya-vijñāna verwirklicht hat, dies in die Große Spiegelgleiche Weisheit zu verwandeln. Das wichtigste Hindernis auf dem Wege zur Verwirklichung der Universellen Buddha-Weisheit war für die Taoisten ihre mangelnde Bereitwilligkeit, von der «Spitze des 100 Fuß hohen Mastes» den Schritt vorwärts zu gehen, von jenem Zustand also, in dem immer noch der subjektive Erlebende und die objektive Seligkeit vorhanden sind. Davon mochten sie sich nicht trennen.

Wie man Prāṇa ansammelt und ihn in die Kreisbahn schickt

Wir wissen jetzt, daß kontrollierte Atmung Prāṇa schafft, das man ansammeln kann, entweder im Unterbauch oder im Solarplexus. Ist genug von dieser Vitalkraft gespeichert, dann entsteht Hitze, die die Vibration verursacht. Nach der Taostischen Methode soll der Übende, vor Beginn einer jeden Meditation, seine Lenden und die Wirbelsäule dazwischen, bis zum Steißbein hinab, massieren, bis dieser Bereich sehr warm ist. Oder er soll sich den Lebensstrom im Bauch vorstellen, als stiege er vom Damm her auf und bräche durch das Steißbein das erste der drei psychischen Tore. Die beiden anderen Tore sind bei den Nieren und im Hinterkopf. Fühlt man die Hitze am Ende der Wirbelsäule, dann zeigt das, daß das erste Tor durchstoßen ist. Nun besteht keine große Schwierigkeit mehr für den Strom, durch das zweite Tor aufzusteigen und die Wirbelsäule entlang bis zum Hinterkopf zu steigen, durch den allerdings schwer zu gelangen ist. Beharrt man bei diesem Training, dann wird auch dieses dritte Tor aufgestoßen, und der Prāṇa-Strom steigt zur Schädeldecke auf. Der Rest der Kreisbahn wird dann zu gegebener Zeit so gemeistert, wie Yin Shih Tse es erklärt hat.

Einige warnende Worte

Für Anfänger ist es ratsam, je 20–30 Minuten am Morgen und am Abend zu sitzen und so ohne Unterbrechung fortzufahren, anstatt sich zu Beginn mit langen Meditationen zu versuchen. Wir wissen aus Erfahrung, daß der Anfänger dazu neigt, seine Übungen nach ein paar längeren Meditationen abzubrechen. Der gewöhnliche Entschuldigungsgrund ist dann Mangel an Zeit oder Beschwerden in den Beinen. Mit leichten Stufen von 20–30 Minuten jedesmal kann man seine Meditation ein Jahr hindurch ohne Schwierigkeit fortsetzen und wird dann die Wirksamkeit seiner Übungen feststellen. Hat man sich erst daran gewöhnt und lernt die Erfolge kennen, dann läßt sich die Zeit mühelos steigern.

Der Übende mag sich am Ende seiner Meditation erhitzt fühlen und in Schweiß gebadet sein. Ist das der Fall, dann soll er sich entspannen und warten, bis die Hitze geschwunden und sein Körper wieder völlig trocken ist, bevor er ein Bad nimmt. Ich erwähne dies, weil ein Freund von mir aus dem Westen kürzlich eine sehr schwere Erkältung bekam, da er unmittelbar nach seiner Meditation badete, um sich abzukühlen. Dabei zeigte diese Hitze nur den Erfolg seiner Übungen an.

VII.

KÖRPERLICHE UND SPIRITUELLE GESTALTUNG NACH DEN LEHREN DES CHINESISCHEN YOGA

Wir können nicht von etwas spirituell Erreichtem sprechen, solange wir die körperliche Gestaltung außer acht lassen. Das lateinische Wort *«mens sana in corpore sano»* drückt das Ideal der Selbstgestaltung aus, denn es ist unmöglich, einen gesunden Geist in einem ungesunden Körper zu haben. Die Praxis körperlicher Übungen ist jedoch nur für den Körper heilsam, nicht aber für den Geist. Darum ist es nötig, einer Methode zu folgen, die sich um Körper und Geist gleichzeitig kümmert. Was das anbelangt, übertrifft nichts jene Technik, die die *«Mikrokosmische Planetenbahn»* (Hsiao Chou T'ien) genannt wird und der Yin Shih Tse folgte [1]. Diese alte Methode besteht darin, den bislang ruhenden Lebensstrom zu aktivieren, um ihn in körperlichen Kreislauf zu versetzen, zu dem Zweck, Körper und Geist zu harmonisieren. Mit andern Worten, es geht dabei um die Integration der beiden miteinander.

Wir geben nun den Text der Hsiao Chou T'ien-Technik, den wir dem *«I Fang Chi Chiai»* entnehmen, der allerdings viele taoistische Begriffe enthält, die von den buddhistischen völlig verschieden sind.

1. S. S. 206.

«Zunächst laß den Denk (-Prozeß) versiegen. Nachdem Körper und Geist geordnet sind, setze dich, das Gesicht nach Osten, mit gekreuzten Beinen nieder. Reguliere die Ein- und Ausatmung, lege die rechte Hand auf die linke und ziehe sie dicht an den Unterbauch unterhalb des Nabels. Sodann klappe die unteren Zähne 36 mal gegen die oberen, um Körper und Geist zu befestigen. Laß' den roten Drachen das Meer 36 mal quirlen [2] und richte die (geschlossenen) Augen so, als wolltest du seine Bewegungen verfolgen. Nun laß die Zunge den Gaumen berühren. Beruhige den Geist, und zähle deine Atemzüge 360 mal. Hat sich dein Mund mit dem göttlichen Wasser gefüllt, dann spüle es einige Male im Mund herum, und dann vollziehe die vier Akte [3], indem du den Afterschließmuskel anziehst, um (dem Lebensstrom) einen freien Weg in den Jen Mo-Kanal zu sichern, durch das Steißbein und das mittlere Tor (zwischen den Lenden) und die Wirbelsäule aufwärts, ein Weg, den der Strom schneller durchläuft. Schließe die Augen, drehe sie aufwärts und atme langsam durch die Nase ein, ohne wieder auszuatmen, bis das Jadekissen (d. i. der Hinterkopf) durchstoßen ist. Dann steigt (der Lebensstrom), als wäre er durch die Sehkraft gewaltsam aufwärts gestoßen, (den mittleren Kanal) hinauf, umkreist den Gipfel des Kun Lun (die Schädeldecke) und steigt über die Brücke der Elster (die Zunge) hinab. Nun schlucke ein Drittel des Speichels, der (dem Lebensstrom) hinab zum Hellen Palast (dem Herzen) folgen soll, bevor dieser zum Meer des Prāṇa (dem Unterbauch) zurückkehrt. Verharre einen Augenblick, und

2. Der Rote Drache ist die Zunge. Rolle sie 36 mal im Munde herum, um den Speichelfluß zu fördern, wodurch die austrocknende Wirkung der Hitze des aufsteigenden Prāṇa gelindert wird. Eine schnellere Methode ist, die Zunge so weit wie möglich zurück zu legen.

3. Die vier Akte bestehen im a) anziehen, b) berühren, c) schließen und d) einatmen. Den Schließmuskel anziehen bedeutet, dem Prāṇa freien Durchgang durch das Steißbein zu verschaffen; das Berühren des Gaumens mit der Zunge bedeutet, eine Brücke zu bilden, über die die psychischen Zentren im Kopf mit denen im Genick und in der Brust verbunden werden; Schließen der Augen und den Blick aufwärts richten bedeutet, den Geist zu sammeln und Prāṇa aufwärts zu lenken; und einatmen ohne auszuatmen bedeutet, nutzlosen Abstrom der Vitalkraft zu verhindern.

wiederhole dann die Übung ein zweites und drittes Mal, um im ganzen drei Kreisläufe zu absolvieren. Dies nennt man die Umkehrung des Himmlischen Flusses.

Ruhe dich etwas aus. Dann reibe den Unterbauch 180mal mit den Händen. Wenn du die Hände wieder fortnimmst, lege ein wollenes Tuch über den Nabel und den Unterbauch, um diese nicht der kalten Luft auszusetzen. (Die Alten sagten: ‚Das Geheimnis der Unsterblichkeit liegt in der Bewahrung der Hitze im Feld des Elixiers (dem Unterbauch).' Sodann reibe die Rücken der Daumen aneinander, bis sie heiß sind, und massiere damit die Augen 14mal, um das ‚Feuer' im Herzen zu stillen, die Nase 36mal, um die Lungen zu erfrischen, die Ohren 14mal, um die Nieren zu kräftigen und das Gesicht 14mal, um die Milz zu stärken. Verschließe die Ohren mit den Hand (-flächen), und schlage die himmlische Trommel [4]. Danach hebe die Hände langsam über den Kopf und lege die Handflächen aneinander [5], als wolltest du den Himmel grüßen. Vollführe das alles drei mal und atme langsam die unreine Luft aus, atme frische Luft ein, dies vier bis fünf mal. Dann halte die Schultern (bei gekreuzten Armen) mit den Händen und schüttle sie einige Male, um die Nerven und Knochen zu beleben. Schließe die Übung, indem du das Jadekissen (den Hinterkopf) 24mal reibst, das Kreuzbein 180mal und die Mitte der Fußsohlen 180mal.»

Da das alles ohne erklärende Anmerkung unverständlich ist, wurde diese ausgezeichnete taoistische Technik in China weitgehend vergessen. Dort kann man von den Leuten nicht erwarten, daß sie sich ernsthaft darum bemühen. Auch ich war in meiner Jugend zu träge, taoistische Bücher zu lesen, die mir, wie die Ch'an-Texte auch, seltsam und unverständlich erschienen.

4. Lege die Handflächen an die Ohren, drücke das Mittelfingerpaar an den Hinterkopf und klopfe mit dem Zeigefingerpaar gegen den Schädelknochen über den Ohren, so daß ein scharfer Laut entsteht.

5. Um die Prāṇa-Ströme beider Arme zu verbinden, wodurch ein weiterer Kreislauf um den Körper entsteht.

Bevor ich mit Meditation begann, erfreute ich mich nie einer besonders guten Gesundheit und konnte mit Hilfe von modernen Ärzten und Kräuterdoktoren nur zeitweilig Besserung finden. Herz und Magen waren schwach, ich wurde des öftern ohnmächtig, und mehrmals im Jahr litt ich an schwerem Rheumatismus. Wie ich im Vierten Kapitel erzählte, scheiterte ich in der Jugend elend bei meinen Übungen der T'ien T'ai-Meditation. Ich fuhr jedoch fort, mich auf den Unterbauch zu konzentrieren, sogar wenn ich auf der Straße spazieren ging. Sicher war es das, was mich in die Lage versetzte, Prāṇa anzusammeln. Dann praktizierte ich hinduistische Atemübungen, um Lebensstrom im Sonnengeflecht zu speichern. Die *hua-t'ou*-Übung[6] ließ mich alle meine Beschwerden vergessen, einschließlich der unerträglichen Hitze, die in meinem Zimmer während der Sommermonate auf über 95 Grad Fahrenheit stieg. Nach langen Stunden am Schreibtisch, beim Übersetzen chinesischer Texte, fühlte ich mich mitunter sehr müde und nahezu erschöpft. Aber 5 Minuten dieser Yoga-Atemübungen[7] gaben mir wieder Kraft und erlaubten mir, mit der Arbeit fortzufahren. Das heilte meinen Rheumatismus und verschaffte mir augenblickliche Erleichterung, nicht nur, wenn ich mich erkältet hatte, sondern auch, als ich mir vor Jahren die schlimme Asiatische Grippe zugezogen hatte.

Als der Prāṇa-Strom in meinem Körper zu kreisen begann, hatte ich das Gefühl, als ob er alle Organe durchdringe, alle Knochen, Nerven und Muskeln, und dann folgten die acht psychischen Empfindungen, von denen zuvor gesprochen worden ist.

Eines Tages schien es, als ob mein Herz, das sehr schwach war, von allen Seiten durch scharfe Nadeln zerrissen würde.

6. S. «*Ch'an and Zen Teaching*», 1. Serie, Teil I.

7. S. «*The Science of Breath*» by Yogi Ramacharaka, Yogi Publication Society.

Von da an war die Schwäche wie ein Traum verflogen. Mein Appetit wurde enorm, und außer meinen gewohnten drei Mahlzeiten mußte ich noch drei weitere einnehmen, um den Strapazen der unwillkürlichen Bewegungen in der Meditation und den enormen Schweißausbrüchen gewachsen zu sein.

Ein Ersatz für tägliche Spaziergänge

Da ich mehr oder weniger in Abgeschlossenheit lebte, um meinen Geist unter Kontrolle zu halten, und nur ein oder zweimal im Monat ausging, um mir die Haare schneiden zu lassen, wurde der Mangel an körperlicher Bewegung zum ernsten Problem. Ich löste es mit Hilfe einer andern taoistischen Übung, die ich beschreiben will:

Zwei bis dreimal am Tage stand ich, die Füße etwa 20 cm voneinander parallel gestellt. Dann drehte ich Bauch und Gesäß nach rechts und links, in jeder Richtung 100mal. Diese einfache Übung entsprach einem kurzen Spaziergang, denn sie half, die unteren Gliedmaßen durchzuarbeiten, und bildete einen natürlichen Ausgleich gegenüber den unwillkürlichen Bewegungen.

Yoga zur Kräftigung innerer Organe

Um Erkrankungen zu vermeiden, und weil Verhütung besser ist als Heilung, übte ich zweimal täglich «Das Taoistische Geheimnis der sechs heilenden Laute» (Tao Ching Lü Tze Chueh), dessen Text dem des Hsiao Chou T'ien im *I Fang Chi Chiai* («Erklärung der alten medizinischen Formeln») angehängt ist.

DAS TAOISTISCHE GEHEIMNIS DER SECHS HEILENDEN LAUTE HO, HU, SZE, HSÜ, HSI, CH'UI

«Täglich zwischen Mitternacht und Mittag, eine Zeitspanne, die für das positive (Yang-Prinzip) steht, setze dich mit gekreuzten Beinen hin, das Gesicht nach Osten. Schließe nicht das Fenster, aber vermeide Zugluft. Klappe die unteren Zähne gegen die oberen, rolle die Zunge, bis der Mund voll Speichel ist, spüle damit die

Mundhöhle einige Male und schlucke dann dreimal hörbar, indem du dir vorstellst, dies wirke bis zum Unterbauch unterhalb des Nabels.

Spitze leicht die Lippen, und bilde leicht den Laut ‚HO!' um die unreine Luft vom Herzen durch den Mund zu entfernen. Dann schließe den Mund, um durch die Nase frische Luft einzuatmen und die Kreislauforgane zu beleben. Die Ausatmung soll kurz, die Einatmung lang sein. Tue dies sechs mal.

Danach, auf gleiche Weise, bilde sechs mal jeden der fünf anderen Laute: ‚HU!' um die Milz zu beleben; SZE!' die Lungen; ‚HSÜ!' die Leber; ‚HSI!' den Magen und ‚CH'UI!' die Nieren. Die Zahl 36 (jeden der Laute sechs mal) steht für einen mikrokosmischen Umlauf von 360 Grad.»

Dieser Methode bedienten sich die alten Taoisten, um Krankheiten zu vermeiden oder zu heilen, wenn sie sich von der Welt zurückzogen, um in den Bergen zu leben.

Vor dem Beginn dieser Übung ist es notwendig, sich mit den sechs Lauten vertraut zu machen, um jeden von ihnen für das entsprechende Organ, auf das er psychischen Einfluß hat, nutzbar machen zu können.

Wenn man zum Beispiel das «HO!» bildet, dann soll dies auch wirklich das Herz treffen, dessen Unreinheiten durch den Mund beseitigt werden, während es mit Lebenskraft gefüllt wird, wenn frische Luft durch die Nase eingeatmet wird. Bei der Übung erscheint es dann, als ob das Herz selbst seine Unreinheiten abgäbe und Energie einatmete. Man kann die Wirkung testen, indem man raucht, bis das Herz angegriffen wird, dann den Laut «HO!» bildet, um die Unannehmlichkeit zu beseitigen, und durch Einatmen frischer Luft das Herz anregt. Dabei kann man die wohltuende Wirkung des Lautes verspüren.

Die alte medizinische Wissenschaft

In alten Zeiten mußte jeder, der medizinisch praktizieren wollte, in der Kunst der Selbstheilung erfahren sein, bevor er andere heilen konnte. Die Kunst des Heilens bestand darin, des Arztes eigene psychische Kraft auf den Kranken zu übertragen, um dessen inneres Prāṇa zu kräftigen und damit alle physischen Hindernisse zu überwinden und so die Gesundheit wiederherzustellen. Selbst heute noch wird diese Heilweise praktiziert, aber erfahrene Taoisten sind äußerst selten und nicht leicht auffindbar, denn sie suchen weder Ruhm noch Erfolg und scheuen sich vor Lästerern und Skeptikern.

Akupunktur und Kauterisation

Angesichts der Seltenheit erfahrener taoistischer Meister, und ihrer Scheu wegen, sich Außenseitern zu zeigen, entwikkelten die Alten eine medizinische Wissenschaft, die auf dem *Nei Ching,* dem ältesten Buch der Heilkunst, basiert. Dieses Buch wurde verfaßt von Ch'i Pai, einem Minister und berühmten Arzt, im Auftrag des Kaisers Huang Ti, der selbst Experte in dieser Wissenschaft war. Die dort geschilderten Behandlungsmethoden sind Akupunktur und Kauterisation, durch die alle Hindernisse innerhalb der organischen und psychischen Zentren beseitigt werden können.

Wir wissen bereits, daß die Hitze des Prāṇa eine Vibration in Gang setzt, die die psychischen Kanäle öffnet und alle behindernden Unreinheiten in den psychischen Zentren entfernt. Da die Patienten darin keine Erfahrung besaßen und den Lebensstrom nicht ansammeln konnten, um die nötige Hitze zu entwickeln, mußten entsprechende Hilfsmittel zu diesem Zweck verwendet werden. Man bediente sich einer silbernen Nadel, um die Haut über dem gestörten psychischen Zentrum zu durchstoßen, bzw. über dem psychischen Kanal, der zu dem Zentrum führt. Außerdem verbrannte man Moxa auf dem Punkt, so daß diese Hitze das gestörte Zentrum erreichte, so die Lebenskraft ansammelte und die Behinderung, die Ursache der Krankheit, entfernte. War die Punktur exakt, dann schwand die Krankheit augenblicklich. Der alten Lehre entsprechend wirkt Silber beruhigend und Moxa antiseptisch. Der Arzt mußte jedoch in der Kunst der Krankheitsdiagnose höchst versiert sein und sehr vertraut mit der genauen Lokalisierung der psychischen Zentren und der sie verbindenden Kanäle. Es gibt Bücher über Akupunktur und Kauterisation und auch Bronzestatuen des menschlichen Körpers, wo die verschiedenen Kanäle und Zentren genau angegeben sind.

Über der Materie – der Geist

Die Alten befürworteten die Vervollkommnung des Geistes, um der Meisterung der Materie willen, und große Geisteskräfte entstehen, wenn das vitale Prinzip imstande ist, frei durch die psychischen Kanäle zu fließen. Wer immer den Prāṇastrom so zirkulieren lassen kann, der ist frei von allen Erkrankungen. Die beste Stimme eignet jenem Sänger, der seinen Bauch mit diesem vitalen Prinzip angefüllt hat. Beim Boxen steht die physische Kraft in keinem Vergleich zu der verborgenen Kraft des Prāṇa, durch die ein kleiner Mensch fähig wird, einen Riesen zu besiegen. In alten Zeiten lebten die erleuchteten Meister furchtlos in den Bergen, wo wilde Tiere hausen, weil die machtvollen psychischen Wellen ihres Geistes jede Feindseligkeit besiegten. Genau so, als Hsing Ch'ang mit einem Schwert kam, um Hui Neng zu ermorden, reckte ihm der Patriarch den Nacken entgegen, um den furchtbaren Schlag zu empfangen. Dreimal schlug der Attentäter zu, doch er konnte ihn nicht verletzen. Von Schrecken erfüllt, stürzte er zu Boden. Als der verstorbene Ch'an-Meister Hsu Yün aus Burma nach China zurückkehrte, führte er einen Jade-Buddha mit sich, den Lastträger trugen. Diese dachten, er enthielte kostbare Edelsteine, und als sie durch eine unbewohnte Gegend kamen, setzten sie ihn ab und weigerten sich, weiterzugehen, wenn ihnen der Meister nicht einen zusätzlichen hohen Lohn gäbe. Da sah der Meister einen großen Felsblock am Wege. Er wies darauf und fragte sie, ob der leichter wäre als die Statue. Dann bewegte er ihn mit seinen Händen, und die Träger waren so erschreckt, daß sie den Buddha bis zum Zielort trugen. Dabei war kein Wunder am

Werk, denn Hsu Yün bediente sich nur der Prāṇa-Kräfte in seinen Händen, um den Felsen zu bewegen. In ihrem Buch *«Heilige und Hexer»* erzählt Mme. David-Neel die Geschichte eines Asketen, dem ihres Dolmetschers respektlose Art nicht gefiel und der, ohne sich von seinem Sitz zu erheben, seine psychische Kraft dazu benutzte, dem Dolmetscher einen Stoß zu geben. Dieser taumelte und fiel rücklings gegen die Wand, und doch sah sie nichts, während der Dolmetscher sagte, er habe das Gefühl gehabt, so etwas wie einen furchtbaren Schlag zu bekommen. [8]

Ein Freund von mir, der schon als Kind mit der Taoistischen Meditation begann, kann auf einige Fuß Entfernung einen Reissack von etwa 135 lb. (engl. Pfund, ca. 453,6 g) Gewicht umstoßen. Vor einigen Jahren heilte ein junger Taoist die Krankheit seines Vaters, indem er seine psychische Kraft auf den alten Mann übertrug.

Verjüngung und Unsterblichkeit

Verjüngung ist das erste Anliegen des taoistischen Trainings und Unsterblichkeit sein höchstes Ziel. Die taoistische Praxis verlangt einen gesunden Geist in einem gesunden Körper, denn der Schüler braucht eine kräftige Konstitution, wenn er sich dem schwierigen Training unterwerfen will. Hervorragende Gesundheit ist das Resultat vollkommener Harmonie des Prāṇa oder Feuer-Elementes mit dem Wasser-Element im menschlichen Körper. Ist das Feuer-Element stärker als das Wasser-Element, dann gibt es Tränen, schlechten Atem, rauhen Hals, Durst, Atmungsbeschwerden und Schwindelgefühl. Deshalb trinken Ch'an-Übende mehr Tee als die meisten Menschen und verwenden auch Kräuter-Aufgüsse, um die Wirkung des Feuer-Elements zu lindern. Die Schüler des Taoismus pflegen die Zunge im Munde zu rollen, um stärkeren Speichelfluß zu erzeugen oder auch, um durch die ge-

8. Vgl. Alexandra David-Neel, «*Heilige und Hexer*», Leipzig, 1931.

schluckte Flüssigkeit die austrocknende Wirkung des Lebensstroms zu mindern. Nur wenn das Feuer- und das Wasser-Element im Gleichgewicht sind, kann vollkommene Gesundheit erlangt und Verjüngung ermöglicht werden. Ist die Verjüngung gelungen, dann überschreitet die Lebensspanne mühelos die gewöhnliche Grenze eines durchschnittlichen Menschenalters. Erfahrene Taoisten wissen den Zeitpunkt ihres Todes im voraus und können diese Welt nach Belieben verlassen. Begegnen sie einander, dann erkennen sie sich sofort an dem rosigen Schimmer des Gesichtes, der das auf spirituellem und physischem Gebiet Erreichte kennzeichnet.

Was die von den Taoisten angestrebte Unsterblichkeit betrifft, so hat diese, nach der Lehre des Buddha, ihre Grenzen, weil Unsterblichkeit und Sterblichkeit zwei Extreme eines dualistischen Zustandes sind, den es auf der absoluten Stufe ja nicht mehr gibt. Das Śūrangama Sūtra führt 10 Klassen von Unsterblichen auf, die, obgleich sie Tausende und Zehntausende von Jahren leben, doch noch nicht frei sind von der Illusion des Raumes und der Zeit, und die darum noch nicht dem Kreislauf von Geburt und Tod entkommen können. Gewöhnlich verlassen sie ihren physischen Körper, der in Höhlen und auf hohen Bergen zurückbleibt, während ihr Bewußtsein in der großen Leerheit wandert, um Freiheit und Seligkeit zu genießen, die aber noch die Existenz der Dualität von Subjekt und Objekt voraussetzt.

Im 1. Band unserer *«Ch'an and Zen Teaching»*-Serie (S. 81–83) erzählten wir die Geschichte von Lu Tung Pin, einem Unsterblichen, der sein Schwert nach dem Ch'an-Meister Huang Lung warf. Der Meister wies mit dem Finger auf das Schwert, das zu Boden fiel und das der Werfer nicht mehr aufheben konnte. Dies zeigt die spirituelle Macht des Ch'an-Meisters, die der des Lu Tung Pin überlegen war, der, ein berühmter Taoist, seine Niederlage eingestand und sich daraufhin zum Buddha-Dharma bekehrte.

Allgegenwärtigkeit und Allwissenheit

Der Geist entfaltet sich, wenn er nicht von Gedanken gestört wird und frei ist von Fesseln. Wenn ein Meditierender ein halbes Prozent seiner Unwissenheit beseitigt, dann gewinnt er ein halbes Prozent Erleuchtung. Dies nennt man «kleines Erwachen» (Chines. kleines Wu; Japan. kleines Satori). Hebt er fünf oder sieben Prozent des Irrtums auf, dann gewinnt er das große Erwachen bzw. das große Satori. Nach Erlangung von mehreren kleinen und großen Satoris mögen schließlich nur noch zehn oder fünfzehn Prozent seines Unwissens verblieben sein, die er dann auf einen Schlag aufhebt. Dies ist das Höchste Erwachen oder die Letzte Erleuchtung. So gibt es viele kleine und große Satoris vor der Vollkommenen Erleuchtung, und die Anzahl dieser aufeinanderfolgenden Erweckungen hängt von dem langsamen oder schnellen Erfassen und Verwirklichen des Dharma ab.

Als der verstorbene Ch'an-Meister Hsu Yün ein großes Satori hatte, entfaltete sich sein Geist und umfaßte seine Umwelt. Er sah alles innerhalb und außerhalb des Klosters und weiter weg die Boote auf dem Fluß und die Bäume an beiden Ufern. Zwei Nächte später löschte er alles, was noch an Täuschung verblieben war, aus, gewann das letzte Erwachen und sagte: «Berge, Flüsse und die ganze Erde sind nichts anderes als der Tathāgata.» Er erkannte seine Selbst-Natur (Chines. Chien Hsing; Japan. Kenshō), die allumfassend ist. Diese Stufe gewann Hui Neng, als er ausrief: «Wer hätte erwartet, daß die Selbst-Natur grundsätzlich rein und hell ist, jenseits von Geburt und Tod, in sich vollkommen und unwandelbar, und alle Dinge schafft?» [9] Das ist Allgegenwärtigkeit. Ein taoistischer Übender, der seinen Geist beruhigt, entfaltet ihn gleichzeitig zum Sehen und Hören aller Lebewesen nah und fern, aber was er erreicht, ist nur begrenzt, denn er kann «das andere Ufer» nicht gewinnen.

9. S. «*Ch'an and Zen Teaching*», 3. Serie, S. 25.

Ist der Geist eines erleuchteten Meisters allumfassend, dann sieht und weiß er alles. Das ist Allwissenheit. Obwohl die Erkenntnis eines erfahrenen Taoisten groß und ausgedehnt ist, geht sie doch nicht über den Bereich des 8. Bewußtseins hinaus, denn sie kann das Absolute nicht erreichen. Hier liegt seine Begrenzung im Vergleich zur Allwissenheit, der Sarvajña des Buddha.

SCHLUSSBETRACHTUNG

Wir haben nun verschiedene Methoden der Meditation beschrieben, wie sie in China praktiziert werden, dort, wo jeder Schüler zu den Texten Zugang hat und wählen kann, welcher seinem besonderen Geschmack entspricht. Es stimmt zwar, daß die Ch'an-Technik die beste ist, aber kein Schüler ist gezwungen, sie zu üben, wenn er eine andere Methode bevorzugt. Zahlreiche Chinesen haben eine Neigung für die «Reine Land»-Schule, und es wäre falsch, sie die Ch'an-Meditation zu lehren, bevor sie sie verstanden haben. Darüber hinaus ist die Ch'an-Lehre für gereifte Menschen, und nur sehr wenige sind fähig, jenen Zweifel (I Ch'ing) zu wecken, ohne den die *hua-t'ou*-Technik nicht denkbar ist.[10] Auch dürfen wir nicht vergessen, daß das Karma dabei eine wichtige Rolle spielt, wo es gilt, sich zur Übung des Dharma zu entscheiden; und sein behindernder Einfluß schwindet nur dort, wo der Schüler wirkliche Fortschritte in seiner Selbstgestaltung gemacht hat, d. h. wenn seine bislang schlafenden hervorragenden inneren Eigenschaften sich so manifestieren, wie es Meister Chih I beschrieben hat. Dann erst sieht der Übende klar, und nichts auf der Welt kann seinen Entschluß, sich von den Täuschungen zu lösen, mehr wankend machen.

Die Technik des mikrokosmischen Umlaufs, wie sie die alten Taoisten übten, ist nützlich, um die Gesundheit des

10. S. «*Ch'an and Zen Teaching*», 1. Serie, S. 37 ff.

Übenden zu stärken, denn diese muß kräftig genug sein, allen Hindernissen zu widerstehen bzw. sie zu überwinden, wodurch er die Ruhe des Geistes gewinnen kann. Der Kreislauf des Lebensstroms und die ihn begleitenden unwillkürlichen Bewegungen sind von unserem Willen unabhängig und erscheinen unwiderstehlich, können aber sofort gestoppt werden, sobald der Meditierende dem I Ch'ing (dem Zweifel) Raum gibt. Dieser läßt Körper und Geist für alle Illusionen unempfänglich werden, und wirkt wie eine undurchdringliche Mauer, um mit Bodhidharma zu sprechen. Dies erweist die Überlegenheit des Ch'an-Weges gegenüber allen anderen Methoden. Die Technik des mikrokosmischen Umlaufs jedoch verhindert die Gefahr der Ch'an-Krankheit, wie sie im 2. Band unserer *«Ch'an and Zen Teaching»*-Serie (S. 22/23) erwähnt wurde, durch die Behebung aller Hindernisse innerhalb der psychischen Zentren. Zahlreiche Ch'an-Meister folgten den taoistischen Lehren, bevor sie sich zum Buddhismus bekehrten; sie beherrschten die taoistischen Techniken, ließen sie aber den Schülern gegenüber unerwähnt, sofern diese nicht dazu neigten und den geistigen Dharma ablehnten.

Der Anfänger sollte zu Beginn seiner Übungen nicht zu eifrig sein, sondern mit kurzen und regelmäßigen Meditationen anfangen. Yin Shih Tse schlägt ganz richtig vor, an jedem Morgen und Abend je eine kürzere Meditation von etwa 20 Minuten zu absolvieren. Ist das zur regulären Gewohnheit geworden, dann wird das Resultat recht befriedigend sein, und hat sich der Übende daran gewöhnt und Fortschritte gemacht, dann kommt die längere Übungszeit ganz von allein. Sehr schwer ist es für den Anfänger, das Entstehen von Gedanken zu verhindern. Neben den schon geschilderten Methoden ist ein weiterer wirkungsvoller Weg, die Gedanken zu stoppen, sich auf das dritte Auge zu konzentrieren, d. h. auf den Punkt zwischen den Augenbrauen. Wer jedoch an nervlicher Überspannung leidet, sollte diesen Weg nicht versuchen. Er sollte sich auf den Unterbauch konzentrieren. Eine weitere Methode, den Geist zu festigen, ist, die Handflächen aneinander zu legen, als wolle man einen Freund auf orientalische Weise begrüßen, wobei die psychischen Zentren der Hände miteinander verbunden werden und einen Kanal bilden, durch den der Vitalstrom fließen kann. Die Taoisten legen die rechte Handfläche quer auf die Linke und fassen so mit der einen Hand die andere, um die psychischen Bahnen beider Arme miteinander zu verbinden und so den Geist zu beruhigen. Wenn die Beine eingeschlafen sind, so beheben sie das, indem sie die eine Handfläche auf die Knie, die andere auf den Hacken des eingeschlafenen Beines legen. Sobald der Lebensstrom durch das betreffende Bein fließt, bewegt sich der Fuß etwas, und die Taubheit darin ist verschwunden.

Es heißt, wenn der Schüler reif sei, dann erscheine auch der Lehrer, ihn zu führen. Solch ein Lehrer erscheint aber nur, wenn der Schüler Stolz und Vorurteile ablegt, die beiden großen buddhistischen Tugenden der Bescheidenheit und Demut pflegt und gelobt, die heilige Lehre der Selbstgestaltung zu üben und der Erleuchtung anderer zu dienen. Beachtet er die Gebote ohne Unterscheidung, dann werden sich seine hervorragenden inneren Eigenschaften manifestieren, und sein geheimer Lehrer wird erscheinen, ihn zu führen.[11] Dieser Meister ist nichts anderes als seine eigene Weisheit, nun befreit von Gefühlen und Leidenschaften. Kein Lehrer ist verläßlicher als die eigene Prajña der Selbstnatur. Daher werden alle ernsthaften Schüler früher oder später die tiefere Bedeutung der heiligen Lehre erkennen. Verlassen wir uns jedoch auf unser bescheidenes Bewußtsein, dann verbleiben wir im Bereich der Illusionen. Darum sagt Buddha, daß wir die bemitleidenswertesten Lebewesen seien.

Es heißt, daß die drei Welten (des Wunsches, der Form und jenseits der Form) geistgeschaffen sind und daß alle

11. S. Das Vorwort zum Sūtra of Complete Englightenment in *Ch'an and Zen Teaching*», 3. Serie, S. 157.

Erscheinungen Produkte unseres Bewußtseins sind. Die Umwelt des Menschen ist bedingt durch seinen unterscheidenden Geist und verbessert oder verschlechtert sich, je nach seinen guten oder bösen Gedanken. Sein Elend und sein Leiden entstammen seiner spirituellen Degeneration, sein Los jedoch kann verbessert werden, wenn er danach strebt, die Qualität seines eigenen Geistes zu erhöhen. Er erträgt alle möglichen Beschwerden und sorgt sich um den morgigen Tag. Aber noch nie haben wir von erleuchteten Meistern gehört, die verhungert oder unheilbar dahingesiecht sind. Im Gegenteil: Wir haben nur von sorglosen Mönchen gehört wie Kuei Shan, Kao Feng usw., die sich ohne einen Pfennig in die Berge zurückzogen, wo ihre Anhänger dann später Klöster bauten, um von dort den Dharma zu verbreiten. Heute leben wir im Zeitalter des versiegenden Dharma, wo Haß und Leid vorherrschen, wo die Dämonen stark, der Dharma dagegen ohne Kraft ist. Doch sowohl Dämon wie Dharma entstammen dem Selbst-Geist, und bei uns liegt die Aufgabe, den Dämon um des Dharma willen zu vernichten. Erst dann können wir echte Buddhisten sein.

Wenn wir nun die Wichtigkeit der Meditation bei unserer Suche nach Wahrheit erkennen, dann ist es für uns höchst nötig zu wissen, daß wenn wir den Dhyāna-Zustand gewonnen haben, keiner uns dadurch stören darf, daß er uns ruft oder anrührt. Solch ein fremder Eingriff kann böse Auswirkungen auf den geistigen oder körperlichen Zustand haben. Es gibt in China ein kleines steinernes Musikinstrument, Ch'ing genannt, das man dem Meditierenden ans Ohr hält und sanft anschlägt, ihn zu wecken. Der Gong, mit dem man im Westen an Bord eines Schiffes die Passagiere zu den Mahlzeiten ruft, dient einem ähnlichen Zweck.

NACHWORT

von

Hans-Ulrich Rieker

Es gibt keine Religion, die nicht ihren Yoga hätte – ihre psycho-physische Technik der Verwirklichung. Von den Religionen des Ostens (Indien, China, Japan, Tibet) ist dies mehr oder weniger bekannt, von den andern Religionen – Judentum (Kabbala), Islam (Sufismus), Christentum (Gnosis) – kaum noch. Nur noch ein allenfalls säkulares Interesse besteht hier und da im Abendland. Yoga (oder unter welchem Namen dies vielleicht bedeutsamste Phänomen innerhalb des Religiösen auch auftreten mag) schrumpfte zum anthropologischen Forschungsobjekt zusammen oder wurde in obskuren und okkulten Kreisen zu kühnen Bedürfnissen neu aufbereitet. So bedient man sich der zugänglichen Bruchstücke, soweit man sie zu verstehen oder deuten zu können meint, hält Hathā-Yoga für eine systematisierte Gymnastik, Prāṇāyāma für primitive Atemtherapie, Meditation für Geistesschulung und Akupunktur für Neuraltherapie. Dagegen hält man Mantras für «magische Formeln» und «Relikte magischen Denkens», Kultbilder für «angebetete Idole», Samādhi für einen pathologischen Bewußtseinszustand (Absence) und die Kuṇḍalinī-Kraft gar nur für das bloße Postulat eines Mythos, hinter dem nicht mehr als allenfalls ein archetypisches Symbolbild steht. Anerkannt wird nur der «kritisch distanzierte» Forscher, nicht aber der «Apologet». Gegenüber der theoretischen Schlußfolgerung ist das eigene praktische Erfahrungsresultat wissenschaftlich indiskutabel. Gewiß, ernstzunehmende «Apologeten» mögen selten sein; aber wäre nicht selbst der obskurste Okkultist ein ergiebiges Studienobjekt?

Jedoch: Keiner der (heute nur noch spärlichen) echten Repräsentanten des Yoga sähe einen Gewinn darin, Objekt der Wissenschaft oder gar der Popularität zu werden. Noch nie wurde dieser Weg leichter gemacht als er ist, noch nie anderen als den ehrlich Suchenden offenbart. Und das ehrliche Suchen des Forschers ist nun mal ein anderes als das des übenden Schülers. In keiner echten Religion wurde seit Jahrtausenden von diesem Grundsatz abgewichen.

Aus dieser Unvereinbarkeit von Theorie und Praxis ergeben sich dann die kuriosen Situationen, daß die Vertreter beider Richtungen an verschiedenen Stellen des gleichen Bergwerks schürfen: der Theoretiker im Objekt, der Praktiker im Subjekt, der Theoretiker in der Vielfalt der breiten Oberfläche, der Praktiker in der Einfalt der ungreifbaren Tiefe. Irritierenderweise wohnt aber auch dem oberflächlichsten Aspekt stets eine gewisse Vernunft inne. Sich mit ihm zu begnügen und in ihm sein Genügen zu finden, fällt nicht schwer. Und sogar der etwas einfältige Schwärmer «für naturgemäße Lebensweise» kann hier sein Material und sein Genügen finden. Leicht liest es sich über die sehr kargen Andeutungen des tieferen Weges hinweg, ohne daß sich eine Lücke im Weltbild auftut.

An dieser Gefahr, an der Oberfläche steckenzubleiben und sich mit ihr zu begnügen, kommt keiner vorbei. Weder der Forscher, noch der Apologet. Die glücklicheren unter ihnen wissen den engen Durchgang zu tieferen Stufen zu entdecken; zu tiefsten Stufen jedoch, den Bereichen jenseits aller Logik, kann nur der echte, eingeweihte Meister führen, jener Meister, der selbst ein Glied der langen Traditionskette ist, deren Ursprung sich im Dunkel der Zeiten verliert. Kein Buch und kein Text kann dieses Medium ersetzen, jedoch es kann ihm den Boden bereiten. Ich war etwa ein halbes Jahr von meiner dritten Indienreise zurück, auf der ich die höchste Einweihung in den Kuṇḍalīnī-Yoga bekommen hatte, und dessen Übungen mir das verblüffende Phänomen der «unwillkürlichen Körperbewegungen» vermittelten, als mir dies Buch in die Hände kam. Ich fand nun von einer ganz anderen Warte her erläutert, was ich täglich erlebte, erkannte Beziehungen, die vorher nicht zu ahnen waren, entdeckte Zusammenhänge zwischen Rituellem und Funktionellem: China und Indien erläuterten einander.

Wir finden nun in diesem Buch kein Wort über die Kuṇḍalīnī-Kraft, und doch ist nirgendwo in Büchern mehr über sie enthüllt als hier.

Der Chinese ist sachlicher als der Inder. Er verschleiert weniger als dieser, ist weniger mythisch bestimmt, hat dafür jedoch eine völlig andere Makro- und Mikrokosmogonie. Er verschweigt gleicherweise, was nötig scheint, formuliert aber unkomplizierter, denn seine Sprache und Schrift ist selbst vieldeutig genug, sie bedarf keiner zusätzlichen Verschlüsselungen und Akkumulationen von Sinngehalten. Der Inder verschlüsselt innerhalb des Gesagten, der Chinese innerhalb des Sagens selbst. Wenn jedoch die in diesem Buch gebotenen Buddhasūtras – im Gegensatz zu den taotischen Texten – mythologisieren, dann deshalb, weil sie durchweg indischen Ursprungs sind.

Indische Yogatexte (z. B. Shāndilya Upanishad) sprechen nur gelegentlich über die Nādi (die Prāṇa-Bahnen), häufig jedoch über die Kuṇḍalīnī-Kraft. In den Chinesischen Texten (der Taoisten) ist das im Prinzip umgekehrt. Deshalb sind bei uns die Prāṇa-Meridiane durch die Akupunktur recht gut bekannt geworden, die Kuṇḍalīnī-Kraft (zumindest vom Begriff her) aus indischen Quellen auch, aber daß zwischen beiden eine Verbindung besteht, und welche gar, das fällt ins Arsenal der Geheimlehren sowohl der Inder wie der Chinesen. Erst der, der das seltene Glück hatte, einen Meister einer der beiden Richtungen zu finden, kann durch eigene Übungserfahrung – und nur durch diese – die natürliche Zusammengehörigkeit beider Phänomene entdecken. Es ist eine ergiebige Entdeckung!

An dieser Stelle mögen einige dieser Entdeckung entstammende Grundsätze, soweit sie nicht durch Schweigegelöbnis betroffen sind, gegeben werden:

1. Alle im Körper kreisend wirkenden Lebenskräfte (Prāṇa-Ströme auf den Bahnen der Meridiane) sind Teilaspekte der Kuṇḍalinī-Kraft.

2. Es gibt im Körper zweimal 12 physische, 8 psychische und 2 beiden Systemen gemeinsame Meridiane. Auf den gemeinsamen Meridianen (Yen Mo und Tu Mo) liegen (neben anderen sekundären) 7 Verbindungszentren – die Chakras des indischen (und tibetischen) Yoga.

3. Alle 360 Meridianpunkte (der Akupunktur bekannt) sind Chakras. Sie sind von unterschiedlicher Bedeutung und bilden gewissermaßen «Hierarchien» im göttlichen Ordnungssystem des Mikrokosmos.

4. Der «Erweckung der Kuṇḍalinī-Kraft» muß die Aktivierung aller Meridiane und Chakras vorangehen. Die Stufen der Aktivierung lösen die «unwillkürlichen Körperbewegungen» auf verschiedene Weise nach Form, Tempo und Körperbereich aus.

5. An Form, Tempo, Bewegungsart und bewegter Region kann man, zumindest im indischen Yoga, den Grad der Erweckung erkennen.

6. Die Formen und Tempi werden im indischen Yoga namentlich unterschieden. Texthinweise darauf existieren nicht.

7. Daß der Erweckung der Kuṇḍalinī eine «Reinigung der Nādi» vorangeht, ist aus verschiedenen Texten bekannt. Reinigung geschieht entweder durch Atmen oder durch Mantras. Unter «Reinigung» ist jedoch dieses «Aufladen» der Meridiane zu verstehen, weniger das Reinigen von organischen Schlacken. Erst diese «geistige Reinigung» führt zu den «un-

willkürlichen Körperbewegungen». Die Reinheit selbst nicht mehr.

8. Eine Technik, die die Kuṇḍalīnī-Kraft erweckt, ohne daß die Meridiane (nādi) zuvor «gereinigt» wurden, kann überaus gefährliche Folgen haben. Leider gibt es solche Techniken.

9. Die «volle Erweckung der Kuṇḍalīnī» ist gleichbedeutend mit der Zentrierung *sämtlicher* Meridiankräfte auf das Mūlādhāra-Chakra. Dabei verlassen die Ströme ihre angestammten Bahnen.

10. Das Aufwärtsführen der Kuṇḍalīnī zum höchsten Zielpunkt ihres Weges – er liegt anderthalb Handspannen oberhalb des Kopfes (das Sahasrāra-Chakra ist noch *nicht* das Endziel) – bedeutet, daß für die Zeit ihres Dort-Weilens der übrige physische Körper von allen Lebenskräften verlassen ist.

11. Die Gesamtkraft der Kuṇḍalīnī in diesem höchsten Punkt (mahā-bindu) heimisch werden zu lassen, bedeutet die Völlige Erlösung (jīvan-mukti) bei Lebzeiten.

12. Die Technik der Kuṇḍalīnī-*Erweckung* ist nicht identisch mit der Technik der Kuṇḍalīnī-*Erhebung* (wobei Mantra und Atem erstmals zusammenwirken müssen).

Diese kurzen Hinweise sollen nur der allgemeinen Information dienen. Übungshinweise sind damit *nicht* gegeben!

GLOSSAR

Ā: Erster Buchstabe des Siddham-Alphabets; er steht für das Ungeschaffene. Er hat sieben Bedeutungen: 1. Bodhi-Bewußtsein; 2. Dharma; 3. Nicht-Dualität; 4. Dharmadhātu, die Dharma-Region; 5. Dharmatā, die Dharma-Natur; 6. Souveränität; 7. Dharma-kāya, der Erkenntniskörper.

Abhaya: Furchtlosigkeit.

Abhimukhī: Inerscheinungtreten des Absoluten; die 6. der 10 Stufen der Bodhisattva-Entwicklung nach dem Mahāyāna.

Acalā: Der Zustand der Unbewegtheit inmitten der sich wandelnden Erscheinungsformen, die 8. der 10 Stufen der Bodhisattva-Entwicklung nach dem Mahāyāna.

Ajātaśatru: König von Magadha, der seinen Vater tötete, um selbst den Thron zu besteigen. Anfangs dem Buddha feindlich gesinnt, bekehrte er sich später zu ihm und wurde seiner Großherzigkeit wegen gerühmt.

Ājñāta: «Durchdringende Erkenntnis», Name, den der Buddha seinem Schüler Kauṇḍinya gab, als dieser die Arhatschaft erlangt hatte.

Ākāśagarbha: «Schoß des Raumes», der zentrale Bodhisattva, Hüter aller Schätze der Weisheit und des Erreichten.

Akṣobhya: Einer der fünf Dhyāni-Buddhas, der für den Osten steht. Auch «Der Unerschütterliche» genannt.

Ālaya-vijñāna: Die «Schatzkammer» des Bewußtseins, auch 8. Bewußtsein genannt.

Amitābha: Der «Buddha des Unendlichen Lichtes» vom Westlichen Paradies der Seligkeit, mit Avalokiteśvara zu seiner Linken und Mahāsthāmaprāpta zu seiner Rechten.

Anāgāmin: Ein nicht-kommender bzw. nicht-wiederkehrender

Arhat, d. h. einer, der nicht mehr wiedergeboren wird. Die 3. Stufe des Pfades.

Ānanda: Ein Vetter des Buddha. Er wurde als der Gelehrteste der Buddha-Jünger gerühmt und bekannt dadurch, daß er die Buddha-Reden hörte und im Gedächtnis behielt. Er wurde der Sammler der Sūtras und 2. Patriarch der Ch'an-Sekte.

Anāsrava: «Frei von Einflüssen», außerhalb des Stroms der Leidenschaften, im Gegensatz zu āsrava «Von (weltlichen) Einflüssen (bestimmt)».

Aniruddha: Ein Schüler des Buddha, bekannt für seine göttergleiche Schau.

Antara-kalpa: Ein kleines Weltalter.

Anutpattika-dharma-kṣānti: Das Ruhen in der unerschütterlichen Wirklichkeit, die jenseits liegt von Geburt und Tod, und die zu erreichen sehr geduldige Ausdauer fordert. Das Prajñāpāramitā-Śāstra definiert es als den unerschütterlichen Glauben und das unerschütterliche Verweilen in der allen Dingen zugrundeliegenden Wirklichkeit, die jenseits ist von Schöpfung und Auflösung. Diese Stufe muß vor dem Gewinn der Buddhaschaft verwirklicht sein.

Arciṣmatī: «Aufleuchtende Weisheit», die 4. der 10 Stufen der Bodhisattva-Entwicklung nach dem Mahāyāna.

Arhat: Der Heilige, der höchste Typus und das Ideal im Hīnayāna, im Unterschied zum Bodhisattva, des Heiligen im Mahāyāna.

Aśaikṣa: «Nicht mehr lernend», über das Studieren hinaus, der Zustand des Arhat, die 4. der Śrāvaka-Stufen. Die vorangehenden drei Stufen erfordern das Lernen. Ist der Arhat frei von allen Täuschungen, dann gibt es für ihn nichts mehr zu lernen.

Asaṇkhya: «Ungezählte» Weltalter oder Äonen.

Āsrava: Weltliche bzw. «einfluß»-bedingte Ursachen. Im Strom der Leidenschaften, zum Gegensatz: anāsrava – «außerhalb des Stroms».

Aṣṭavimokṣa: Die «acht» Stufen der Meditation, die zur «Befreiung» führen: 1. Durchdringung der Form, und das Erkennen ihrer Unreinheit, solange noch das Anhaften an der Form herrscht; 2. Durchdringung der Form, und das Erkennen ihrer Unreinheit, wenn kein Anhaften an der Form mehr besteht – diese beiden bilden die Befreiung durch Meditation der Unreinheit, die nächste der Reinheit – 3. durch Meditation der Reinheit und Verwirklichung des wunschlosen Zustands; 4. durch Erkenntnis der unbegrenzten Immaterialität; 5. durch Verwirklichung der unbegrenzten Erkenntnis; 6. durch Verwirklichung des Zustandes, in dem weder ein Denken noch kein Denken ist; 8. durch Verwirklichung des Zustandes, in dem die beiden Aggregate des Fühlens (vedanā) und der Wahrnehmung (sañjñā) völlig aufgehoben sind.

Aśvaghoṣa: Ein Brahmane, der zum Buddhismus konvertierte und der 12. Patriarch der Ch'an-Sekte wurde. Autor der «*Glaubenserweckung*».

Avalokiteśvara: Bodhisattva, der in China als Kuan Yin, Göttin der Gnade, verehrt wird. Dort erscheint er als helfende Frau. Er erlangte die Erleuchtung durch die Fähigkeit des Hörens.

Avataṃsaka Sūtra: Das erste lange Sūtra, das vom Buddha nach seiner Erleuchtung gegeben wurde.

Avīci-Hölle: Letzte und tiefste der acht Höllen, wo die Sünder leiden, sterben und sofort zu neuem Leiden unablässig wiedergeboren werden.

Avidyā: «Unwissenheit», der Bewußtseinszustand des Unerleuchteten.

Āyatana, die zwölf: Die zwölf Tore, d. h. die sechs Organe und die sechs Sinne, die bei der Unterscheidung eine Rolle spielen.

Bhadrapāla: Ein Schüler des Buddha mit furchteinflößender Stimme. Er verwirklichte die Erleuchtung durch Meditation der Berührung.

Bhaiṣajya-rāja: Der ältere von zwei Brüdern, der sich als erster dazu entschied, ein Bodhisattva des Heilens zu werden. Er veranlaßte darauf seinen jüngeren Bruder, den gleichen Weg zu gehen.

Bhaiṣajya-samudgata: Bodhisattva des Heilens. Sein Amt ist das Heilen der Kranken. Jüngerer Bruder von Bhaiṣajya-rāja.

Bhikṣu, bhikṣunī: Buddhistischer Mönch, Nonne.

Bhīṣma-garjita-ghoṣa-svara-rāja: «Der König mit der furchteinflößenden Stimme». Name zahlloser Buddhas, die nacheinander in jenem Weltalter erschienen, das da hieß: «Das von Verfall, Hunger, Seuchen usw. freie Weltalter».

Bhūtatathatā: «Bhūta» ist «Substanz», das, was «ist»; «Tathatā» ist die «Soheit». Also «Die Soheit des Natürlichen». Es bedeutet das wirkliche, beständige, ewige Sosein, d. h. die Wirklichkeit im Gegensatz zur Unwirklichkeit der Erscheinungsformen, das Unwandelbare und Unbewegte im Gegensatz zu Form und Erscheinung.

Bimbisāra: König von Magadha, vom Buddha bekehrt, dem er den Veṇuvana-Park schenkte. Er wurde von seinem Sohn Ajātaśatru entthront und eingekerkert.

Bodhi: Erleuchtung.

Bodhidharma: Der 28. Patriarch, der 520 nach China kam, um dort Ch'an zu lehren. Er war der 1. Patriarch von China und starb dort 528.

Bodhimaṇḍala: Ort der Wahrheit, Heiliger Platz, Ort der Erleuchtung. Die Stelle, an der der Buddha die Erleuchtung gewann, bzw. die, wo er den Dharma verkündete.

Bodhisattva: Ein Anhänger des Mahāyāna, der die Erleuchtung sucht, um andere zu erleuchten. Er ist frei von Selbstsucht und dem Wunsch ergeben, allen Lebewesen zu helfen.

Buddha: Der Erleuchtete; das erste der Drei Juwelen, das zweite ist der Dharma, das dritte der Sangha.

Buddhakāya: «Buddhakörper», im Genuß der höchsten Samādhi-Seligkeit.

Caṇḍāla: Kastenloser, böser, verwerflicher Mensch.

Candraprabha Bodhisattva: Ein Bodhisattva, der die Erleuchtung durch Meditation des Wasserelements gewann.

Candra-sūrya-pradīpa Buddha: Auch Candrārkadīpa, der Titel von 20 000 Buddhas, die einander in der Darlegung des Lotus-Sūtras folgten.

Catvāriārya-satyāni: Die «vier edlen Warheiten»: Vom Leiden (duḥkha), seinem Entstehen (samudaya), seiner Aufhebung (nirodha) und dem Weg dazu (mārga). Dies sind die Grundsätze, die der Buddha als erste seinen fünf Mitasketen gab, sowie dann jenen, die sie auf der Śrāvaka-Stufe annahmen.

Ch'an: Bezeichnung für «Geist»; Ch'an ist Name und Geist: die Substanz. Irrtümlich übersetzt mit «Meditation», «Abstraktion» oder «Dhyāna» im Sanskrit (Japan. Zen).

Chan Jan: Der 9. Patriarch der T'ien T'ai-Schule.

Ch'ang Ch'ing: Bedeutender Ch'an-Meister, Dharma-Nachfolger von Shueh Feng. Im Jahre 932 im Alter von 79 Jahren gestorben.

Chao Chou: Bedeutender Ch'an-Meister, Dharma-Nachfolger von Nan Chuan. Berühmt für sein Kung-an (kōan) «Wu». Starb 894 mit 120 Jahren.

Ch'eng Yüan: Der 3. Patriarch der Lotus-Sekte, starb 802 im Alter von 91 Jahren.

Chia Shan: Bedeutender Ch'an-Meister, Schüler des «Mönches vom Boot». Starb 881.

Chih Hsin Chih: Meditationsmethode, die darin besteht, den Geist selbst dadurch zu packen, daß man in jeden aufkeimenden Gedanken schaut, ihn dadurch anhält und ihn so am Anhaften an äußeren Gegebenheiten hindert.

Chih I: Auch Chih Che genannt, der 4. Patriarch der T'ien T'ai-Sekte. Starb 598 mit 60 Jahren.

Chih Kuan: Im Sanskrit Śamatha-vipaśyanā. Chih bringt die Aktivität des Geistes zur Ruhe und hebt das Unterscheiden auf. Kuan ist Beobachten, Prüfen, Einblick gewinnen. Ist der Geist beruhigt, dann heißt es Chih, sieht er klar, dann Kuan. Die Hauptaufgabe ist die Konzentration des Geistes durch spezielle Methoden, zum Zweck klarer Einsicht in die Wahrheit und das Freiwerden von Täuschungen.

Chin T'u Tsung: Die «Reine-Land»-Schule.

Chuang Tse: Ein Nachfolger Lao Tse's im 4. Jahrhundert v. Ch.

Ch'ung Mo: «Aufbrechender Kanal», ein psychischer Meridian, der vom Damm aufwärts zwischen Jen Mo und Tu Mo aufsteigt und bei der Brust endet. Er verbindet 24 psychische Zentren.

Cintāmaṇi: Mythischer, alle Wünsche erfüllender Edelstein.

Dānapati: Almosengeber, Wohltäter, der einen Mönch oder ein Kloster versorgt.

Daśabala: Oder Daśatathāgatabala, die zehn Kräfte eines Buddha: Die Erkenntnis von 1. was in jeder Situation richtig oder falsch ist, 2. den vergeltenden Auswirkungen vergangenen, gegenwärtigen und zukünftigen Karmas eines jeden Wesens, 3. allen Erlösungsstufen durch Dhyāna-Samādhi, 4. den niederen und höheren Möglichkeiten der Wesen, 5. aller Lebewesen Erkenntnis und Verständnis, 6. den verschiedenen weltlichen Zuständen aller Wesen, 7. dem Ende der verschiedenen Pfade, den die Wesen gehen, 8. allen Ursachen von Geburt und Tod und des guten und bösen Karmas, die ungehindert dem Deva-Auge offenbar sind, 9. den vergangenen Leben aller Wesen und deren endlichem Nirvāṇa, 10. dem ständigen Aufgeben aller weltlichen Gewohnheiten.

Daśabhūmi: Die zehn Stufen der Entwicklung vom Bodhisattva zum Buddha: 1. pramuditā, das Glücksgefühl, alle Hindernisse vor dem Betreten des Buddha-Pfades überwunden zu haben; 2. vimala, Freisein von allen Unreinheiten und Kleśa; 3. prabhākarī, Erscheinungen des Lichtes der Weisheit; 4. arciṣmatī, Strahlung der vollen Weisheit; 5. sudurjayā, Sieg über die letzten Hindernisse; 6. abhimukhī, Erscheinen der Selbst-Natur in ihrer Reinheit; 7. dūraṃgamā, das Unbeschreibbare jenseits des Menschenbildes im Hīnayāna; 8. acalā, Unerschütterlichkeit; 9. sādhumatī, uneingeschränkte und vollkommene Interpretation und Darlegung des Dharma bei jeder Gelegenheit; 10. dharmamegha, Wolken des Dharma regnen Nektar zur Erlösung der Lebewesen.

Dengyo Daishi: Japanischer Schüler von Tao Sui, dem 10. Patriarchen der T'ien T'ai-Schule, der den Tendai im 9. Jahrhundert in Japan einführte.

Devadatta: Ein Bruder Ānandas und Vetter Buddhas, dessen Rivale und Feind er war.

Dhāraṇi: s. Mantra.

Dharaṇimdhara: «Beherrscher der Erde», ein Bodhisattva, der durch die Meditation des Erdelements die Bodhi verwirklichte.

Dharma: Gesetz, Wahrheit, Religion, die Buddhistische Lehre. Es kennzeichnet den Buddhismus als die vollkommene Religion und bildet das 2. der Drei Juwelen oder Triratna. (In seiner weiteren Bedeutung als «Ding» wird es in diesem Buch mit kleinem Anfangsbuchstaben gegeben.)

Dharmadhātu: a) Generelle Bezeichnung für ein Ding als Numen oder Phänomen; für das physikalische Universum oder einen Teil davon. b) Die einende, zugrundeliegende spirituelle Wirklichkeit, als Grund oder Ursache aller Dinge betrachtet, das Absolute, dem es entspringt. c) Einer der 18 dhātus oder Sinnesbereiche. Es gibt Kategorien von drei, vier fünf oder zehn dharmadhātus. Die der zehn sind die Bereiche der 1. Buddhas, 2. Bodhisattvas, 3. Pratyeka-Buddhas, 4. Śrāvakas, 5. Devas, 6. Menschen, 7. Asuras oder Titanen, 8. Tiere, 9. Pretas oder hungrige (Pflanzen-)Geister und 10. Höllen. Die vier sind: 1. Der Bereich der Erscheinungen (differenziert); 2. Der numinose Bereich (Einheit); 3. der Bereich der gegenseitigen Abhängigkeit zwischen dem Numen und dem Phänomen; 4. Der Bereich der untereinander abhängigen Phänomene. Die der drei sind die vier eben genannten, abzüglich des Bereichs der Phänomene, also: 1. der Bereich des Numen; 2. der Bereich der gegenseitigen Abhängigkeit zwischen dem Numen und dem Phänomen; 3. Der Bereich der untereinander abhängigen Phänomene. Die der fünf sind: 1. Der weltliche Bereich, bzw. der der Phänomene; 2. Der transzendente Bereich, bzw. der des Numen; 3. Der Bereich des Weltlichen und des Transzendenten bzw. der Bereich der Abhängigkeit des Numen und des Phänomens untereinander; 4. Weder weltlich noch transzendent, bzw. der Bereich der Abhängigkeit des Numen und des Phänomens untereinander; 5. Der uneingeschränkte Bereich, bzw. der Bereich der untereinander abhängigen Phänomene.

Dharmākara: Ein Bhikṣu, berühmt wegen seiner 48 großen Gelübde, der später zum Buddha Amitābha wurde.

Dharmakāya: Der Körper in seiner Wesensnatur, bzw. der Buddha-Körper als solcher. Nur Buddhas können ihn sehen.

Dharmamegha: Letzte der zehn Stufen der Entwicklung des Bodhisattva im Mahāyāna, die Stufe der zur Rettung der Wesen Nektar regnenden «Dharma-Wolke».

Dharmarāja: «König des Gesetzes», der Buddha.

Dhātu, die achtzehn: Sinnenbereiche, d. h. die sechs Organe, deren Objekte und ihre Wahrnehmung.

Dhūta: Ein Asket, ein der harten Askese ergebener Mönch.

Dhyāna: Meditation, abstrakte Betrachtung.

Dhyāni-Buddhas: Vairochana (Mitte); Akṣobhya (Osten); Ratnasaṃbhāva (Süden); Amitābha (Westen); Amoghasiddhi (Norden).

Fa Chao: Der 4. Patriarch der Lotus-Sekte.

Fa Hua: Der 6. Patriarch der T'ien T'ai-Sekte.

Fa Yen-Sekte: Die 5. der fünf Ch'an-Sekten in China (s. «Ch'an and Zen Teaching», 2. Serie).

Gāthā: Gedichte oder Gesänge; einer der 12 Teile des Mahāyāna-Kanons.

Gavāmpati: Ein Schüler des Buddha, der die Arhatschaft durch Meditation des Geschmacksorgans gewann.

Gṛidhrakūṭa: Der Geierberg bei Rājagṛha, wo der Buddha weilte, als er das Sūtra der Amitāyus-Betrachtung gab.

Han Shan: «Der blöde Berg», angenommener Name des Ch'an-Meisters Te Ch'ing (1546–1623), der die Ch'an-Sekte in China während der Ming-Dynastie wiederaufleben ließ.

Hīnayāna: «Kleines Fahrzeug», auch «halbes Wort» genannt, die vom Buddha an seine Schüler gegebenen Einführungslehren.

Hsi Yüan Chih: Meditations-Methode, die darin besteht, den Geist an ein Objekt zu fesseln, um den Denkprozeß zu stoppen.

Hsing An: Der letzte der neun Patriarchen der Lotus-Sekte.

Hsing Ch'ang: Der 7. von den neun Patriarchen der Lotus-Sekte.

Hsu Yün: auch Te Ch'ing genannt. Ein Ch'an-Meister, der als das wahre Auge des Dharma in der gegenwärtigen Generation betrachtet wurde. (1840–1959).

Huang Po: Ch'an-Meister Hsi Yün vom Huang Po-Berg. Dharma-Nachfolger Pai Chang's und Lehrer von Lin Chi (Rinzai). Starb während der Regierungszeit von Ta Chung (847–859).

Hui Sze: Der 3. Patriarch der T'ien T'ai-Schule. Starb 577.

Hui Wen: Der 2. Patriarch der T'ien T'ai-Schule zur Zeit der Pei Ch'i-Dynastie (550–578).

Hui Yüan: 1. Patriarch der Lotus-Sekte. Starb 416 im Alter von 83 Jahren.

Indra: oder Śakra, Herrscher in den 33 Götterhimmeln.

Iśvaradeva: Titel Śivas, des Götterkönigs.

Jambudvīpa: Unsere Erde.

Jen Mo: Ein psychischer Meridian, der vom Perineum den Bauch entlang, durch den Nabel, die Magengrube, die Brust, Kehle und Oberlippe aufwärts führt. Er endet unterhalb der Augen. Er verbindet 27 psychische Zentren miteinander.

Jīva: Oder Jīvaka, ein Sohn des Königs Bimbisāra von der Kurtisane Āmrapālī. Bekannt für seine medizinischen Fähigkeiten.

Karma: Die Überzeugung, daß jede Handlung, ob gut oder böse, ihre zukünftige entsprechende Vergeltung in sich trägt, sowohl in diesem Leben wie in zukünftigen Wiedergeburten.

Karuṇā: Mitleid; die 2. der vier Unermeßlichkeiten, deren Aufgabe es ist, die Lebewesen vom Leid zu retten.

Kaṣāya: Mönchsrobe.

Kāśyapa: Es gab fünf Kāśyapas, Schüler des Buddha: Māhā-kāśyapa, Uruvilvā-kāśyapa, Gayā-kāśyapa, Nadī-kāśyapa und Daśabala-kāśyapa. – Uruvilvā-kāśyapa, Gayā-kāśyapa und Nadī-kāśyapa waren Brüder.

Kauṇḍinya: auch Ajñāta genannt. Erster der fünf Schüler des Buddha. Er verwirklichte die Arhatschaft durch Meditation des Tones.

Kauṣṭhila: Schüler des Buddha, der, zusammen mit Sundarananda, die Arhatschaft durch Konzentration auf die Nasenspitze verwirklichte.

Kinnara: Himmlische Musikanten, berühmt wegen ihrer Tänze und Gesänge.

Kleśa: Sorge, Furcht, Anhaftung, Verzweiflung und das, wodurch diese ausgelöst werden.

Kṣaṇa: Kürzestes Zeitmaß. 60 K. bilden ein Fingerschnappen, 90 bilden einen Gedanken, 4500 bilden eine Minute.

Kṣatriya: Angehöriger der Krieger- bzw. der Herrscherkaste.

Kṣudrapanthaka: Schüler des Buddha, der die Arhatschaft durch Meditation des Geruchsorgans gewann.

Kuan: s. unter Chih.

Kuan Ting: Der 5. Patriarch der T'ien T'ai-Schule.

Kuei Shan: Ch'an-Meister Ling Yü vom Kuei Shan-Gebirge. Dharma-Nachfolger von Pai Chang und Lehrer von Yang Shan. Kuei Shan und Yang Shan gründeten die Kuei Yang-Sekte (Japan. Ikyō Zen), eine der fünf Ch'an-Sekten Chinas. Starb 853 im Alter von 83 Jahren.

Kukkuṭa Park: Ein Park bei Gayā, wo der Buddha nach seiner Erleuchtung die Vier Edlen Wahrheiten predigte.

Kumāra: Ein Bodhisattva als Sohn des Buddha.

Kumārajīva: Erleuchteter indischer Meister, der nach China ging, um dort die Siddham-Sūtras ins Chinesische zu übersetzen. Er starb gegen 412 n. Chr. in Ch'ang An.

Lao Tse: auch Li Örh und Li Po Yang genannt. Geboren 604 v. Chr. schrieb den Tao Teh Ching.

Lien Ch'ih: auch Yün Hsi genannt. Ch'an-Meister der Ming-Dynastie, der von seinen Schülern forderte, den Buddha-Namen zu rezitieren, und der der 8. Patriarch der Lotus-Sekte wurde. Starb 1615 mit 81 Jahren.

Lin Chi: Japanisch Rinzai. Meister I Hsuan von Li Chi, Schüler von Huang Po, Gründer der Lin Chi-Sekte, einer der fünf Ch'an-Sekten Chinas. Starb 867.

Lotus-Samādhi: Ein Samādhi-Zustand, in dem der Meditierende in die Leerheit (des Numen) schaut, in die Unwirklichkeit (des Phänomens) und in die Mitte (das Absolute), die beides in sich vereint. Es gehört zu den 16 Samādhis des Lotus-Sūtra Kap. 24.

Lotus-Sekte: Name für die «Reine Land»-Schule.

Lotus-Sūtra: Sanskrit: Saddharmapuṇḍarīka Sūtra. Vom Buddha im 8. Jahr seiner 5. Lehrperiode dargelegt. Er erklärt darin das Fahrzeug des Einen Buddha. Sein Ziel ist die «Offenbarung» des Schatzes selbsteigener Buddha-Weisheit, dessen «Darlegung» für die Schüler und deren Führung, daß sie selbst zur «Erweckung» der Weisheit gelangen und in sie «eintreten».

Lü Miao Fa Meng: «Die sechs tiefgründigen Dharma-Tore», ein Text des Meisters Chih I (auch Chih Che genannt), der die sechs zur Erleuchtung führenden Stufen der Meditation darstellt.

Madhyamika Śāstra: Ein Text der Mittleren Schule, begründet von Nāgārjuna, übersetzt von Kumārajīva.

Mahākāśyapa: Ein Brahmane aus Magadha, Schüler des Buddha, dem der Geist-Dharma jenseits aller Texte vermittelt wurde. 1. Patriarch der Ch'an-Sekte, hatte den Auftrag, die erste Herausgabe der Buddha-Reden zu beaufsichtigen.

Mahā-Maudgalyāyana: auch Maudgalapūtra genannt. Einer der zehn Hauptschüler des Buddha, bekannt wegen seiner übernatürlichen Kräfte.

Mahāparinirvāṇa Sūtra: Lehrrede, die der Buddha kurz von seinem Nirvāṇa gehalten hat.

Mahāsattva: Ein vollkommener Bodhisattva, größer als jedes andere Wesen, mit Ausnahme des Buddha.

Mahāsthāma: oder Mahāsthāmaprāpta, ein Bodhisattva, der die Buddha-Weisheit Amitābhas repräsentiert. Er steht auf Amitābhas rechter Seite, während Avalokiteśvara auf der linken steht. Es sind dies die drei Heiligen des Westlichen Paradieses der Seligkeit.

Mahāyāna: Das große Fahrzeug. Es deutet auf Universalismus oder auf das Heil für alle hin, denn alle sind Buddhas und werden zur Erleuchtung gelangen. (S. Hinayāna)

Maitreya: Der Buddhistische Messias, bzw. der nächste Buddha, jetzt noch im Tuṣita-Himmel. Er kommt 5000 Jahre nach dem Nirvāṇa des Buddha Śākyamuni.

Maitri: Nächstenliebe. Die 1. der vier Unermeßlichkeiten, die Glück verheißt.

Manas: Denkbewußtsein. Sechstes der acht Arten des Bewußtseins, bzw. letztes der sechs Wahrnehmungsmittel.

Mañjuśrī: Ein Bodhisattva, der die Weisheit symbolisiert und an des Buddhas linker Seite plaziert ist, mit Samantabhadra zur rechten. Sein Bodhimaṇḍala ist auf dem W'u T'ai Shan, dem Fünf-Gipfel-Berg in China.

Mantra: Mystische Lautfolge, deren man sich im Yoga bedient, auch Beschwörungs-, Anrufungs- oder Fluchformel (s. Dhāraṇi).

Māra: Ein Dämon.

Mātaṇgī: Name eines Mädchens aus niederer Kaste, die Ānanda verführte.

Mo Ho Chih Kuan: oder Mahā-śamatha-vipashyanā, ein Text von Meister Chih I, genannt Chih Che, dem 4. Patriarchen der T'ien T'ai-Schule.

Mṛgadāva Park: Tierpark nord-östlich von Vārāṇaśī (Benares), bevorzugter Versammlungsort des Buddha.

Muditā: Mitfreude an der Leidlosigkeit anderer. Dritte der vier Unermeßlichkeiten.

Nāga: Drache, Schlangendämon.

Nāgakanyā: Ein Nāgamädchen, das, nach dem Lotus-Sūtra, seinen wertvollen Edelstein dem Buddha gab, der ihn in Gegenwart der Schüler annahm, damit sie Zeuge seien von des Mädchens Verwirklichung der Erleuchtung, die so schnell vor sich ging, wie das Juwel aus ihrer Hand in die des Buddha wechselte.

Nāgārjuna: 14. Patriarch der Ch'an-Sekte. Er begründete die Mādhyamika- oder Mittlere Schule und wird als der 1. Patriarch der T'ien T'ai-Schule betrachtet.

Navasaṃjñā: Eine der Unreinheits-Meditationen, bzw. die neunfache Leichen-Meditation. (Die Leiche wird vorgestellt): 1. gedunsen, 2. blau und fleckig, 3. zerfallen, 4. blutig, 5. faulend,

6. zerrissen von Tieren, 7. zerstückelt, 8. weiße Knochen, 9. begraben und zu Staub zerfallen.

Nayuta: Eine Zahl. Hunderttausend oder eine Million oder zehn Millionen.

Nidāna, die zwölf: Die zwölf Ursachen oder Glieder der Kausalkette: 1. Unwissen, bzw. Unerleuchtetheit; 2. Aktivität, bzw. die Disposition dazu; 3. Bewußtsein; 4. Name und Form; 5. die sechs Sinnesorgane (Auge, Ohr, Nase, Zunge, Körper und Intellekt); 6. Kontakt, Berührung; 7. Empfindung, Sinneswahrnehmung; 8. Begier; 9. Ergreifen; 10. Werden; 11. Geburt; 12. Alter und Tod.

Nirmāṇa-kāya: Wandlungskörper des Buddha, der die Macht hat, sich nach eigenem Ermessen in jede Form zu verwandeln, um der allgegenwärtigen Erlösung jener willen, die Seiner bedürfen. Der N. kann vom Menschen wahrgenommen werden.

Nirvāṇa: Völlige Auflösung der individuellen Existenz, Aufhebung der Wiedergeburt und Eintritt in die Seligkeit.

Niṣad: «Zum Ursprung der Erscheinung gehen», Name, den der Buddha seinem Schüler Upanisad nach dessen Arhatschaft gab.

Padma: Rote Lotus-Blüte.

Padmāsana: Die volle Lotussitzhaltung mit gekreuzten Beinen.

Pañca-dharmakāya: Die fünf Attribute des Körpers der Wesensnatur eines Buddha, d. h. sein Über-alle-Zuständlichkeit-hinaus-Sein; voller Ruhe und jenseits aller Irrtümer; weise und allgegenwärtig; frei, unbegrenzt und bedingungslos, also im Nirvāṇazustand; und daß er sich seines Seins völlig bewußt ist.

Pārājikas: Töten, Stehlen, Verführen und Betrügen unter der Maske getreuer Lehrdarlegung.

Pāramitā: «Zum-andern-Ufer-Gelangen», also die Erleuchtung gewinnen.

Pilindavatsa: Ein Schüler des Buddha, der die Arhatschaft durch die Meditation des Körpers gewann.

Prabhākarī: «Erscheinung des Weisheitslichtes», die 3. der zehn Stufen der Bodhisattva-Entwicklung im Mahāyāna.

Pramuditā: «Das Glück, alle Hindernisse vor dem nun folgenden Eintritt in die Erleuchtung überwunden zu haben», die 1. der zehn Stufen der Bodhisattva-Entwicklung im Mahāyāna.

Prajñā: Die absolute Weisheit, die in jedem Menschen verborgen ruht und die sich manifestiert, sobald der Schleier der Täuschung aufgehoben ist.

Prajñāpāramitā: Verwirklichung der Erleuchtung durch die immanente absolute Weisheit.

Prāṇa: Das vitale Prinzip im menschlichen Körper, das durch regulierte Atmung und Meditation zum Zweck der Sublimation von Körper und Geist verstärkt werden kann.

Prātimokṣa: Die 250 Mönchsvorschriften, die zweimal im Monat in der Mönchsversammlung verlesen werden.

Pratyutpanna-samādhi Sūtra: Ein Sūtra, das jenes Samādhi lehrt, in dem alle Buddhas der zehn Himmelsrichtungen so klar wie Sterne in der Nacht gesehen werden. Diese Praxis erfordert 90 Tage, während denen der Übende nicht ruhen darf, sondern unablässig an den Buddha Amitābha denken und seinen Namen anrufen muß.

Puṇḍarīka: Weiße Lotusblüte, die das Reine Leben symbolisiert.

Pūrṇamaitrāyaṇīpūtra: Ein Schüler des Buddha, der die Arhatschaft durch die Meditation der Zungenwahrnehmung gewann.

Rājagṛha: Die Hauptstadt von Magadha am Fuße des Geierberges.

Rākṣasa: Böser Dämon.

Reine Land-Schule: Chines. Chin T'u Tsung. In ihr wird die Erlösung durch den Glauben an den Buddha Amitābha gelehrt.

Ṣaḍabhijñā: Die sechs übernatürlichen Kräfte: 1. Göttergleiche Schau; 2. Göttergleiches Hören; 3. Kenntnis des Geistes aller Wesen; 4. Kenntnis aller früheren Existenzen, auch der eigenen; 5. Absolute Freiheit, an jedem Ort zu erscheinen; 6. Einblick in das Ende des Kreislaufs von Geburt und Tod.

Sādhumatī: «Erwerbung der vier unbehinderten Kräfte der Interpretation und der Fähigkeit, alle Dharma-Tore überall darzulegen»; die 9. der zehn Stufen der Bodhisattva-Entwicklung im Mahāyāna.

Sahā: Unsere Welt von Geburt und Tod.

Śakra, das Gefäß von: Ein Gefäß, das alles bietet, wessen er bedarf.

Samādhi: Innerer Zustand der Unterschütterlichkeit, losgelöst von allen äußeren Sinneswahrnehmungen.

Samantabhadra: Ein Bodhisattva, Symbol des absoluten Gesetzes, des Dhyāna und des Verhaltens aller Buddhas. Er ist der Diener des Buddha zu seiner Rechten, Mañjuśrī zu seiner Linken. Seine Region ist der Osten. Der Berg O Mei in Szechwan (China) sein Bodhimaṇḍala. Die Gläubigen pilgern dorthin, um unzählige Buddha-Lichter am Himmel zu sehen.

Śamatha: s. Chih Kuan.

Sambhoga-kāya: Vergeltungskörper des Buddha, der die Früchte seiner vergangenen Erlösungswerke in Glück und Seligkeit genießt. Nur einem Bodhisattva wahrnehmbar.

Sambodhi: Die Weisheit und Allwissenheit des Buddha.

Saṃsāra: Der Bereich von Geburt und Tod.

Saṃskāra: Viertes der fünf Daseinsaggregate; Geistesfunktion innerhalb von Zu- und Abneigung, gut und böse usw., Unterscheidung. Auch das 2. der 12 Glieder der Kausalkette.

Samyak-sambodhi: Des Buddha universelle Erkenntnis, vollkommene Erleuchtung, Allwissenheit.

Samyak-sambuddha: Einer der zehn Titel des Buddha.

Samyuktāgama Sūtra: Mehrteilige Abhandlung über die abstrakte Meditation. Eines der vier Āgamas.

Sangha: Der Orden des Buddha; 3. der Drei Juwelen.

Śāriputra: Ein Schüler des Buddha, seiner Weisheit wegen berühmt.

Sarvajña: Allwissen, Buddha-Weisheit, Vollkommene Weisheit.

Śāstra: Text, einer der drei Teile des Tripiṭaka.

Shan Tao: Der 2. Patriarch der Lotus-Sekte. Starb 681.

Shao K'ang: Der 5. Patriarch der Lotus-Sekte. Starb 805.

Siddham: Das alte Sanskrit, das zur Zeit des Buddha im Gebrauch war. Alle chinesischen Sūtras und Śāstras sind Übersetzungen aus S.-Texten.

Śrāmaṇera: Männlicher Novize.

Śrāvaka: Der «Hörer», Buddha-Schüler, der die Vier Edlen Wahrheiten versteht, sich von der Unwirklichkeit der Erscheinungen befreit und in das vollkommene Nirvāṇa eintritt.

Śrota-āpanna: Einer, der in den Strom des heiligen Lebens eingetreten ist. Die 1. Stufe des Pfades.

Subhūti: Ein älterer Schüler des Buddha.

Sudurjayā: «Die größten Schwierigkeiten überwinden», die 5. der zehn Stufen der Bodhisattva-Entwicklung im Mahāyāna.

Sundarananda: Ein Schüler des Buddha, der die Arhatschaft durch Meditation der Geruchswahrnehmung gewann.

Śurangama Sūtra: Chines. Leng Yen Ching, ein Sūtra, übersetzt von Paramiti im Jahre 705, in welchem der Buddha die Ursachen der Täuschungen, die zur Entstehung der Daseinswelt führen, enthüllt und die Methoden lehrt, diese zu überwinden.

Sūtra: Buddha-Lehrrede; einer der 12 Teile des Mahāyāna-Kanons.

Sūtra des Amitābha: Chines. O Mi T'o Ching, Lehrrede über den Buddha des Unendlichen Lichtes und seine beiden begleitenden Bodhisattvas des Westlichen Paradieses der Seligkeit.

Sūtra des Amitāyus: Chines. Wu Liang Shou Ching, Lehrrede über den Buddha der grenzenlosen Zeit, der einst Bhikṣu Dharmakāra, der Mönch der 48 Großen Gelübde, war.

Sūtra der Vollkommenen Erleuchtung: Chines. Yüan Chueh Ching, übersetzt in «Ch'an and Zen Teaching», Serie 3.

Sūtra der Amitāyus-Betrachtung: Chines. Kuan Wu Liang Shou Ching, auch «Sūtra der 16 Betrachtungen». Ein Sūtra, das die Meditationsmethode zur Wiedergeburt im Westlichen Paradies der Seligkeit lehrt.

Suvarṇa-prabhāsa-uttamarāja-sūtra: Chines. Chin Kuan Ming Ching, oder «Sūtra des Goldenen Lichtes». Im 6. Jahrhundert und dann noch zweimal übersetzt. Der Begründer der T'ien T'ai-Schule verwendete es.

Svalakṣaṇa: Individualität, Persönlichkeit, im Gegensatz zu gewöhnlich, allgemein.

Ta Ch'eng Chih Kuan: «Śamatha-vipaśyanā im Mahāyāna», eine Abhandlung von Hui Sze, dem 3. Patriarchen der T'ien T'ai-Schule im 5. Jahrhundert.

Ta Chih Tu Lün: Kommentar Nāgārjunas zum «Langen Kapitel» des Mahāprajñāpāramitā Sūtra.

Ta Hui: Bedeutender Ch'an-Meister in der Sung-Dynastie. Starb 1163 mit 75 Jahren.

Tai Mo: Psychischer Kanal zu beiden Seiten des Nabels, bildet einen Gürtel, der den Bauch umläuft. Er verbindet acht psychische Zentren.

T'an Lun: Der dritte Patriarch der «Reinen Land»-Schule; starb 542 im Alter von 67 Jahren.

Tao Ch'o: Der 4. Patriarch der «Reinen Land»-Schule. Starb 645. mit 67 Jahren.

Tan T'ien: oder Udāna. Ein Punkt, ca $2\frac{1}{2}$ cm unterhalb des Nabels, gilt als Sammelpunkt der Vitalkraft, die nach Taoistischer Lehre in das Elixier der Unsterblichkeit verwandelt werden kann.

Tao: Weg, Straße, Pfad, Lehre, Wahrheit, Wirklichkeit, Selbst-Natur, das Absolute.

Taoismus: Lehre des Lao Tse (s. Lao Tse).

Tao Sui: Der 10. Patriarch der T'ien T'ai-Schule im 8. Jahrhundert.

Tao Teh Ching: Eine Abhandlung des Lao Tse.

Tathāgata: «Der zur Soheit (aller Buddhas) gelangt ist», der auf dem absoluten Weg von Ursache und Wirkung wandelt und die vollkommene Weisheit erlangt hat. Einer der höchsten Titel des Buddha.

T'i Chen Chih: Die T'ien T'ai-Methode des Verstehens, Verwirklichens und Verkörperns der Wirklichkeit.

T'ien Kung: Der 7. Patriarch der T'ien T'ai-Schule.

T'ien T'ai: Japan. Tendai. Buddhistische Lehrschule, deren Lehrsystem auf dem Lotus-Sūtra, dem Mahāparinirvāṇa-Sūtra und dem Mahāprajñāpāramitā-Sūtra basiert. Sie behauptet die Identität zwischen dem Absoluten und der Welt der Erscheinungen, und sucht so die Geheimnisse aller Erscheinungen durch Meditation zu entschlüsseln.

Tripiṭaka: Der Buddhistische Kanon, aus drei Teilen bestehend: Sūtra (Lehrreden), Vinaya (Ordensregeln) und Śāstra (Abhandlungen).

Tri-sahasra-mahā-sahasra-loka-dhātu: Ein Chiliokosmos. Der Sumeru-Berg und seine sieben Ringkontinente, acht Meere und der Ring eiserner Gebirge bilden eine Kleinwelt. Tausend von ihnen bilden einen kleinen Chiliokosmos; tausend davon wiederum einen mittleren, wovon wiederum tausend einen großen Chiliokosmos bilden, der aus einer Milliarde kleiner Welten besteht.

Ts'ao Shan: Ch'an-Meister Pen Chi vom Ts'ao Shan-Gebirge, Schüler von Tung Shan und Mitbegründer der Ts'ao Tung- (jap. Sotō-Zen)-Sekte. Starb 901.

Ts'ao Tung-Sekte: Eine der fünf Ch'an-Sekten Chinas, gegründet von Tung Shan und seinem Schüler Ts'ao Shan.

Tso Ch'i: Der 8. Patriarch der T'ien T'ai-Sekte. Starb 742 mit 83 Jahren.

Tu Mo: Ein psychischer Kanal, der vom Perineum aufsteigt, das Steißbein durchläuft, die Wirbelsäule entlangführt zur Schädeldecke, um von dort über Stirn und Nase zum Gaumen zu laufen. Er verbindet 31 psychische Zentren.

T'ung Meng Chih Kuan: oder «Chih Kuan für Anfänger». Eine Abhandlung von Meister Chih I, dem 4. Patriarchen der T'ien T'ai-Schule.

Tung Shan: Ch'an-Meister Liang Chiai vom Tung Shan-Gebirge, Schüler von Yün Yüen. Er und sein Schüler Ts'ao Shan gründeten die Ts'ao Tung-Sekte (Jap. Sotō-Zen). Starb 869 mit 63 Jahren.

Tuṣita: Der 4. Himmel im Wunsch-Bereich. Seine innere Region ist das Reine Land Maitreyas, des zukünftigen Nachfolgers von Buddha Śākyamuni auf dieser Erde.

Ucchuṣma: «Der Feuerkopf», ein Arhat, der die Erleuchtung durch die Meditation des Feuer-Elementes gewann.

Udāna: s. Tan T'ien.

Upāli: Ein Schüler des Buddha, der die Arhatschaft durch Meditation der Wahrnehmung des Berührungsobjektes gewann.

Upaniṣad: Ein Schüler des Buddha, der die Arhatschaft durch Meditation der Form gewann.

Upāsaka, upāsikā: Männliche bzw. weibliche Schüler, zur Einhaltung der ersten fünf Regeln der Disziplin verpflichtet.

Upekṣā: Gleichmut, Entsagung.

Vaidehī: Eine Königin, Gattin des Königs Bimbisāra, die vom Buddha gelehrt wurde, um der Wiedergeburt willen im Westlichen Paradies der Seligkeit den Buddha Amitāyus zu meditieren.

Vaipulya: Erweiterte Sūtras. 11. und 12. Teil des Mahāyāna-Kanons.

Vasubandhu: Der 21. (indische) Patriarch der Ch'an-Sekte.

Vedas: Heilige Schriften der Brahmanen.

Vimala: Zustand der Reinheit, frei von allen Befleckungen.

Vimalakīrti Nirdeśa Sūtra: Vimalakīrti oder «Von fleckenlosem Ruf», war aus Vaiṣālī gebürtig und ein Nirmāṇakāya des «Goldkeim-Tathāgata». Er erschien in der Form eines Upāsaka, um dem Buddha zu helfen, die Menschen zum Mahāyāna-Weg zu bekehren, wie dargelegt im Lehrtext dieses Namens.

Vipaśyanā: s. Chih Kuan.

Vīra: Ein machtvoller Mensch, auch Halbgott.

Viśvabhū Buddha: Der tausendste Buddha des Glorreichen Weltalters (alaṃkāraka-kalpa).

Yakṣa: Dämon der Erde, der Luft oder der niederen Himmel.

Yama: Totengott oder Höllenfürst.

Yamaloka: Der Bereich Yamas.

Yang Ch'iao: Ein psychischer Kanal, der von der Mitte der Fußsohle an der Außenseite von Knöchel und Bein aufwärts führt, dann an der Körperrückseite bis zur Schulter aufwärts geht, zum Nacken überschwenkt, dann zum Mundwinkel, zum Augenwinkel, um hinten im Gehirn zu enden. Er verbindet 22 psychische Zentren.

Yang Shan: Ch'an-Meister Hui Chi vom Yang Shan-Gebirge, Schüler von Kuei Shan und Mitbegründer der Kuei Yang-Sekte. Starb im 9. Jahrhundert.

Yang Wei: Ein psychischer Kanal, der von der äußeren Seite des Fußes, etwa 3,8 cm unterhalb des Knöchels aufsteigt, an der Außenseite des Beines emporführt, weiter den Rücken entlang zum Oberarm, von dessen halber Länge er zur Schulter schwenkt, dann über den Nacken zum Ohr führt und hinter der Stirn endet. Er verbindet 32 psychische Zentren.

Yen Shou: Der 6. Patriarch der Lotus-Sekte. Starb 975 mit 72 Jahren.

Yin Ch'iao: Ein psychischer Kanal, der von der Mitte der Fußsohle an der Innenseite von Knöchel und Bein aufwärts geht, den Bauch entlang und die Brust, die Schulter erreicht, zur Kehle führt und im inneren Augenwinkel endet. Er verbindet acht psychische Zentren.

Yin Wei: Ein psychischer Kanal, der von der Innenseite der Wade, ca. 13 cm über dem Knöchel beginnend, die Innenseite der Oberschenkel aufwärts über Bauch und Brust führt, zur Kehle geht, über das Gesicht und im Vorderschädel endet. Er verbindet 14 psychische Zentren.

Yojana: Eine Entfernung, die der Tagereise eines Königs zu seinem Heer entspricht.

Yün Men-Sekte: Eine der fünf Ch'an-Sekten Chinas, gegründet von Wen Yen vom Yün Men-Kloster. Japan. Ummon-Zen.

Yung Chia: Ch'an-Meister Hsüan Chueh von Yung Chia, der die Erleuchtung an jenem Tage gewann, an dem er den 6. Patriarchen um Unterweisung bat. Man nannte ihn «den über Nacht Erleuchteten». Autor von «Yung Chia's Sammlung» und dem berühmten «Lied der Erleuchtung». Starb 712. (Japan. Yoka Daishi).

esotera-Taschenbücherei im Verlag Hermann Bauer

Ibn Arabi · *Reise zum Herrn der Macht*
144 Seiten mit 10 Kalligraphien; kart. ISBN 3-7626-0610-2
Ein Sufi-Lehrbuch über die Übung der Einsamkeit. Ibn Arabi ruft den, der den mystischen Weg der Sufis gehen will, dazu auf, sein Herz zu reinigen und eins zu werden mit seiner inneren Essenz. Das ist der einzig sichere Weg, ohne Schaden das Ziel zu erreichen: den Herrn der Macht.

Archarion · *Von wahrer Alchemie*
256 Seiten mit 19 Zeichnungen; kart. ISBN 3-7626-0600-5
Die Bereitung des Steins der Weisen im Innen und Außen, in Theorie und Praxis. Mit dem »Testament der Bruderschaft des Gold- und Rosenkreuzes«.

Dhirendra Brahmachari · *Yoga hilft heilen*
240 Seiten mit 143 s/w-Abb.; kart. ISBN 3-7626-0607-2
Übungen, die eine starke positive Wirkung auf den gesamten Organismus haben. Dem Schüler wird die Möglichkeit gegeben, seinen ganzen Körper durchzutrainieren.

Harry Edwards · *Geistheilung*
240 Seiten; kart. ISBN 3-7626-0603-X
Eine umfassende Darstellung des Geistheilungsgeschehens, die zeigt, wie die Geistheilung die tieferen psychosomatischen Ursachen vieler Krankheiten beheben kann.

Arthur Findlay · *Beweise für ein Leben nach dem Tod*
288 Seiten; kart. ISBN 3-7626-0601-3
Das Phänomen der »Direkten Stimme« als Verbindungsweg zwischen Diesseits und Jenseits. Antworten auf die Fragen: Gibt es ein Leben nach dem Tod? Sehen wir unsere Verstorbenen eines Tages in irgendeiner Form von Jenseits wieder?

Verlag Hermann Bauer · Freiburg im Breisgau

esotera-Taschenbücherei im Verlag Hermann Bauer

Michel Gauquelin · *Kosmische Einflüsse auf menschliches Verhalten*
288 Seiten mit 37 Zeichnungen; kart. ISBN 3-7626-0606-4
Neue sensationelle Entdeckungen: Zwischen dem Berufserfolg eines Menschen und dem Stand der Planeten in seiner Geburtsstunde gibt es eine Beziehung. Charakterliche Tendenzen zur Geburt unter einer bestimmten Planetenkonstellation sind erblich.

Gert Geisler (Hrsg.) · *New Age – Zeugnisse der Zeitenwende*
208 Seiten; kart. ISBN 3-7626-0608-0
Anthologie wichtiger Beiträge aus fünf Jahren aktueller Berichterstattung der Zeitschrift *esotera:* Dokumente des Umdenkens, der Bewußtseinsveränderung, der Transformation zu einer neuen Zeit.

Gert Geisler (Hrsg.) · *Paramedizin – Andere Wege des Heilens*
ca. 224 Seiten; kart. ISBN 3-7626-0612-9
Eine Anthologie der besten Berichte aus *esotera* über alternative Konzepte und Methoden zur Wiederherstellung einer positiven Gesundheit.

Lothar R. Lütge · *Carlos Castaneda und die Lehren des Don Juan*
176 Seiten mit 8 Zeichn. und Grafiken; kart. ISBN 3-7626-0614-5
Eine praktische Anleitung, die es ermöglicht, Don Juans Lehren nachzuvollziehen und im täglichen Leben anzuwenden. Das von Castaneda beschriebene spirituelle System wird in einen Gesamtzusammenhang mit anderen esoterischen Lehren gestellt, um so dessen Allgemeingültigkeit zu verdeutlichen.

Ingrid Ramm-Bonwitt · *Yoga Nidra – Der Schlaf der Yogis*
144 Seiten mit 16 Abb. und 8 Zeichn.; kart. ISBN 3-7626-0615-3
Ein Weg zur Bewußtwerdung des Selbst, der Körper, Seele und Geist in einer selten vollkommenen Weise verbindet und zu bewußtseinstranszendenten Erlebnissen führen kann.

Verlag Hermann Bauer · Freiburg im Breisgau

esotera-Taschenbücherei im Verlag Hermann Bauer

Sam Reifler · *Das I Ging-Orakel*
352 Seiten mit 64 Zeichnungen; kart. ISBN 3-7626-0605-6
Der Welt ältestes System der Zukunftsvorhersage, neu dargestellt und ausgelegt für die praktische Anwendung durch den modernen Menschen.

Hildegard Schäfer · *Stimmen aus einer anderen Welt*
320 Seiten; kart. ISBN 3-7626-0604-8
Eine Zusammenfassung all dessen, was bisher auf dem Gebiet der Tonbandstimmen erforscht wurde. Gleichzeitig eine allgemein verständliche und instruktive Anleitung für eigene Experimente.

Hans Sterneder · *Tierkreisgeheimnis und Menschenleben*
432 Seiten mit 94 Zeichn.; kart. ISBN 3-7626-0602-1
Die Beziehungen zwischen der Sonnenbahn durch die Kraftfelder des Tierkreises und dem Geschehen im Reich des Lebens sowie ihr Einfluß auf die geistige, charakterliche und körperliche Entwicklung des Menschen.

Hans Sterneder · *Der Wunderapostel*
480 Seiten; kart. ISBN 3-7626-0609-9
Ein Einweihungsroman, dessen Gedankenfülle die Vergangenheit der Menschheit bis in die Uranfänge kosmischen Werdens erhellt und von dem der Dichter Ludwig Huna einmal sagte, daß man »ein Leben lang von der Schönheit, Weisheit und Tiefe dieses Werkes nicht mehr loskommt«.

Johannes Zeisel · *Entschleierte Mystik*
240 Seiten; kart. ISBN 3-7626-0611-0
Der moderne Weg von der Magie zur mystischen Erleuchtung – Die psychologischen Tatbestände des Bewußtseins – Die magischen Phänomene der Halluzination und Imagination – Gebet und Meditation bis zu der Grenze, die das Bewußtsein als »Nichts« erfährt und nicht zu überschreiten vermag.

Verlag Hermann Bauer · Freiburg im Breisgau

Verlag Hermann Bauer · Freiburg im Breisgau

Harish Johari

Das große Chakra-Buch

Übungen, Praktiken und Farbmeditationen zur Selbstverwirklichung und Erweckung der Kundalini

128 Seiten, 10 ganzseitige, 4fbg. Kunstdrucktafeln, 2 × 8 ganzseitige Vorlagen zum Ausmalen, Ganzleinen

Das Wissen um die Existenz der Chakras ist seit Jahrtausenden ein fester Bestandteil des indischen Glaubens. Dieses Buch erklärt ihren tatsächlichen Ursprung und ihre Wirkungsweisen. Darüber hinaus bietet es eine praktische Anleitung zur Selbstverwirklichung und zur Erweckung der Kundalini.
Ziel dieses Buches ist es, das Wesen der nicht-materiellen Chakras zu verstehen. Durch die bildliche, symbolische Darstellung in diesem Buch bekommt der Leser sozusagen eine Brücke gebaut, die es ihm erleichtert, dieses östliche Gedankengut zu verstehen. Das Ausmalen der Bilder ist ein wichtiger Bestandteil des Buches, denn durch die aktive Beschäftigung mit den einzelnen Chakras vertiefen sich Erkenntnis und Wissen ganz automatisch.
Durch die intensive Beschäftigung mit der Materie verstärken sich in hohem Maße die innere Ruhe und Konzentrationsfähigkeit; das Verständnis für die mitmenschlichen Probleme und Schwierigkeiten wächst, und es fällt leichter, Frieden zu erlangen und die Funktionen des Geistes zu kontrollieren. Damit der Mensch sich selbst verwirklichen kann, muß er sich erst selbst erforschen. Dafür bietet dieses Buch eine für jeden praktisch ausführbare und verständliche Methode.

Verlag Hermann Bauer · Freiburg im Breisgau

Verlag Hermann Bauer · Freiburg im Breisgau

Paul Brunton

Das Überselbst

6. Auflage, 365 Seiten, gebunden

Paul Brunton hat in seinem Buch *Das Überselbst* den schweren Versuch unternommen, den jahrhundertealten, im östlichen Teil der Welt auch heute noch geübten Brauch des Sich-Versenkens, um an den eigentlichen göttlichen Kern zu gelangen, auch für den westlichen Menschen fruchtbar zu machen. Er schlägt in diesem Buch, das keine Lehre im üblichen Sinn, sondern nur ein Hinweis sein soll, einen Bogen, unter dem alle Menschen der Erde und ebenso alle Religionen beheimatet sein können, denn er begnügt sich nicht mit der Kenntnis der äußeren Erscheinungsformen oder mit der Definition der Unterschiede.
Brunton geht von der uralten Sehnsucht und Sucht des Menschen nach dem Ewigen, Bleibenden aus, das unabhängig ist von der Zeit und der Körperlichkeit. Er weiß, daß es für den westlichen, rastlos tätigen Menschen schwierig ist, diesen Weg der Selbsterkenntnis und des Sichselbstfindens zu gehen, aber er zeigt auch, daß er bei gutem Willen für jeden möglich ist: durch die Beherrschung des Atems, der Gedanken und der Gefühle, durch die Meditation, wie sie seit Jahrhunderten von den Yogis geübt wird. Die Übungen, die er vorschlägt, sind unseren westlichen Gegebenheiten und Bedürfnissen weitgehend angepaßt, für jeden verständlich und leicht nachzuvollziehen.
Paul Brunton, einer der besten Kenner der indischen Seele, legt uns hier ein Werk vor, in dem er die indischen Yoga-Lehren für den Menschen des Westens nicht nur erfaßbar, sondern auch anwendbar macht. Er verspricht sich von der richtigen Anwendung dieser Lehre die innere Gesundung des Menschen und der Menschheit.

Verlag Hermann Bauer · Freiburg im Breisgau